LE GRANDI CATASTROFI DELL'UMANITÀ

CATASTROFI NATURALI ED EPIDEMIE, DISASTRI PROVOCATI DALLA TECNICA, GUERRE A ATTACCHI TERRORISTICI

LE GRANDI CATASTROFI DELL'UMANITÀ

CATASTROFI NATURALI ED EPIDEMIE, DISASTRI PROVOCATI DALLA TECNICA, GUERRE A ATTACCHI TERRORISTICI

Herbert Genzmer

Sybille Kershner

Christian Schütz

SOMMARIO

VULCANI, TERREMOTI E INCENDI 10

TEMPESTE E INONDAZIONI 56

CARESTIE E SICCITÀ 96

EPIDEMIE E PESTILENZE 118

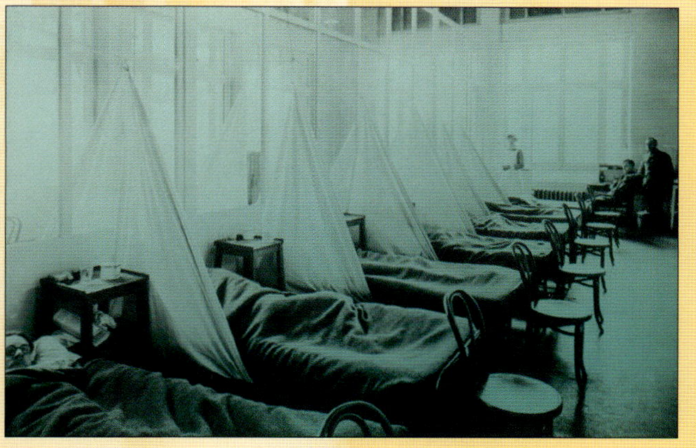

GUERRA E TERRORISMO 160

TERRORE IN VOLO 204

TERRORE IN MARE 238

PERICOLI DELLA TECNICA 270

Nella traduzione letterale del termine greco, "catastrofe" significa sia ritorno o cambiamento, sia sciagura, fatalità, crollo. Nella lingua comune, invece, la parola ha perso il primo dei due significati, mantenendo soltanto quello di sventura, al limite di cambiamento che reca in sé una sventura. Partendo da quest'ultimo significato si sarebbe tentati di credere che noi viviamo in un perenne stato di pace e che il male sia sempre qualcosa che ci colpisce improvvisamente e ci danneggia proprio nel momento in cui meno ce lo aspettiamo. Il che, ad analizzare bene, non è poi così vero, dato che nel nostro mondo le catastrofi sono frequenti e conviviamo costantemente con loro, anche se, per fortuna, raramente ci colpiscano in prima persona.

Un libro sulle catastrofi avrebbe potuto sicuramente essere più corposo di questo, anche solo limitandosi a quelle che hanno colpito l'umanità dall'inizio di questo secolo e che continuano a colpirla. Catastrofi che, a ben vedere, riguardano tutti i capitoli del volume: vulcani e terremoti annientano l'umanità sin dalla notte dei tempi; tempeste e inondazioni hanno distrutto aree intere del mondo e causato un numero di vittime mai riscontrato prima; fame e sete ci accompagnano costantemente; epidemie e pestilenze sono nostre compagne di viaggio sin dai primordi, anzi talvolta malattie che si credevano ormai debellate tornano minacciose alla ribalta; guerre e azioni di terrorismo si stanno verificando anche mentre scriviamo queste righe; incidenti aerei, su navi e soprattutto in automobile sono ormai argomento quotidiano. Ultima, ma non meno importante, è la maledizione della tecnica, che dona sì al mondo occidentale ogni comfort ormai imprescindibile dalla nostra vita, ma al contempo richiede un ingente tributo e talvolta risulta fatale.
Ovviamente abbiamo anche scelto e introdotto incidenti verificatisi molto tempo fa: il nostro pianeta infatti è un luogo fragile e la sua storia è satura di avvenimenti drammatici e spesso carichi di conseguenze, che ne hanno modificato la struttura prima ancora che l'uomo vi facesse la sua comparsa. Da quel momento, tuttavia, è l'uomo stesso che contribuisce in gran parte al verificarsi di simili eventi tragici, tanto che molti sono proprio da ricondurre alla sua esistenza. Da quando i media ci forniscono informazioni in tempo reale e di ogni avvenimento si ha subito notizia, ci si pone sempre più spesso alcune domande: come si comporta l'uomo dinanzi a una catastrofe? E soprattutto, come resistere alla quantità di informazioni catastrofiche che ci sommergono quotidianamente? Come si misura una catastrofe? Dal numero di vittime? Oppure dal pianto dei sopravvissuti? O ancora, ci sono squadre o singoli uomini che calcolano gli anni di progressi compiuti e andati improvvisamente distrutti in un momento? I danni possono essere sempre calcolati in denaro: le assicurazioni forniscono allo scopo dati più che precisi. Tuttavia l'impatto principale non consiste in questi elementi, ma soprattutto nella sorpresa, nell'intrusione dell'imprevisto. L'orrore inimmaginabile e imprevedibile della sorpresa è l'elemento fondamentale.

La scelta delle singole catastrofi che vengono presentate in questo volume si è per lo più orientata a un simile elemento. Qual è la catastrofe peggiore in assoluto? Uno tsunami? Un argine che salta? Lo scontro tra due jumbo? Un incidente nucleare? Tutti questi scenari dell'orrore si sono effettivamente verificati e ci vengono anche proposti in tempo reale, ma noi partiamo sempre dal presupposto che un evento così terribile non ci accadrà mai. È questo il sistema escogitato dall'uomo per sopravvivere. L'evento stesso coglierà sempre l'uomo impreparato, indipendentemente da quanto cerchi di prepararsi. E ci toglie ogni volta di più il respiro.

VULCANI, TERREMOTI E INCENDI

La maggior parte degli uomini considera la terra un luogo tranquillo e sicuro, tanto da costruirvi le proprie città e da trascorrervi serenamente l'esistenza. Terremoti, incendi ed eruzioni vulcaniche pregiudicano tuttavia questa sicurezza. L'attività vulcanica, in particolare, ha distrutto intere culture già in epoche remote; i terremoti hanno annientato molte città nel corso della storia, il fuoco non solo uccide la natura, ma minaccia anche l'uomo stesso, se questi non riesce in breve tempo a domarlo.

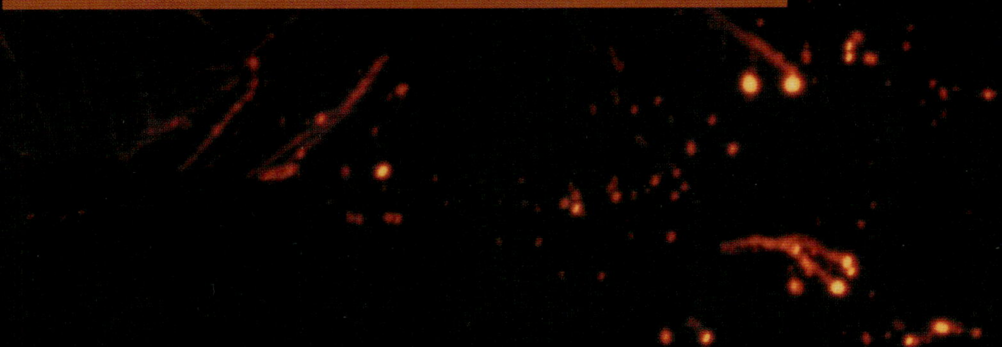

Una civiltà distrutta

L'attività vulcanica a Santorini

L'odierna Santorini, isola di origine vulcanica, si trova nel punto del Mediterraneo in cui le placche continentali euroasiatica e africana si sono scontrate. Circa 3600 anni fa Santorini, insieme con Creta, divenne il centro della leggendaria civiltà minoica, una cultura così avanzata da saper costruire case su due piani, edificare città potenti e coltivare il senso dell'arte e dell'estetica dei colori. Questa civiltà venne annientata da una delle catastrofi più terribili della storia dell'umanità.

Santorini ha avuto nel tempo diversi nomi, tra cui "Thera", la Selvaggia: un chiaro rimando all'attività vulcanica sull'isola.

Un'isola, molti nomi

Nel Mediterraneo orientale si trovano oltre 2000 fra isole e isolette, 200 delle quali formano l'arcipelago delle Cicladi, nell'Egeo greco. Il nome Cicladi deriva dal greco *kyklos*, cioè cerchio, perché le isole formano un cerchio intorno alla sacra isola di Delo. Le Cicladi sono piccole isole rocciose e aride, per lo più disabitate. Solamente otto di loro superano i 100 chilometri quadrati. Quella situata più a sud ha assunto nel corso della sua storia movimentata molti nomi: nell'antichità si chiamava infatti Kallisti, la Bella, poi Strongyle, la Rotonda e, quando si percepì il suo carattere possente, Thera, la Selvaggia. Dal XIII secolo si chiama Santorini, dal nome della santa patrona Santa Irini.

Oggi Santorini presenta la forma di una falce a causa di innumerevoli terremoti ed eruzioni vulcaniche di varia intensità. Questa fortissima attività terrestre nella regione è dovuta allo scontro della placca continentale euroasiatica con quella africana.

Dal 1600 a.C sino al 197 a.C. la fuoriuscita di magma fra le due zolle continentali è stata praticamente ininterrotta; nel tempo, la massa, raffreddatasi, ha creato la formazione di un gigantesco cono vulcanico. Nel 197 a.C. Strabone, storico e geografo greco, ha ribattezzato Santorini l'isola del diavolo, proprio a causa della sua attività vulcanica.

Una descrizione poetica di Santorini

"Quando allontano lo sguardo dal focolare, la vista si imbeve del paesaggio straordinariamente bello: le pareti vulcaniche nere, e in alto le casette bianche dell'isola, come una collana di coralli bianchi posata sul velluto cupo, e poi scogliere dirupate – che si ergono contro il blu profondo del cielo..."
Franz Spunda (1889-1963), scrittore austriaco

La ripida scogliera di Santorini è tra le più belle e affascinanti al mondo.

L'attività vulcanica di Santorini

Dal 197 a.C. si sono verificate nove grandi eruzioni vulcaniche: nel 46 d.C., 726, 1570, 1707, 1866, 1925, 1939, 1950 e 1956, alcune delle quali si sono protratte negli anni con numerose, piccole eruzioni. Dopo l'ultima, l'isola pare ormai tranquilla, anche se fiotti di acqua bollente, vapori di zolfo, vapore acqueo e altri gas dimostrano una continua attività sotterranea.

Nel corso dell'ultimo terremoto del 1956 l'isola subì due scosse telluriche. Gli epicentri furono presso le isole di Amorgos e Ios e raggiunsero una intensità di 7,7 della scala Richter. I centri nelle vicinanze di Oia e Fira furono completamente distrutti.

L'attuale forma a mezzaluna che caratterizza Santorini derivò dalla più possente eruzione vulcanica che la terra abitata abbia mai subito: questa terribile catastrofe, nota come eruzione minoica, si verificò all'incirca 3600 anni fa.

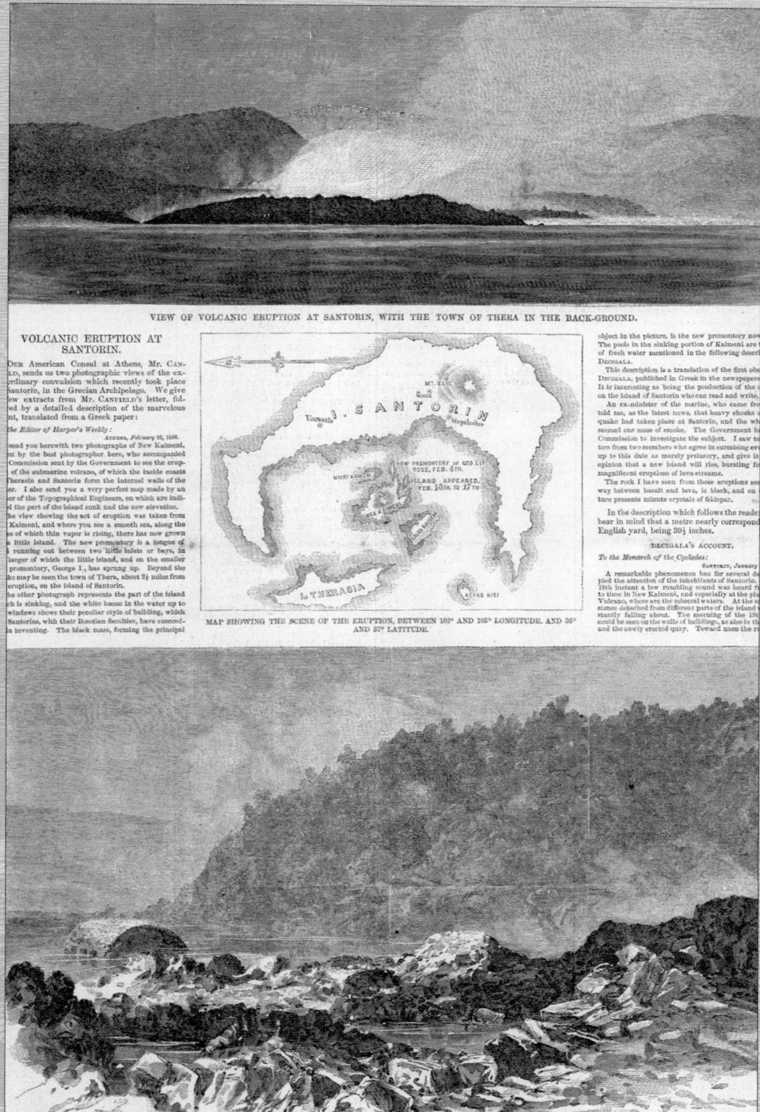

L'illustrazione, tratta dalla rivista americana "Harper's Weekly", mostra l'ultima eruzione vulcanica a Santorini, avvenuta nel 1956.

L'eruzione minoica

Le più recenti datazioni proposte da un gruppo di scienziati danesi di Copenaghen e dovute anche alle ricerche con il radiocarbonio condotte presso l'università di Aarhus fanno risalire il disastro intorno al 1645 a.C., soprattutto perché l'isola era ancora detta all'epoca "la Tonda" in quanto, con il suo cono vulcanico posto al centro, formava un disco quasi perfetto.

La quantità di magma che al momento dello scoppio venne scagliata in aria e quindi si riversò sulla terra ammontò a circa 30 miliardi di m³. Il magma era così ricco di gas da formare una densa schiuma che espanse triplicando il suo volume effettivo. Furono inoltre eruttati polvere e lapilli, mentre particelle di cenere più sottili e gas raggiunsero la stratosfera, fino a 36 km di altezza. Intaccando la stratosfera, l'eruzione

Cultura minoica

La cultura minoica, o cretese-micenea, si diffuse durante l'età del bronzo da Creta attraverso le Cicladi fino alla terraferma, raggiungendo in seguito la Sicilia e le isole Lipari. Rappresentò non tanto una cultura omogenea, ma un tessuto di rapporti e riferimenti, che collegava tra loro elementi singoli, talvolta contrapposti. L'ingente ricchezza della civiltà minoica si basò sui fiorenti commerci di cereali, oggetti di terracotta, marmo, rame e stagno, materie base per la produzione del bronzo, che a bordo di navi rapide e in grado di affrontare il mare aperto riuscì a raggiungere l'intero Mediterraneo orientale e persino le coste spagnole.

A Santorini si trovano ovunque tracce della civiltà minoica. Due giovani uomini sono ritratti durante un incontro di pugilato in questo affresco rinvenuto nella città di Thera.

vulcanica causò molto probabilmente ingenti cambiamenti climatici, e potrebbe addirittura essere la causa principale della diffusa aridità nell'arcipelago. Particelle di cenere e lapilli si trovano ancor oggi in tutto il Mediterraneo orientale e sono state individuate addirittura nei ghiacci della Groenlandia. Santorini è coperta da uno strato di pomice alto fino a 50 m.

Attraverso l'incredibile fuoriuscita di magma, il bacino del cono vulcanico venne quasi completamente svuotato, provocandone alla fine la separazione. Al suo posto si formò la cosiddetta caldera, poi riempita dall'acqua marina. In tal modo l'isola acquisì la sua attuale forma a mezzaluna.

Questo affresco, ritrovato ad Akrotiri, mostra un particolare del porto di Thera con la flotta minoica e rappresenta in modo efficace la ricchezza raggiunta da questa cultura.

Un'onda alta 250 m

Sulla "Tonda", che ormai non era più tonda, venne annientata ogni forma di vita, mentre la parte centrale dell'isola, ossia il cratere che nel frattempo si era consolidato, sprofondò. Quella che in epoca minoica era stata considerata un'isola si inabissò nelle profondità marine, lasciando solamente alcuni frammenti del suo bordo. La mezzaluna formata dalle isole di Santorini, o Thira, Therissia e Aspronissi è rimasta sino a oggi invariata. Dal momento della catastrofica eruzione il magma ha iniziato a uscire dal centro della caldera originatasi. In tal modo si sono lentamente formate le isole di Palea Kameni, l'"Antica bruciata" e Nea Kameni, la "Nuova bruciata", i nuovi crateri vulcanici.

L'affondamento dell'isola provocò un'onda che con ogni probabilità avanzò a una velocità di circa 350 km/h e raggiunse un'altezza di circa 250 m. In meno di mezz'ora raggiunse la parte meridionale di Creta, annientando completamente la cultura minoica.

È ormai certo che la catastrofe si verificò esattamente in questo modo, anche se non esistono fonti scritte. Solamente la mitologia greca e l'Antico Testamento narrano di disastri spaventosi nel bacino mediterraneo dovuti a terribili maremoti. Secondo quanto narra il mito di Deucalione e Pirra, Zeus, il padre di tutti gli dei, inviò uno spaventoso diluvio per punire gli uomini. Un altro mito narra dell'ira di Poseidone, che scagliò contro l'Attica ingenti inondazioni quando non riuscì a battere Atena nella lotta per conquistare il predominio su Atene. Nell'Antico Testamento si descrive l'inondazione che colpì la costa egiziana e l'avvelenamento dell'atmosfera attraverso vapori sulfurei, considerando entrambe pene inviate da Dio. Si sa invece per certo che Kallisti, la Bella, come era stata ribattezzata, fu di nuovo abitata a partire dal XIII secolo.

L'eruzione vulcanica del 1645 a.C. seppellì la prima vera città europea sotto lava, lapilli e cenere. Nel 1967, nei pressi del villaggio di Akrotiri, sono stati trovati i resti ben conservati di questa città. Alcuni scienziati credono persino di avere scoperto nell'antica Santorini la leggendaria Atlantide.

Sepolta sotto 50 m di pomice e cenere si trova la città di Akrotiri, distrutta da un terremoto catastrofico oltre 3500 anni fa.

L'imperatore romano con la lira in mano osserva "la sua opera", Roma che brucia. Verità o propaganda paleocristiana?

Roma brucia

IL PRIMO TERRIBILE INCENDIO DELLA STORIA

Nella notte tra il 18 e il 19 luglio dell'anno 64 d.C. la Città Eterna venne avvolta in un mare di fiamme, che in gran parte la distrusse. Spesso si è associato all'evento il nome dell'imperatore Nerone, considerandolo il colpevole, ma in realtà Nerone non era in città la notte del disastro. Per contro, molti storici sono dell'opinione che si sia trattato di un banale incendio, scoppiato nella zona del Circo Massimo e sviluppatosi rapidamente grazie al cattivo stato degli edifici. La catastrofe funse tra l'altro da pretesto per iniziare la persecuzione dei cristiani, a cui si addossò la colpa. La città venne completamente ricostruita dopo l'incendio secondo i progetti di Nerone.

LA PIÙ GRANDE CITTÀ DEL MONDO CONOSCIUTO

A Roma nel 64 d.C. vivevano circa un milione di abitanti, stipati in case a più piani. Se si leggono le cronache degli storici, in quel periodo nella Città Eterna si verificavano incendi, di varia portata, quasi tutti i giorni perché la gran parte delle case era di legno, le vie erano strette, si cucinava spesso su fuoco libero e, soprattutto nelle zone più povere della città, non esistevano sistemi per spegnere o evitare gli incendi. L'incendio più catastrofico nella storia della città fu molto probabilmente causato da una disattenzione in una delle cucine di un locale pubblico intorno al Circo Massimo. La maggior parte dei negozi erano costruzioni in legno, che quindi bruciavano alla velocità della luce. Inoltre, il vento parti-

Il dramma dell'incendio di Roma interessò non solo gli storici, ma anche gli artisti, come mostra quest'opera di Raffaello (1483-1520).

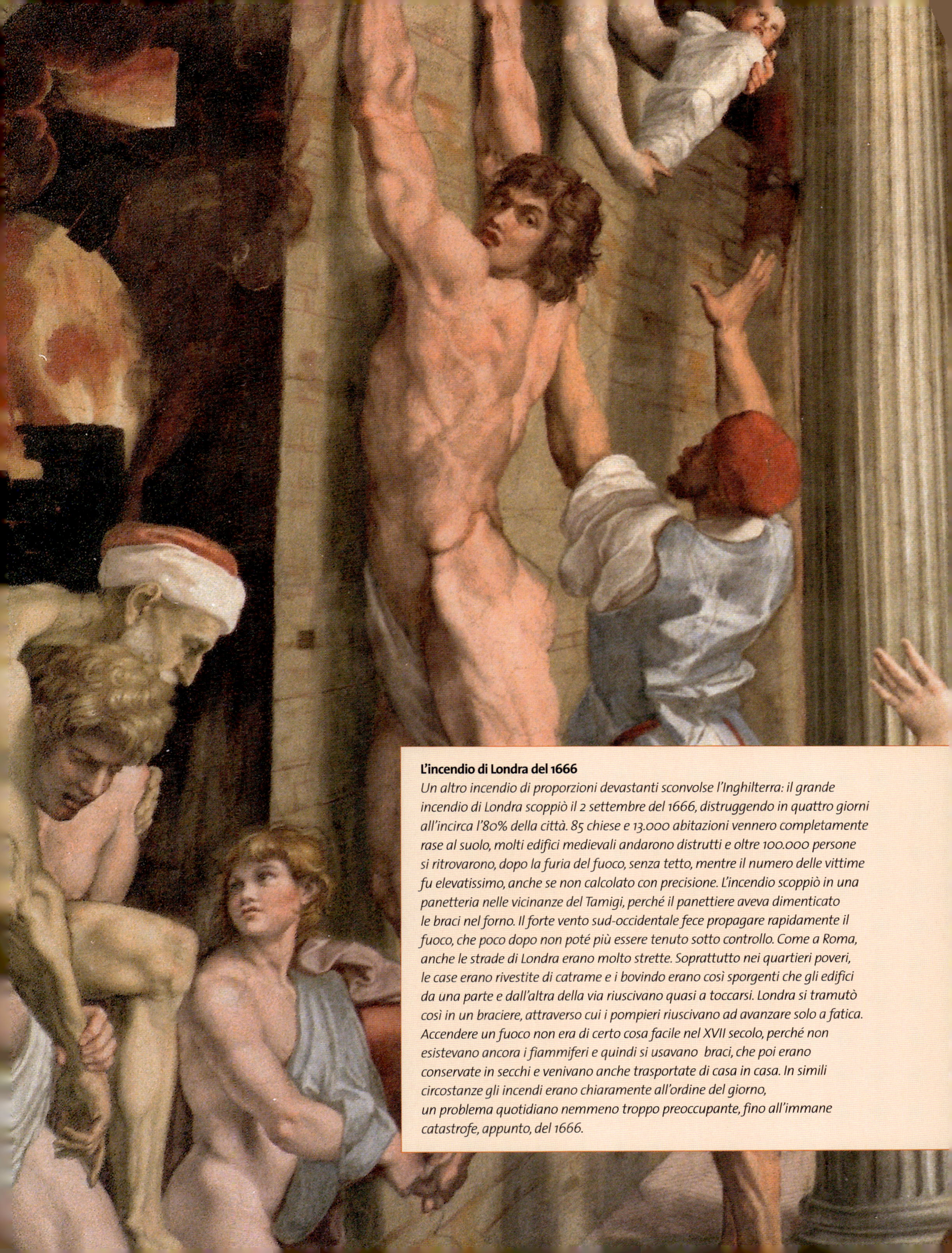

L'incendio di Londra del 1666

Un altro incendio di proporzioni devastanti sconvolse l'Inghilterra: il grande incendio di Londra scoppiò il 2 settembre del 1666, distruggendo in quattro giorni all'incirca l'80% della città. 85 chiese e 13.000 abitazioni vennero completamente rase al suolo, molti edifici medievali andarono distrutti e oltre 100.000 persone si ritrovarono, dopo la furia del fuoco, senza tetto, mentre il numero delle vittime fu elevatissimo, anche se non calcolato con precisione. L'incendio scoppiò in una panetteria nelle vicinanze del Tamigi, perché il panettiere aveva dimenticato le braci nel forno. Il forte vento sud-occidentale fece propagare rapidamente il fuoco, che poco dopo non poté più essere tenuto sotto controllo. Come a Roma, anche le strade di Londra erano molto strette. Soprattutto nei quartieri poveri, le case erano rivestite di catrame e i bovindo erano così sporgenti che gli edifici da una parte e dall'altra della via riuscivano quasi a toccarsi. Londra si tramutò così in un braciere, attraverso cui i pompieri riuscivano ad avanzare solo a fatica. Accendere un fuoco non era di certo cosa facile nel XVII secolo, perché non esistevano ancora i fiammiferi e quindi si usavano braci, che poi erano conservate in secchi e venivano anche trasportate di casa in casa. In simili circostanze gli incendi erano chiaramente all'ordine del giorno, un problema quotidiano nemmeno troppo preoccupante, fino all'immane catastrofe, appunto, del 1666.

colarmente forte favorì la propagazione del fuoco, che velocemente passò di negozio in negozio avvolgendo interi tratti di strada. L'incendio infuriò per sei giorni, durante i quali distrusse completamente tre dei 14 quartieri di Roma e ne attaccò pesantemente sette. In pratica, solo quattro rimasero intatti, mentre la città venne distrutta per due terzi.

Un testimone diretto: lo storico Tacito

Nelle vie della città in fiamme dominava il caos più totale. Lo storico Tacito descrive la catastrofe con grande precisione: "Ed ecco le grida di dolore e angoscia delle donne, degli anziani privi di forze, dei bambini bisognosi di cure, di tutti quanti cercavano di salvare se stessi e gli altri, trascinando gli infermi dietro di sé e al contempo facendo ancor più rallentare la fuga; e spesso, mentre si volgevano indietro, venivano spinti di lato o tagliati fuori dal gruppo che avanzava; quando riuscivano a penetrare nella zona accanto, anche questa veniva presa dal fuoco, e quanto era stato prima considerato come lontano e al sicuro cadeva colpito dallo stesso dramma. Alla fine, non più in grado di scegliere da cosa fuggire e dove andare, rimanevano immobili ai lati delle strade, soccombevano cadendo, alcuni di loro derubati di ogni loro avere, persino dei mezzi di sussistenza per quel giorno".

La leggenda secondo cui Nerone avrebbe recitato dei canti dinanzi a Roma in fiamme si è conservata intatta nei secoli.

Il popolo vuole un colpevole

Come accade sempre nella storia dell'umanità, si ha bisogno di trovare un colpevole per la catastrofe. Il potere ha sin dalle origini assecondato questo desiderio, anzi lo ha persino stimolato, e spesso si sono appositamente individuati dei colpevoli perché in questo modo si potessero istituire determinati processi politici e raggiungere scopi precisi; in pratica le catastrofi hanno avuto la valenza di strumenti politici. L'imperatore Nerone (54-68 d.C.) fu posto sotto pressione dai suoi consiglieri e alla fine si giunse alla conclusione che i mal tollerati cristiani fossero stati i colpevoli, dando così il via alla loro persecuzione. Ma la persecuzione di questa minoranza, che aveva preso piede in una città politeista qual era Roma, non fu in origine così caratterizzata dalla violenza come vollero farci credere gli storici in epoca successiva.

Fu Nerone a scatenare l'incendio?

Oggi ormai si ritiene che le leggende dei primi martiri cristiani iniziarono a diffondersi nel IV secolo. E per corroborarle Nerone fu presentato come il piromane che aveva alla fine fatto ricadere la colpa sui cristiani. Altro elemento di recente messo in dubbio sono le violenze che le generazioni seguenti attribuirono a Nerone. Le crudeltà contro i cristiani, i fasti della "sua Roma", che voleva sempre più sfarzosa e che effettivamente si fece costruire molto più grandiosa, la sontuosa edificazione del suo palazzo, ornato della statua che lo raffigurava, alta ben 40 m, la sua potenza, la sua pazzia sempre più palese... tutto ciò ne incrementò il mito. Così pare che due giorni prima del devastante incendio avesse litigato a proposito di una traduzione dal greco con Ofonio Tigellino, uno dei suoi consiglieri, in quanto l'inizio del dramma non doveva essere "Quando sarò morto, che il fuoco divori il mondo", bensì "Fino a quando io vivrò, il fuoco

Claudio Cesare Augusto Germanico, detto Nerone
Quando nacque il 15 dicembre 37 d.C. ad Anzio, a Nerone venne dato il nome di Lucio Domizio Enobarbo ma, allorché sua madre sposò il futuro imperatore Claudio (41-54 d.C.) venne ribattezzato Claudio Cesare Augusto Germanico. L'ambizione di sua madre Agrippina era sempre stata quella di vedere il proprio figlio sul trono imperiale, meta che Nerone raggiunse alla morte di Claudio, nel 54, all'età di 17 anni.
A 16 anni sposò la sorellastra Ottavia poi, nel 62, Poppea Sabina, da cui ebbe una figlia, Claudia, e infine, nel 66, si unì in matrimonio con Statilia Messalina.
Durante i suoi ultimi anni fece uccidere un numero sempre maggiore di oppositori, tra cui persino il fratellastro, la moglie Ottavia e la madre Agrippina. Infine, gravato da tanti assassini e dalla sua paranoia sempre più evidente, venne dichiarato dal Senato nemico dello Stato.
Il 9 giugno 68 si suicidò; su di lui venne sancita la damnatio memoriae, *cancellazione del ricordo: la maggior parte delle opere che lo effigiano venne distrutta, cosicché di lui rimangono solo pochi busti.*

divorerà il mondo". In epoca successiva si è comunque diffusa l'ipotesi che Nerone fosse costantemente offeso dalla bruttezza degli edifici romani. Di sicuro si sa che due giorni prima dell'incendio Nerone si trovava nella sua città natale, Anzio, sulle coste laziali, a sud di Roma. Quando, dopo quattro giorni, tornò a Roma e la scoprì in fiamme, pare abbia ammirato da una torre del suo palazzo la città che ormai vantava già 800 anni, colpito e nel contempo affascinato dalla bellezza delle fiamme. A questo punto avrebbe afferrato la lira e cantato versi che celebravano la caduta di Troia: ecco creato il mostro Nerone.

La Chiesa cristiana contribuisce a diffondere il mito del mostro Nerone

Se lo paragoniamo ad altri imperatori romani come Augusto (27 a.C.-14 d.C.), Tiberio (14-37 d.C.) o Caligola (37-41 d.C.), Nerone fu sostanzialmente innocuo. Innanzitutto, come si può facilmente stabilire, perse nella catastrofe non solo il suo palazzo, ma molto di più: per esempio, la sua raccolta di opere d'arte e soprattutto il denaro, in quanto, come imperatore, era responsabile anche di vitto e alloggio dei suoi sudditi. Pertanto i critici sostengono che il mito del piromane sia un'invenzione di Svetonio (70-140 d.C.), un autore che non ha vagliato le fonti storiche a cui si riferiva, riportando anche aneddoti e voci non dimostrate. Inoltre è stato stabilito che Nerone fosse in Grecia all'epoca dei primi processi contro i cristiani. È assolutamente probabile che non avesse mai saputo nulla delle persecuzioni e, inoltre, era nemico giurato delle forme di violenza organizzate tanto che avrebbe voluto addirittura abolire le lotte tra gladiatori. Fu soprattutto la Chiesa cristiana che si stava rafforzando a diffondere voci sulla sua crudeltà e sul ruolo da lui svolto nel rogo di Roma.

Piazza S. Pietro vista dalla sommità della basilica, sede della Chiesa Cattolica nello Stato del Vaticano, a Roma. La Chiesa cattolica descrisse la persecuzione dei primi cristiani in modo più drammatico di quello che fu in realtà.

Nel 1944, si verificò un'altra disastrosa eruzione del Vesuvio: una gigantesca nube di fumo oscurò l'intera zona.

Sepolti sotto una nube ardente

L'eruzione del Vesuvio

Il Vesuvio, nel golfo di Napoli, era ormai considerato spento, tanto che sulle sue pendici vennero edificati gli insediamenti di Pompei, Ercolano e Stabia. Poi, improvvisamente, intorno al 79 d.C. la montagna rivelò la propria vera natura, eruttando con una forza inaudita. Oltre 17.000 uomini furono sepolti sotto una pioggia di cenere. Gli scavi del 1709, oltre a riportare alla luce le rovine di questi centri, resero palesi le sofferenze delle molte vittime.

Se un vulcano considerato spento scoppia all'improvviso

Il Vesuvio, che domina il golfo di Napoli, è uno dei vulcani ancor oggi parzialmente attivi del continente europeo. La sua altezza varia costantemente per via di piccole eruzioni: per esempio, nel 1998 misurava ancora 1279 m, mentre oggi non supera i 1182 m. Il Vesuvio è un cosiddetto doppio vulcano con due vette: il monte Somma e, appunto, il Monte Vesuvio. Il bacino magmatico si trova a una profondità di 5 km. Il cono oggi visibile si è formato sui resti di un vulcano più antico, in un cratere di 4 km di diametro. Quanto rimane dell'antico bordo della caldera, il profondo incavo che si trova sulla sommità, è perfettamente percepibile sul Monte Somma. In modo del tutto sorprendente, il Vesuvio era considerato nell'antichità un vulcano spento – un'opinione che venne definitivamente confutata nell'anno 79 d.C, quando distrusse nel corso di un'eruzione violentissima le città romane di Pompei, Ercolano e Stabia. Altre violente eruzioni si ebbero negli anni 1631, 1872, 1906 e 1944.

Plinio il Giovane

Gaio Plinio Cecilio Secondo (61-113 d.C.), senatore e scrittore romano, nacque a Como e morì con la carica di console di Bitinia, attuale Turchia. Suo zio, Plinio il Vecchio (23-79 d.C.), era responsabile della flotta romana nel golfo di Napoli. Le lettere di Plinio il Giovane, tra cui le missive all'imperatore Traiano, scoperte nel XVI secolo, permettono al lettore moderno di avere un'immagine dettagliata di molti aspetti della vita nell'antica Roma.

La prima eruzione già intorno all'anno 1740 a.C.

Gli scavi più recenti hanno tuttavia dimostrato che già prima della tragedia del 79 d.C. si era verificata un'eruzione violenta e distruttrice: nell'anno 1740 a.C. i paesi di Avellino, Nola e San Paolo Bel Sito furono sepolti dalla cosiddetta eruzione di Avellino sotto svariati metri di cenere. Durante la costruzione di un'autostrada nel 1972 e quella di un supermercato a Nola nel 2001 furono riportati alla luce utensili, animali domestici e di compagnia, oltre che intere case, che testimoniano il repentino abbandono della zona. A differenza dell'eruzione del 79 d.C., infatti, gli uomini dell'età del bronzo avevano avuto la possibilità di mettersi in salvo, perché le località colpite si trovavano a circa 35 km dal vulcano. 1800 anni dopo le cose andarono in modo totalmente diverso. La sola Pompei aveva 20.000 abitanti e la maggior parte trovarono morte improvvisa nel disastro.

Questo dipinto del porto di Napoli, con il Vesuvio in eruzione sullo sfondo, venne realizzato nel 1777.

Questo cane da guardia fu tra le vittime dell'eruzione del Vesuvio: ci si dimenticò infatti di slegarlo in modo che potesse fuggire.

L'ira degli dei

Nelle prime ore del pomeriggio del 24 agosto 79 gli abitanti delle zone limitrofe videro improvvisamente un'enorme nuvola nel cielo altrimenti limpido e straordinariamente azzurro. Quella nube variava nel colore da grigio sporco a bianco. Aveva la forma di un ombrello che si stava aprendo lentamente. Cosa era accaduto? Un'eruzione non percepibile direttamente aveva scagliato in cielo migliaia di tonnellate di polvere e cenere, che, ricadendo sul terreno sotto forma di nube, si stava ampliando, assumendo la foggia di un ombrello che oscurava il sole. Ben presto gli uomini capirono che l'origine di quella nube insolita era proprio il Vesuvio. Subito dopo iniziò una pioggia intensa di cenere, calda e fitta. Dapprima caddero pezzetti più grossi e pesanti, seguiti poi da frammenti più fini e incandescenti. Le navi che volevano avvicinarsi alla costa presso Rectina per prestare i primi soccorsi agli uomini impauriti si incagliarono, in quanto il fondo marino si era innalzato per via delle pietre, della cenere e dei lapilli che vi si erano appena sedimentati. Per questo motivo era anche assolutamente inimmaginabile lasciare la costa per nave: ormai, uscire dalle baie in cui si trovavano i porti era impossibile.

La pioggia di cenere si deposita

Nel frattempo era scesa la notte e l'attività eruttiva del Vesuvio era a quel punto visibile e udibile a qualche chilometro di distanza. Le fiamme incandescenti rischiaravano la notte facendola sembrare giorno. Strade e piazze delle città di Pompei, Ercolano e Stabia furono ricoperte di cenere e pomice. Il terremoto faceva tremare gli edifici, le scosse

Lettera di Plinio il Giovane, in cui descrive cosa accadde a lui e alla madre il secondo giorno dopo l'eruzione

"La cenere cadeva ancora in uno strato molto denso. Mi guardai intorno: una nube nera e densa si era formata dietro di noi e si stava riversando sulla terra come la piena di un fiume. 'Abbandoniamo la via, fino a quando riusciamo ancora a vedere', dissi, 'altrimenti, nell'oscurità, verremo schiacciati dalla folla'. Ci eravamo appena dati alla fuga quando l'oscurità si chiuse sopra di noi. Era un'oscurità come di una notte senza luna o di cielo nuvoloso, come se in uno spazio chiuso fosse stata spenta la luce. Si udivano le urla delle donne, il pianto dei bambini, le grida degli uomini... Molti invocavano la presenza degli dei, ma la maggioranza era ormai convinta che non vi fossero più dei e che l'universo fosse sprofondato nell'oscurità eterna...
Poi, d'improvviso, tornò una debole luce, ma noi la considerammo più un avviso delle fiamme che si avvicinavano che non l'annuncio del giorno. Tuttavia le fiamme rimasero lontane. Dopodiché l'oscurità si richiuse nuovamente sopra di noi, e riprese la pioggia di cenere, questa volta in grandi quantità e molto densa. Ci rialzavamo di tanto in tanto per liberarci da quello strato, altrimenti ne saremmo stati seppelliti."

La cenere ha conservato i corpi com'erano al momento della morte. Le cavità create dai cadaveri decomposti nella cenere vennero poi riempite di gesso.

telluriche li agitavano nelle fondamenta e alcuni crollarono. Molti uomini, ai quali era ormai impedita la fuga, si rifugiarono in casa per ripararsi dalla pioggia incandescente. Qui si sentivano più al sicuro in attesa che avesse fine quella che, all'epoca, non potevano ancora definire come una catastrofe. Va detto che, oltre al terremoto e alla pioggia incandescente, non avevano ancora visto il flusso di lava, quella sì considerata una minaccia diretta. La pioggia di cenere quindi non era vista come minaccia, come assicurò in una lettera a Cornelio Tacito Plinio il Giovane (61-113 d.C.), che all'epoca soggiornava nella casa dello zio Plinio il Vecchio (23-79 d.C.) nella cittadina di Miseno, all'incirca a 40 km dal Vesuvio.

Fumo e cenere oscurano il cielo

Gli uomini, che comunque continuavano a muoversi per le vie o viceversa cercavano una possibilità di fuga dalle zone colpite, si legarono dei cuscini intorno alla testa e alle spalle per proteggersi dalle pietre che continuavano a cadere. In realtà la pomice, essendo molto porosa, non era pesante, ma aveva angoli vivi, che nei frammenti di dimensioni maggiori potevano provocare ferite. Per chi viveva nelle zone colpite il giorno si tramutò in notte profonda, mentre in altri luoghi il sole brillava ancora alto nel cielo: il cielo di Pompei e degli altri centri era infatti oscurato dalla pioggia di cenere e lapilli oltre che dal fumo. Quanto gli uomini avevano di certo sottovalutato come pericolo si percepì come una minaccia nelle prime ore del mattino seguente, allorché molti trovarono la morte, soffocati dalla pioggia di cenere che bloccò loro il respiro. Le particelle di polvere e il fumo nell'aria penetravano nei polmoni riempiendoli, impedendo la respirazione, fino a provocare la morte. Quando le vittime furono rinvenute, sembravano tutte addormentate, sia che fossero in casa, sia che si trovassero per la strada. Molti dei cadaveri di uomini e animali, colti nell'attimo estremo della lotta contro la morte, si sono perfettamente conservati sotto strati di cenere alti parecchi metri.

Le rovine di Pompei rinvenute dagli archeologi rappresentano uno straordinario museo di arte, architettura e vita quotidiana dell'epoca tardo-romana.

Nel 1944 il Vesuvio eruttò nuovamente; gli abitanti della città dovettero osservare impotenti la lava che scorreva lungo la strada principale di San Sebastiano.

Eruzione del Kilauea, il principale vulcano delle Hawaii. Si tratta di un classico vulcano hot-spot, che erutta ingenti colate di lava

Le indomabili forze della natura

Ciò che è bene sapere sui vulcani

Le diverse tipologie di vulcano

I vulcani si distinguono per la posizione, la formazione e la forma. Alcuni infatti sono monti possenti, talvolta con una particolare forma conica, formatisi nel corso di vari secoli, altri invece non sono altro che crepacci nel fondale marino. La crosta terrestre non è un guscio rigido, in quanto è composta da zolle continentali mobili. La maggior parte dei vulcani si è creata nel punto in cui queste placche tettoniche si scontrarono, perché qui l'attività terrestre era particolarmente intensa e la crosta più debole rispetto ad altri luoghi. Circa la metà dei quasi 550 vulcani attivi a livello mondiale si trova nell'Oceano Pacifico e forma la cosiddetta "cintura di fuoco". Esistono tuttavia vulcani anche nel Mediterraneo, in Africa e sul fondo dell'Atlantico.

I tipi di vulcano

Fondamentalmente si distinguono due tipologie di vulcano:

– Vulcani a strati o stratovulcani: sono per lo più attivi e hanno spesso un'evidente forma a cono. Sono formati da strati diversi di lava, ceneri vulcaniche e scorie. Vengono chiamati anche **vulcani di subduzione** perché si trovano sempre in **zone di subduzione,** cioè luoghi in cui collidono due o più placche tettoniche. Ne sono esempi il monte Fuji (Giappone), il monte St. Helens (Usa) o il Vesuvio stesso.

– Vulcani a scudo, o di lava: hanno forma più piatta e sono in genere più estesi, essendo formati da uno strato sottilissimo di lava, che può scorrere più velocemente e liberamente senza fuoriuscire in modo esplosivo. Si riscontrano sia all'interno delle placche tettoniche – in questo caso sono chiamati vulcani hot-spot –, sia in zone divergenti, quindi ai margini delle placche. A questo gruppo appartengono, per esempio, i vulcani di Islanda e Hawaii.

I tipi di attività

I vulcani si distinguono non solo per la forma, ma anche per le varie tipologie di eruzione.

I vulcani a strati racchiudono per lo più lava fluida, il cui contenuto di vapore acqueo e acido silicico è ancora decisamente alto. Attraverso la tenace consistenza viscosa della lava, i gas trovano bloccata la fuoriuscita, causando così un aumento della pressione all'interno del vulcano. Talvolta la pressione si libera in un'eruzione di incredibile violenza, come per esempio avvenne nell'antichità con Santorini, durante la quale la superficie del vulcano si staccò improvvisamente quando il bacino magmatico venne svuotato, e venne scagliata verso il cielo come il tetto di una casa. Il cratere formatosi in questo modo viene detto "caldera".

Alcuni di questi stratovulcani preistorici, detti dai geologi anche supervulcani, liberarono una forza distruttiva paragonabile alla collisione sulla terra di un piccolo asteroide e sono sicuramente tra le peggiori catastrofi naturali che il nostro pianeta abbia mai vissuto. Nel corso di un'eruzione di violenza simile a quella verificatasi in tempi

preistorici nel Parco nazionale di Yellowstone (USA) si giunse a un'esplosione che, provocata da una pressione terribile, scagliò fino a 50 km nella stratosfera miscele schiumose di gas, lava e cenere, a una velocità ultrasonica. Il materiale ricaduto sulla terra formò nubi ardenti. Giunti sul terreno, lava e ceneri iniziarono a muoversi a una velocità massima di 400 km/h: con ritmi simili, né automobili né aerei avrebbero avuto scampo. Le temperature raggiunsero livelli di 600-700 °C: tutto venne bruciato, per poi essere seppellito sotto lava e cenere. Ne è un esempio l'eruzione del Vesuvio nel 79 d.C. In caso di eruzioni simili, tuttavia, anche il resto del mondo non rimane immune: per settimane il cielo rimase oscurato, a causa delle nubi di cenere. Tra le conseguenze si ebbero il raffreddamento dell'atmosfera terrestre e l'inaridimento di interi tratti, con conseguenti carestie.

La lava dei vulcani a scudo è per contro più fluida, mentre i livelli di vapore acqueo e acido silicico sono in questi casi molto più bassi. In tal modo i gas possono salire più facilmente nell'atmosfera e i vulcani eruttano più raramente con vere e proprie esplosioni, mentre si hanno fuoriuscite di lava fluida. Ovviamente anche in questo caso si possono verificare attività eruttive simili a esplosioni, come nel caso dei vulcani hot-spot. In questo caso il magma brucia dall'interno come un cannello sulla crosta terrestre e si giunge all'eruzione vera e propria quando il calore ha provocato la fusione di così tanta roccia che lo strato terrestre superficiale non è più in grado di sopportare la pressione dall'interno.

Le operazioni di analisi e osservazione dell'attività vulcanica sono sempre più progredite e precise grazie all'evoluzione della tecnica, ma alla fine non sono di certo in grado di impedire l'eruzione e la catastrofe risultante.

Terremoti, tsunami, incendi

L'inferno di Lisbona

Il 1° novembre 1755, alle 9,30 del mattino, una prima scossa tellurica colpì violentemente la capitale del Portogallo, Lisbona. Altre due scosse seguirono poco tempo dopo, provocando un terremoto che si rivelò la catastrofe naturale più ricca di conseguenze di tutta l'epoca moderna. Lisbona andò completamente distrutta: chiese, palazzi, ponti e torri precipitarono. E come se non bastasse, la città fu colpita da numerose ondate di tsunami alte oltre 15 metri, che ne sommersero completamente la parte bassa. Un'enorme nube di polvere oscurò il cielo, poi la città fu avvolta dalle fiamme.

Cenere e lapilli il giorno di Ognissanti

La mattina di Ognissanti del 1755 la terra sotto Lisbona tremò tre volte, distruggendo completamente una delle città più grandi, ricche e importanti d'Europa. Dei suoi 275.000 abitanti, oltre 60.000 vi persero la vita. Il terribile terremoto venne percepito in tutto il continente europeo, dal Mediterraneo fino ad Amburgo. Si calcolò che l'intensità del fenomeno raggiunse i 9 gradi della scala Richter.

Mezz'ora dopo le tre scosse di terremoto, un'ondata di tsunami alta fino a 15 metri inondò completamente la città bassa risalendo il Tago, il fiume più grande della penisola iberica che sfocia nell'Atlantico presso Lisbona. Le onde inghiottirono molti uomini e diverse imbarcazioni, intente a caricare a bordo passeggeri che volevano raggiungere l'altra riva per sfuggire al terremoto, vennero travolte dai flutti, inabissandosi e facendo annegare i malcapitati.

Poco tempo dopo si scatenò un terribile incendio che distrusse completamente quanto era rimasto della città. Le sue strette stradine erano ormai intasate dalle macerie del terremoto che, ostruendo così il passaggio, impedendo ai soccorsi di raggiungere i focolai dell'incendio. Il fuoco assunse proporzioni catastrofiche e nel corso di cinque giorni devastò completamente la città.

Questa serie di eventi non colpì solo Lisbona, in quanto lo tsunami si abbatté anche sulle coste di Portogallo, Spagna e Marocco; l'ondata di piena gonfiò le acque del Guadalquivir, uno dei più lunghi fiumi spagnoli, giungendo fino a Siviglia. Nelle città marocchine di Fès e Meknès si registrarono molte vittime causate dal terremoto, in Scozia e Svizzera si innalzarono i livelli dell'acqua dei laghi. E persino in Svezia le navi furono strappate dagli ormeggi. Per quanto riguarda Lisbona, si può riassumere dicendo che incendio e inondazione ebbero conseguenze ben più catastrofiche rispetto al terremoto che le aveva causate.

Incertezza sulle cause del terremoto

Fino a oggi non si è riusciti a fare chiarezza sull'origine del terremoto. 250 anni dopo il disastro-

L'incisione mostra l'ondata di tsunami che risalì il Tago abbattendosi sulla città. Migliaia di persone trovarono la morte tra i flutti.

so evento i geologi brancolano ancora nel buio, non essendo riusciti a stabilire né le condizioni geologiche, né la posizione esatta dell'epicentro. Probabilmente quest'ultimo andrebbe collocato nelle Azzorre, un arcipelago portoghese nell'Oceano Atlantico, tra Europa e Nord America ad alcune centinaia di chilometri dalla costa. Solo in questo modo si riuscirebbe a spiegare il terribile tsunami che si abbatté sulle coste a terremoto concluso.

Nel 1969, dinanzi alle coste del Portogallo si verificò un terremoto di scala 7,9. All'epoca gli esperti affermarono che probabilmente si trattava dello stesso epicentro del terremoto del 1755, tuttavia si ebbe solo un'ondata alta all'incirca mezzo metro. Pertanto, proprio a causa della notevole differenza nelle dimensioni dei due maremoti, altri scienziati giunsero alla conclusione che gli epicentri non fossero gli stessi.

Sebastian José de Carvalho e Melo, futuro marchese de Pombal, gestì in prima persona la situazione drammatica di Lisbona approntando un piano di ricostruzione.

Come venne gestita la crisi dal Marchese di Pombal

Per la prima volta nella storia, dopo la catastrofe di Lisbona del 1755, si ebbe una sorta di gestione della crisi. Il re Giuseppe I incaricò di questo compito il proprio segretario di stato Sebastián José Carvalho e Melo (1699-1782). Quando il re gli chiese cosa si dovesse fare, rispose: "Seppellire i morti, occuparsi dei vivi". Alle sue capacità pragmatiche si deve il fatto che, un anno dopo, la capitale portoghese fosse già del tutto sgombra da macerie. Inoltre l'illuminato Carvalho e Melo pose la prima pietra per il moderno studio dei terremoti. Nel corso di un'indagine raccolse dati empirici su durata del terremoto, quantità di scosse di assestamento, danni agli edifici e

Secondo molti scienziati, il terremoto di Lisbona fu la prima catastrofe per la quale si approntò e mise in opera un moderno piano di ricostruzione.

I terremoti più violenti dall'inizio del XX secolo

Quando	*Dove*	*Forza*	*Vittime (ca.)*
04.04.1905	Himalaya (India)	8,6	19.000
31.01.1906	Columbia/Ecuador	8,9	1000
17.08.1906	Cina centrale	8,6	20.000
18.08.1906	Costa occidentale USA	8,3	> 3000
16.12.1920	Cina centrale	8,6	200.000
22.05.1922	Cina centro-settentrionale	8,3	200.000
03.02.1923	Russia/Penisola della Kamchatka	8,5	sconosciuto
01.09.1923	Giappone centrale	8,3	> 142.000
02.03.1933	Russia / Penisola giapponese	8,9	3000
15.01.1934	India/Nepal	8,4	> 10.000
01.02.1938	Indonesia	8,5	sconosciuto
25.01.1939	Cile centrale	8,3	28.000
07.12.1944	Giappone meridionale	8,3	> 1000
20.12.1946	Giappone meridionale	8,4	> 1000
15.08.1950	Himalaya (India e Tibet)	8,7	> 1000
04.11.1952	Kamchatka	8,9	0
22.05.1960	Cile meridionale	9,5	> 2000
13.10.1963	Russia/Isole Curili	8,5	sconosciuto
28.03.1964	Alaska	9,2	125
04.02.1965	Alaska	8,7	0
26.12.2004	Indonesia / Sri Lanka / India/ Thailandia	9,0	280.000
28.03.2005	Sumatra	8,7	> 1000

Il terremoto di Lisbona fu così violento che a Parigi risuonarono le campane e dinanzi alle coste della Finlandia si innalzò il livello dell'acqua.

così via, ottenendo in questo modo informazioni estremamente utili. Nel 1769, come ringraziamento per il lavoro svolto, venne nominato dal re marchese di Pombal. Acquisita questa posizione di privilegio, fece abolire la schiavitù, espulse i Gesuiti ed equiparò gli indigeni brasiliani ai portoghesi. In una società così distrutta e sradicata dal terremoto, egli fu il primo a porre l'attenzione non più su peccati e colpe, ma su catastrofi e rischi e sulle misure per prevenire eventi simili. Invece di considerare il diluvio universale come un castigo divino, volle ridiscutere il fenomeno alla luce della geofisica e della scienza.

L'epoca dell'Illuminismo scuote antichi valori

Il XVIII secolo è caratterizzato dalla fede nella ragione, nell'ordinamento ragionato del mondo, nella scienza e nel progresso della cultura umana: l'epoca nuova che si venne delineando fu detta Illuminismo. La morte di tutte quelle persone a Lisbona e la rovina di uno dei centri economici più importanti d'Europa cambiò la percezione del mondo che sia veva sino a quel momento.

Quanto avvenne il 1° novembre 1755 non fu solo una catastrofe naturale, ma anche un nuovo modo di rapportarsi a simili eventi. Per la prima volta nella storia dell'umanità ci si confrontò su concetti come catastrofe e rischio, abbandonando gli antichi valori religiosi di peccato, diluvio universale e colpa. Il terremoto di Lisbona non era stato un castigo divino, perché come era possibile che il buon Dio accettasse la distruzione delle sue case? La potenza della Chiesa come istituzione venne scossa nelle fondamenta proprio da questo nuovo modo di pensare. Nel 1756 il filosofo Voltaire (1694-1778) pubblicò il *Poème sur le désastre de Lisbonne* ("Poema sulla catastrofe di Lisbona"), che rafforzò in tutta Europa la sensazione che la totale dipendenza dalla religione fosse stata abbandonata. L'interpretazione religiosa delle catastrofi era giunta ormai alla fine, le

Giustizia e ragione

"Il terremoto di Lisbona accese tra gli esponenti del pensiero europeo del XVIII secolo una discussione violenta sulla giustizia divina e la ragionevolezza del mondo. La catastrofe scatenata dallo tsunami nell'Oceano indiano, nel dicembre 2004, dà insospettata attualità al tema del giorno del ricordo."

Prof. Dott. Volker Sellin, professore di Storia moderna, Università di Catania

L'Illuminismo
Nella storia della cultura, l'Illuminismo definisce quel movimento che si basava, nell'ambito filosofico come in quello commerciale, sulla ragione e si definiva come la liberazione da ogni influenza dovuta alla tradizione e soprattutto all'autorità religiosa. Nato nel XVII secolo nei Paesi Bassi e in Inghilterra, conquistò poi la Francia e il resto d'Europa nel XVIII secolo.

scienze, soprattutto la geologia, l'osservazione metodologica della natura, la sismografia sostituirono la logica religiosa del Diluvio. Terremoti e inondazioni furono da allora considerati catastrofi naturali e non più punizioni. Per questo motivo, il terremoto di Lisbona del 1755 ebbe conseguenze di portata straordinariamente vasta, che ancor oggi non hanno perduto validità. Generazioni di teologi, filosofi e scrittori vennero influenzate da questo drammatico evento a ricercare nuove spiegazioni.

L'aspetto del quartiere portuale di Lisbona, visto dal Miradouro Santa Lucia, non ricorda minimamente la catastrofe del 1755.

Le rovine del Convento de Carmo, a Lisbona, sono state preservate a ricordo della distruzione.

Lingue di fuoco, torri di cenere, onde gigantesche

L'eruzione del Krakatoa, 1883

Nell'arcipelago della Sonda, tra Sumatra e Giava, cuore dell'Indonesia con le sue oltre 1700 isole, si trova il Krakatoa, un vulcano latente, che tuttavia, come dimostra questa tragedia di dimensioni inimmaginabili, sa essere tra i più crudeli al mondo. Nell'agosto del 1883 si verificò infatti un'eruzione che venne percepita fino in Australia, mentre il rumore sordo dell'eruzione fu sentito addirittura a 4700 chilometri di distanza, sulla lontana isola di Rodriguez, nei pressi di Mauritius. Al fuoco seguì un maremoto durante il quale onde alte fino a 40 m provocarono la morte di oltre 36.000 persone.

Testimonianza oculare

"La pioggia di sabbia e pietre che faceva bruciare gli occhi, l'oscurità profonda che ci circondava, interrotta solo da lampi più o meno violenti, il brontolio costante del Krakatoa avevano reso davvero terribile la nostra posizione, e tra i flutti in tempesta infuriavano centinaia di miliardi di tonnellate di acqua incandescente e schiumante."

W.j. Watson, capitano del mercantile "Charles Bay", che si trovava sulla rotta da Belfast a Hong Kong.

Un'eruzione che oscurò il sole

Nel maggio 1883 si verificò una serie di eruzioni le cui scosse iniziali vennero percepite persino a 150 km di distanza, all'incirca nella regione dell'attuale Giacarta. Il cielo fu oscurato da nubi di vapore e di cenere, mentre cenere e lapilli ricadevano sulla terra. Per tutta l'estate seguente si verificarono di continuo piccole scosse e leggeri tremolii, fino a quando le eruzioni raggiunsero il loro epicentro il 22, 26 e 27 agosto. Le forze della natura catapultarono oltre 18 metri cubi di ceneri e pomice incandescente a un'altezza di 80 km nell'atmosfera. L'enorme quantitativo di energia liberata durante il terremoto corrisponde a circa 10.000-100.000 bombe atomiche di Hiroshima. Paurosa e opprimente: così i sopravvissuti descrissero l'oscurità che scese sulla zona colpita subito dopo la catastrofe e che sarebbe perdurata per ben tre giorni. Flussi incandescenti di roccia, gas e cenere, le cosiddette correnti piroclastiche, vennero lanciati nella notte a una velocità di 800 km/h e illuminarono il cielo in modo spettrale. Nelle isole vicine vennero interamente distrutti città e paesi e molte persone trovarono la morte. Persino a 40 km di distanza, a Telukbetung, sulla costa meridionale di Sumatra, caddero vere e proprie bombe di lava grandi quanto una zucca.

L'Indonesia è da sempre colpita dalle eruzioni vulcaniche, come per esempio avvenne negli anni Ottanta, quando il Galunggung devastò Giava.

Gran parte dei vulcani attivi a livello mondiale si trova in Indonesia, disposta come lungo una linea ipotetica.

Per oltre 200 anni un tappo di magma indurito e pietra aveva bloccato l'attività vulcanica, mentre all'interno la pressione cresceva in modo costante, fino a quando riuscì a scoperchiare completamente la cima del vulcano. La cenere che fu liberata nel corso dell'eruzione venne proiettata fino a 2000 km di distanza, sulle isole Cocos, mentre nelle immediate vicinanze del vulcano il mare si coprì di pomice, dando l'impressione che si fosse formato uno strato di terraferma. Queste neoformazioni avrebbero poi iniziato a navigare, tanto che, qualche mese dopo, ne sarebbero state addirittura avvistate alcune in Africa.

Un tramonto rosso fuoco sul mondo intero

L'eruzione ebbe alcune conseguenze sul clima: nell'emisfero settentrionale la temperatura scese in media di 1,2 °C, l'estate si fece insolitamente fresca e piovosa e carestie e raccolti distrutti ne furono la diretta conseguenza. L'onda d'urto venne percepita in più punti del nostro pianeta e per almeno 15 giorni fu sentita chiaramente da San Francisco a Londra. Le particelle di polvere che vennero proiettate in cielo furono poi distribuite su tutto il globo terrestre dall'azione del vento, dando vita dall'Islanda fino alla Nuova Zelanda a un gioco cromatico di spettacolare bellezza, dovuto alle modificate rifrazioni di luce durante il tramonto. Tramonti rosso fiamma vengono da sempre rappresentati

Il frontespizio della rivista London News, *pubblicata l'8.9.1883, mostra immagini della catastrofe del 1883: l'eruzione del Krakatoa.*

Dopo l'eruzione del Krakatoa, nel 1883, da una sola isola se ne formarono due.

dagli artisti di tutto il mondo. Il cielo del celebre *L'urlo* di Edward Munch (1863-1944) si basa sui colori che l'artista vide in quell'occasione. Le particelle rimasero intatte nell'atmosfera per due o tre anni e possiamo dire che nessuna eruzione vulcanica negli ultimi 2000 anni ha avuto un impatto così globale quanto la terribile catastrofe del 1883.

Dopo il preludio, la tragedia

In realtà terremoti ed eruzioni sono in questo caso solo il preludio della tragedia vera e propria: nella notte del 27 agosto, infatti, durante un'ultima, devastante eruzione l'intera caldera del cratere sprofondò come durante un'implosione. 28,5 km^2 dell'isola di Krakatoa ricaddero di conseguenza nel bacino magmatico ormai vuoto, mentre l'onda d'urto che si venne a formare con l'esplosione fece crollare dei muri persino a Batavia, a circa 150 km di distanza. Il crollo provocò complessivamente dieci gigantesche ondate di piena e masse di acqua inimmaginabili si riversarono sull'isola, due terzi della quale sprofondarono in mare. Con una velocità media di 100 km/h le ondate di tsunami travolsero le coste delle altre isole, ancora avvolte dall'oscurità. Nelle zone costiere rallentarono il ritmo in quanto la profondità dell'acqua era inferiore. Le pareti d'acqua raggiunsero i 40 metri di altezza. Nell'arco di appena due ore dall'ultima eruzione, le regioni litoranee di Sumatra e Giava vennero travolte. Nel porto di Telukbetung la cannoniera olandese *Berouw* fu travolta e scagliata a chilometri di distanza all'interno dell'isola, nell'intrico della giungla, dove è rimasta ancor oggi come una sorta di monumento commemorativo. 36.418 persone trovarono la morte, a causa della massa d'acqua, in un raggio di 80 km intorno al vulcano e 295 località furono completamente distrutte.

La teoria delle zolle continentali

Fu il ricercatore polare e geofisico Alfred Wegener (1880-1930) che nel 1915 propose la teoria, per cui fu anche deriso dai suoi contemporanei, dello spostamento di zolle continentali. Oggi invece la sua idea rappresenta un importante punto di partenza per la scienza che si occupa dei movimenti delle placche tettoniche. Secondo Wegener, la terra sarebbe come un vasto puzzle di più placche alte fino a 100 km, che si avvicinano, talvolta scontrandosi e premendo l'una contro l'altra. Allo stesso modo, attualmente si sa che i vulcani si trovano tutti disposti in linea, come su una corda ipotetica, esattamente nel punto in cui le diverse placche si incontrano. In questi punti si verifica anche la cosiddetta subduzione, cioè alcune placche scivolano sotto altre, aumentando in modo sensibile la pressione, come nell'eruzione del Krakatoa. In tal caso le placche che si incontrano sono quella australiana-oceanica e parte dell'asiatica. Questo significa che, spingendo dal basso, sono in grado di spostare in profondità le rocce più leggere. Questo processo conduce in ultima analisi all'esplosione del vulcano e, nel caso del Krakatoa, a una delle più terribili catastrofi di tutti i tempi.

Il figlio del Krakatoa

Il vulcano Krakatoa è attivo ancor oggi, ma già quarant'anni dopo la catastrofe iniziò a formarsi un nuovo vulcano nel punto in cui si trovava il cratere originale del vulcano. Nel 1930 riuscì a infrangere la superficie d'acqua all'interno della gigantesca caldera del Krakatoa e attualmente raggiunge i 450 m di altezza. Lo si è ribattezzato Anak Krakatau, figlio del Krakatoa, ed è riuscito ad attirare l'attenzione su di sé con nove piccole eruzioni in pochi anni, seminando paura e terrore tra gli abitanti della regione.

"La civiltà si basa anche sulla capacità di sopportare la geologia, salvo cambiamenti senza preavviso", scrive il filosofo canadese Will Durant.

Ancor oggi sull'isola si trovano terreni completamente ricoperti di lava e di altri detriti vulcanici.

Anak Krakatau, il "figlio del Krakatoa", lancia segnali minacciosi. Nato dai resti dell'antico vulcano, presenta un'attività costante, come dimostra questa eruzione del 1969.

Il giorno in cui il cielo bruciò

Il terremoto di San Francisco – 1906

Il 18 aprile 1906, intorno alle 5.13, San Francisco fu colpita da un terremoto di intensità 8,25 della scala Richter e quindi devastata da un incendio violentissimo, che imperversò per ben quattro giorni. Sebbene il terremoto sia durato poco più di un minuto, vennero completamente distrutti 490 rioni e 25.000 edifici. Dei 400.000 abitanti dell'epoca, 250.000 rimasero senza tetto e oltre 3000 persone furono ferite o perirono nelle fiamme.

Il più grande terremoto di tutti i tempi

Il terremoto di San Francisco fu uno dei più violenti in assoluto e pose improvvisamente termine alla Belle Époque della città d'oro sul Pacifico. Il 18 aprile 1906, intorno alle 5.12, si verificò una prima scossa di avvertimento lungo la faglia di Sant'Andrea, fino all'intera Bay Area, come viene chiamata la regione intorno alla baia di San Francisco. Solo mezzo minuto dopo la città tremò, in quanto l'epicentro si trovava nelle immediate vicinanze. Gli effetti del terremoto furono percepiti dall'Oregon, a nord, fino a Los Angeles, a sud. Le diverse formazioni geologiche della città risposero in modo altrettanto diverso al terremoto: i danni più gravi li subirono quelle aree cittadine che erano state strappate alla baia nelle azioni intraprese per acquisire nuove terre. A differenza di quanto avvenne nelle regioni rocciose, qui si verificò una vera e propria devastazione.

Il terremoto in sé non fu l'unico responsabile della devastazione della città, ma fu all'origine del vasto incendio che colpì successivamente San Francisco in modo tanto violento. Responsabili per la furia delle fiamme furono principalmente cortocircuiti nelle linee elettriche danneggiate, gas fuoriuscito, ma anche stufe rovesciate, per lo più alimentate da legna o carbone, non più tenuti sotto controllo. Dopo la catastrofe si parlò di circa 700 morti, ma calcolando il numero di abitanti non registrati all'anagrafe, per lo più cinesi, la cifra dovrebbe essere corretta in oltre 3000.

Le fiamme giungono fino al cielo

Tra i sopravvissuti del terremoto iniziò a serpeggiare il panico: la furia del fuoco prendeva sempre più piede con una velocità in continua crescita. In città non solo le condutture del gas, ma anche quelle dell'acqua erano andate distrutte: il gas alimentava il fuoco e al contempo mancava l'acqua per spegnerlo. I soccorritori cercavano disperatamente di procurarsi dell'acqua per spegnere gli incendi che stavano devastando le case, per lo più costruite in legno. Quando sopraggiunsero i primi chiarori dell'alba, le fiamme rischiaravano ancora il cielo mostrando una gigantesca nube di fumo, visibile da molto lontano, che sovrastava tutta la città.

Nella metropoli distrutta si verificarono immense tragedie. Come il caso dei tre uomini che, secondo quanto riportato da testimoni oculari, si

Dense nubi di fumo oscurano il cielo sopra San Francisco.

erano rifugiati sul tetto dell'Hotel Windsor, in Market Street, avvolto dalle fiamme. Essendo ormai impossibile salvarli e per evitare che venissero avvolti, ancora vivi, dalle fiamme o che per la disperazione si gettassero nel vuoto, l'ufficiale di polizia responsabile diede ordine di sparare sui tre malcapitati. In un altro punto, un uomo era rimasto imprigionato sotto le macerie, proprio nel momento in cui il fuoco si stava avvicinando. Fu impossibile per i soccorritori salvarlo e quando il fuoco iniziò a lambirgli un piede, implorò il colpo di grazia. Un poliziotto gli si avvicinò, raccolse i suoi effetti personali e quindi lo uccise con un colpo alla testa. Altre tragedie si verificarono nei pressi dei traghetti, giù al porto, che vennero presi d'assalto da decine di migliaia di persone alla ricerca di una via di fuga. Sulle navi si assieparono molte più persone, tra l'altro in preda al panico, di quante ne potessero accogliere. E.E. Schmitz, all'epoca sindaco della città, emanò quello stesso giorno l'ordine di sparare su chiunque compisse saccheggi o altre attività criminali.

Il terremoto lasciò dietro di sé una devastazione di incredibile portata, come se San Francisco fosse stata ridotta in rovine da una guerra.

Prevedere l'imprevedibile

Il terremoto è una forte scossa che investe la superficie terrestre, scatenata da processi improvvisi nella crosta o nello strato superiore del mantello, soprattutto in corrispondenza di fratture o fosse oceaniche. Il numero complessivo delle scosse telluriche supera il milione all'anno, di cui tuttavia solo cinque al massimo raggiungono livelli catastrofici. Particolarmente sensibile al fenomeno è tutta la costa del Pacifico, in concomitanza della faglia di Sant'Andrea, responsabile del terremoto del 1906. Qui si incontrano la placca continentale nordamericana e quella pacifica. La frattura si estende per oltre 1230 km attraverso la California.

Presso la University of California di Berkeley, si trova uno dei più importanti istituti di sismologia al mondo; qui si studiano i terremoti e si cerca di prevederli con esattezza. Di tanto in tanto si annuncia un nuovo sisma devastante per San Francisco o Los Angeles, "The Big Quake", e spesso questo argomento affiora nei discorsi e nei pensieri degli abitanti. Alla fine del 1980, un uomo scommise 5000 dollari che Los Angeles sarebbe stata distrutta la notte di Capodanno: per fortunaperse la scommessa, ma è anche vero che i terremoti si ripetono, frequenti, settimanalmente e talvolta quotidianamente, in tutto lo Stato. Il 18 ottobre 1989 un terremoto di intensità 7,1 scosse l'intera città di San Francisco. 272 persone morirono e vi furono danni per miliardi di dollari. Tre anni dopo, il 28 giugno 1992, nelle vicinanze di New York si verificò un terremoto di intensità 7,4, che durò una trentina di secondi. Alla prima seguirono altre scosse successive, quasi un migliaio, con intensità fino al 7° grado della scala Richter, ma il danno ammontò ad "appena" un milione di dollari, in quanto l'epicentro si trovava nel deserto di Mojava, quasi disabitato.

In effetti per gli esperti è impossibile individuare in anticipo il momento in cui si verifica un terremoto. È però possibile dire con una

Le case vittoriane costruite in legno furono quasi tutte distrutte dall'incendio o si accartocciarono su se stesse, tanto da dover essere poi abbattute.

Market Street, quasi completamente distrutta, era una delle principali arterie della città.

certa quale sarà la sua manifestazione. Per Los Angeles si è calcolato che, se il terremoto avesse luogo intorno alle 2.20, si avrebbero circa 3000 morti e 12.000 feriti; se invece il terremoto avvenisse nel corso dell'ora di punta serale, dopo le 16.30, i morti salirebbero a 23.000 e i feriti a quasi 100.000.

Morti e feriti a San Francisco sarebbero dovuti, a differenza di quanto avverrebbe a Los Angeles, disposta su una superficie maggiore e con case più basse, a causa del crollo di interi edifici, case distrutte e finestre in frantumi.

Gli effetti sull'anima

Un medico ebbe a scrivere una volta che l'uomo non si abituerà mai ai terremoti, ma al contrario sviluppa nella maggior parte dei casi una sorta di ipersensibilità: chi ne è colpito prova paura anche di fronte alla scossa più leggera, come quella causata da un camion di passaggio.

Molte persone dopo un terremoto non sono più riuscite a dormire nelle proprie case e preferiscono vivere in tende per paura di essere sepolte sotto le macerie di un nuovo sisma. Molti abbandonano le regioni colpite e si trasferiscono in luoghi più sicuri.

Nel contempo i terremoti possono anche avere un effetto contrario, suscitando nei superstitit un senso di indifferenza o addirittura di superiorità e onnipotenza, perché la catastrofe è stata superata. Come afferma ancora il medico già citato, in alcuni individui cadono i freni inibitori, il che può portare alla chiusura definitiva di rapporti sgradevoli, con notevole vantaggio per sé e per le proprie condizioni di vita. La maggior parte di chi si è salvato ha in realtà la sensazione di avere ricevuto in dono una nuova vita.

Altri ancora giungono alla conclusione, secondo quanto scrisse il russo Maxim Gorki nel 1909, che la vita quotidiana e il cosiddetto ordine vigente non sarebbero altro che una catastrofe di portata enorme, che segue lentamente il suo corso, sfogandosi in occasionali eruzioni.

Durante il terremoto del 1989 una tangenziale che attraversa la città venne quasi completamente distrutta.

Nel 1989 crollarono anche i ponti, come se fossero giochi per bambini.

Lo scivolone della Borsa

Il terremoto di San Francisco non coinvolse solo la città e i suoi abitanti, ma ebbe effetti devastanti, anche se a breve termine, sui mercati finanziari americani, dato che alla fine di aprile un'ondata di panico scosse la Borsa. Particolarmente colpiti furono i titoli delle compagnie di assicurazione, che subirono un crollo massiccio. Aetna Fire Insurance Company, all'epoca la principale compagnia di assicurazione negli USA, stimò che per coprire i danni provocati a San Francisco dall'incendio scatenatosi dopo il terremoto avrebbero dovuto ricorrere alle giacenze degli ultimi quarant'anni.

IL TERRORE È PREVEDIBILE?

CIÒ CHE È BENE SAPERE SUI TERREMOTI

La tensione terrestre nella California meridionale

Un terremoto si annuncia o viene introdotto da una serie di segnali. Tra questi vi sono le oscillazioni di acque sorgive e corrente elettrica, l'innalzamento del terreno e i comportamenti insoliti degli animali. Tuttavia, da un punto di vista scientifico, questi segnali non sono troppo affidabili.

Certo è che un terremoto si verifica nel momento in cui si registrano movimenti al margine delle placche tettoniche. I margini stessi delle zolle continentali sono anche zone in costante pericolo, perché l'incontro di diverse zolle in questi punti genera forti tensioni e fenomeni di subsidenza. Una effettiva prevedibilità di un terremoto in una zona così esposta rimane tuttavia difficile, in quanto si può dire solamente che si avrà prima o poi un sisma, ma non quando si verificherà.

Nella California meridionale confluiscono le zolle nordamericana e pacifica, due placche tettoniche della crosta terrestre, che spesso si scontrano o danno origine a fenomeni di subsidenza. Per questo motivo si verificano cambiamenti notevoli nella crosta terrestre e lievi scosse telluriche appartengono alla quotidianità. A scuola come in ufficio e negli ospedali tutti sanno come ci si deve comportare se si dovesse verificare un terremoto: mettersi tra gli stipiti di una porta, infilarsi sotto un tavolo e così via. Imparare ad affrontare un terremoto è fondamentale nella vita quotidiana.

In effetti in quest'area, da oltre 250 anni, non si sono più verificati crolli causati da un evento sismico, il che significa che "il" terremoto per antonomasia, il "Big Bang", potrebbe davvero essere imminente.

Attualmente la situazione è tranquilla. In California si è anche deciso di applicare la tecnologia laser, ricorrendo a raggi in grado di monitorare i punti "caldi" della faglia di Sant'Andrea e poter così individuare per tempo eventuali scosse sismiche.

Previsioni di terremoti in Cina

Il 4 febbraio 1975, in Cina si azzeccò una previsione con una incredibile esattezza. Alle 19.36 in punto, a Haicheng, nella Cina settentrionale, si ebbe un terremoto di forza 7,3. Milioni di persone sarebbero state colpite se le autorità non avessero dato ordine di evacuazione prima della catastrofe. In questo modo perirono "solo" 2041 persone, che sarebbe potute essere centinaia di migliaia, come si verificò un anno dopo a Tangshan, quando non si riuscì a prevenire la sciagura.

Il governo cinese non diede alcun genere di spiegazione su come si fosse riusciti ad azzeccare una previsione impossibile. Secondo quanto rivelato dalla propaganda dell'epoca, l'allarme sarebbe stato dato in base a indicazioni e misurazioni di privati. Il che non è vero: solo gli scienziati erano impegnati nella previsione, ma servì certamente a scopo di propaganda dire che il popolo era stato l'artefice della propria salvezza.

Secondo gli esperti, tuttavia, è praticamente impossibile fare previsioni esatte di terremoti, anche se scienziati in ogni paese sono costantemente impegnati a elaborare sistemi per rendere possibile una previsione accettabile.

Dagli animali alle palle di fuoco

In alcuni luoghi si ritiene che l'osservazione del comportamento animale sia un segnale estremamente sicuro per anticipare un terremoto.

A Tangshan e dintorni, infatti, poco prima del terremoto del 1976 si registrarono comportamenti anomali negli animali: i pesci saltarono fuori dagli acquari, polli e altri animali da cortile presero a correre eccitati di notte, topi e ratti fuggirono dalle case e schizzarono via senza una meta apparente, come impazziti. Accanto ai comportamenti anomali degli animali si ebbero anche altri fenomeni: il gioco d'acqua di una fontana sprofondò di alcuni metri il giorno prima del terremoto, del gas uscì dalla terra, nelle fontane si riscontrarono crepe e fessure, palle di fuoco furono avvistate in cielo e poi si videro fulmini violenti e si udì il rumoreggiare di tuoni.

La faglia di Sant'Andrea, nella California meridionale, è una delle zone a più forte tensione tettonica di tutto il pianeta.

Da un punto di vista scientifico, gli animali si distinguono proprio per la loro ipersensibilità a determinati fenomeni naturali. Tuttavia basandosi sulla loro osservazione non si sono ottenuti risultati incoraggianti, anche se unitamente all'impiego e al costante miglioramento della tecnologia moderna, l'osservazione del comportamento animale può sicuramente contribuire alla detrminazione della previsione.

La scala Richter

Il sismologo americano Charles F. Richter (1900-1985) diede a questo primo metodo di misurazione obiettiva dei terremoti il proprio nome.

La scala Richter deriva il proprio nome dal suo scopritore, Charles F. Richter (1900-1985).

In aperto contrasto con questo sistema di misurazione sono il metodo giapponese della valutazione del terremoto e la scala Mercalli, cosiddetta dal nome del vulcanologo italiano Giuseppe Mercalli (1850-1914). Entrambi questi metodi sono soggettivi e si riferiscono agli effetti visivi e sensitivi di un terremoto.

La cosiddetta "magnitudine" di Richter misura al contrario un'attività sismica basandosi sull'energia del terremoto. Si calcola partendo dall'oscillazione massima tracciata da un sismografo, considerando la diminuzione di energia a mano a mano che ci si allontana dall'epicentro.

Il dotto cinese Zhang Heng (78-139 d.C.) inventò nel 132 un apparecchio per predire i terremoti. All'angolo superiore di questa sorta di pentola di bronzo si trovano, disposte in cerchio, otto teste di drago con la mascella inferiore mobile e ognuna di queste ha tra le fauci una palla. All'interno si trova invece un meccanismo a pendolo, collegato alle fauci del drago. In caso di movimento sismico, il pendolo inizia a oscillare, il meccanismo agisce sulla mascella e quindi la palla cade dalle fauci di uno dei draghi e, passando per la bocca spalancata di una rana che si trova sotto, colpisce un gong.

Raso al suolo

IL TERREMOTO DI TANGSHAN

Nelle ore notturne del 28 luglio 1976, alle 3.42, un terremoto di intensità 8,2 della scala Richter colpì la città di Tangshan, nella provincia di Hebei, nella Cina nord-orientale. La metropoli, di un milione di abitanti, importante centro dell'industria cinese del carbone e dell'acciaio, venne quasi completamente distrutta. I dati sul numero delle vittime variano tra i 150.000 e i 700.000, centinaia di migliaia di persone rimasero invece ferite. Il terremoto di Tangshan fu la catastrofe con il maggior numero di morti di tutto il XX secolo.

800.000 persone sepolte sotto le macerie

Quando, durante la notte del 28 luglio 1976, il terremoto scosse violentemente ilflorido centro minerario, come se fosse un setaccio – così almeno furono le descrizioni dei testimoni oculari – gli abitanti stavano dormendo nelle proprie case. La prima e più disastrosa scossa di quello che un portavoce governativo definì il sisma più spaventoso e ricco di conseguenze di "tutta la storia dell'umanità" con epicentro a una profondità di circa 11 km, esattamente sotto la città, non durò più di 15 secondi; complessivamente l'intero fenomeno continuò per meno di due minuti. Tuttavia questo breve lasso di tempo fu sufficiente perché la città venisse completamente rasa al suolo, quasi tutte le case si accartocciarono su se stesse e seppellirono sotto le proprie macerie oltre 800.000 persone. La città di Tangshan non era mai stata considerata a rischio di terremoti e così le sue case non erano state costruite seguendo leggi antisismiche. Ma questa scelta si rivelò fatale.

Nel 1976 un terremoto di magnitudo 8,2 scosse la cinese Tangshan: quasi tutta la città venne completamente distrutta e 800.000 persone morirono tra le macerie.

Sepolti nelle gallerie delle miniere

Un destino particolarmente crudele colpì le migliaia di minatori del turno di notte, in quanto rimasero intrappolati nelle gallerie sotto la città. Il fatto che l'intera città fosse attraversata da una serie di tunnel sotterranei rese più precaria la stabilità dei condomini, che furono letteralmente proiettati in aria. In questo breve lasso di tempo la città si ritrovò sotto un'incredibile nuvola di polvere. Come per miracolo, fortunatamente, molte persone riuscirono a liberarsi dalle macerie. Poi questi "miracolati" iniziarono immediatamente a cercare parenti, amici e vicini. I sopravvissuti si ritrovarono da un momento all'altro in una città totalmente priva di acqua, senza cibo ed elettricità. Il 90% delle case e circa l'80% degli edifici industriali non esistevano più. Quasi tutte le stazioni di pompaggio dell'acqua e la rete di distribuzione erano andate distrutte e circa il 20% dei canali di scarico si rivelò inutilizzabile. Anche le fondamenta dei ponti vennero lese al punto da farli crollare.

Le scosse di assestamento scuotono la regione

Il pomeriggio di quello stesso giorno vi fu la prima scossa di assestamento che provocò la morte di chi era rimasto sepolto sotto le macerie ma sperava ancora di essere liberato e salvato.

Nei giorni seguenti si ebbero centinaia di scosse simili, che raggiunsero anche i 7,2 gradi della scala Richter, causando altre vittime e feriti e provocando danni rilevanti persino a Pechino, a 140 km di distanza. Complessivamente, la tremenda catastrofe rese inagibili oltre 5 milioni di abitazioni.

I primi soccorsi

Oltre 700.000 persone avevano bisogno di cure mediche, ma ovviamente anche gli ospedali erano andati distrutti e lo stesso personale medico era rimasto in parte sepolto sotto le macerie. I medici che accorsero da altri luoghi per prestare soccorso furono costretti a operare tra le macerie. Poiché, come abbiamo visto, ospedali, ma anche vie di accesso e mezzi di soccorso erano andati distrutti, erano praticamente irreperibili gli strumenti necessari per operare. I medici furono costretti a sterilizzare i ferri chirurgici che erano riusciti a trovare in soluzioni di acqua bollente e sale, mentre i pazienti dovettero essere operati ricorrendo anche all'agopuntura, in quanto i farmaci anestetizzanti erano assolutamente introvabili. Medici e infermieri lavoravano senza sosta per portare aiuto ai feriti. In questa fase fu prezioso anche l'intervento dei soldati, che pompavano acqua dalle fontane. Derrate alimentari e altri mezzi di sussistenza vennero invece lanciati dal cielo con il paracadute sulla città distrutta. I binari apparivano in alcuni punti contorti e annodati e oltre 40.000 lavoratori, fatti venire da altri luoghi, ripristinarono i tratti principali in appena sei giorni, così da garantire l'approvvigionamento della città e

I più violenti terremoti nell'Asia settentrionale

1293: Kamakura (Giappone): 30.000 morti
1556: Shaanxi (Cina): 800.000 morti
1596: Isumi (Giappone): 2000 morti
1705: Edo (attuale Tokyo, Giappone): 20.000 morti
1730: Kamikawa (Hokkaido, Giappone): 137.000 morti
1850: Szechuan (Cina): 300.000 morti
1857: Tokyo (Giappone): 107000 morti
1920: Gansu (Giappone): 200.000 morti
1923: Tokyo (Giappone): 143.000 morti
1976: Tangshan (Cina): 250.000 morti (dati ufficiali, ma si suppone siano molti di più)
1996: Kobe (Giappone): 6000 morti

Uomini disperati nella città distrutta. Nella sola Tangshan, a causa del terremoto, morirono oltre 7200 intere famiglie.

Anche le linee ferroviarie andarono completamente distrutte dopo il terremoto, ma le tratte principali furono ripristinate in appena sei giorni.

soprattutto il trasporto dei feriti. Questo accorgimento si rivelò necessario in quanto tutte le strade di accesso risultavano ostruite dalle macerie o addirittura distrutte per via delle profonde fenditure causate dall'intensità delle scosse.

I numerosissimi morti provocati dalla catastrofe furono seppelliti a grande velocità, in genere nelle vicinanze delle abitazioni stesse che ne avevano causato la morte.

Hua Guofeng, presidente del Partito comunista cinese, applaude i lavoratori che hanno iniziato la ricostruzione della devastata Tangshan.

Questa scelta avrebbe provocato in seguito gravi problemi di salute e igiene, anche perché, subito dopo il terremoto, sui luoghi colpiti si abbatterono ingenti piogge che fecero riemergere molti dei cadaveri, che dovettero essere disseppelliti e quindi di nuovo sepolti fuori dai confini della città.

La vittoria dell'ideologia

Le grandi oscillazioni nei dati circa il numero di vittime del terremoto di Tangshan erano legate soprattutto alle scelte politiche dell'allora Repubblica Popolare Cinese, che all'epoca della controrivoluzione tendeva a minimizzare gli enormi danni delle catastrofi. Per questo il valore della scala Richter venne fissato a 7,8, mentre le misurazioni internazionali parlarono di 8,2. Destino condiviso anche dalle cifre riguardanti i morti e i feriti, in quanto i dati forniti oscillavano tra valori estremi di 250.000 e 750.000. Il quotidiano popolare di Pechino pubblicò un articolo solo una settimana dopo la catastrofe, fatto che rispecchiava appieno lo spirito della politica cinese dell'epoca. Nell'articolo si leggeva che Che-Cheng-min, membro del comitato politico e sindaco di Tangshan, era riuscito a liberarsi dalle macerie. Udite quindi le urla dei figli, di 13 e 16 anni, si stava accingendo ad aiutare i soccorritori per salvarli, quando sentì i gemiti del rappresentante locale del comitato politico di Tangshan, che era rimasto anch'egli sepolto sotto le macerie. Senza pensarci decise di liberare prima quest'ultimo, perché era fondamentale che questi vivesse per organizzare i soccorsi. Questi venne estratto dalle macerie e si salvò, non così i due giovani figli dell'uomo, che morirono prima dell'arrivo dei soccorsi. L'autore dell'articolo, che era anche il padre dei due ragazzi, non dimostrò pentimento né tristezza, in quanto aveva sacrificato i propri figli per il bene del paese. L'ideologia doveva sempre trionfare, anche sugli affetti umani.

La ricostruzione

Dopo che la città ricevette derrate alimentari e soccorsi, le infrastrutture vennero di nuovo attivate e i morti sepolti; l'intera Cina, secondo quanto affermò la propaganda, iniziò la sua ricostruzione. Erano passati tre anni, durante i quali si era discusso se la nuova edificazione avrebbe dovuto avvenire esattamente nello stesso luogo, oppure no. La paura di un altro sisma di pari intensità era infatti molto forte. Infine si decise comunque di procedere con la ricostruzione nello stesso luogo. Ci vollero altri dieci anni prima che la città, che era stata completamente rasa al suolo, rinascesse. Oggi Tangshan conta ancora oltre un milione di abitanti; la paura è rimasta e gli uomini convivono con il rischio di una nuova catastrofe. In Cina la città è nota come "la più coraggiosa di tutta la repubblica". Nel centro della nuova Tangshan una stele ricorda la catastrofe e nelle vicinanze si trova l'unico museo cinese dedicato ai sismi.

Una città distrutta

"Quando ci si avvicina alla città si vedono villaggi e ponti appena costruiti, file infinite di cumuli di terra fresca che coprono tombe, mucchi di rovine sparsi nei campi. Ma tutto questo non riesce a preparare il viaggiatore alla vista terribile di Tangshan: il passaggio da una vita di campagna quasi tornata alla normalità alle immagini di una città distrutta è improvviso e opprimente. Un minuto prima il treno sfrecciava accanto a campi di grano oscillanti nel vento, ora passa attraverso un deserto di pietra, così esteso da risultare sterminato: qui un tempo c'era una metropoli da un milione di abitanti."

Peter Griffiths, giornalista, in un articolo per il *London Times*

In occasione del 30° anniversario del terremoto di Tangshan venne eretto questo monumento commemorativo con i nomi delle vittime.

La cenere viene proiettata nella stratosfera fino a 19 km di altezza. Le nuvole di fumo sono visibili anche in lontananza.

L'ESPLOSIONE DI UNA MONTAGNA

LO SCOPPIO DEL MONTE ST. HELENS

Per via della sua bellezza simmetrica, il monte St. Helens, nello Stato di Washington, è noto anche come il Fuji americano. Ghiacci eterni e neve fanno splendere la sua vetta, ma il 18 maggio 1980 si verificò una straordinaria catastrofe: senza che nessuno se ne fosse accorto, il vulcano scoppiò, dopo che un terremoto aveva causato una frana sul suo lato settentrionale. A questo evento seguirono numerose esplosioni dovute alla pressione accumulata, e una slavina di pietre e pietrisco, ceneri e ghiaccio distrusse tutto ciò che incontrò sul proprio cammino per alcune centinaia di chilometri. Oltre 60 persone persero la vita durante la catastrofe.

Un nome per una montagna

Tra il 1792 e il 1794 il comandante George Vancouver e i suoi uomini a bordo della nave *H.M.S. Discovery* esplorarono la costa pacifica del Nord America. Nel corso del suo viaggio, battezzò il vulcano, che si stagliava sulla costa occidentale americana, monte St. Helens, dal nome del diplomatico britannico Alleyne Fitzherbert (1753-1839), che aveva il titolo di barone St. Helens: era l'ottobre 1792.

Il monte St. Helens ha nelle vicinanze alcuni "fratelli": a una distanza di circa 50 km il monte Adams, a 80 km il gigantesco vulcano Ranier e il monte Hood, che si staglia contro il cielo dell'Oregon.

Cronaca dello scoppio

Nonostante questo grande addensamento di vulcani possenti, negli Usa nord-occidentali si erano verificate pochissime eruzioni. I vulcani della zona erano considerati fino al 1980 come "viventi", ma non attivi. Oggi il monte St. Helens è definito un vulcano pericoloso, ma fino a quel giorno del maggio 1980 si avevano solo poche notizie di attività vulcaniche. Negli ultimi 520 anni, fino al 1980, erano state segnalate solo quattro eruzioni, nel corso delle quali il vulcano aveva eruttato oltre 1 km^3 di ceneri e lapilli, mentre più numerose erano state le scosse di portata inferiore. Nel 1480 si verificò un'eruzione che, secondo le valutazioni moderne, sarebbe stata cinque volte più intensa rispetto a quella avvenuta nel 1980. Da un punto di vista geologico nei circa 50.000 anni della sua esistenza si sono stimate attività molto più violente.

Giungendo in epoche più recenti, nel 1800 si registrò un'altra eruzione. Missionari, mercanti ed esploratori ascoltarono i racconti degli indiani Sanpoil e Spokan, che parlavano di nubi e pioggia di cenere. Nel novembre 1842 il religioso Josiah Parrish fu testimone di un'eruzione nell'Oregon, a circa 130 km a sud-ovest: secondo quanto riferì, la terra iniziò a tremare, mentre dal cielo sempre più cupo iniziò a cadere la cenere. Il giorno seguente, il St. Helens aveva sparso la propria cenere come un manto di neve sul fiume Columbia.

Volte di lava

La volta di lava è il risultato di numerose piccole eruzioni. L'aspetto è paragonabile a quello di un tubetto di dentifricio rivolto verso l'alto, da cui fuoriesce un flusso di lava così ricca di silicio e così fragile, perché fredda, da non essere in grado di scorrere. In corrispondenza dell'estremità superiore si forma immediatamente una sorta di crosta che viene fratturata ogni volta che ulteriori masse di lava fuoriescono. Dato che la pressione all'interno del vulcano aumenta in modo significativo, si verificano di tanto in tanto lievi eruzioni, durante le quali parti dello strato superiore vengono scagliate lontano. Se la volta di lava all'interno del cratere continuerà a crescere al ritmo di prima, cioè circa 15 km^3 all'anno, ci vorrà circa un secolo perché il cratere del monte St. Helens venga nuovamente riempito e raggiunga ancora il livello che aveva prima dell'eruzione del 1980.

Il monte St. Helens domina maestoso il pittoresco Spirit Lake.

successiva: Oregon e Washington furono infatti occupati dagli europei solo nella seconda metà del XIX secolo; nel 1859 l'Oregon divenne un membro degli USA, seguito nel 1889 da Washington. Fino agli inizi del XX secolo l'insediamento umano rimase tuttavia molto rado, pertanto non deve affatto sorprendere che non vi siano dati precisi circa l'attività vulcanica.

Il terremoto provoca la catastrofe

Il monte St. Helens è, come gran parte dei vulcani a cascata, un grande cono colmo di basalto, lava e pietrisco. Fino al 1980 sui suoi pendii si erano formate diverse colate di lava.

La regione intorno al vulcano era una zona naturale protetta, paradiso di cacciatori, pescatori ed escursionisti. Boschi fitti e rigogliosi con ricca fauna, trote e salmoni in fiumi e ruscelli invitavano alla visita.

Durante i due mesi che precedettero la catastrofica eruzione, nello stato di Washington furono registrati oltre 10.000 terremoti, con numerose esplosioni di vapore. La formazione di lava sul pendio settentrionale, nota come Goat Rocks, si

Un fiume scorre serpeggiante attraverso un campo ricoperto di pomice e cosparso di sali nel Mount St. Helens National Park.

In seguito all'eruzione decine di chilometri quadrati di bosco furono incendiati.

Si pensa che fino al 1857 l'attività vulcanica sia stata regolare. Poi, negli anni 1898, 1903 e 1921 si hanno notizie di eruzioni di poco conto, tuttavia non esistono informazioni concordanti su questi eventi intermedi. A giudicare da quanto ci ha rivelato l'eruzione del 1980, si trattò probabilmente solo di eruzioni più piccole o di esplosioni di vapore, che provocarono minimi lanci di pietre. È interessante notare che questa regione degli USA venne annessa solo in epoca

ingrossò di oltre 80 metri.

Il 18 maggio, intorno alle 8.32, sotto il vulcano si registrò un terremoto di magnitudo 5,1, che fu probabilmente la causa scatenante per la violentissima eruzione di poco successiva. Nell'arco di pochi secondi, infatti, l'intero pendio settentrionale scoppiò, scatenando una delle più terribili slavine di pietrisco di tutti i tempi, che si spostava a una velocità di oltre 1000 km/h. La temperatura nelle zone interessate raggiunse in pochi secondi i 300 °C. Neve e ghiaccio che ricoprivano il monte St. Helens si sciolsero, provocando una fortissima inondazione che interessò i pendii del vulcano e poi le valli circostanti, uccidendo ogni forma di vita sul suo percorso. Nell'arco di pochi minuti si formò sopra il vulcano una voluminosa nube di cenere, alta 19 km. I venti spostarono all'incirca 540 milioni di tonnellate di cenere su quasi 60.000 km^2 nella regione americana di Nord-ovest. Verso mezzogiorno la nube di cenere aveva ormai raggiunto nella stratosfera lo stato dell'Idaho, alle 15.00 il Montana, da dove poi, seguendo la direzione eolica, si spostò verso sud. La sera del 18 maggio giunse in Colorado, a sud-est. In quello stesso giorno, il vulcano diminuì notevolmente in altezza: nell'arco di poche ore, infatti, la vetta si trasformò in cenere e polvere, depositandosi come una coltre su tutta la parte nord-occidentale degli Usa.

Testimoni nei diversi Stati federali descrivono il forte rumore dell'esplosione come assordante e la pioggia di cenere come una sabbia fine, di colore grigio-beige, dal forte odore di zolfo.

Dall'eruzione del 1980 dentro il cratere si è formata una nuova volta di lava del diametro di 1100 m e alta 250 m. Il suo contenuto è valutato in un volume di circa 90 milioni di m^3 di lava.

Il numero di vittime provocate direttamente dalla catastrofe raggiunge le 57 persone, che diventano 64, se si considerano anche i morti per un disastro aereo e un incidente stradale, entrambi riconducibili al terremoto.

Il 18 maggio 1980 fumo e cenere furono proiettati in cielo durante la violenta eruzione del monte St. Helens, nello Stato di Washington.

La distruzione giunge alle prime luci dell'alba

Il terremoto di Kobe

Per 47 anni in Giappone non si erano più avuti terremoti, la ricerca sull'attività sismica aveva raggiunto il proprio culmine e gli uomini si sentivano molto più sicuri nelle proprie case, anche se erano consapevoli di abitare in una delle regioni a maggior rischio. All'alba del 17 gennaio 1995, tuttavia, in un attimo la tregua cessò: intorno alle 5.46 del mattino, un terremoto molto violento sconvolse la città di Kobe, nel Giappone meridionale. Le case si accartocciarono su se stesse, le strade si aprirono a metà come se fossero di carta, fabbriche e tratti di ferrovia furono completamente distrutti, mentre oltre 6000 persone persero la vita e più di 300.000 rimasero senza tetto.

Le case di legno non opposero alcuna resistenza alle scosse telluriche di Kobe.

La distruzione in 20 secondi

Nel Giappone occidentale la popolazione si è sempre considerata relativamente al sicuro dai terremoti più violenti, sebbene il Giappone, come del resto l'intera zona dell'Oceano Pacifico, sia a livello mondiale tra le regioni dove l'attività sismica è più violenta. Ciò dipende dal fatto che il paese si trova su una zona di frattura di tre zolle continentali. Per via dei movimenti di queste zolle, nonché degli attriti e dei fenomeni di subsidenza ad essi collegati, la terra qui trema molto più frequentemente che in altri luoghi del nostro pianeta.

Il 17 gennaio 1995, intorno alle 5.46 ora locale, in una di queste zone, la faglia di Nojima, si ebbe una scossa distruttiva di grande violenza che, pur essendo a circa 16 km di profondità, provocò sulla terra una delle catastrofi più violente di tutti i tempi. Raggiunse un'intensità di 7 della scala giapponese (vedi riquadro p. 50), che corrisponde a un valore di 7,2 della scala Richter. Il suo epicentro si trovava a circa 20 km a sud-ovest del centro cittadino di Kobe. Il terremoto fu così violento da gettare nel panico anche gli abitanti della vicina Osaka, risvegliando in tutto il Giappone il terrore primordiale nei confronti delle forze incontrollabili della natura.

Molti degli edifici considerati antisismici vennero danneggiati o distrutti. Il terremoto fece oltre 6300 vittime.

Una falsa sicurezza

In Giappone si è sempre stati all'avanguardia in materia di sicurezza antisismica, tanto che qui vennero realizzate le prime case e soprattutto i primi condomini e grattacieli a prova di terremoto. Tuttavia, nel terremoto del 1995 la maggior parte degli edifici crollò o venne danneggiata. Basandosi su una grande esperienza, la popolazione giapponese sa perfettamente come comportarsi in caso di terremoto: esercitazioni vengono regolarmente eseguite nelle scuole e sui posti di lavoro. Tuttavia nessuno aveva mai preso in considerazione una scossa breve di tale intensità. E quando, in preda allo shock, si cercò di reagire, tutto era ormai già finito. Quando si scatenò il terremoto la maggior parte dei cittadini di Kobe era a letto o stava facendo colazione in casa, cosa che, come si poté stabi-

Testimonianza oculare

"Ancora oggi, ipotizzando che non ci fossero stati gli aiuti dei Yamaguchi-Gumi, mi scorre un brivido lungo la schiena. Non dimenticherò mai quello che hanno fatto per noi. Finché vivrò, lo racconterò a nipoti e pronipoti, perché chi dimentica la riconoscenza non è un uomo."

Tetsu Tanimura, docente di giapponese e giornalista

Nella terra sconvolta dopo il terremoto di Kobe, che raggiunse una magnitudo di 7,2, si sono formate fenditure profonde.

Dopo il terremoto, in tutta Kobe vennero lasciati fiori e cibo, in ricordo di parenti e amici perduti.

lire in seguito, fu una vera fortuna, in quanto uffici, fabbriche, negozi e strade erano piuttosto vuoti e anche il traffico ferroviario era scarso. Appena due ore dopo, quando tutti i pendolari si fossero trovati in strada o già sul posto di lavoro, il numero delle vittime sarebbe stato molto più alto.

Il bilancio della distruzione

La catastrofe del 1995 fu la conseguenza della scossa tellurica più violenta nel Giappone occidentale dal 1923. Non solo le case crollarono su se stesse e i loro abitanti furono travolti, ma anche l'autostrada a quattro corsie di Hanshin, considerata antisismica e costruita su pilastri di legno, fu distrutta per una lunghezza di 5 km, sotterrando sotto di sé molte vittime. Pietrisco, acciaio e asfalto si mescolarono alle lamiere delle auto. Il terremoto provocò 6434 morti e circa 44.000 feriti. Oltre 150.000 edifici furono distrutti. Successivamente scoppiarono più di 500 incendi, che bruciarono una superficie superiore ai 100 ha. Oltre 300.000 su 1.400.000 abitanti rimasero senza tetto, tanto che sei mesi dopo la catastrofe si stimava che ancora 17.000 persone vivessero per strada. Il porto, all'epoca considerato porto non petrolifero con il maggiore traffico al mondo, subì ingenti danni da cui non si è ancora ripreso. Complessivamente i danni materiali furono valutati intorno ai 100 miliardi di dollari USA. Tutti i danni alle infrastrutture ebbero tra l'altro anche un'altra, pesantissima conseguenza: resero più difficoltosi i soccorsi per le vittime.

Critiche alla gestione della catastrofe

Oltre 100.000 edifici furono completamente distrutti e quasi 500.000 fortemente danneggiati, tanto che dovette passare molto tempo prima che tutti coloro che avevano perduto una casa si ritrovassero finalmente di nuovo con un tetto sopra la testa. Le reti di distribuzione di gas, acqua ed elettricità erano interrotte e si dimostrò impossibile, oltre che molto costoso, ripararle: si dovevano quindi realizzare nuovi sistemi di approvvigionamento. L'estate del 1994 era stata estremamente parca di pioggia e le cisterne della città erano ormai quasi vuote. Tra l'altro, i focolai degli incendi che scoppiarono in città in seguito al terremoto erano talvolta molto lontani l'uno dall'altro. I vigili del fuoco dovettero conseguentemente osservare impotenti l'azione distruttiva di molti incendi. A livello internazionale si mossero forti critiche alla gestione della crisi, sostenendo che si era pensato

La misurazione di un terremoto

L'intensità di un terremoto può essere valutata in modi diversi: da un lato, per esempio, si misura l'intensità sismica della scossa in un dato punto, dall'altro si può descrivere l'energia che viene liberata con la scossa tellurica. A differenza della scala Richter, valida in tutto il mondo, che è aperta verso l'alto, la scala giapponese è un sistema di valori chiuso tra zero e sette. Venne elaborata nel 1949 da un gruppo di scienziati che si occupavano di eventi sismici.

ZERO: Si misura la scossa.

UNO: Ha luogo una lieve scossa, che può essere percepita solo dalle persone più sensibili.

DUE: Molte persone si accorgono del terremoto, per esempio le porte vacillano.

TRE: Si avverte chiaramente una scossa moderata, gli edifici oscillano e le finestre possono andare in frantumi.

QUATTRO: Una scossa di media intensità, con edifici che oscillano fortemente, viene anche percepita da persone che camminano.

CINQUE: Ha luogo un forte terremoto; durante la scossa possono crollare pareti e cadere lampioni per la strada.

SEI: Una scossa distruttiva, crollano fino al 30% degli edifici; gli uomini cadono a terra.

SETTE: Una scossa molto violenta, la terra si spalanca, crollano oltre il 30% degli edifici, le strade vengono distrutte.

Dopo il terremoto del 1996 Emi Shmazu, 12 anni, siede avvolta dalle coperte accanto alle rovine di casa, con il suo cane.

troppo alle misurazioni della scossa sismica dedicando poca attenzione a piani concreti per affrontare l'emergenza. Nei giorni e nelle settimane seguenti acqua potabile, derrate alimentari, coperte e indumenti pesanti (l'inverno a Kobe è molto freddo), oltre a oggetti di uso quotidiano, si fecero sempre più scarsi; i rifugi provvisori per i senzatetto furono allestiti dalle autorità statali solo in rari casi. La popolazione, lasciata a se stessa, si mise subito all'opera per ripristinare le vie di collegamento, per esempio con Osaka, dove molti poterono recarsi in auto per acquistare il necessario. Nelle rovine di Kobe regnava il caos. La solidarietà internazionale e, finalmente, i soccorsi statali iniziarono ad alleviare una parte dei bisogni. Oltre a questi, si attivò anche un soggetto in genere molto temuto: alcuni temibili esponenti della Yakuza, la criminalità organizzata giapponese, distribuirono mezzi di soccorso alle vittime del terremoto.

Il terremoto e la Yakuza

L'allora primo ministro giapponese, Tomiichi Murayama (1994-1996) visitò il luogo del disastro e promise aiuti immediati. Ma le promesse non vennero mantenute e tutti cercavano ormai disperatamente acqua, coperte, tende e servizi igienici. I sopravvissuti aspettavano in file chilometriche per ricevere acqua e cibo. Fu a questo punto che intervenne la Yakuza, un'organizzazione malavitosa sotto molti aspetti simile alla mafia. I suoi esponenti utilizzarono battelli veloci ed elicotteri per portare nella città distrutta mezzi di sostentamento. Il motto della Yakuza è "Jingi", che significa "umanità" o "giustizia". Nel codice d'onore dell'organizzazione si deve mostrare pietà verso chi è in difficoltà. Per questo motivo decisero di intervenire nonostante la resistenza di polizia e autorità. Complessivamente l'aiuto apportato dalla mafia giapponese ammontò a 10 miliardi di yen (circa 9 milioni di euro).

Ma, secondo alcune voci dissenzienti, sarebbe stato solo nell'interesse della mafia ripristinare quanto prima lo status quo, per poter così riprendere le proprie attività illecite.

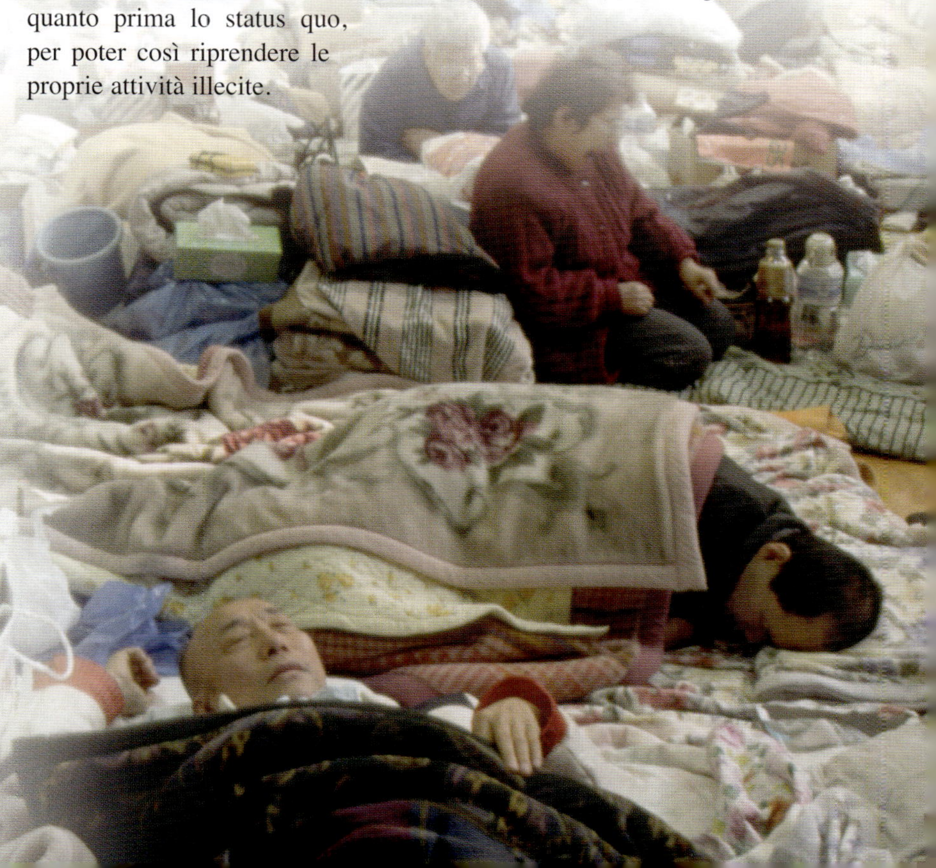

Una scuola elementare rimasta intatta venne usata dai sopravvissuti del terremoto del gennaio 1995 per ripararsi dal gelo.

Pareti di fuoco alte fino al cielo

L'incendio dei boschi in Galizia nel 2006

Anno dopo anno, i boschi dell'Europa meridionale bruciano durante i mesi estivi, ma nelle prime due settimane di agosto del 2006 solo in Galizia si ebbero oltre 2055 incendi. Quattro uomini persero la vita tra le fiamme, migliaia di pompieri, 2000 soldati e volontari lottarono contro l'incendio che distrusse oltre 80.000 ettari di bosco. Come dimostrarono indagini successive, gran parte degli incendi fu appiccata di proposito, con l'80% è stata classificata di origine dolosa

Il fuoco può essere una forza terribile. Testimoni oculari di un incendio boschivo lo descrivono in genere come simile a pareti di fuoco che raggiungono il cielo.

La desertificazione in Spagna

Il clima spagnolo noto per la notevole aridità, tanto che in Europa la Spagna risulta essere la regione a più rapida desertificazione. Ogni estate porta con sé siccità e inevitabilmente anche incendi. Tra il 2000 e il 2005 in Spagna si sono registrati annualmente circa 22.000 incendi, numero che nel 2005 salì a 26.500. Nel 2006, oltre 110.000 ha di terra furono distrutti dalle fiamme e più di tre quarti in Galizia, senza contare l'incendio degli inizi di agosto. Il WWF (World Wide Fund for Nature) ha calcolato un costo per ettaro di circa 13.500 euro, cifra che si riferisce solo ai danni ecologici, economici e sociali più evidenti. In questa somma, infatti, non sono considerati i costi conseguenti anche a lungo termine, derivanti dall'erosione e dall'impoverimento del terreno. Molti di questi incendi sono riconducibili a cause naturali, ma la maggior parte – secondo le autorità spagnole, addirittura l'80% – è provocata dalla mano dell'uomo, è cioè di origine dolosa.

Bande organizzate?

La maggior parte degli incendi che scoppiarono in Galizia nel 2006 era di origine dolosa. Furono arrestati oltre 60 sospetti: contro 14 di loro si procedette all'arresto, 7 furono ricoverati in cliniche psichiatriche, 28 rilasciati a piede libero, mentre contro i restanti non emersero prove per convali-

dare l'accusa. Tra gli arrestati dalla polizia anche un volontario dei vigili del fuoco: in Spagna, questa figura professionale viene pagata in base al numero di interventi eseguiti.

In Galizia si verificano particolari condizioni che rimandano all'intervento di bande organizzate. Una gran parte del traffico di droga in Spagna passa per questa regione, elemento che ha indotto la giustizia locale a desumere che le bande organizzate appiccano appositamente incendi per distogliere l'attenzione delle autorità dai propri traffici. Nella maggior parte dei casi alla base vi sono motivi di natura economica: probabilmente si cerca in questo modo di rialzare il prezzo basso del legname. È

Il più grande incendio di tutti i tempi
L'incendio di maggiore portata si verificò nell'ottobre del 1871 intorno alla città di Peshtigo, nel Wisconsin (USA). Più di 1000 km² di bosco andarono distrutti dal fuoco alimentato da forti venti; i morti furono 1500 e 9 località vennero distrutte.

anche possibile che chi gestisce un tratto di bosco voglia farsi sovvenzionare con fondi UE la riforestazione con eucalipto, pianta a crescita rapida e utilizzata dall'industria della carta: in tal caso, ci si approprierebbe indebitamente delle sovvenzioni. Ma in generale si tratta di speculatori senza scrupoli che vogliono così avere nuovi spazi da destinare al pascolo o all'edilizia. E poi naturalmente ci sono i piromani, che seguendo la propria natura malata godono vedendo il fuoco in azione. Come si può desumere, la gamma di motivi plausibili è molto ampia. Per quanto riguarda la "nuova tipologia" di incendiario spagnolo, il ministro dell'agricoltura, Alfredo Suárez Canal, afferma che il criminale agisce chiaramente pensando a come apportare un grande danno, ecco perché il fuoco viene intenzionalmente appiccato nei pressi dei centri abitati. Il governo ha lanciato una campagna contro il "terro-

Mentre molti uomini cercano scampo e portano soccorsi, i piromani continuano ad appiccare incendi.

Impotenti, gli abitanti di un paese osservano il fuoco che si avvicina inesorabilmente.

Gli uomini lottano ininterrottamente contro gli incendi boschivi che distruggono la regione. In quello devastante del 2006 morirono quattro persone e centinaia rimasero feriti.

rismo degli incendi". Ma va detto che lo stesso governo non è del tutto senza colpe dinanzi a questa catastrofe.

La colpa delle autorità

Gli esperti forestali del WWF stimano che nel 2006 nella sola Spagna siano andati in fumo quasi 1,5 miliardi di euro, perché le autorità non sono riuscite a prevenire in modo efficace gli incendi boschivi. Contemporaneamente, sostengono l'urgenza di interventi tempestivi e mirati, perché il numero di incendi nei boschi spagnoli dagli anni Sessanta si è decuplicato.

Tuttavia, in Spagna e Portogallo gli incendi possono essere definiti catastrofi "regolari", le leggi a protezione della natura sono deboli, il numero di dipendenti statali che tengono puliti i boschi ed eliminano la vegetazione del sottobosco è minimo. Il numero in costante incremento degli incendi è dovuto anche allo sfruttamento delle aree boschive, alla fuga dalla campagna, in seguito alla quale i boschi si inselvatichiscono, alla scarsità idrica, all'innalzamento delle temperature con ondate di caldo estremo e alla politica forestale lacunosa.

La teoria della cospirazione

Un ruolo di primo piano per il gran numero di incendi scatenatisi in Spagna nel 2005 è stato attribuito alla "legge montana" annunciata dal governo socialista. Secondo la nuova legge, un terreno devastato da un incendio non può essere

Gli incendi in altri paesi

In Grecia, Italia e Francia meridionale incendi devastanti distruggono ogni estate enormi superfici di bosco e macchia. Nel 2005 il Portogallo risultò particolarmente colpito: qui infatti bruciò una superficie di circa 250.000 ha. Per aiutare i paesi interessati sia nella prevenzione, sia nella lotta vera e propria, la commissione UE patrocina il European Forest Fire Information System, che garantisce lo scambio di informazioni tra i 19 paesi membri, oltre a una migliore capacità di prevedere il rischio. Gli USA, in particolare gli Stati occidentali, vengono anch'essi colpiti ogni anno da incendi. A Los Angeles la maggiore preoccupazione è fermare gli incendi prima che raggiungano la città e ogni anno migliaia di individui devono fuggire dal fuoco.

sfruttato con attività edili o agricole per 30 anni. La legge venne annunciata con grande clamore, ma entrò in vigore solo dopo l'estate del 2005. Si è quindi a ragione desunto che il numero di incendi estremamente elevato verificatosi in quell'anno abbia a che fare con il tentativo di sfruttare a scopi speculativi il terreno edificabile, sempre più costoso. Dall'entrata in vigore della legge, gli incendi sono in effetti diminuiti, ma non in Galizia, dove invece continuano ad aumentare esponenzialmente. Per quale motivo? Il governo si è visto porre dinanzi una cosiddetta "campagna del fuoco". Alfredo Pérez Rubalcaba, ministro dell'interno, non crede che si tratti di una lotta contro un fenomeno naturale, bensì contro attacchi strategicamente pianificati e con finalità criminali. In tal modo ha indirettamente dato la colpa al partito popolare PP, una fazione politica di destra, che dal 1936 ha sempre gestito le questioni governative in Galizia e dopo lo scioglimento imposto dai socialisti ha iniziato una campagna denigratoria, evidenziandone le presunte incapacità di governare: sotto questo punto di vista anche gli incendi possono diventare un'utile propaganda. Complessivamente, tutti i fattori sin qui citati sono responsabili, anche se in misura diversa, della catastrofe. Furono le piogge ingenti a porre fine all'incubo incendi nell'estate 2006. Il problema si ripresenterà forse negli anni a venire?

L'incendio ricomincia a minacciare il territorio, sebbene i vigili del fuoco siano costantemente impegnati.

Disperati, gli abitanti del luogo cercano di fermare l'avanzata del fuoco.

TEMPESTE E INONDAZIONI

Senza aria e senz'acqua sulla terra non potrebbe esserci alcuna forma di vita, tuttavia gli elementi possono essere anche letali e non di rado tempeste e inondazioni sono in grado di distruggere i segni del progresso umano, come se fossero leggerissimi fuscelli. Gli scienziati spiegano il recente intensificarsi di simili fenomeni come l'ineluttabile conseguenza dei cambiamenti ambientali. In passato non si erano mai piante così tante vittime, né lamentate ingenti perdite. Il nostro ecosistema è malato.

Le inondazioni modificano l'andamento delle coste

L'inondazione olandese del 1953

Le draghe iniziano ad ammassare sacchi per creare un argine provvisorio.

La costa europea del Mare del Nord è stata soggetta a gravi inondazioni sin dal Medioevo e le più terribili fra queste sono state anche battezzate dal popolo con un nome, in genere riferendosi a martiri del calendario religioso, santificati esattamente il giorno in cui si è verificato l'evento. La forza distruttrice della massa d'acqua era così intensa da modificare continuamente l'andamento delle coste. Nell'inondazione in assoluto più ricca di conseguenze, la cosiddetta "seconda piena di Marcello", dell'anno 1362, si venne a formare in una sola notte un'insenatura di quasi 100 km², il Dollart. Passando in epoca moderna, l'inondazione dalle conseguenze più gravi si ebbe nell'anno 1953 e colpì contemporaneamente le coste olandesi, belghe e inglesi. Conseguenza diretta della catastrofe fu il rimodellamento della costa olandese attraverso il "Deltawerk", un progetto davvero grandioso.

Antiche fonti

Sin dai tempi più remoti, le coste del Mare del Nord vengono continuamente colpite da inondazioni. Già in origine l'uomo ha cercato di proteggere se stesso e il proprio ambiente dalle forze della natura, ricorrendo a misure adatte. Edificò dighe e argini, sfruttando un lavoro collettivo ben organizzato, e al contempo costruì le proprie abitazioni su colline, per potersi difendere dai flutti. Ma la natura si dimostrò sin da subito un avversario temibile, sempre in grado di prevaricare sull'umanità. Di generazione in generazione, inondazioni e piene possenti hanno continuato a presentarsi con una violenza tale che dighe all'apparenza così sicure si rivelavano di volta in volta inadeguate e incapaci di evitare la catastrofe. La prima grande inondazione storicamente accertata si verificò nella notte del 17 febbraio 1164. Il giorno prima si era festeggiata la festa religiosa dedicata alla martire Giuliana, così che l'evento venne ribattezzato "piena di Giuliana" e in tal modo citato negli annali. A causa della forza della massa d'acqua penetrata violentemente nella Germania settentrionale, si formò una nuova baia, che oggi è chiamata Jadebusen.

Stellendam, nei Paesi Bassi, completamente inondata dopo il passaggio dell'uragano. Detriti e macerie galleggiano sull'acqua.

La Grote Mandränke

La più nota fra le grandi inondazioni storiche che colpirono la costa del Mare del Nord è la "Marcellusflut", la piena di Marcello, del 1362. La costa tedesca del Mare del Nord venne completamente modificata da questa alluvione possente, assumendo la forma che oggi conosciamo. Il mare trascinò con sé ingenti superfici paludose, un tempo molto fertili, e distrusse numerosi villaggi e cittadine. La piena di Marcello fu così violenta da riuscire a superare di oltre 2 metri la diga più alta. Nel ricordo della popolazione questa inondazione rimase come la "Grote Mandränke" (la "grande bevuta") e nelle fonti si parla di oltre 100.000 vittime.

Il pericolo periodicamente incombente di piene e inondazioni è tenuto sotto controllo con dighe e argini sempre più alti e possenti. Se nel Medioevo gli argini avevano un'altezza media di 4 m, nell'epoca moderna superano un'altezza di 8 metri e una larghezza di 100 m. Ma anche queste opere ingenti forniscono solo una sicurezza effimera.

Le barriere sul Tamigi

Le barriere sul Tamigi (Thames Barrier), a Woolwich, periferia di Londra, rappresentano il più grande sistema mobile di difesa dalle acque a livello mondiale. I progetti per la costruzione di quest'opera faraonica iniziarono dopo la terribile inondazione del 1953. L'erezione del sistema proseguì dal 1974 al 1984. Le dieci chiuse dell'impianto sono in genere depositate sul fondo del Tamigi, per non intralciare il traffico fluviale. In caso di minaccia di inondazione, le chiuse vengono predisposte nell'arco di appena 15 minuti, per proteggere Londra da un'inondazione.

L'uragano sul Mare del Nord

Negli ultimi giorni di gennaio del 1953 si formò a sud dell'Islanda una zona di bassa pressione, che prese a spostarsi in direzione della Scozia. In sua prossimità si delineò una tempesta, attraverso cui la zona di bassa pressione venne ulteriormente spostata verso sud-ovest. A mezzogiorno del 31 gennaio 1953 la tempesta si era ormai tramutata in un uragano che colpì l'intero Mare del Nord. Sulla costa olandese c'era all'epoca alta marea, ulteriormente rafforzata dalla tempesta. In alcuni tratti, dove l'acqua ormai superava gli argini, iniziava a preannunciarsi la catastrofe imminente. La forza del vento ostacolava il deflusso dell'acqua dalla costa, così che quella sera non si ebbe bassa marea. Nelle prime ore del mattino del 1° febbraio si verificò inoltre una piena di ingenti dimensioni che, a causa dell'imperversare della tempesta, portò i livelli stabili di acqua a superare di quasi 5 metri l'idrometro. Gli argini non erano sufficientemente equipaggiati per reggere una simile pressione e così, verso le 3 di notte, i primi iniziarono a crollare: la più grave inondazione degli ultimi 500 anni stava per colpire l'Olanda.

Le conseguenze

I meteorologi avevano a lungo sottovalutato la pericolosità della situazione: quando la catastrofe scoppiò, durante la notte, era ormai troppo tardi per avvisare la popolazione o pensare addirittura a evacuarla. Neppure la radio e la televisione potevano essere di qualche utilità, poiché all'epoca non venivano trasmessi programmi notturni. Quando i primi argini cedettero, la catastrofe colse la popolazione del tutto impreparata. Complessivamente gli argini crollarono in quasi 100 punti, e solo nei Paesi Bassi morirono più di 1800 persone, 200.000

Sullo sfondo: In Olanda, Kinderdijk (letteralmente "il regno dei bambini"), celebre per i suoi mulini a vento, è edificata su terra strappata al mare grazie all'arginamento.

In basso: Le infrastrutture della stazione di Dordrecht, in Olanda, sono state completamente sommerse dall'acqua e pesantemente danneggiate.

Il Deltawerke

Con questo termine si intende un gigantesco sistema protettivo di argini e dighe attraverso il quale la costa dei Paesi Bassi venne completamente modificata nella seconda metà del XX secolo. La spinta alla sua realizzazione fu data dalla spaventosa inondazione del 1953, durante la quale il delta fluviale di Maas e Waal, nel sud dell'Olanda, venne devastato. La possente costruzione ridusse il litorale olandese di oltre 600 km. La parte tecnicamente più complessa è rappresentata dalla diga Oosterschelde che prevede 62 chiuse gigantesche, richiudibili in appena un'ora in caso di pericolo, per evitare che l'acqua penetri nell'interno.

animali domestici annegarono e 200.000 ettari di superficie coltivata non furono danneggiati per effetto dell'acqua salata. Anche il vicino Belgio non fu risparmiato e persino in Gran Bretagna l'evento fece 300 vittime e distrusse 40.000 ha di superficie coltivata.

La popolazione dell'Europa occidentale era sconvolta. Dato che argini e dighe non erano stati in grado di impedire la catastrofe ed era viva la paura di altre inondazioni, quasi immediatamente dopo la catastrofe in Olanda e Gran Bretagna si iniziò a progettare gigantesche pareti di protezione per scongiurare il ripetersi in futuro di un dramma di tale portata.

Dopo avere ripristinato l'argine, gli abitanti ritornano nel loro villaggio distrutto. Campi, strade e abitazioni sono ancora sepolte in un mare di fango e detriti.

Giovani marinai nell'uragano

La Pamir, *un'imbarcazione a quattro alberi, era una nave-scuola adibita anche al trasporto mercantile.*

LA NAVE SCUOLA "PAMIR" SPROFONDA

Quando il veliero *Pamir* venne travolto da un uragano, il 21 settembre 1957, stava svolgendo una duplice missione: trasportava un carico di orzo dall'Argentina in Germania e fungeva da nave scuola per giovani ufficiali della Marina mercantile tedesca. Degli 86 membri dell'equipaggio, 52 erano apprendisti: mozzi, giovani marinai e un novello carpentiere. 80 marinai trovarono la morte durante la catastrofe che ebbe luogo nell'Atlantico. Ulteriori ricerche gettarono un'ombra sulla compagnia marittima e sulla gestione della nave.

Le otto sorelle

L'antica compagnia di navigazione F. Laeisz di Amburgo era nota soprattutto per i veloci velieri, dalla metà del XIX secolo sempre contrassegnati da un nome che iniziava per "P". In effetti ben presto queste navi, impiegate in particolare per il commercio di salnitro con il Cile, divennero note tra i marinai con il nome di "Flying P-Liner". Tra il 1903 e il 1926 vennero costruite e messe in servizio le ultime otto "quattro alberi" della compagnia. Essendo tutte molto simili per dimensioni e tecniche di costruzione, furono subito ribattezzate le otto sorelle: *Pangani*, *Petschili*, *Pamir*, *Peking*, *Passat*, *Pola*, *Priwall* e *Padua*. Tre di queste navi esistono tuttora: *Passat* e *Peking* fungono da navi-museo nei porti di Lubecca e New York, mentre *Padua* solca ancora i mari come nave scuola russa con il nome di *Kruzenstern*.

Gli ultimi segnali radio di s.o.s. inviati dalla *Pamir*
14.36: "Avanziamo senza vele in uragano violento – posizione 35 gradi 57' nord, 40 gradi 20' ovest".
15.00 e 15.04: "S.O.S! Quattro alberi tedesco Pamir inclinazione 35 gradi, inclinazione in aumento! Navi in zona, rispondete!"
15.54: "S.O.S.! Chiediamo soccorso immediato!"
15.57: "La nave fa acqua. Pericolo affondamento!"

La vicenda della *Pamir*

La *Pamir* partì nell'ottobre 1905 dal porto di Amburgo in direzione del Cile. Era stata costruita pensando al traffico commerciale e mercantile e svolse questo compito per nove anni, fino allo scoppio della prima guerra mondiale, nel 1914. Quando la notizia dell'inizio della guerra raggiunse la nave, questa si trovava nell'Atlantico: ormai non poteva più attraversare il canale della Manica, già bloccato, senza correre rischi. Dovette quindi attendere che la guerra finisse, ancorata in una insenatura tranquilla dell'isola di Palma. Quella che in origine era stata considerata una breve interruzione dell'attività durò alla fine sei anni. Solo nel 1920 la *Pamir* tornò infatti ad Amburgo, per poi essere nuovamente impiegata nel trasporto di salnitro con il Cile. Negli anni seguenti, mutò più volte bandiera: prima finlandese, poi neozelandese, per essere infine venduta nel 1950 a un imprenditore belga che si occupava di demolizioni e riutilizzo di vecchi materiali. Un anno dopo, un gruppo tedesco acquistò la *Pamir* e la sorella *Passat* dall'imprenditore belga. Le navi vennero sottoposte a un'attenta revisione a Kiel, quindi di nuovo rimesse in servizio. Nel 1954 furono battute nel corso di un'asta giudiziaria e un consorzio di quaranta armatori tedeschi acquistò entrambe le navi per utilizzarle come velieri-scuola nella formazione di ufficiali di marina.

La *Pamir* si capovolge

Il 21 settembre 1957, la *Pamir* stava compiendo il viaggio di ritorno dall'Argentina alla Germania. Nella sua stiva trasportava 3780 tonnellate di orzo, di cui gran parte non era confezionata in sacchi bensì sfusa e che quindi avrebbe potuto facilmente scivolare da un lato all'altro. Verso le 8.00 ora di bordo il marconista venne avvisato dell'arrivo sulla rotta della nave dell'uragano "Carrie". Appena un'ora dopo le prime avvisaglie raggiunsero l'imbarcazione. Ben presto la tempesta si tramutò in un uragano di inaudita

I cinque a bordo della scialuppa di salvataggio n. 5 vennero finalmente salvati dopo due giorni in mare aperto dal piroscafo Saxon, *salpato da* New York.

violenza, con venti forza 12. Quando l'ultimo s.o.s. della nave fu finalmente intercettato, la *Pamir* era ormai inclinata di 45° e non aveva più alcuna possibilità di raddrizzarsi, perché il carico di orzo era scivolato tutto su un lato, modificando il baricentro della nave. L'ultimo segnale radio, ormai indecifrabile, venne lanciato verso le 16.00. Poco dopo la nave si capovolse e rimase per circa 20 minuti con la chiglia rivolta verso l'alto, nelle acque mugghianti dell'Atlantico. Numerosi membri dell'equipaggio erano rimasti intrappolati nello scafo. Per via della posizione inclinata della nave, le scialuppe di salvataggio non poterono essere messe in acqua per tempo e così chi era riuscito a salvarsi dall'affondamento della nave trovò in acqua solamente tre scialuppe, per di più danneggiate. Oltre 30 uomini si salvarono grazie a due di queste imbarcazioni, ma senza cibo né acqua potabile.

Solo sei sopravvissuti

Allertate dall's.o.s. della *Pamir*, 78 navi si misero subito alla ricerca di eventuali superstiti. Quando il giorno seguente la tempesta si placò, poterono partecipare ai soccorsi anche undici aerei: il più vasto intervento per salvare dei naufraghi mai eseguito. Due giorni dopo, il piroscafo *Saxon* recuperò la scialuppa n. 5 della *Pamir*: ormai un relitto senza poppa né prua, che trasportava gli ultimi cinque disperati, gli unici superstiti dell'affondamento della nave. Solo due ore prima del salvataggio un altro superstite, il sesto, aveva abbandonato a nuoto la sua scialuppa. Questo marinaio semplice fu poi ritrovato il giorno dopo, ultimo sopravvissuto della seconda scialuppa. Nella catastrofe morirono ben 80 uomini di mare, tra cui tutti gli ufficiali di bordo.

L'inchiesta della capitaneria di Lubecca

L'affondamento della *Pamir* suscitò grande costernazione in tutta la Germania. Non essendoci sopravvissuti tra coloro che avevano la gestione della nave, non si poteva neppure addossare a qualcuno la colpa dell'accaduto. Tuttavia la catastrofe venne accuratamente analizzata, tanto che si giunse a una serie di accuse di negligenza sia da parte della compagnia armatoriale, sia da parte dei responsabili a bordo. Presumibilmente

Alberi e attrezzature della Pamir *erano davvero imponenti.*

I sopravvissuti all'affondamento della Pamir *passavano dalla gioia per essere stati salvati alla tristezza nei confronti dei compagni morti*

le vele erano state ammainate troppo tardi, forse perché il capitano sperava di sfuggire velocemente dall'occhio del ciclone. Il carico di orzo era stato trasportato senza alcuna norma di sicurezza e poteva scivolare liberamente da un lato all'altro della nave, come se fosse acqua. Molti boccaporti e altre aperture della nave erano stati tenuti aperti, così che l'acqua che penetrava poté aumentare ancor più l'inclinazione della nave. Il capitano non aveva osato riempire completamente d'acqua le stive, perché temeva che, facendo gonfiare l'orzo conservato, avrebbe procurato ulteriori crepe nello scafo. Il responsabile della gestione della nave non aveva avuto evidentemente l'esperienza necessaria per trasportare un simile carico.

La *Passat* sfrutta l'esperienza

Il capitano della nave sorella *Passat* dubitava che l'orzo, gonfiandosi, avrebbe effettivamente rappresentato un vero e proprio pericolo per la *Pamir*, quindi, dopo la catastrofe, decise di compiere un esperimento. Riempì un bicchiere di orzo con dell'acqua e osservò il processo di assorbimento del liquido: l'aumento di volume era ancora minimo dopo quattro giorni. Questa conoscenza gli sarebbe stata di grande utilità solo due mesi dopo, quando avrebbe salvato tutto l'equipaggio della *Passat* dal medesimo tragico destino della *Pamir*. La nave, anch'essa con il suo carico di orzo, si ritrovò in acque molto tempestose e ben presto si inclinò su un fianco. Il capitano allora fece subito riempire d'acqua le stive della nave, che infatti si raddrizzò leggermente. L'8 novembre 1957 la nave raggiunse il porto di Lisbona: l'equipaggio era esausto, ma si erano salvati tutti. Ormai era giunta l'ora di por fine all'attività di nave scuola sui Flying-P Liners. La *Passat* venne tolta dal traffico abituale e ancorata nel porto di Lubecca, dove fu trasformata in nave-museo.

La Kruzenstern *– un tempo* Padua *– getta l'ancora nel porto di New York. Sorella della* Pamir*, è oggi una nave-scuola russa.*

AMBURGO VIENE INONDATA

LA CITTÀ PORTUALE TEDESCA SUBÌ UN'ALLUVIONE NEL 1962

Nel 1962 la giovane Repubblica Federale di Germania venne scossa da una catastrofe naturale. Una mareggiata raggiunse Amburgo e travolse la città impreparata. 75.000 abitanti rimasero senza tetto e 315 persone non sopravvissero alla catastrofe.

Arriva l'uragano

La sera del 15 febbraio 1962 la radio annunciò l'arrivo imminente di una tempesta sul Mare del Nord, vicino alle coste tedesche. La perturbazione "Vincinette" si stava dirigendo dal Mar Glaciale Artico verso la Germania. Il giorno seguente la tempesta si trasformò in un uragano con vento a velocità di 200 km/h, preannuncio per la costa del Mare del Nord dell'arrivo di una ingente mareggiata. La città di Amburgo, nell'interno, si trovava tuttavia in posizione alquanto protetta e le mareggiate che di tanto in tanto minacciavano la costa si erano sempre placate risalendo il corso inferiore dell'Elba. La città non appariva in pericolo neppure quella volta.

Il crollo degli argini

Nella notte tra il 16 e il 17 febbraio 1962 si verificò tuttavia una situazione completamente diversa rispetto alle aspettative. L'uragano infatti continuò a spingere l'acqua nell'Elba e nel corso della notte crollarono sotto la potenza del fiume quasi 60 tratti di argine: in breve tempo quasi il 20% dei quartieri cittadini venne alluvionato. La catastrofe colse la città completamente impreparata. La mancanza di un adeguato piano per affrontare un evento simile, l'interruzione di energia elettrica e la scarsità di personale per prestare aiuti e soccorsi resero impossibile una reazione rapida, tanto che non si riuscì ad avvisare per tempo la popolazione e nemmeno a evacuarla. Il quartiere di Hamburg-Wilhelmsburg, costruito molto più in basso rispetto al resto della città, venne completamente inondato. Qui trovarono la morte 222 delle 315 vittime complessive dell'alluvione.

I soldati come "angeli volanti"

Nelle prime ore del mattino del 17 febbraio si iniziò a gestire la crisi sotto la guida dell'allora senatore Helmut Schmidt. Poiché la regione inondata era a mala pena raggiungibile da terra, si richiese immediatamente l'intervento dei militari. 71 elicotteri dell'esercito tedesco e 25

Strade e case dietro l'argine crollato sono completamente sommerse dall'acqua.

di quello statunitense vennero impiegati senza sosta. Trasportarono viveri e altri mezzi di soccorso ai sopravvissuti, salvando quelli che si erano rifugiati sul tetto delle case allagate. Furono inoltre impiegati anche 300 battelli dell'esercito, grazie ai quali vennero salvate 20.000 persone.

Helmut Schmidt

Il futuro cancelliere tedesco (1974-1982), Helmut Schmidt, nato nel 1918, fu senatore della città di Amburgo ai tempi dell'alluvione. Schmidt aveva ancora ottimi contatti presso le forze armate dato che in passato aveva lavorato per qualche anno come funzionario del Bundestag tedesco e in quel periodo si era occupato di questioni legate alla difesa. Poté così fare in modo che i soldati prestassero i primi soccorsi nel minor tempo possibile e senza pastoie burocratiche. Fu questo il primo impiego dell'esercito tedesco per una catastrofe civile. Sebbene questo intervento non fosse correttamente giustificato a livello giuridico, il coraggio politico e la capacità decisionale che Schmidt dimostrò nell'affrontare la crisi vennero poi valutati in modo molto positivo. Le forze armate tedesche, appena costituite, furono oggetto di grande ammirazione dalla popolazione per questo intervento.

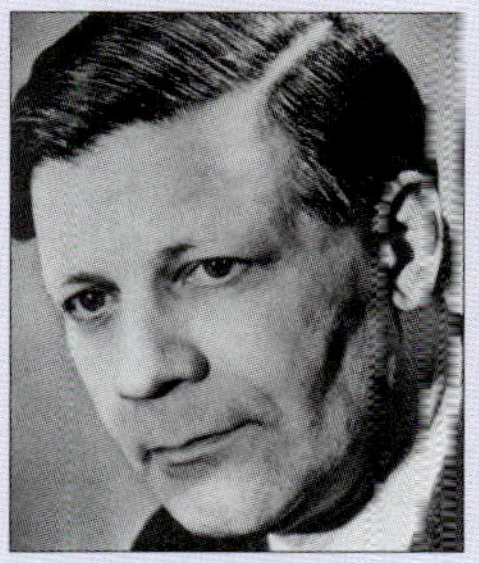

Le conseguenze

Per 315 persone nella città di Amburgo e 340 nell'intera regione, tra cui cinque soccorritori, gli aiuti giunsero troppo tardi. Dopo la catastrofe gli argini vennero rinforzati e innalzati. Quando, nel 1976, Amburgo fu minacciata da una nuova inondazione, dighe e argini ressero alla perfezione, anche se questa volta la piena fu più alta di un metro rispetto a quella che si era abbattuta sulla città in quella notte di terrore del 1962.

Gli abitanti disperati dei quartieri sommersi vengono evacuati su barche.

I soccorsi cercano di avanzare nei quartieri alluvionati. Sulla sinistra è visibile un pullman quasi completamente sommerso dall'acqua.

Il campanile si staglia sulle rovine di Longarone, completamente distrutta. Il 9.10.1963 l'inondazione della diga del Vajont distrusse il villaggio e uccise oltre 2000 persone.

Lo straripamento del lago artificiale

La diga del Vajont viene travolta

Il Monte di Toc e la diga del Vajont sono ancor oggi i simboli di una catastrofe che il 9 ottobre 1963 costò la vita a oltre 2000 persone. Più di 40 anni dopo quella tragica notte, l'ENEL ha deciso di finanziare una sorta di percorso guidato sull'argine della diga, in modo che i visitatori possano capire cosa accadde. Scatenata da una frana, l'ondata di piena si abbatté, sulla diga, travolgendola e inondando la stretta valle sottostante. Il paese di Longarone, situato alla fine della valle, venne completamente distrutto nell'arco di pochi secondi.

Avidità e noncuranza

La valle del Vajont, ai piedi delle Alpi venete, è stretta, ripida e ricca di acqua: quindi, già di per sé, il luogo ideale per costruirvi una diga artificiale e produrre energia elettrica. A questa conclusione giunsero nella prima metà del secolo scorso i responsabili della SADE (Società Adriatica di Elettricità), che subito fiutarono un affare di proporzioni gigantesche. Inoltre, le città di Milano e Torino, entrambe in rapida espansione, sarebbero state clienti importanti a cui sottoporre l'energia prodotta.

Così, nel 1940, la SADE diede il via alla costruzione di una diga gigantesca per incanalare le acque del Vajont. L'acquisizione di perizie geologiche favorevoli non rappresentò alcun problema, in quanto vennero eseguite da periti che si trovavano sul libro paga della SADE. La resistenza degli abitanti della valle fu totalmente ignorata, anzi per i fautori del progetto fu un grande vantaggio che i paesi della valle non riuscissero a trovare un accordo sui diritti di proprietà delle terre appartenenti alla comunità locale. Come risultato, infatti, uno dei comuni vendette dei terreni alla SADE, senza esserne in realtà il legittimo proprietario.

Persino nel 1957, quando si iniziò la costruzione, tutti i dubbi inerenti alle legittime proprietà non erano stati ancora fugati né erano ancora giunti i permessi edilizi necessari. Inoltre gli ingegneri decisero di aumentare l'altezza dei muri, prevista di 200 m, fino a 261 m, così da portare il volume della diga a 150 milioni di metri cubi d'acqua. La diga avrebbe dovuto essere la più alta in assoluto a livello mondiale e la sua costruzione fu annunciata con toni straordinariamente entusiastici dalla stampa controllata dalla SADE.

La catastrofe tra letteratura e cinema

La catastrofe della diga del Vajont non fu solo ripresa dalla letteratura (per esempio Il racconto del Vajont, *di Marco Paolini e Gabriele Vacis), ma anche dal cinema. Nel 2001 venne diffuso il film di Enzo Martinella* Vajont, *basato sul libro* Sulla pelle viva. Come si costruisce una catastrofe, *di Tina Merlin. Per molti anni la giornalista aveva analizzato la situazione che aveva portato poi alla catastrofe, elaborando cronache e narrazioni per le quali era stata anche incriminata; il processo celebrato in seguito a Milano la scagionò da ogni accusa. L'ondata gigantesca che travolse il muro della diga venne per il film ricostruita virtualmente al computer.*

I tentativi di riempimento

Nel settembre del 1959, completato il muro della diga, si fecero subito i primi tentativi per riempire il bacino. Ma già durante le fasi iniziali di riempimento, nel 1960, si ebbero segnali evidenti di una possibile catastrofe. Dal monte di Toc, a sud del lago artificiale, si

Per molti giorni dopo la catastrofe i sopravvissuti continuarono a essere sotto shock.

staccò una frana di fango e pietrisco, che finì nell'acqua dell'invaso. Sul pendio del monte si formò una vasta fenditura lunga più di 2 km, che anche i geologi più faziosi non potevano ora ignorare. Non si poteva escludere che un'altra frana potesse staccarsi dividendo in due parti il lago artificiale previsto. Per scongiurare quest'eventualità si pensò solamente a costruire un canale che collegasse i due bacini eventualmente formatisi. Non si pensò minimamente al rischio di una inondazione vera e propria. Nel 1962 la SADE confluì nell'ENEL (Ente Nazionale per l'Energia Elettrica), azienda statale appena costituita, ma i progetti per la diga del Vajont non subirono alcun cambiamento. Nell'aprile 1963 iniziò infine la terza e ultima prova di riempimento, e le fenditure sul pendio montuoso si fecero più profonde. Qualche settimana prima della catastrofe si eseguirono analisi e perizie nella zona circostante il bacino del lago artificiale, lungo 7 km e largo 300 m, e i risultati furono così preoccupanti che il sindaco di uno dei paesi vicini incitò i propri concittadini ad abbandonare la regione. Tuttavia furono solo in pochi a seguire il suo consiglio e una evacuazione fortzata gestita dalle autorità statali non ebbe luogo.

Il monte scivola

A mano a mano che il lago veniva riempito, i segnali si facevano sempre più preoccupanti. Gli abitanti della valle iniziarono a sentire brontolii sotterranei, gli antichi sentieri montani non furono più percorribili perché si erano spostati di qualche metro. Ma l'ENEL proseguì senza tentennamenti secondo i propri piani: l'acqua non poteva essere liberata, perché, dopo tutto, si era costruita la diga proprio per sfruttare l'acqua raccolta. A mezzogiorno del 9 ottobre si annunciò la catastrofe. I lavoratori dell'ENEL poterono osservare il monte che iniziava molto lentamente a scivolare in avanti, 60 cm/h. Intorno alle 22.39 scoppiò l'inferno. Nell'arco di un solo minuto la montagna franò alla velocità di 100 km/h; fango e pietre, per una superficie complessiva di 200 ha, si staccarono dal Monte di Toc e crollarono

Quando l'ondata di piena, alta 200 m, finalmente si ritirò gli uomini si misero al lavoro per pulire la valle del Piave.

nel lago. L'acqua imprigionata dalla diga fermò due ondate gigantesche che si abbatterono sul pendio di fronte, inghiottendo parti dei villaggi di Erto e Casso. Con lo slancio del deflusso, una delle due ondate s'infranse contro la parete della diga e traboccò. La diga di per sé tenne, ma 50 milioni di metri cubi di acqua si raccolsero in una gigantesca ondata di piena alta quasi 200 m, riversandosi sulla stretta valle del Piave. Sul paese di Longarone, posto a 4 km di distanza, all'imbocco della valle, si abbatté la morte: in pochi minuti la località venne completamente distrutta e 2000 persone persero la vita.

Del paese fiorente le enormi masse d'acqua preservarono solo un albero e il campanile della chiesa, che si stagliava sulla massa d'acqua come un dito fatale rivolto verso il cielo. La diga stessa rimase quasi intatta: solo il lago artificiale dietro la diga scomparve, sostituito da detriti e rocce.

Una catastrofe naturale?

Il muro della diga del Vajont è conservato ancor oggi, sebbene le acque del bacino artificiale siano state liberate. La diga, che all'epoca della sua costruzione era la più alta d'Europa, è oggi considerata un monumento a monito della responsabilità dell'uomo nei suoi interventi sulla natura.

Le inchieste seguite alla catastrofe si trascinarono per anni e alla fine si conclusero comminando una condanna a dieci anni di detenzione, dei quali tuttavia un solo anno venne effettivamente scontato. La responsabilità delle autorità e dei progettisti è tuttavia incontestabile. Molti dei tanti segnali di pericolo vennero sottovalutati o valutati in modo errato.

Attraverso la creazione dell'invaso artificiale nei pendii circostanti il lago si svilupparono fenomeni di capillarità, che ostacolarono il naturale assorbimento delle acque piovane. In questo modo si riscontrò una notevole diminuzione della capacità coesiva dei vari strati di terra, che alla fine avrebbe causato la frana. Anche se le acque raccolte fossero state fatte rapidamente defluire dal bacino, non si sarebbero ormai potuti scongiurare lo smottamento della montagna e la frana conseguente, tuttavia se il lago fosse stato vuoto non ci sarebbe stata la catastrofica ondata di piena.

Un sacerdote benedice le bare delle vittime del Vajont, che causò la morte di circa 2000 persone.

I SENTIERI DELLA DEVASTAZIONE

CON LA "SUPER OUTBREAK" 148 TORNADO INFURIARONO SUGLI USA

Nell'aprile del 1974, nell'arco di 18 ore, gli Stati Uniti furono sconvolti da 148 tornado. Questa catastrofe, definita "Super Outbreak", lasciò dietro di sé più di 300 morti e danni complessivi per 3,5 miliardi di dollari. 13 Stati federali furono pesantemente colpiti da questo incredibile susseguirsi di tornado, il più ingente che si sia mai verificato. Secondo le ricerche più recenti, una simile concatenazione di eventi così violenti si verifica solo ogni 500 anni.

Tutto iniziò in Illinois

Nelle previsioni meteo comunicate per il Nord America il 3 aprile 1974 si parlava di piogge sulla costa orientale e temporali nel Mid West. I bambini si recarono tranquillamente a scuola, gli adulti al lavoro e la vita seguì il proprio corso abituale. Ma a mezzogiorno sulla città di Morris, in Illinois, si sviluppò il primo tornado, un ciclone del tutto innocuo, che sembrava più una tromba d'aria locale. Più a oriente, la giornata era stata sempre bella e soleggiata, ma ora iniziava a formarsi in direzione est un fronte di tempesta, e i tornado che lo accompagnavano stavano assumendo via via sempre maggiore intensità. Quando raggiunsero il confine orientale dell'Illinois si potevano già contare le prime due vittime, mentre i singoli uragani avevano già raggiunto il livello F3, cioè avevano una forza in grado di ribaltare un camion.

Un tornado si avvicina minaccioso. Il paesaggio idilliaco della campagna, ancora immerso nella pace, potrebbe essere completamente distrutto tra qualche minuto.

I cicloni

Per questo fenomeno esistono diverse definizioni: tifone, tornado, uragano e, ovviamente, ciclone. Il tratto comune di queste tempeste è che si tratta sempre di venti circolari violenti, che si spostano nell'emisfero meridionale in senso orario intorno a un asse verticale, nell'emisfero settentrionale in senso antiorario. Cicloni, tifoni e uragani sono definizioni diverse e locali per indicare i cicloni tropicali che si formano sul mare e acquistano sempre maggiore forza a mano a mano che assorbono l'umidità che risale dalle acque calde. In base alla regione in cui si formano, vengono definiti in vario modo. Nei Caraibi e nella parte sud-orientale degli USA si parla di uragani, nell'Oceano Indiano, in particolare nel golfo del Bengala di tifoni, nelle altre regioni di cicloni. I tornado sono invece cicloni che si formano sulla terraferma quando sussistono notevoli differenze di temperatura e pressione nelle masse d'aria in direzione verticale. Nello sforzo compiuto dalla natura per appianare le differenze di pressione si formano vortici d'aria violenti, riscontrabili soprattutto nell'area nord-americana, dove raggiungono velocità di rotazione fino a 480 km/h.

I tornado raggiungono l'Indiana

A Monticello, nell'Indiana, si verificò il primo tornado F4, che imperversò per un raggio di circa 200 km prima di attenuarsi. Fu quindi il tornado che lasciò la più lunga scia di devastazione tra quelli della lunga serie in seguito definita "Super

Le case di legno con fondamenta fragili possono essere sollevate da un tornado F4 come se fossero costruzioni giocattolo o addirittura ribaltate – come in questa foto scattata in Texas.

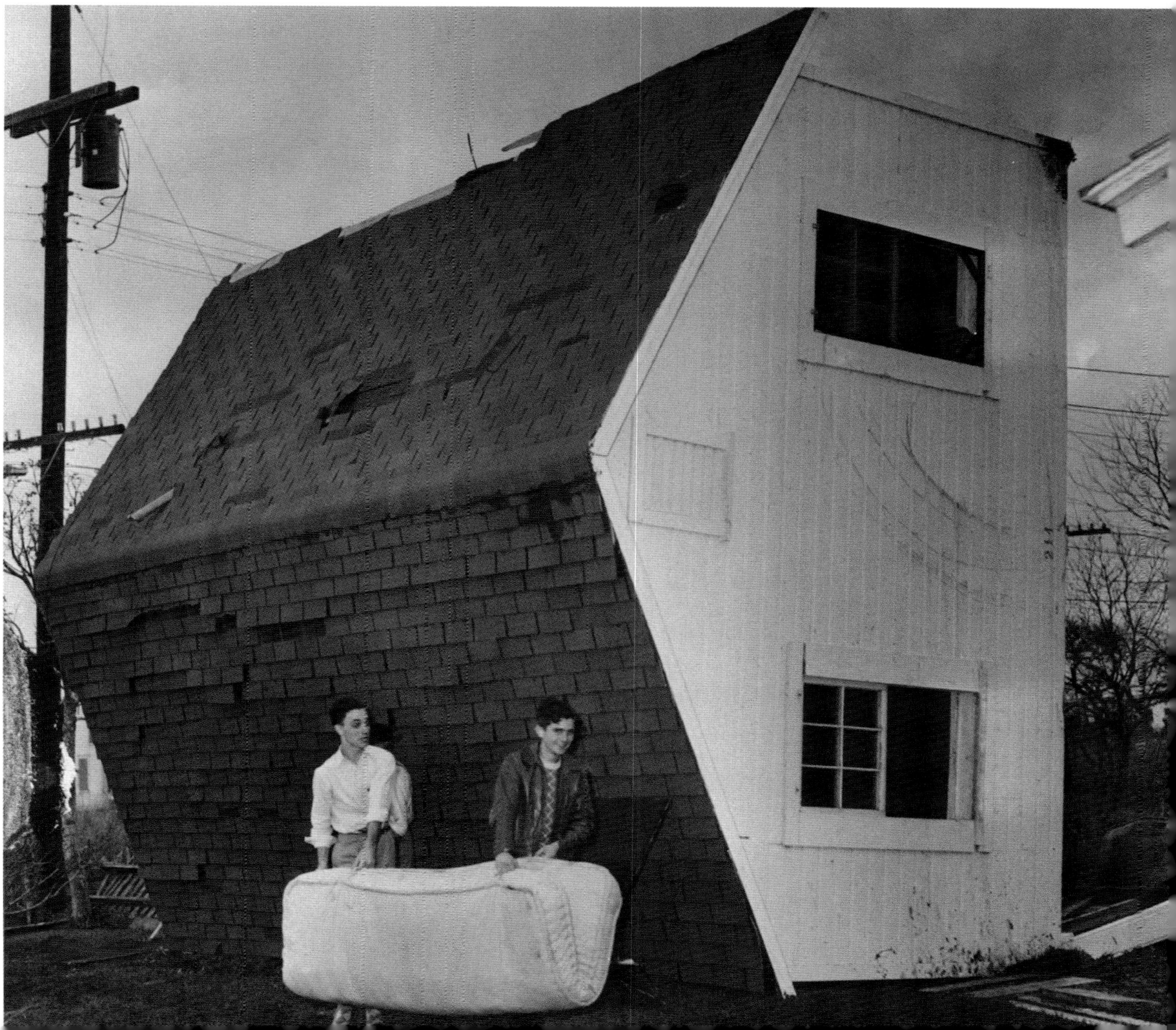

Outbreak". Solo questo fenomeno lasciò dietro di sé 19 morti e oltre 300 feriti gravi, mentre la cittadina di Monticello fu distrutta in pochi minuti. Persino gli edifici più massicci, come il palazzo di giustizia, la chiesa presbiteriana e la high school locale, riportarono ingenti danni, mentre il palazzo in cui si trovava l'emittente televisiva locale fu completamente spazzato via.

La cittadina di Xenia, già vittima in passato

Poco prima delle cinque del pomeriggio, il fronte della tempesta, in cui si stavano formando sempre nuovi tornado, raggiunse lo stato dell'Ohio, il confine orientale. Il trentasettesimo tornado della giornata si tramutò in una tromba d'aria di livello F5, la più elevata tra i tornado fino ad allora misurati sul nostro pianeta. Con venti a una velocità di oltre 400 km/h, un simile fenomeno naturale era in grado di distruggere tutto quello che trovava sul proprio cammino: persino il manto stradale venne risucchiato dal terreno. Si abbatté quindi sulla cittadina di Xenia, che si trovava in una regione già definita in passato dagli indiani "Luogo dei venti mortali". Le cronache locali di Xenia parlano di oltre 20 tornado solo a partire dal 1884. Quello del 1974 lasciò dietro di sé 34 morti, 1150 feriti e 10.000 senza tetto. Nove scuole, nove chiese e 180 aziende commerciali furono distrutte, mentre ormai metà della città era impraticabile.

Un tornado del "Super Outbreak" ha colpito il paese di Xenia, Ohio. Uno dei muri esterni di questa casa è stato completamente divelto, ma i mobili sono intatti all'interno dell'edificio: persino i quadri sono ancora appesi alle pareti.

Un tornado di F5 sulla scala Fujita può sollevare vasti tratti di asfalto senza alcuna difficoltà.

13 stati federali interessati dalla catastrofe

Per ben 18 ore il fronte della tempesta continuò la sua marcia, formando sempre più frequentemente tornado locali. Complessivamente si registrarono in sequenza 148 tornado, dei quali ben sei raggiunsero il temuto livello F5. Alla fine tutta la parte occidentale degli Stati Uniti fu interessata da questa catena di fenomeni, tra cui anche New York, a est, e l'Alabama, a sud. Al nord invece le conseguenze si fecero sentire fino alla provincia canadese dell'Ontario.

Il giorno seguente, intorno alle 7.00 del mattino, il terrore, finalmente, ebbe fine. Il "Super Outbreak" fece dalle 315 alle 330 vittime, lasciando dietro di sé una cifra di danni gigantesca: rappresentò la più lunga e drammatica serie di tornado nella storia degli USA.

La scala Fujita

Tetsuya Fujita (1920-1998), studioso di tempeste, ha sviluppato una scala per classificare i tornado in base alla velocità del vento e alla capacità distruttiva. La scala presenta 13 livelli da F0 a F12, di cui fino a questo momento ne sono tuttavia stati osservati cinque; a partire dal livello F6 si tratta in pratica di valori puramente teorici.

Livello	*Velocità massima del vento*	*Effetti*
F0	*117 km/h*	*Si sradicano alberi con radici a livello del terreno e cartelloni pubblicitari.*
F1	*180 km/h*	*Le tegole dai tetti vengono staccate, le auto in marcia sono spinte fuori strada.*
F2	*252 km/h*	*Le case vengono scoperchiate, alberi anche grandi sradicati, oggetti volanti diventano proiettili pericolosi.*
F3	*333 km/h*	*Binari divelti, camion capovolti, alberi interi sradicati.*
F4	*419 km/h*	*Le case di legno con fondamenta fragili vengono spostate, così come le automobili.*
F5	*513 km/h*	*Le case di legno vengono distrutte; l'asfalto si rompe e si stacca in alcuni punti.*

Uragano a Fastnet Rock

La catastrofe durante l'Admiral's Cup del 1979

Nella notte tra il 13 e il 14 agosto 1979 un gruppo di velisti a livello agonistico vennero sorpresi in pieno Atlantico da un uragano. Le 303 imbarcazioni a vela stavano partecipando all'ultima parte dell'Admiral's Cup, che dall'Inghilterra meridionale conduceva alla punta meridionale dell'Irlanda, la Fastnet Rock. La zona di bassa pressione "Y" mutò inaspettatamente la propria rotta e si abbatté sui velisti impreparati con venti a forza 10. 75 imbarcazioni si capovolsero e 15 partecipanti non sopravvissero alla catastrofe. Solamente le barche dalla tecnologia più avanzata riuscirono a sfuggire a quell'inferno, anche se con gravi danni.

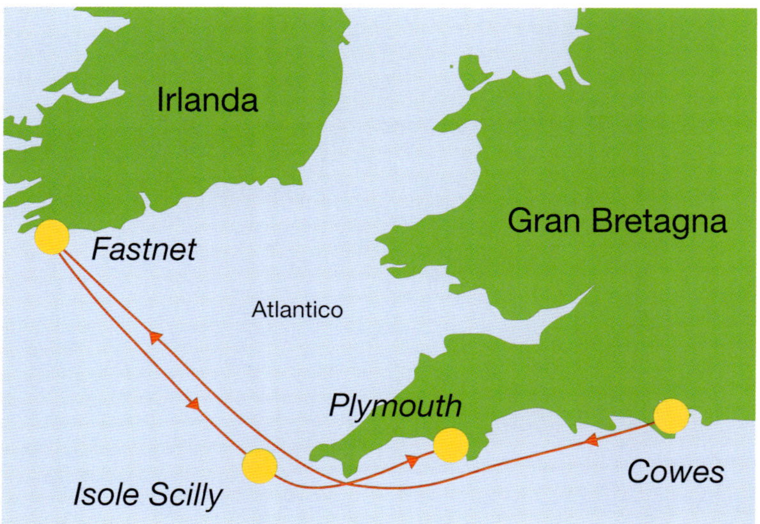

La classica Fastnet Race parte sempre da Cowes, nell'Inghilterra meridionale. Il punto d'arrivo intermedio è la Fastnet Rock, sulla punta meridionale dell'Irlanda; da qui poi la rotta prosegue fino a Plymouth.

La Fastnet Rock

Thomas Osborne Davis (1814-1845), cantore inglese della libertà, la citò nella sua ballata *The Boatman of Kinsale*: la tempesta che imperversa intorno alla Fastnet Rock. Secondo le parole di Davis, una mano ferma e un cuore coraggioso erano indispensabili al marinaio, che voleva superare indenne le tempeste autunnali nella zona. La Fastnet Rock è una piccola isola rocciosa all'estremità meridionale della costa irlandese, da cui si staglia contro il cielo il più alto faro di tutta l'Irlanda. Ma la vera celebrità quest'isola rocciosa la ottenne non tanto in virtù della ballata di Davis, bensì grazie alle gare dell'Admiral's Cup, la più celebre regata d'alto mare a livello mondiale. L'importanza che gli amanti dell'automobilismo attribuiscono alla Formula 1 è per l'amante della vela la corsa finale dell'Admiral's Cup, la cosiddetta Fastnet Race.

La Admiral's Cup

Dal 1957 il Royal Ocean Racing Club (RORC) organizza questa importantissima competizione per barche a vela ogni due anni nella cittadina di Cowes, sull'Isola di Wight, posta di fronte alla costa meridionale dell'Inghilterra. I partecipanti formano team nazionali composti ognuno da tre imbarcazioni. La competizione prevede cinque gare singole, di cui l'ultima e più pericolosa prevede di circumnavigare la temuta Fastnet Rock. La tradizionale Fastnet Race viene effettuata dal 1925. La flotta parte da Cowes e percorre 608 miglia nautiche di gara. Dopo avere circumnavigato l'isola rocciosa, che rappresenta il punto di inversione stabilito, il tragitto prevede il rientro a Plymouth.

La bassa pressione "Y"

L'11 agosto 1979 a Cowes l'atmosfera, come sempre alla partenza della Fastnet Race, era entusiasta e allegra. 303 imbarcazioni da 22 paesi diversi – un vero record – si erano riunite nel porto della cittadina e aspettavano il segnale di start. Verso le 14.00 le

Un soccorritore lega uno dei naufraghi, così che possa essere trasportato sull'elicottero pronto per il salvataggio.

Un elicottero della Navy evacua l'imbarcazione Camargue. *Poiché il mezzo non poteva avvicinarsi troppo alla barca per via dell'albero fortemente oscillante, gli uomini dovettero dapprima gettarsi in acqua. Tutti gli otto membri del'equipaggio furono salvati.*

barche uscirono dal porto con un vento moderato: complessivamente avevano a bordo 2500 uomini. Venti forza 4-5 non preoccupavano minimamente velisti esperti e quando, il giorno seguente, scese la nebbia, molti iniziarono a temere addirittura una ulteriore diminuzione del vento.
I velisti non sapevano ancora nulla della perturbazione "Y" che da due giorni imperversava molto lontano, negli Stati Uniti. Nel momento in cui la competizione aveva preso il via, il maltempo aveva raggiunto Halifax, in Canada. Spesso fenomeni così intensi imperversano sulla terraferma americana, ma solo raramente hanno la forza necessaria per attraversare l'Atlantico. Ovviamente nessuno dei velisti aveva inserito nei propri calcoli di rotta i possibili effetti di questa corrente d'aria.

Il 12 agosto, mentre le barche erano ancora immerse nella nebbia, la zona di bassa pressione aveva già iniziato ad attraversare l'Atlantico diretta verso l'Europa e la sua intensità stava via via aumentando. Solo il lunedì seguente i meteorologi

Dopo il salvataggio, uno dei sopravvissuti festeggia commosso il momento in cui riabbraccia la moglie e gli amici.

europei notarono l'approssimarsi delle propaggini della tempesta e cercarono di calcolarne in anticipo la rotta. Supponevano che la tempesta passasse molto a sud rispetto alla rotta della regata e che al più si sarebbe limitata a migliorare le condizioni del vento, portandole a forza 7, così che gli esperti velisti potessero affrontare una sfida maggiormente consona alle loro potenzialità.

La circumnavigazione durante la notte

Il percorso della regata è tradizionalmente disegnato in modo che le barche doppino la pericolosa Fastnet Rock nella notte tra lunedì e martedì. Il mattino del lunedì il vento iniziò effettivamente a intensificarsi, così che gli equipaggi poterono subito innalzare lo spinnaker, una vela di prora di grandi dimensioni e tondeggiante, che permette di raggiungere la velocità massima. Ma nel frattempo la perturbazione "Y" aveva intrapreso un percorso diverso rispetto a quello che tutti si erano aspettati, e ben più pericoloso. Improvvisamente infatti mutò la sua rotta orientale verso nord-est, dirigendosi sempre più rapidamente verso l'estremità meridionale dell'Irlanda, esattamente sulla zona di Fastnet Rock. Nel telegiornale francese delle 20.00 fu data la prima notizia di una tempesta violenta con venti forza 10, attesa per quella notte. L'inglese BBC rimase invece fedele alla sua versione precedente di una forza massima di 8, così che la guardia costiera si fidò più di queste previsioni che non di quelle francesi. I velisti, che si sentivano sempre meno rassicurati dalle cupe nubi in avvicinamento, vennero tranquillizzati via radio. Eppure la differenza tra venti forza 8 e forza 10 è notevole: nel primo caso, il vento è in grado di spezzare qualche ramo qua e là, nel secondo di sradicare gli stessi alberi.

20 ore d'inferno

Il 13 agosto 1979, mentre era ancora buio, scoppiò l'inferno. Con una violenza da uragano la perturbazione "Y" si abbatté sulle barche. A una velocità di 50 km/h onde enormi, alte anche 15 m, piombarono sulle imbarcazioni che, sebbene lunghe 12 m, vennero sollevate come fuscelli senza potere opporre la minima resistenza. Le coste erano lonta-

Il faro sulla Fastnet Rock è il più alto d'Irlanda.

ne. Le prime barche furono schiacciate contro la superficie del mare, le vele non ancora messe al sicuro vennero lacerate dalla tempesta, gi alberi gemevano o furono divelti mentre le barche si capovolgevano. In totale 25 equipaggi dovettero abbandonare le proprie imbarcazioni e mettersi in salvo sulle isole più vicine. 75 delle 303 barche si capovolsero completamente e cinque tra quelle più tecnologicamente avanzate addirittura sprofondarono. Si può parlare davvero di miracolo se in questo caos, protrattosi fino al pomeriggio dei giorno seguente, ci siano state solo 15 vittime. Tuttavia si tratta della peggiore catastrofe negli oltre cinquant'anni di storia della Fastnet Race, durante la quale, fino a quel momento, appena due partecipanti avevano perso la vita. In questa notte di terrore, molti dei velisti furono tratti in salvo grazie all'intervento eroico dei mezzi di salvataggio e all'impiego degli elicotteri della Royal Navy. Lanciarsi in una tempesta con venti forza 10 per salvare dei naufraghi è un'impresa che non potrà mai essere ammirata abbastanza.

La forza dei venti secondo Beaufort

La scala Beaufort venne realizzata nel 1806 dall'ammiraglio inglese Sir Francis Beaufort (1774-1857). La scala permette di misurare la forza del vento in base ai suoi effetti. Parte da 0 (in assenza di vento) fino a 12 (uragano).

GRADO-BEAUFORT	DESCRIZIONE	VELOCITÀ MEDIA DEL VENTO A 10 M DI ALTEZZA IN APERTA CAMPAGNA		ESEMPI DI EFFETTI DEL VENTO SULLA TERRAFERMA
		M/S	KM/H	
0	Senza vento	0–0,2	< 1	Il fumo sale in verticale
1	Vento leggero	0,3–1,4	1–5	La direzione del vento è visibile in quella del fumo
2	Brezza leggera	1,5–3,4	6–12	Vento percepibile sul volto, foglie e banderuole segnavento si muovono
3	Brezza debole-vento debole	3,5–5,4	13–19	Il vento muove rami sottili e distende le bandiere
4	Brezza moderata-vento moderato	5,5–7,4	20–27	Il vento muove rami e pali sottili, solleva polvere e fogli di carta
5	Brezza fresca-vento fresco	7,5–10,4	28–37	Le latifoglie più piccole iniziano a oscillare; su mare e lago si formano creste di spuma
6	Vento forte	10,5–13,4	38–48	Rami pesanti oscillano, è difficile reggere un ombrello, i fili del telegrafo fischiano nel vento
7	Vento rigido	13,5–17,4	49–62	Si avanza a fatica controvento, interi alberi si muovono
8	Vento tempestoso	17,5–20,4	63–73	I rami vengono strappati dagli alberi, è sempre più difficile spostarsi all'aperto
9	Tempesta	20,5–24,4	74–87	Rami molto grossi sono strappati dagli alberi, piccoli danni alle case (si staccano tegole e comignoli)
10	Tempesta violenta	24,5–28,4	88–102	Il vento spezza gli alberi, danni più ingenti alle case
11	Tempesta simile a uragano	28,5–32,4	103–117	Il vento sradica alberi, danni diffusi ovunque
12	Uragano	da 32,5	da 118	Pesante distruzione

L'INONDAZIONE DEL SECOLO NELLA GERMANIA ORIENTALE

LA PIENA DELL'ODER E DELL'ELBA DIVENTA UNA MINACCIA

Negli anni 1997 e 2002 l'Europa sud-orientale fu interessata da ingenti fenomeni di precipitazioni che portarono a pericolose piene dell'Oder e dell'Elba. In entrambi i casi si parla di inondazioni del secolo, dato che i livelli dell'acqua superarono tutte le misurazioni che erano state sino ad allora eseguite. Nel 1997 la regione di Oderbruch dovette fronteggiare una vera e propria inondazione, che tuttavia poté essere evitata per miracolo. Nell'anno 2002 la piena raggiunse l'antica città di Dresda, che venne sommersa dall'acqua. In entrambi i casi, la causa scatenante furono diluvi di enorme portata.

La regione di Oderbruch

Nella zona di confine tra Germania e Polonia, lungo il corso inferiore del fiume Oder, si trovava un'antica regione di polder, già coltivata 250 anni fa. Il re prussiano Federico il Grande, tra il 1747 e il 1762, fece bonificare quella che all'epoca era ancora una palude. Allo scopo l'alveo dell'Oder venne deviato, abbreviando così il suo corso dicirca 25 km. Ne seguì un nuovo insediamento programmato, con coloni provenienti da tutta Europa, attirati da numerose agevolazioni e concessioni. Le nuove aree abitate, poste ad appena pochi metri sopra il livello del mare, erano spesso minacciate dalle inondazioni e l'esistenza degli uomini era sempre dipendente dalla tenuta di argini e dighe.

Nel 1997, l'acqua alta del secolo

Nell'estate 1997 dominavano condizioni meteo Vb (V= numero romano 5, vedi p. 83), che in genere sono legate a forti precipitazioni in tutta l'Europa sud-orientale. In quell'anno la situazione dell'acqua

Nel 2006 l'Elba uscì di nuovo dagli argini, come aveva già fatto quattro anni prima. Questa volta la città di Dresda è risparmiata, mentre Königstein viene sommersa.

alta si fece particolarmente grave. Prima che l'onda di alta marea raggiungesse l'Oderbruch, aveva già causato ingenti danni sia in Polonia sia nella Repubblica ceca. 180.000 uomini dovettero essere evacuati e si contarono 114 morti. Alla metà di luglio l'ondata di alta marea raggiunse l'Oderbruch. Allertati da quanto era accaduto nella Repubblica ceca e in Polonia, gli abitanti della zona erano pronti ormai al peggio. Gli argini avrebbero tenuto?

Il grandioso intervento di tutti i mezzi di soccorso

Esercito, gruppi ausiliari tecnici, pompieri e guardie di frontiera erano già in stato di allerta per soccorrere la popolazione in caso di necessità. L'intera Germania seguiva con apprensione la catastrofe che si stava avvicinando alla sua frontiera orientale. Se gli argini all'estremità meridionale dell'Oderbruch avessero ceduto, si sarebbero dovute evacuare fino a 19.000 persone, e nel più breve tempo possibile, inoltre occorreva considerare anche le conseguenze economiche per gli abitanti della regione. Migliaia di volontari lavorarono fino all'esaurimento, notte e giorno, riempiendo e trascinando sacchi di sabbia per migliorare e rinforzare gli argini. E di tanto in tanto, quando si verificavano piccole falle, le località venivano immediatamente evacuate.

Il miracolo di Hohenwutzen

Ma la regione non si poteva considerare ormai al sicuro, perché, verso la fine di luglio, un secondo pericolo di acqua alta interessò l'Oderbruch. L'argine nei pressi del paesino di Hohenwutzen appariva l'evidente punto debole per contrastare lo straripamento del fiume. Secondo gli esperti, questa parte di argine aveva solamente un 10% di possibilità di poter sopportare l'imminente ondata di piena. Se fosse crollata, avrebbe sepolto sotto l'acqua una regione abitata più vasta del lago di Costanza. Elicotteri portavano continuamente sacchi di sabbia ai volontari impegnati a consolidare l'argine. Con una tecnica di aspirazione mai attuata prima, si cercò di raccogliere acqua dalla diga ormai troppo indebolita. Grazie a una settimana di impegno senza sosta l'argine

La facciata di questa casa di Dresda fu pesantemente danneggiata dalla massa d'acqua incontrollata, tanto da venirne squarciata.

tenne nonostante le previsioni funeste degli esperti e l'Oderbruch rimase perfettamente protetto dalle onde. Nella storia locale del Brandeburgo questo salvataggio viene definito il "miracolo di Hohenwutzen".

Se si considera l'effettiva portata della catastrofe, si può dire che l'intera regione ne sia uscita con il minimo dei danni. Fondamentale era stato impegnarsi senza sosta per riempire complessivamente 8 milioni di sacchi con 177.000 tonnellate di sabbia e ghiaia. I danni causati dall'acqua alta ammontarono comunque a circa mezzo miliardo di euro.

La seconda inondazione del secolo

Solo cinque anni dopo una nuova inondazione minacciò la Germania orientale. La causa fu anche in questo caso una situazione meteo di tipo Vb, solo che questa volta a essere coinvolto non fu l'Oder, bensì l'Elba. Un incubo si stava materializzando: la città di Dresda travolta dalle acque. Il 16 agosto 2002 il livello dell'Elba superò il record precedente di 8,77 m, che reggeva dal 1845. Monumenti celebri in tutto il mondo, come il Semperoper e lo Zwinger, erano ormai sepolti sotto l'acqua. Il giorno seguente il livello raggiunse i 9,40 m e altre zone di Dresda furono travolte. Si dovettero evacuare 33.000 persone, mentre i danni economici e sociali dell'inondazione raggiunsero solo in Germania i 22 miliardi di euro.

Avvisaglie dei cambiamenti climatici?

Due catastrofi così devastanti e legate all'acqua alta nell'arco di appena cinque anni invitano a pensare che vi siano delle cause comuni. Si tratta forse di avvisaglie di una catastrofe climatica dovuta all'uomo? Oppure questi è intervenuto in modo troppo massiccio sulla natura attraverso la costruzione di argini, l'imbragamento delle acque fluviali, la deviazione del corso dei fiumi? Le opinioni degli esperti sono divergenti, ma una situazione di piena a livelli estremi, a sua volta dovuta a precipitazioni estreme, si è sempre verificata in determinate condizioni ambientali.

Anche la condizione meteo Vb, in entrambi i casi causa scatenante della catastrofe, era già nota al meteorologo tedesco Wilhelm Jacob van

Durante la piena dell'Oder, nel 1997, tutte le squadre di soccorso lavorarono in una disperata lotta contro il tempo per salvare gli argini. Gli elicotteri portavano incessantemente sacchi di sabbia nei punti più minacciati.

Bebber (1841-1909) alla fine del XIX secolo, e quindi non può essere considerata come l'effetto di un reale cambiamento climatico.

Secondo l'opinione di alcuni esperti, un minore intervento umano nel paesaggio fluviale avrebbe potuto ridurre la portata della piena solo di pochi punti percentuali. L'uomo sarà sempre esposto alle forze della natura e dovrà sempre opporsi a queste ricorrendo a una forte azione comunitaria.

Soccorritori provenienti da svariate nazioni rafforzano gli argini dell'Oder.

La condizione meteo Vb

Il meteorologo tedesco Wilhelm Jacob van Bebber (1841-1909) studiò sistematicamente le direzioni seguite dalle zone di bassa pressione sull'Europa alla fine del XIX secolo. La classificazione ottenuta venne da lui stesso illustrata in un suo libro del 1891: Die Wettervorhersage *(Le previsioni del tempo). Le rotte abitualmente seguite dalle perturbazioni sono da lui indicate con i numeri romani da I a V, dividendo poi ulteriormente queste rotte con lettere latine minuscole. Le basse pressioni che abitualmente viaggiano da ovest a est (posizioni I-IV) possono risultare fortemente traslate verso sud in condizioni ben definite. Quando si spostano fino al Mediterraneo assorbono notevoli quantità di umidità dal mare. Le perturbazioni, ora ribattezzate "Genua" o "Adria", spostano quindi masse d'aria molto umida di nuovo lentamente verso nord, attraverso Austria o Slovenia. In base al punto in cui le masse di nubi iniziano a scaricare pioggia si verificano situazioni di acqua alta-inondazioni nell'Elba, nella Vistola o nell'Oder. Questo modello di ritorno venne definito da Bebber come "Situazione meteo Vb". Nel 1997 fu la volta dell'Oder ad essere interessato al fenomeno, nel 2001 toccò alla Vistola e infine nel 2002 all'Elba. Nell'estate 2005 da questa situazione si generò la cosiddetta Alpenhochwasser (acqua alta nelle Alpi), che provocò inondazioni e smottamenti in molte località delle Alpi settentrionali. In Svizzera si verificò l'alluvione catastrofica del 2005, definita "alluvione del secolo".*

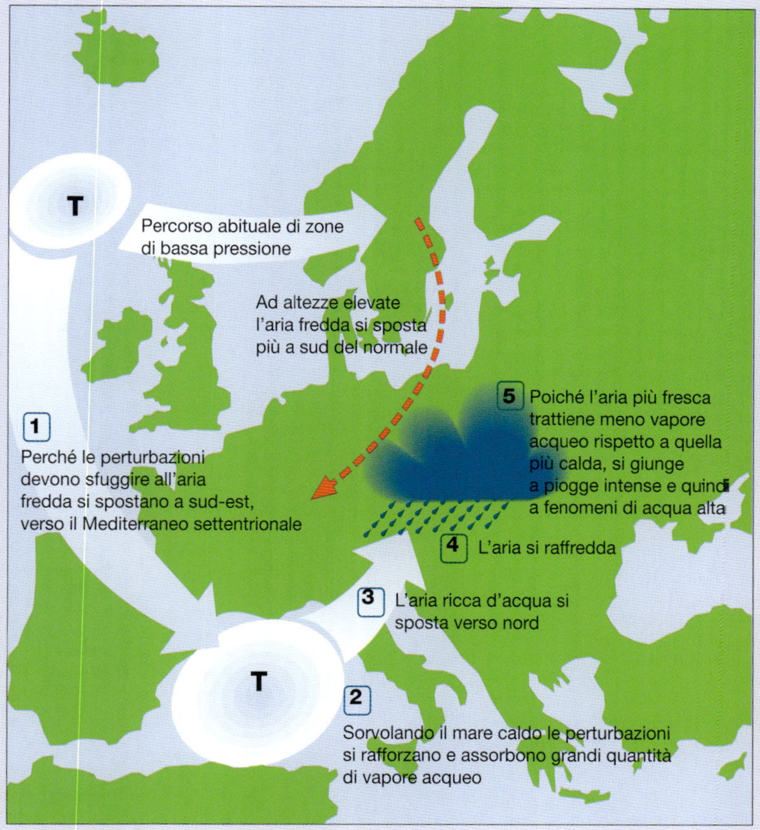

Cancellati da un'ondata mostruosa

Lo tsunami di Sumatra

Il termine giapponese *tsunami* significa "onda del porto", ma in realtà si riferisce a un terremoto negli abissi marini che si estende ad anello dal proprio epicentro, raggiungendo altezze di oltre 30 m. Il 26 dicembre 2004, intorno alle 7.58 ora locale, dinanzi alla costa nord-occidentale di Sumatra, nell'Oceano Indiano, si verificò un terremoto nelle profondità oceaniche di forza 9.0 della scala Richter, che scatenò poi un'ondata gigantesca. Questa si abbatté sulle regioni costiere di Indonesia, Thailandia, Sri Lanka e persino Africa orientale, causando danni spaventosi. Oltre 230.000 persone persero la vita in questa devastante sciagura.

La terza ondata dello tsunami, la più potente, investe la passeggiata di Ao Nang Beach, in Thailandia.

Un muro d'acqua sommerge il paese

Nell'Oceano Indiano, dinanzi alle coste di Sumatra, si incontrano le zolle continentali indoaustraliana ed euroasiatica e attraverso i movimenti delle placche tettoniche si creano sott'acqua violenti fenomeni di subsidenza e spinte. Questa situazione ha fatto della regione costiera occidentale dell'Indonesia una zona fortemente soggetta ai terremoti. Nel punto dove si trova una zona di frattura di circa 1000 km, la placca continentale indoaustraliana scivola di circa 7 cm all'anno sotto quella euroasiatica. La spinta non è sempre costante né regolare, bensì procede a scosse. Ogni spinta di questo genere viene percepita e descritta dai sismografi come terremoto.

La mattina del 26 dicembre 2004, nell'Oceano Indiano si verificò una catastrofe carica di conseguenze: per una lunghezza di circa 500 km si creò una profonda frattura nel suolo marino. Dato che questo non riusciva più a sostenere la pressione causata dal movimento delle due placche, frammenti di fondale vennero lanciati a un'altezza tra i 10 e i 30 m, liberando quantità di energia davvero inimmaginabili. Il terremoto raggiunse un'intensità di 9,0 della scala Richter, diventando in assoluto il terzo terremoto per intensità. In questo modo si liberò una quantità di energia tale da corrispondere al consumo annuale complessivo di elettricità negli USA. Questa energia non viene tuttavia liberata da un solo punto, come potrebbe avvenire nell'esplosione di una bomba atomica, bensì si allarga in superficie, perché un intero strato si solleva in pochi secondi, spostando gli strati d'acqua che gli stanno sopra verso l'alto. In questo modo si forma un'onda la cui altezza dipende dalla profondità dello specchio d'acqua dove è avvenuto l'evento. Più l'acqua è profonda, più alta risulta l'onda. Dinanzi a Sumatra, la profondità dell'acqua è di circa 5000 m e l'ondata di piena del 26 dicembre 2004 raggiunse con un'altezza possente all'incirca i 700 km/h, corrispondenti alla velocità di crociera di un aereo.

Sul mare aperto questa onda terribile viene tuttavia a malapena percepita, in quanto lo specchio

Il 2 gennaio 2005 i soccorritori trovarono altre vittime dello tsunami in un fiume del Banda Aceh, nella parte settentrionale di Sumatra. L'acqua si ritirò molto lentamente, mostrando gli effetti della terribile distruzione.

Testimonianza oculare

"Sentimmo un colpo, come se la barca fosse andata a finire a tutta velocità sulla terraferma o contro un grosso tronco o un relitto. Qualche secondo dopo la barca subì un altro colpo simile e poi alle 8.01 un terzo. Gli strumenti di bordo sembravano impazziti, il navigatore GPS indicava posizioni assurde, plotter, radio e altri strumenti non rispondevano più. Circa dieci minuti dall'ultimo impatto avemmo la sensazione che la superficie dell'acqua fosse scesa di 10-15 m. Lentamente l'acqua si stava ritirando. Poi scorgemmo all'orizzonte verso sud-ovest ondate gigantesche che raggiunsero la nostra barca intorno alle 8.14. In pochi secondi questa venne gettata in aria a un'altezza di 30 m, per poi sprofondare con forza nell'acqua, fino al parapetto. Complessivamente venimmo colpiti da tre onde simili, durante le quali fummo sollevati di 50 m rispetto all'altezza precedente, quindi 35 metri sopra il normale livello dell'acqua."

Sofyan Anziba, capitano del peschereccio *Bintang Purnama*, che il 26 dicembre 2004 stava percorrendo la rotta in direzione di Melaka.

d'acqua si solleva complessivamente con grande lentezza: diventa invece sempre più pericolosa a mano a mano che si avvicina alla terraferma, in quanto la profondità dell'acqua diminuisce. Questo fa sì che l'onda venga rallentata nella sua corsa facendosi sempre più alta, fino a trasformarsi in una gigantesca parete d'acqua che si abbatte sulla terra e porta via o seppellisce tutto quanto trova sul proprio cammino.

Dopo lo spaventoso tsunami una coppia piange dinanzi alle rovine della loro vita. Un numero incredibile di persone ha perso tutto.

Il bilancio della tragedia

Lo tsunami che si abbatté sulle coste del golfo del Bengala, sul mare delle Andamane e sulla costa occidentale dell'Oceano Indiano provocò distruzioni ingenti, raggiungendo persino la Somalia, a 5200 km di distanza, sulla costa dell'Africa orientale. Complessivamente, in otto paesi asiatici provocò oltre 230.000 morti, di cui solo in Indonesia 170.000. Centinaia di migliaia di persone furono ferite e 1,7 milioni rimasero senza tetto. Presumibilmente il numero di vittime fu ancora più elevato, in quanto i dati riguardanti le regioni al di fuori dei circuiti turistici sono molto lacunosi. Inoltre, per paura di epidemie, molti cadaveri vennero sepolti rapidamente in fosse comuni oppure furono bruciati: in entrambi i casi, risulta davvero

Solo nel Banda Aceh vi furono molte più vittime rispetto a quanto si era pensato all'inizio. Si calcola che i morti furono complessivamente 122.000 e i dispersi 114.000.

molto difficile giungere a un calcolo plausibile. La grande paura di epidemie si diffuse praticamente ovunque, poiché quasi tutte le sorgenti di acqua potabile nella regione colpita risultarono contaminate. Il clima molto caldo e i numerosi cadaveri, che in alcuni casi vennero scoperti e seppelliti anche parecchi giorni dopo il cataclisma, attirarono nugoli di zanzare con il conseguente rischio di epidemie come colera e tifo. (In India la popolazione viene sempre vaccinata contro entrambi.) Altre minacce, oltre alle epidemie, erano le infezioni polmonari provocate dall'acqua contaminata che penetrava nelle vie respiratorie e il pericolo molto diffuso dell'avvelenamento del sangue, dovuto all'acqua sporca che entra in contatto con le ferite. Il clima caldo-umido e le temperature costanti intorno ai 30 °C, oltre alle condizioni igieniche praticamente nulle contribuivano ad aggravare la situazione.

Testimonianza oculare dallo Sri Lanka

"Improvvisamente venni sbalzato in mare aperto a una velocità spaventosa. Sebbene sia un bravo nuotatore, non riuscivo a raddrizzarmi contro corrente. Nuotai fino a un catamarano lì vicino, afferrai lo scafo e così mi misi al sicuro. Il mio peso rallentava l'imbarcazione e presto mi arenai. Mentre l'acqua si ritirava dall'insenatura, risalii fino alla strada. Dalle case poste sotto il livello stradale provenivano urla e pianti, molti erano ancora per metà sott'acqua, alcuni erano imprigionati in casa. Altri camminavano per la strada, senza capire cosa fosse accaduto. Pensai subito preoccupato a mia moglie, che si trovava sulla spiaggia quando ero andato a fare il bagno. Finalmente la vidi per la strada, completamente confusa ma felice di essere ancora viva. Aveva cercato di tornare a guado sulla piccola isola dove risiedevamo, quando l'acqua l'aveva spinta al di là della strada nel cortile di una casa. Di tanto in tanto veniva spinta sott'acqua, poi lottava per risalire e respirare. Infine era riuscita ad afferrarsi a una corda e salire su un albero in tempo per sfuggire all'acqua tumultuosa sotto di sé.
I nostri bambini dormivano ancora quando lo tsunami si abbatté sulla zona, intorno alle 9.15. Si svegliarono, trovarono la baia praticamente senz'acqua e videro i loro genitori che stavano tornando, ormai al sicuro, attraverso lo stretto canale."
Michael Dobbs, giornalista del *Washington Post*, 27 dicembre 2004

Scosse di assestamento colpiscono la regione

Nell'ultimo scorcio del 2004 tutta la regione venne colpita quotidianamente da 25 scosse di assestamento, con una forza media di 5,5 della scala Richter. Il 28 marzo 2005 si verificò l'ultima scossa d'intensità pari a 8,7: vennero colpite le isole Banyak, Nias e Simeulue. Su Nias, in particolare, crollarono l'80% delle case e si pensa che il numero complessivo delle vittime si sia aggirato intorno alle 2000 persone. E, ancora una volta, migliaia rimasero senza tetto.

Conseguenze geologiche e danni economici e culturali

Conseguenza geologica dell'evento fu che dei due arcipelaghi di Andamane e Nicobare, nell'Oceano Indiano, a sud-est del golfo del Bengala, 15 delle 572 isole sprofondarono sotto il livello del mare. Inoltre le Nicobare e l'isola di Simeulue, dinanzi a Sumatra, vennero spostate

Dell'esclusivo Laguna Resorts di Khao Lag (Thailandia meridionale) rimangono solo cumuli di rovine.

Nell'aprile del 2005 i bambini colpiti dalla tragedia furono assistiti da psicologi sulla spiaggia, per aiutarli a superare il trauma.

di circa 15 m verso sud-ovest, essendo le più vicine all'epicentro.

Accanto alle tragedie umane, lo tsunami provocò anche enormi danni culturali ed ecologici. Per esempio, dinanzi alle coste della Thailandia venne distrutto o danneggiato circa il 10% della barriera corallina. Vera e propria protezione naturale contro le ondate più alte, la barriera avrà bisogno di diversi decenni per rigenerarsi tornando di nuovo al livello ante 2004. Un'altra protezione naturale delle coste è rappresentata in molti paesi dalle fitte foreste di mangrovia, anch'esse distrutte dallo tsunami. Accanto alla flora, anche la fauna fu profondamente colpita, tanto che sull'isola di Nicarugo morirono gli ultimi esemplari viventi di testuggini focate e vennero colpite anche le aree di nidificazione di diverse specie di tartaruga marina. Le ingenti masse d'acqua che si abbatterono con tanta violenza sulla terraferma, ritirandosi poi molto tempo dopo, si portarono via anche lo strato di humus, rendendo queste terre sterili. Su tratti di costa, compresi tra 250 m fino a 3 km, il terreno fertile, che non era comunque alto più di 30 cm, venne del tutto eliminato, il che fa desumere che negli anni futuri si avranno ingenti pericoli di carestie. In alcune regioni sono stati distrutti edifici storici, musei e monumenti. Secondo l'UNESCO anche numerosi beni considerati patrimonio mondiale dell'umanità furono danneggiati. Alcuni esempi: la città vecchia e le fortificazioni di Galle, nello Sri Lanka, il tempio del sole a Konarak, il monumento di Mahabalipuram, in India. Il turismo è stato pesantemente colpito,

Intensità delle scosse di avviso e di assestamento: il rapporto tra queste forze e l'energia prodotta

L'intensità delle scosse precedenti e di assestamento il 26 dicembre 2004 dinanzi alle coste di Sumatra ha oscillato tra 5,0 e 9,0 (scossa principale) della scala Richter. L'innalzamento di un punto sulla scala Richter indica una liberazione di energia di 32 volte superiore. In questo modo la scossa principale di 9,1 ha liberato 32 volte più energia rispetto alla scossa di assestamento che raggiunse forza 8,1. In rapporto a un terremoto sulla terra, di intensità 5,1, la scossa principale ha una energia di 1.048.576 volte maggiore.

Ciò che è bene sapere sullo tsunami

COME SI FORMA UNO TUNAMI?
Gli tsunami nascono per lo più a causa di un terremoto nei fondali marini (maremoto) o di un'attività vulcanica. Possono anche essere scatenati da un meteorite.

DOVE SI VERIFICANO PIÙ DI FREQUENTE?
All'incirca il 90% ha luogo nell'Oceano Pacifico, in Asia sud-orientale. Si verificano tuttavia anche in Europa: per esempio con il terremoto di Lisbona del 1775 60.000 persone morirono per via dell'ondata gigantesca che si abbatté alla foce del Tago; da qui tra l'altro deriva il nome "onda di porto".

CHE ALTEZZA RAGGIUGE UNO TSUNAMI?
Nel 1964 in Alaska ebbe luogo un maremoto che provocò un'ondata gigantesca in grado di giungere fino alle Hawaii, raggiungendo nella città di Hilo, la più vasta delle Hawaii, un'altezza di oltre 30 m. Quando il vulcano Krakatoa eruttò nel 1883, un'ondata alta 40 m invase l'intera regione costiera. Nel 1971 pare che uno tsunami dinanzi all'isola giapponese di Ishigaki abbia raggiunto l'altezza di 85 m. Quando gli tsunami penetrano in insenature strette o fiordi (come per esempio a Lisbona, risalendo il delta del Tago) possono anche essere più alti. L'eruzione vulcanica di Santorini, oltre 3000 anni fa, dovrebbe avere causato un'ondata di 250 m.
Si deve comunque tenere presente che uno tsunami non è una singola unità di acqua corrente, come nel caso di un fiume. Si tratta invece di una forte riserva di energia, grazie alla quale una molecola di acqua si unisce a quella accanto. E quanto più il mare è profondo nel punto in cui l'ondata inizia, tanto più elevata sarà la parete d'acqua nel momento in cui raggiungerà la terra.

FINO A DOVE ARRIVANO LE ONDE DI TSUNAMI?
Uno tsunami può percorrere metà della circonferenza terrestre. Nel caso del terremoto che colpì l'Alaska nel 1964 l'ondata provocò danni ingenti fino in Nuova Zelanda. Può percorrere anche 10.000 km senza perdere forza.

QUALE VELOCITÀ RAGGIUNGONO GLI TSUNAMI?
Anche in questo caso la profondità dell'acqua è fondamentale. Non è raro che uno tsunami raggiunga anche i 1000 km/h. Con cifre simili è ovvio che uno tsunami impiega appena un giorno per colpire ogni punto possibile in una regione vasta come l'intero Pacifico.

QUALI TSUNAMI HANNO SINO A ORA CAUSATO I DANNI PIÙ INGENTI E IL MAGGIOR NUMERO DI VITTIME?
Questo triste record lo detiene in entrambi i casi lo tsunami di Sumatra del 2004, seguito da quello successivo al terremoto in Alaska del 1964, dallo tsunami dopo il terremoto di Sanriku (Giappone, 1896) e dall'ondata mostruosa dopo l'eruzione del Krakatoa, nel 1883.

La foto aerea testimonia la portata della distruzione sull'isola di Sumatra dopo il catastrofico tsunami del 2004.

poiché molti turisti hanno paura ed evitano quei luoghi in cui sono avvenute catastrofi simili. Ne è conseguito un ulteriore impoverimento della popolazione, che basava la propria economia sul turismo.

Ma sono soprattutto le donne a dover lottare contro le conseguenze sociali della catastrofe. In molte delle regioni colpite una donna non può sposarsi se non ha una dote. Molte giovani donne considerano un'evenienza simile come una vera e propria vergogna, tanto che il numero di giovani suicide è fortemente aumentato.

Come si può misurare la gravità di una catastrofe?

Nella nostra epoca così carica di catastrofi, ogni disastro viene definito come la "catastrofe del secolo" o persino la "catastrofe del millennio". L'esagerazione in questi casi gioca sempre un ruolo importante. Certo, la dimensione dello tsunami di Sumatra è davvero unica, come unico è anche il fatto che attraverso il turismo di massa vi siano per una stessa sciagura vittime provenienti da tutto il mondo.

Vi sono, tuttavia, catastrofi che, essendo ristrette a livello regionale o avendo luogo in paesi dove la diffusione delle notizie e l'effetto mediatico sono più limitati, suscitano meno clamore anche se il numero di persone colpite risulta molto più alto di quelle dello tsunami del 2004. In Cina, per esempio, spesso si verificano inondazioni catastrofiche, come quella del 1887 a Henan, durante la quale persero la vita 900.000 persone. In senso opposto, tra il 1965 e il 1967 in India si verificò un periodo di siccità di proporzioni inaudite, che provocò 1,5 milioni di vittime. Deve quindi sempre rimanere aperto il quesito su come si possa calcolare la gravità di una catastrofe.

La scia di terrore di un ciclone

"KATRINA": UNO DEI PIÙ LETALI URAGANI AL MONDO

Tra il 25 e il 31 agosto 2005 l'uragano "Katrina" si abbatté sulla costa sud-orientale e poi meridionale degli Stati Uniti d'America. Trasformatosi in uragano di categoria 5, annientò le infrastrutture su un tratto di costa di quasi 200 km e distrusse tutto quello che trovava sulla propria strada. "Katrina" si trasformò così nel più micidiale uragano di tutti i tempi.

Il parcheggio di Fort Lauderdale, a nord di Miami, venne colpito da "Katrina" il 25.08.2005. Dall'immagine si può dedurre l'immensa portata dell'uragano.

Energia immagazzinata su tutto il golfo del Messico

Sospinto da venti a una velocità di 130 km/h, il 25 agosto 2005 un uragano da poco battezzato "Katrina" si abbatté sulle coste densamente abitate della Florida meridionale. Si trattava di un fenomeno classificato di categoria 3, in grado di provocare danni notevoli. Sette uomini persero la vita, mentre le forti precipitazioni che accompagnavano la tempesta causarono inondazioni, con conseguenti danni materiali per milioni di dollari. Quando "Katrina" alla fine cambiò rotta sopra il golfo del Messico, la popolazione del Sud degli Stati Uniti, così spesso e violentemente colpita dagli uragani, trasse un sospiro di sollievo: purtroppo troppo in fretta. L'acqua del Golfo ha in questo periodo dell'anno una temperatura di circa 30 °C. Proprio grazie a questo calore che la ravvivava dal basso "Katrina" acquistò sempre più energia, trasformandosi in un uragano di categoria 5, con una velocità massima di oltre 250 km/h. Inoltre aveva nuovamente modificato direzione, muovendosi ora verso la costa meridionale degli Usa. Il 28 agosto si ordinò l'evacuazione forzata della città di New Orleans, con i suoi 480.000 abitanti. Le persone barricarono le proprie case per proteggerle, inchiodando assi di legno dinanzi a porte e finestre, prima di essere portate in luoghi sicuri, spesso contro la propria volontà. Decine di migliaia tuttavia riuscirono a scivolare fuori dalle maglie dei controlli e rimasero in città.

Con una violenza fino a quel momento sconosciuta "Katrina" si abbatté il 29 agosto sulla costa meridionale, devastando l'intera zona per un raggio di 200 km. La devastazione fu tale che tutte le infrastrutture vennero distrutte. Ma a mano a mano che procedeva verso l'interno,

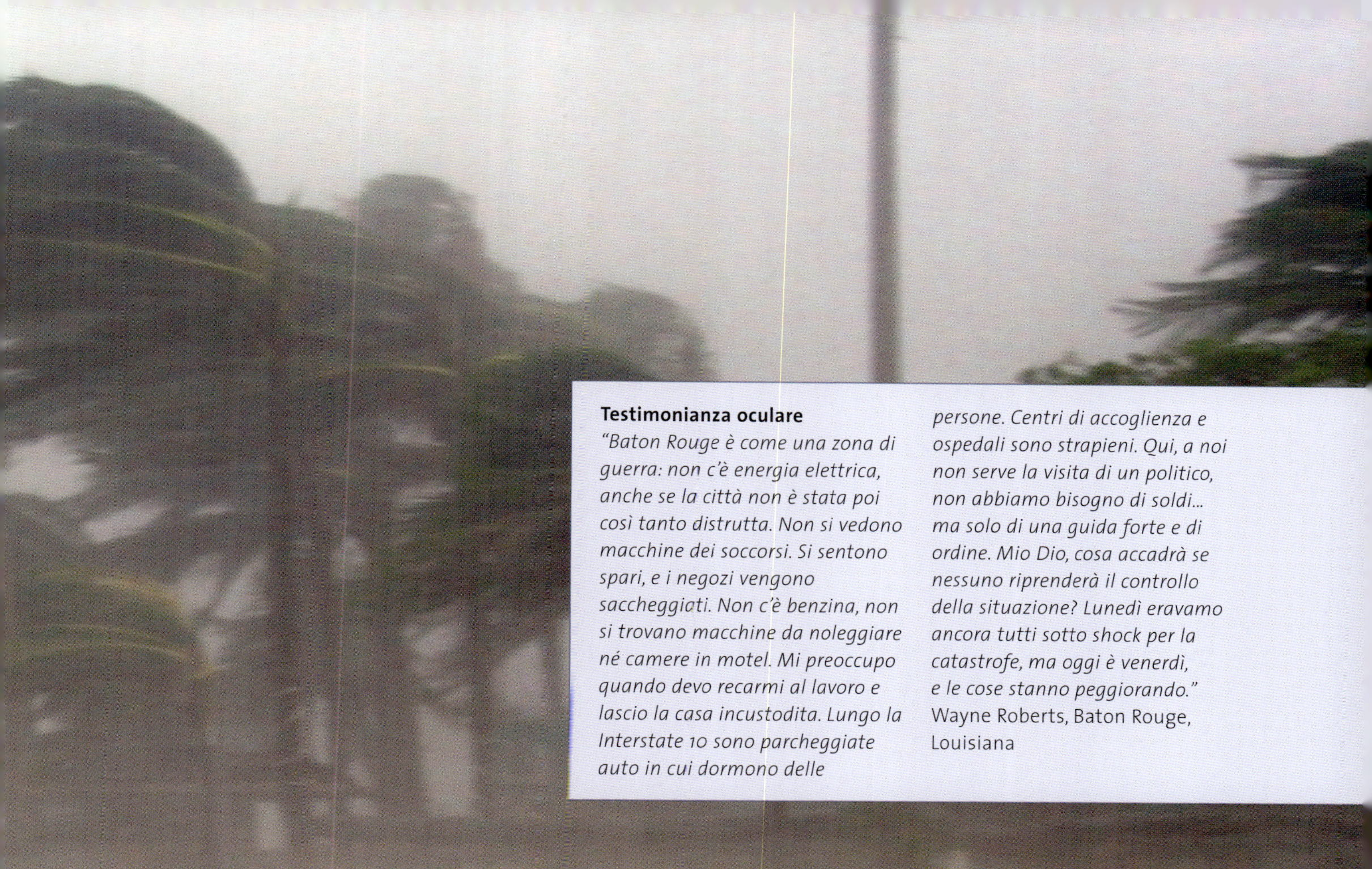

Testimonianza oculare

"Baton Rouge è come una zona di guerra: non c'è energia elettrica, anche se la città non è stata poi così tanto distrutta. Non si vedono macchine dei soccorsi. Si sentono spari, e i negozi vengono saccheggiati. Non c'è benzina, non si trovano macchine da noleggiare né camere in motel. Mi preoccupo quando devo recarmi al lavoro e lascio la casa incustodita. Lungo la Interstate 10 sono parcheggiate auto in cui dormono delle persone. Centri di accoglienza e ospedali sono strapieni. Qui, a noi non serve la visita di un politico, non abbiamo bisogno di soldi... ma solo di una guida forte e di ordine. Mio Dio, cosa accadrà se nessuno riprenderà il controllo della situazione? Lunedì eravamo ancora tutti sotto shock per la catastrofe, ma oggi è venerdì, e le cose stanno peggiorando."
Wayne Roberts, Baton Rouge, Louisiana

l'uragano perse rapidamente di forza, ritornando a un fenomeno di categoria 3: una fortuna per New Orleans, in quanto ora il vento aveva una velocità massima di 200 km/h. I danni provocati furono comunque ingenti: interi quartieri di New Orleans vennero rasi al suolo e, quando l'argine si ruppe, quasi tutta la città venne inondata. Sul Mississippi "Katrina" perse ulteriormente di potenza, tramutandosi in una tempesta tropicale e nella sua marcia successiva, attraverso l'Alabama, il Tennessee, il Kentucky e l'Ohio, si indebolì ulteriormente. Sebbene continuassero a cadere piogge torrenziali e il fronte si fosse diviso in singoli tornado, "Katrina" aveva ormai fortunatamente perduto l'immensa forza distruttrice iniziale e non poteva più causare danni ingenti. Il 31 agosto ebbe finalmente termine la sequenza distruttiva.

Il bilancio del terrore

Durante la catastrofe, che gettò l'intero paese in una profonda crisi politica interna, morirono oltre 1500 persone e migliaia mesi dopo risultavano ancora disperse. Nell'arco di pochissimo tempo migliaia di persone avevano perso la propria casa e molte non sono ancora riuscite a ricostruirla. Interi quartieri di New Orleans erano ormai ridot-

File lunghissime di persone attendono il pullman che le porterà all'Houston Astrodome e quindi fuori dalla zona di pericolo.

Categorie di uragani secondo la scala Beaufort

Categoria 1: 119–153 km/h
Categoria 2: 154–177 km/h
Categoria 3: 178–209 km/h
Categoria 4: 210–249 km/h
Categoria 5: mehr als 250 km/h

Prima di "Katrina" solamente tre uragani avevano raggiunto il livello 5:
"Andrew", 1992, Florida, 43 morti
"Camille", 1969, Mississippi, 256 morti
Senza nome, 1935, Florida, 600 morti

ti in macerie e presumibilmente, anche dopo la ricostruzione, non riavranno il volto di prima. Quasi un anno dopo "Katrina", in Mississippi e in Louisiana, ancora 100.000 persone vivevano in camper, in quanto le loro case erano andate distrutte. I danni immediati legati a questa tragedia ammontarono a circa 150 miliardi di dollari USA, quelli a medio e lungo termine dovrebbero invece raggiungere i 600 miliardi di dollari. Con queste somme straordinarie "Katrina" si è rivelato il più terribile uragano di tutti i tempi e su un piano puramente materiale ha superato addirittura i danni dello tsunami che alla fine del 2004 si abbatté sull'Oceano Indiano. Questo è infatti uno dei tanti tragici record che hanno appunto fatto di "Katrina" la più grave catastrofe naturale del mondo e uno dei tre uragani più micidiali nella storia degli Stati Uniti. Per fortuna non ha causato la perdita dell'impressionante numero di vite umane dello tsunami o di altre catastrofi, ma ha provocato per lo più danni materiali.

Il caos dopo la catastrofe

Circa un milione di persone hanno perduto la loro casa, in quanto almeno 350.000 abitazioni sono andate distrutte: è questo il bilancio di "Katrina". La città di New Orleans si ritrovò in alcuni quartieri addirittura sotto 6 m d'acqua. Ancora alcuni giorni dopo la catastrofe, la macchina dei soccorsi era nel caos,

La 7th Ward di New Orleans venne pesantemente colpita dall'uragano, e i soccorsi ebbero enormi problemi a riprendere in mano la situazione.

e molte persone attendevano aiuti sul tetto di casa. L'acqua potabile era ormai scarsa, l'approvvigionamento idrico interrotto e non si avevano a disposizione viveri, elettricità o linee telefoniche. Prima del 25 agosto New Orleans aveva detenuto il ben triste record di essere al secondo posto tra le città USA per numero di omicidi e crimini (la prima è Camden, New Jersey). Dopo la catastrofe si verificarono saccheggi: la gente prendeva tutto quello che trovava. La violenza era in costante aumento e un saccheggiatore giunse addirittura a uccidere un poliziotto che tentava di bloccarlo. In città si decise allora di instaurare la legge marziale, ma migliaia di esponenti di polizia ed esercito non furono in grado di arginare la violenza seguita alla catastrofe. In parte si dovettero addirittura interrompere i soccorsi con la conseguenza che decine di migliaia di senzatetto rimasero di colpo senza intervento medico. Le acque dell'inondazione trasportavano cadaveri; sostanze velenose erano finite in acqua diffondendo un fetore insopportabile in tutta la città. La minaccia di epidemie si stava facendo sempre più reale. Oltre a tutti questi danni in città, la guardia costiera USA fece sapere che 20 piattaforme petrolifere risultavano disperse nel Golfo del Messico.

Finalmente dopo parecchi giorni la popolazione poté ricevere acqua potabile, viveri e medicine. Il presidente degli Stati Uniti, George W. Bush, dovette ammettere di non avere valutato in modo corretto i danni e quindi stanziò 60 miliardi di dollari. La sua prima reazione era invece stata molto più parsimoniosa e affrettata, in quanto si era limitato a chiedere agli americani di pregare per i loro compatrioti nel momento del bisogno.

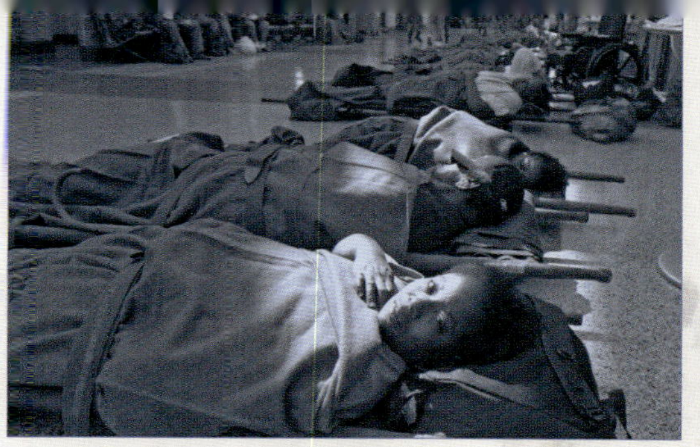

Nel Convention Center di New Orleans sono stati ospitati gli abitanti delle zone più colpite.

Critiche alla gestione della catastrofe

Erano stati gli argini del lago Portchartrain che, crollando, avevano in pratica sommerso la città fino a quando questa aveva registrato lo stesso livello del lago. Alcuni scienziati americani criticano oggi il governo per non avere preso provvedimenti contro una possibile catastrofe. Secondo la loro opinione ci si era preparati solo contro possibili tempeste di forza molto inferiore a quella di "Katrina".

Gli studi più recenti dimostrano che la progettazione degli argini in grado di proteggere New Orleans non aveva previsto una catastrofe di simili proporzioni. Per motivi legati ai costi, le difese preventive riguardavano tempeste di debole intensità. Nei calcoli inerenti la città, gli ingegneri non avevano inserito gli effetti delle tempeste più violente. Ma, dopo tutto, si è mai veramente preparati per una catastrofe?

Uragani

Un uragano medio ha un diametro di 550 km e libera in un solo giorno più energia di tutte le centrali elettriche del mondo. L'anno 2005 ha superato ogni record registrato fino a quel momento dagli uragani a livello mondiale, con "Wilma" e "Katrina" come le tempeste più violente mai misurate. Ma il 2005 non portò uragani solo in America, bensì violenti tifoni in Asia. L'Europa è stata sino a ora risparmiata dagli uragani, perché le acque europee non hanno la temperatura superficiale tale da portare alla formazione di un uragano. Tuttavia gli scienziati sostengono che l'innalzamento della temperatura del Mediterraneo potrebbe in futuro scatenare uragani anche in Europa.

Gli uragani più violenti dal 1900:

1900: USA – uragano Galveston
1935: USA – uragano Labour Day
1961: America centrale – Hattie
1969: USA – Camille
1979: Giappone – Tip
1988: Caraibi – Gilbert
1992: USA – Andrew
1996: Taiwan e China – Herb
1998: Caraibi – Mitch
2000: Cina – Saomai
2001: Taiwan – Nari
2004: Giappone – Tokage
2004: Grenada, Giamaica, Cuba e USA – Ivan
2005: Cuba e USA – Dennis, Katrina e Rita
2005: America centrale – Stan
2005: Messico e USA – Wilma
2005: Azzorre, Canarie e Spagna – Vince
2005: Taiwan – Haitang
2005: Cina – Matsa, Talim, Khanun e Damrey
2005: Cina e Taiwan – Longwang
2005: Giappone - Nabi

I danni causati dall'uragano "Katrina" furono terribili. Di questo McDonald's distrutto a Biloxi, Mississippi, è rimasta solo la mascotte.

Testimonianza oculare

"Fu sicuramente una delle esperienze più tremende della mia vita, quando alla fine del 2005 mi trovai a New Orleans. Fui sopraffatto sotto vari punti di vista. Ovunque vedevo scene strane e oggetti bizzarri: automobili capovolte sui tetti, barche in salotti. Interi quartieri sembravano appena usciti da un bombardamento; servizi igienici, letti, piatti e suppellettili erano ovunque e creavano contrasti ironici e mordaci. Avrei potuto scattare un servizio intero di foto sulle incredibili forze della natura, ma mi ero imposto di occuparmi di qualche altra cosa che non fosse solo la devastazione. Mi ci volle una notevole forza di disciplina per rimanere fedele alla mia idea e concentrare il mio lavoro sui segni più sottili della tragedia umana. Vivevo in quel momento un profondo sentimento di tristezza e perdita; non compassione per i danni che le vittime avevano subito, ma molto più un sentimento simile a quello che soffrono tutti quando una catastrofe di questa portata colpisce i propri connazionali. Gli USA hanno perso qualcosa di sacro negli ultimi anni e 'Katrina' ne è la dimostrazione più evidente. Ha a che fare con la nostra comunità, con il senso di appartenenza e la compassione, che la nostra società consumistica ha fatto sparire. Io, come uomo, sono pronto a pormi dinanzi a questo danno enorme e forse attraverso il mio lavoro posso indurre altri a farlo."

Chris Jordan, fotografo, sulle conseguenze durature di "Katrina"

In questa immagine satellitare si vede l'uragano "Katrina" avvicinarsi alla costa del Golfo tra Louisiana e Mississippi.

Il riscaldamento della Terra

Gli studiosi del clima hanno più volte fatto notare che, per via dell'effetto serra, la temperatura della Terra si è innalzata e continua ad aumentare. In particolare negli ultimi 20 anni la temperatura superficiale dei mari è aumentata in media di circa 0,5 °C. Nello studio di un uragano si è dimostrato che la temperatura della superficie oceanica ha un ruolo di primaria importanza nella sua formazione. A una temperatura superficiale di circa 26 °C evapora una quantità di acqua sufficiente a formare e alimentare un uragano. Ma anche il riscaldamento dell'aria sugli oceani ha un'importanza decisiva, perché più la temperatura aumenta, più l'aria riesce ad assorbire umidità, così da aumentare l'energia di un uragano incrementandone l'intensità. Nel caso di "Katrina", l'elevata temperatura delle acque del Golfo ha fatto aumentare la sua energia fino a portare il fenomeno nella categoria massima per un uragano. Più mari supereranno la soglia dei 26 °C, più uragani si formeranno. Alcuni meteorologi considerano più che certo che il futuro porterà cicloni anche nel Mediterraneo. Inoltre è stato dimostrato che negli ultimi 20 anni non solo è aumentato il numero di uragani, ma anche la loro potenza e durata si sono incrementate.

CARESTIE E SICCITÀ

Fin dai tempi più remoti, l'aridità del territorio è sempre stata la causa scatenante di carestie e siccità, ma ovviamente anche i raccolti distrutti possono affamare le popolazioni colpite. Altro fattore cruciale sono le guerre, che lasciano dietro di sé solo campi bruciati. La domanda se il nostro pianeta sia in grado di sfamare l'intera sua popolazione ha una risposta positiva, in quanto le nazioni industrializzate vivono nell'abbondanza e nello spreco. Ma questo non va a modificare il fatto che, ancor oggi, molti muoiono di fame.

Il lato oscuro del Medioevo

LE CARESTIE: UN PROBLEMA RICORRENTE

Corteccia d'alberi, felci, bacche e ghiande, erba... in questo modo cercavano di sostentarsi i nostri antenati nel Medioevo. Per sopravvivere cacciavano i propri figli e abbandonavano vecchi e malati. Persino re e nobili non erano risparmiati dalla fame. In tutta Europa, infatti, nel XIV secolo la popolazione era vessata dalle carestie, anche per più anni di seguito: una situazione che oggi ci appare davvero inimmaginabile. E tuttavia la fame nel Medioevo ha provocato un numero enorme di vittime.

La vite è breve – vita brevis

Una terribile carestia colpì l'Europa dal 1315 al 1317, estendendosi dalla Scandinavia fino alle Alpi e ai Pirenei e dalle steppe della Russia, a est, fino alle coste irlandesi. Ma questa fu solo la prima di una lunga serie di catastrofi che si susseguirono una dopo l'altra.

All'epoca si moriva in media tra i 25 e i 32 anni, le donne spesso ancora più giovani: un evento del tutto normale nel Medioevo. Persino i membri della famiglia reale inglese, gli uomini di gran lunga più ricchi al mondo, raggiungevano nel 1276 un'età media di appena 35 anni.

La fame nel XIV secolo

Situazioni di carestia e fame estreme avevano spesso una diffusione locale: così, per esempio, in Inghilterra nel 1315-1317, 1321, 1351, 1369; in Francia negli anni 1304, 1305, 1310, 1315-1317, 1330-1334, 1349-1351, 1358-1360, 1371, 1374-75 e 1390. Nel 1306 la carestia scoppiò in Boemia, nel 1309 fu il Belgio a essere colpito e nel 1312 l'Austria. Se si associano a questi eventi anche le numerose epidemie che si verificavano a cadenza regolare, appare subito chiaro come, all'epoca, la quotidianità fosse impregnata della consapevolezza della morte.

La miseria era così diffusa nel Medioevo che gli affamati non esitavano a cibarsi dei cadaveri degli impiccati.

La popolazione era così stremata dalla fame da risultare facile preda di ogni malattia.

Dati demografici
Ovviamente non abbiamo a disposizione dati esatti sull'aspettativa di vita nel Medioevo, in quanto all'epoca non venivano ancora compiute statistiche. Fu solo a partire dal XVI secolo che vennero tenuti con regolarità registri di battesimi e decessi. Ma su cosa si basano i dati demografici? In genere ci si affida a:
- *ritrovamento di scheletri che danno informazioni sulle cause della morte;*
- *cronache;*
- *registri delle tasse;*
- *il numero dei soggetti al servizio militare;*
- *in caso di assedio, il numero delle persone di cui ci si doveva occupare;*
- *le imposte pagate al papato;*
- *diari di viaggio, che descrivono i singoli luoghi.*

In questo modo si può realizzare una valutazione grossolana della popolazione.

La crescita costante della popolazione

Nell'Europa del Medioevo si riscontrava ovunque la stessa tendenza: dopo un'evidente diminuzione della popolazione alla metà del VI secolo, dovuta alla peste e ad altre malattie infettive, il numero degli abitanti iniziò ad aumentare, dapprima debolmente ma regolarmente, poi, tra l'850 e il 1050, in modo consistente. Cosa rese possibile l'inversione di tendenza? Il passaggio sempre più evidente da un'economia basata su allevamento e pastorizia a una incentrata sull'agricoltura, che migliorava complessivamente il livello di vita della popolazione, con più prodotti alimentari e una quantità maggiore di foraggio e di materiale per l'edilizia e per riscaldarsi. Inoltre, per via del numero crescente di città, iniziò a fiorire anche un'economia di mercato e di scambio. In effetti, il fervore cittadino portò maggiore libertà e indipendenza non solo ai suoi abitanti, ma anche al commercio in genere.

Il 1315: fame e morte diffuse ovunque

Durante la primavera e l'estate del 1315 si verificò un cambiamento drammatico: in tutta l'Europa centrale continuò a piovere, il clima si mantenne freddo e così i semi non poterono germogliare. Di conseguenza, i prezzi dei cereali continuarono ad aumentare. In Inghilterra alcuni generi alimentari

L'incremento demografico nell'Europa medievale

	Anno				
	300	600	1000	1340	1440
Spagna/Portogallo	*4 Mil.*	*3,6 Mil.*	*7 Mil.*	*9 Mil.*	*7 Mil.*
Francia	*5 Mil.*	*3 Mil.*	*6 Mil.*	*19 Mil*	*12 Mil.*
Italia	*4 Mil.*	*2,4 Mil.*	*5 Mil.*	*9,3 Mil.*	*7,5 Mil.*
Isole britanniche	*0,3 Mil.*	*0,8 Mil.*	*1,7 Mil.*	*5 Mil.*	*3 Mil.*
Regno tedesco e Scandinavia	*3,5 Mil.*	*2,1 Mil.*	*4 Mil.*	*11,6 Mil.*	*7,5 Mil.*

L'affresco del Beato Angelico (1447-1449) mostra san Lorenzo che distribuisce elemosine a poveri e affamati per mitigare in parte la loro sofferenza.

La dieta nel Medioevo
Rispetto a oggi nel Medioevo si coltivava un numero ristretto di piante. Patate e mais, generosi nei raccolti e molto nutrienti, non erano ancora conosciuti, dato che furono importati solo in seguito dal Nuovo Mondo. Anche le verdure avevano all'epoca solo un ruolo di secondo piano. Si consumavano crauti, cavolo, rape, piselli, carote e soprattutto fave. Ci si nutriva soprattutto di pappe di cereali preparate con segale, orzo, frumento, avena, orzo, miglio e spelta. L'olio veniva per lo più ottenuto da olive, semi di lino, colza e rape. Lo zucchero, originario di India e Asia anteriore, era ancora sconosciuto, o meglio noto solo in Sicilia grazie agli arabi a partire dal X secolo. Sarebbe stato poi diffuso in tutta Europa all'epoca delle Crociate. Nel frattempo si addolciva con il miele.

registrarono a giugno un incremento dei costi tale per cui erano venduti al doppio che a marzo. Le scorte alimentari, se presenti, vennero consumate in pochissimo tempo e spinti dal bisogno molti contadini presero una decisione che, a lungo termine, si sarebbe rivelata fatale: iniziarono infatti a cibarsi di cereali destinati alla semina, dandone anche al loro bestiame affamato. Disperati per la fame, gli uomini iniziarono a strappare radici, staccare la corteccia degli alberi, raccogliere noci, ghiande e bacche, mangiare felce ed erba. Anche i nobili non vennero risparmiati dalla fame: quando il re inglese Edoardo II, il 10 agosto 1315, si fermò a Saint Halbans, non trovò nulla da mangiare per sé e la propria corte: persino il più potente dei signori dovette patire la fame.

Per la fame non c'è fine

La primavera del 1316 non portò alcun miglioramento, in quanto il periodo di maltempo perdurava. Si diede quindi definitamente fondo alle scorte di sementi, mentre per necessità si stabilì anche di uccidere gli animali. Gli uomini, ormai indeboliti dalla fame, non sapevano più a chi rivolgersi,

Il pericolosissimo fungo Claviceps purpurea *infetta i cereali e provoca una malattia pericolosa e in passato molto diffusa, l'ergotismo.*

dato che le derrate alimentari erano ormai esaurite quasi ovunque. Spesso la Chiesa accorse in aiuto di questi disperati dando loro le elemosine raccolte. In periodi così duri, persino i bambini più piccoli venivano di frequente abbandonati a se stessi. L'acme della crisi fu raggiunto nel 1317: gli inverni gelidi, la pioggia e il freddo sembravano ormai non avere fine e molte persone denutrite divennero ben presto vittime delle malattie, e morirono di polmonite o tubercolosi.

La paura della morte e l'apatia

Il peggioramento del clima, la carestia che imperversò dal 1315 al 1317 e infine la peste decimarono la popolazione con picchi anche del 70%. Questo stato protratto di miseria influì sul morale: molte chiese vennero decorate con rappresentazioni della morte e della danza macabra, affinché tutti potessero avere dinanzi agli occhi la possibile fine imminente. Molti preferirono abbandonare le proprie case e iniziarono a vagare per le campagne; i costumi degenerarono, i medici non sapevano più cosa fare. Alcuni uomini si allontanarono definitivamente dalla Chiesa, ma la maggior parte cercarono una via di fuga nella speranza della risurrezione dopo la morte.

Un fungo micidiale

Anche nelle annate buone gran parte dei contadini consumava solo polenta, pane, piselli, lenticchie, castagne e cavoli. I raccolti scarsi o inesistenti li costringevano spesso a consumare pane ammuffito o infettato dalla segale cornuta, causa del fuoco di Sant'Antonio. Chi ne soffriva maggiormente erano i più poveri delle campagne, che si cibavano subito dopo il raccolto di cereali freschi, ricchi di sostanze dannose o addirittura velenose. La segale, poco diffusa nell'antichità, diventò un alimento fondamentale nel Medioevo, ma spesso era colpita da un fungo pericoloso, il *Claviceps purpurea*, in grado di scatenare l'*Ergotismus gangraenosus*, il cosiddetto fuoco di Sant'Antonio: gli arti colpiti dalla cancrena, neri e consumati si staccano lentamente dal corpo. Un monaco di Cluny descrive la malattia come un fuoco nascosto che separa completamente la parte del corpo colpita, facendola essiccare.

Ergotismo: la malattia delle popolazioni più povere

La segale cornuta si infiltrò in modo massiccio nei cereali destinati al consumo, con conseguenze spaventose. Già nel 993/994 si registrarono circa 40.000 morti solo nel Limousin e nel Périgord francese, e intorno al 1128-29 furono 14.000 le vittime nella regione di Parigi. La Francia fu il paese più colpito in assoluto, seguito da Russia, Germania e Svezia. Ma anche qualche secolo dopo tra i ceti più poveri della popolazione europea si riscontrarono morti dovuti a questa terribile malattia, che è anche una conseguenza della fame.

Una pietra tombale nel Camposanto Monumentale di Pisa indica il sepolcro di un uomo benestante. Dei poveri che morivano di fame rimangono invece poche tracce.

DEPARTURE OF THE "NIMROD" AND "ATHLONE" STEAMERS, WITH EMIGRANTS ON BOARD, FOR LIVERPOOL.

Una folla di irlandesi nel porto di Cork, in attesa di salire su un piroscafo diretto a Liverpool, da dove sarebbero poi emigrati in America.

L'Irlanda muore di fame

I cattivi raccolti scatenano una terribile carestia

Negli anni compresi tra 1845 e 1849 l'Irlanda fu colpita da una nefasta serie di cattivi raccolti, mentre le coltivazioni di patate furono distrutte da un fungo che provocava la muffa del tubero. Oltre un milione di irlandesi soffrirono la fame e il gelo oppure furono vittime di epidemie. Altri 2 milioni e mezzo di uomini abbandonarono la propria terra e diedero vita a una delle più massicce ondate migratorie verso l'America.

Annuncio comparso su un giornale inglese nell'estate del 1845
"Una terribile epidemia si sta diffondendo tra le piante di patate. Da ogni parte sentiamo parlare di distruzione. In Belgio tutte le coltivazioni sarebbero già state completamente annientate."
Gardener's Chronicle and Agricultural Gazette, *1845*

Il consistente incremento di popolazione

All'inizio del XIX secolo la situazione per i piccoli contadini irlandesi era particolarmente rosea. L'acqua calda della Corrente del Golfo garantiva un clima mite e il terreno era molto fertile. La natura forniva materie prime per la costruzione di case ed edifici, e per riscaldare una piccola casa colonica era più che sufficiente un focherello di torba per la maggior parte dell'anno. Per la coltivazione delle patate bastava un piccolo appezzamento a mezzadria o di proprietà e il ricavato era così elevato che una grande famiglia colonica ne traeva di che sfamarsi abbondantemente.

Gli effetti di questo benessere si fecero sentire subito. I giovani potevano formare presto una propria famiglia. Se nel 1801 la popolazione irlandese era stimata tra i 4 e i 5 milioni, nell'arco di appena 40 anni raggiunse i 9 milioni. Questa repentina esplosione demografica ebbe come conseguenza che gli appezzamenti coltivati dalle singole famiglie coloniche fossero sempre più piccoli. In Irlanda vigeva infatti il sistema della divisione reale, per cui la terra era di volta in volta spartita tra tutti i figli. In alcuni casi, quindi, l'eccessiva parcellizzazione fece sì che un solo appezzamento diventasse troppo piccolo per poter sfamare un'intera famiglia.

Una povera famiglia irlandese cerca tra le stoppie qualche patata per poter placare la fame.

Il fungo dall'America

I problemi scatenati dalla forte crescita demografica si trasformarono ben presto in una catastrofe. Nel settembre 1845 sull'isola di Wight, nel canale della Manica, grandi estensioni di patate iniziarono ad ammuffire, ma la cosa non venne considerata preoccupante. Anche le ulteriori notizie provenienti da Francia e Paesi Bassi circa raccolti di patate ammuffite non furono visti come l'annuncio di una catastrofe imminente. Dopo tutto, in agricoltura c'erano sempre stati periodi meno buoni di altri... ma in questo caso si trattava degli effetti di un fungo, la *Phytophthora infestans*, la cosiddetta muffa delle patate, che già nel 1842 aveva annientato l'intero raccolto di patate nel Nord America. Il fungo aveva evidentemente attraversato l'Atlantico, dall'America all'Europa, celato nelle stive umide delle navi, e aveva iniziato a diffondersi anche nel Vecchio Continente, trovando condizioni ideali proprio in Irlanda. Il clima qui era mite e umido e la coltivazione di patate era diffusa praticamente ovunque. I piccoli contadini irlandesi, con le loro famiglie numerose, vivevano alimentandosi quasi esclusivamente di questi tuberi, nutrienti e caratte-

Le persone affamate erano costrette a chiedere l'elemosina per sopravvivere.

Targa commemorativa sulla Gros Ile, l'isola di fronte a Quebec dove si svolgeva la quarantena

"Thousands of the children of Gael were lost on this island while fleeing from foreign tyrannical laws and artificial famine in the years 1847-48. God bless them. God save Ireland."
Traduzione:
"Migliaia di bambini di Gael persero la vita su quest'isola negli anni 1847-48, sfuggendo alle leggi straniere tiranniche e a una carestia artificiale. Che Dio li benedica. Che Dio protegga l'Irlanda."

rizzati da una crescita molto rapida. Solo i poderi più grandi erano invece coltivati a grano e altri cereali, destinati per lo più all'esportazione in Gran Bretagna, perché solo così i contadini riuscivano a pagare gli alti affitti richiesti dai proprietari terrieri.

La fame prende piede

Nell'autunno 1845 si sperava ancora che il raccolto delle patate in Irlanda fosse stato in parte risparmiato, ma già pochi giorni dopo il raccolto gran parte delle patate mostrava i primi segni della muffa. Il governo di Londra intervenne immediatamente con aiuti economici al fine di calmierare il prezzo del pane, ma la popolazione delle campagne non aveva risparmi sufficienti per poter pagare anche i prezzi più bassi. Iniziò così in Irlanda un periodo di grande carestia. Il 1846 fu anche peggio. Il clima fu terribile, tanto che i raccolti di grano e avena risultarono molto scarsi, mentre quello di patate andò completamente distrutto. Per di più, l'inverno risultò particolarmente rigido. Nonostante il continuo aumento del numero di bambini morti di fame o di freddo, il governo inglese non fu in grado di modificare di molto la situazione. La posizione dei politici liberali-conservatori si rivelò al limite del cinismo. Negarono infatti qualsiasi aiuto finanziario, sostenendo che le elemosine statali avevano solo lo scopo di demoralizzare la popolazione affamata, smorzando in loro ogni impulso per cercare di uscire dalla catastrofe con le proprie forze. Soltanto gli interventi per edificare case per i lavoratori e di edilizia pubblica furono notevolmente icrementati. Nella parte occidentale dell'Irlanda è ancora possibile rinvenire tracce di queste misure statali in aiuto dei lavoratori: lungo i margini delle strade si scorgono, infatti, i resti di muri isolati apparentemente senza senso.

Intanto la popolazione affamata si faceva via via sempre più debole, anche a causa delle epidemie di tifo che si stavano diffondendo . Ben presto molti uomini non furono più in grado di compiere i lavori pesanti con cui guadagnarsi il sostegno statale.

Una donna asperge su giovani piantine di patata dell'acqua benedetta, per farle crescere più in fretta.

Le *coffin ships* lasciano l'Irlanda

Posti di lavoro alternativi, nel commercio o nella produzione industriale, erano in pratica inesistenti in Irlanda, per cui la fame poteva essere allontanata solo emigrando. Già nel 1846 molti piccoli coloni impoveriti consideravano come loro unica speranza quella di lasciare il paese. Nei successivi anni di carestia, fino al 1849, circa un milione di persone morirono di fame, gelo o epidemie e più di due milioni abbandonarono il paese. Dei circa 9 milioni di irlandesi censiti nel 1841, dieci anni dopo ne rimanevano appena 6,5 milioni: circa il 25% della popolazione era morto o emigrato. Le navi destinate all'emigrazione lasciavano l'Irlanda seguendo per lo più le rotte Inghilterra-America del Nord, cioè il Canada attuale. Le condizioni a bordo erano terribili, perché le *coffin ships* (cioè le navi-bara) non erano altro che navi da carico e gli emigranti venivano trattati come merce. A bordo e nei locali destinati alla quarantena, in Canada, imperversavano tifo e altre malattie e circa il 10% dei passeggeri non riusciva a superare il lungo viaggio dall'Irlanda.

Non sono graditi Irlandesi

Chi sopravviveva al viaggio doveva poi fare i conti nel paese di arrivo con rifiuto e odio. Negli USA, di matrice protestante, gli irlandesi, cattolici, erano sin da subito emarginati per la loro confessione religiosa, ma ancor più forte era il rifiuto da parte dei ceti più poveri del paese ospitante, in quanto consideravano i neoimmigrati come sgraditi concorrenti sul mercato del lavoro. Le offerte di lavoro terminavano spesso con l'aggiunta "Gli irlandesi è inutile che si presentino". A questi rimanevano in genere i lavori peggiori, come la costruzione di ferrovie e canali e l'attività mineraria, lavori considerati troppo logoranti e quindi rifiutati, ma anche pericolosi. Tra gli americani che stavano realizzando la ferrovia si diceva che "sotto ogni traversa c'era un irlandese morto". Tuttavia, grazie alla testardaggine e a un senso straordinario della comunità di origine gli irlandesi sono sempre riusciti a ritagliarsi un proprio ruolo nei paesi che li accoglievano. E cento anni dopo il nipote di un emigrante irlandese del 1847 divenne presidente degli Stati Uniti: John F. Kennedy.

Non potendo più pagare l'affitto dei terreni, gli uomini, già affamati, erano anche costretti ad abbandonare le loro terre.

Il fungo Phytophthora infestans, *la cosiddetta muffa delle patate, distrusse estesi raccolti in Irlanda a partire dal 1845.*

Nubi di polvere nera dal Canada al Texas

La siccità in America del 1932-1940

Nel periodo compreso tra l'inizio degli anni Trenta fino al 1940, una regione al centro degli USA, i Great Plains, si tramutò per via di una siccità perdurante e di un'errata gestione del territorio nel cosiddetto *Dust Bowl*, il "Catino di polvere". Durante la siccità che colpì a lungo la regione e vanificò i raccolti per molti anni, migliaia di uomini soffrirono la fame . Numerosi abitanti della zona morirono di affezioni polmonari per l'inquinamento dovuto alla polvere.

Dust Bowl, *il "Catino di polvere": così era chiamata negli anni Trenta la vasta regione del Midwest, spesso colpita da terribili tempeste di polvere.*

Il centro ha bisogno di uomini

Agli inizi del XX secolo, le coste degli USA avevano un'elevata densità di popolazione, assente nelle regioni dell'interno, come Nord e Sud Dakota, Montana, Nebraska, Oklahoma, Arkansas o Texas. Si iniziò quindi ad attirare nuovi coloni dalle grandi metropoli europee, offrendo in dono 320 ha di terra a chi decideva di stabilirsi nelle cosiddette "*bad lands*" del Dakota e Montana. Ai coloni era sufficiente presentarsi, delimitare con paletti il proprio "*claim*", la terra desiderata, e quindi pagare una minima tassa di registrazione con cui diventavano proprietari terrieri. Gli Stati Uniti avevano bisogno di uomini per riempire le

Dune di sabbia simili a questa, che si formò nel 1936 dinanzi a una fattoria di Cimarron County, Oklahoma, distruggevano ogni forma di vita.

città volute dalle compagnie ferroviarie lungo le progettate tratte settentrionali, ma ancora in gran parte troppo scarsamente abitate. Ci volevano uomini che usassero la ferrovia, che trasportassero merci, facessero profitti, in pratica fornissero una valida giustificazione per l'esistenza della ferrovia. 320 ha erano dopotutto un appezzamento inimmaginabile per gli abitanti dei quartieri poveri di Berlino, Parigi o Londra – e per di più erano gratuiti. Le regioni dei Great Plains erano già state ripetutamente colpite da gravi periodi di siccità, minaccia di cui il governo, assegnando i terreni, era assolutamente consapevole.

L'equilibrio naturale viene distrutto

La prima guerra mondiale aveva fatto esplodere negli USA un vero e proprio boom dell'agricoltura, che tuttavia subì una fase di stallo con la fine della guerra. Gli anni Venti furono caratterizzati da una costante sovrapproduzione di prodotti agricoli: si cercava di sfruttare la terra all'inverosimile, saccheggiandola al di là di ogni limite lecito naturale. Si era persino resa artificialmente fertile della terra che in condizioni normali non lo sarebbe mai stata. Così, a causa di uno sviluppo che non teneva più conto dei ritmi naturali di crescita, l'equilibrio ambientale nei Great Plains andò completamente distrutto. Le zone prative erano state eliminate per fare spazio ai campi di grano, privando la terra di quell'elemento che la teneva coesa. Inoltre i bufali, che con il loro letame avevano sempre mantenuto fertile la regione, erano stati dissennatamente uccisi, anche per sfamare i passeggeri delle lunghe tratte ferroviarie da costa a costa. Poi, quando agli inizi degli anni Trenta le precipitazioni cominciarono a diminuire e sopraggiunsero i venti, iniziò quella catastrofe che sarebbe perdurata per molti anni. Lo strato di

La popolazione delle campagne nell'Ovest centrale si impoverì completamente: molte persone morirono di fame o di malattia. Questa foto di Dorothea Lange mostra una madre che sta fuggendo con i propri figli dinanzi a una tempesta di polvere.

Dorothea Lange

La fotografa americana Dorothea Lange (1895-1965) ricevette dalla Farm Security Administration (FSA) l'incarico di documentare l'impoverimento della popolazione durante la crisi economica che colpì il mondo intero. Questa documentazione fotografica, ma soprattutto le sue foto del Dust Bowl *americano durante le terribili tempeste di polvere degli anni Trenta, la resero celebre a livello internazionale, in quanto le sue opere immortalano la tragedia umana; meglio di qualsiasi altro ha saputo plasmare l'immagine degli USA di quel periodo*

terra superficiale, molto fertile, tramutato in polvere per via della siccità, venne trasportato lontano. Tra il 1934 e il 1939, quando il terreno fertile era ormai scomparso, circa 650.000 coloni, dal Texas, attraverso l'Oklahoma e l'Arkansas, fino al Nord Dakota e persino ad Alberta in Canada, persero la loro fonte di sussistenza. In parte fortemente indebitati, decisero alla fine di rinunciare. La conseguenza fu un forte esodo di massa: oltre 500.000 uomini persero così la patria che avevano appena trovato. L'espressione "*Oakie*", abbreviazione che identificava tutti coloro che provenivano dall'Oklahoma e dovettero abbandonare la propria terra, divenne nel tempo un'espressione comune per indicare chi fugge da un luogo all'altro, verso Ovest, alla ricerca di lavoro e di una nuova patria. Allo scopo gli abitanti dell'Oklahoma utilizzavano la "Route 66", una strada che sarebbe stata poi celebrata in musica dai Rolling Stones e da altri cantanti, assumendo quasi una dimensione leggendaria.

Le case crollano sotto il peso della polvere

Le tempeste più violente, con le conseguenze più disastrose per il paese, si ebbero tra il 1934 e il 1935. Nel maggio del 1934 si formò una "*Black Blizzard*", come vennero battezzate le tempeste di polvere, che dal Canada scese fino al Texas, trasportando con sé miliardi di tonnellate di terreno un tempo fertile. Nel marzo del 1935 si verificò una tempesta di polvere che durò per ben 27 giorni, soffocando 10.000 buoi. Le nuvole di polvere soffiarono fino a Chicago, dove la polvere ricadde come neve, e solo qualche giorno dopo raggiunse le città di Washington, New York e Boston sulla costa orientale. Durante quell'inverno cadde neve rossiccia. Per un mese intero il sole scomparve dai Great Plains, mentre le case crollavano sotto il peso di tonnellate di polvere. Nel 1934 e nel 1935, anni tra l'altro segnati dalle conseguenze della crisi economica a livello mondiale, migliaia di persone soffrirono la fame e altrettante morirono di pneumoconiosi e altre malattie polmonari provocate dai venti e dalla polvere trasportata.

I contadini che avevano deciso di non abbandonare la loro terra cercarono di fermare l'erosione del terreno attraverso l'impianto di siepi frangivento. Operazione che riuscì solo in parte. Poiché per quasi dieci anni non era mai piovuto, i bacini artificiali erano pressoché vuoti, rendendo sempre più cruciale il bisogno d'acqua. Il terreno, inaridendosi ulteriormente, diventò salato. Ovviamente di tanto in tanto pioveva, ma le brevi precipitazioni che investivano la terra sotto forma di violenti temporali provocavano più danni che benefici: il terreno arido e polveroso veniva infatti facilmente dilavato e con lui i semi piantati. Per evitare che ciò accadesse, si iniziò ad arare parallelamente alla pendenza e si decise di introdurre per le colture alcuni anni di riposo, durante i quali, non raccogliendo la paglia secca dei cereali, si cercò di trattenere le precipitazioni e al contempo di rigenerare il terreno, ma la terra era ormai esausta.

Stranieri nella propria terra

Gran parte della popolazione decise allora di mettersi in marcia verso la California, dove però le condizioni di vita non potevano di certo dirsi migliori che nei luoghi che avevano lasciato, anzi spesso erano ancora più dure. Molte delle fattorie californiane erano già organizzate in cooperative

La terra completamente inaridita dopo essere stata sfruttata da un'attività agricola eccessiva.

Descrizione delle tempeste

"L'effetto è quello di ricevere in pieno volto una badilata di sabbia molto fine. Gli uomini, sorpresi nella propria casa, si afferrano ai gradini delle scale. Le auto si fermano, perché nessuna luce del mondo può penetrare attraverso questo terrore mulinante... Durante le tempeste si vive il peggiore degli incubi, ma anche nelle giornate limpide o grigie è poi difficile liberarsi del pensiero. Viviamo con la polvere, la mangiamo, ci dormiamo assieme, osserviamo impotenti mentre ci ruba le proprietà e anche la speranza di una proprietà. Diventa lentamente la nostra realtà. L'incubo si trasforma nella vita normale."

Avis D. Carlson, testimone oculare

e apparivano più vaste e moderne di quelle in cui gli uomini dei Plains erano abituati a lavorare. Inoltre gli *Oakies* non erano ben visti. Le autorità di polizia di Los Angeles decisero allora di mandare propri uomini ai confini con il Nevada, per proibire agli *Oakies* l'ingresso, anche ricorrendo alla forza. Il 40% di questi emigranti sostituì alla fine i braccianti messicani nella San Joaquin Valley, dove lavoravano in piantagioni di cotone o frutta per 1,25 dollari statunitensi al giorno e dovevano vivere in baracche prive di servizi igienici. I messicani, rimasti senza lavoro, provocarono a loro volta nuovi problemi. La maggior parte degli uomini dormiva nei campi.

È proprio in questo periodo che è ambientato *Furore*, il romanzo di John Steinbeck sulle condizioni di vita negli anni Quaranta, mentre infuria la seconda guerra mondiale che poi, con l'ingresso degli USA nel conflitto, avrebbe portato benessere e ricchezza al paese.

Donne e bambini sono le vittime più frequenti delle catastrofi, come documenta questa immagine di una fattoria dei Great Plains devastata dalla siccità.

La sofferenza dei più poveri tra i poveri

La carestia nella zona del Sahel

La fame a livello mondiale, e in particolare nella zona del Sahel, non è una catastrofe dovuta a una sola causa scatenante. Si tratta piuttosto di un male strisciante, divenuto una vera e propria condizione, che negli anni ha assunto i connotati di tragedia dell'umanità. *Sahel* significa in arabo "costa" o "riva". Fu il botanico francese Auguste Chevalier (1873-1956) che intorno al 1900 introdusse questo concetto per la zona comprendente l'estremità meridionale del Sahara: una zona di passaggio semiarida tra deserto e savana che, attraverso l'Africa, si estende dall'Atlantico fino al Mar Rosso e a una parte dell'Oceano Indiano. I periodi più siccitosi hanno avuto conseguenze terribili per la popolazione locale, che è pure vittima di gravi carestie, spesso a distanza di pochi anni l'una dall'altra.

Le vittime della siccità nella zona del Sahel sono ormai troppo deboli per cercare di fuggire, nonostante la minaccia del colera.

La fame – un male diffuso

Nell'Africa moderna la fame è un male molto diffuso, anche perché molti paesi del continente non sono in grado di fornire alimentazione sufficiente alla loro popolazione. Pertanto in queste terre ci si basa soprattutto sulle importazioni, per le quali purtroppo non si hanno sufficienti mezzi finanziari a disposizione, il che significa essere in sostanza dipendenti dalla benevolenza delle

Solo in Mauritania sono morti 1,6 milioni di animali su 2,1 milioni: l'allevamento del bestiame deve ripartire da zero.

ricche nazioni industrializzate, che intervengono con aiuti e piani di sviluppo. Queste forme di aiuti apparentemente semplici atti di generosità, celano tuttavia anche un aspetto economico, poiché spesso vengono ripagati con interessi sempre maggiori.

I fattori ambientali che hanno sempre avuto un ruolo primario nella regione del Sahel sono: siccità, terreni sterili e sempre più secchi, oscillazioni climatiche, erosione e attacchi di insetti e parassiti, soprattutto sciami di cavallette. Tutti questi elementi conducono sempre più spesso alla mancanza di raccolti con effetti devastanti sulla popolazione. Alla base delle carestie vi sono oltre alle appena citate condizioni naturali, con cui chi vive in queste zone è abituato a fare i conti, altri fattori importanti: instabilità politica, scontri armati e guerre civili, dove spesso la fame viene usata in modo mirato come strategia di guerra. A questi elementi decisivi per la fame e la sofferenza delle popolazioni occorre inoltre aggiungere corruzione, malgoverno e una politica commerciale che ha solo danneggiato l'economia africana. Un ulteriore elemento devastante in diverse aree del continente nero, con un impatto enorme sull'economia locale e conseguentemente anche sull'alimentazione, è l'Aids, che ha decimato in gran parte la popolazione attiva. Secondo dati ONU, dal 1985 sono morti circa 7 milioni di contadini in 25 paesi africani; 15 milioni di altre persone sono minacciate della stessa sorte.

Questa nomade, con il suo piccolo legato alla schiena, osserva il terreno alla disperata ricerca di qualcosa da mangiare.

Contributo nel diario dell'anno 1850

"Quasi regolarmente arrivava la pioggia. Tutta la natura respirava così nuova vita e il mondo animale sviluppava le proprie capacità sociali e riproduttive in piena forza, con stimolo rinvigorito. Tra le chiome dense degli alberi frullavano fringuelli e zigoli cinguettando, interrotti dal tubare delle colombe. Le scimmie scendevano nel piccolo avvallamento dietro la nostra tenda per poter avere un sorso d'acqua, mentre di tanto in tanto risuonava in lontananza il ruggito del leone."

Heinrich Barth (1821-1865), geografo tedesco ed esploratore dell'Africa, il cui diario pare descrivere una foresta pluviale tropicale e non l'estremità meridionale del Sahara.

Tra savana umida e Sahara

La zona del Sahel comprende una regione di circa 3 milioni di km^2. La fascia arida unisce Atlantico e Mar Rosso, oltre a una striscia sottile di Oceano Indiano. A questa zona appartengono, talvolta con parti del paese ben distinte (per esempio in Senegal è il Nord, nel Mali il Sud) i seguenti dieci stati: Senegal, Mauritania, Mali, Burkina Faso, Niger, Nigeria, Ciad, Sudan, Etiopia ed Eritrea, tutti paesi tra i più poveri al mondo. Il margine meridionale della zona del Sahel è costituito da una savana

Un aereo distribuisce sacchi di cereali nella regione del Sahel. Centinaia di tonnellate di prodotti alimentari devono essere costantemente consegnate nelle regioni più povere, causando enormi problemi logistici alle organizzazioni umanitarie.

I bambini sono tra i soggetti più colpiti dalle carestie, la cui portata scuote ormai tutto il mondo occidentale.

composta da rovi, che poi si tramuta in savana arida e infine in savana umida, contigua più a sud alla foresta pluviale tropicale. La parte settentrionale del Sahel penetra invece nel deserto del Sahara ed è quindi caratterizzata da un clima caldo e arido. In base a questa suddivisione, le varie regioni beneficiano di livelli di precipitazioni diversi, che vanno dai 20 mm a nord fino ai 500 mm a sud, soprattutto durante la stagione dei monsoni, da giugno a settembre. A partire dagli anni Sessanta le precipitazioni sono costantemente diminuite e il Sahara sta lentamente avanzando verso sud. Poiché la temperatura media risulta relativamente elevata (20 °C), le scarse piogge nei mesi poco umidi sono soggette a evaporazione. La terra stessa riesce a immagazzinare solo poca umidità e le conseguenze sono ovvie: siccità, raccolti inesistenti, fame.

Sovrappopolazione e pascoli eccessivi

Le scarse precipitazioni degli ultimi anni da un lato e l'enorme aumento della popolazione dall'altro, uniti alle mandrie che si fanno sempre più numerose, hanno trasformato gran parte della vegetazione, già rada, in pascoli estesi. Il numero elevato di animali consuma tra l'altro le poche piante rimaste, comprese le radici, e schiacciando il terreno lo rende più spesso e meno permeabile: tutte queste cause provocano una desertificazione degli strati superiori del suolo. Il deserto sta avanzando.

A causa dei periodi ricchi di precipitazioni, i contadini, un tempo nomadi, sono gradualmente passati a una vita stanziale. Oggi non si spostano più, come facevano nei secoli passati, con le loro mandrie in cerca di acqua, ma si affidano piuttosto a trivellazioni alla ricerca di sorgenti e pozzi.

I campi coltivati si stanno inoltre via via sempre più estendendo verso l'arido nord e richiedono quantità maggiori di acqua per l'irrigazione. Il ricorso anche in questo caso a trivellazioni sempre più frequenti e soprattutto senza programmazione alcuna, hanno causato nel tempo la diminuzione drastica delle falde freatiche. L'equilibrio ecologico di questa fascia arida è stato sensibilmente danneggiato e la conseguenza è la desertificazione, cioè l'avanzamento del Sahara. In particolare negli anni 1968-1973 e 1982-1984 si è verificata una vera e propria catastrofe. Fame e malattie infettive hanno provocato migliaia di morti. Molti dei Tuareg che vivono nella zona del Sahel hanno spostato le proprie mandrie verso sud, insediandosi lungo l'estremità meridionale della zona, così che nuovi slum si stanno formando alle porte delle città.

Niente pioggia, niente raccolti, niente denaro: solo fame

Responsabili per il programma alimentare e la distribuzione degli aiuti a livello internazionale sono le Nazioni Unite. Ogni uomo per sopravvivere dovrebbe assumere quotidianamente 2100 calorie. Come conseguenza, nei periodi di carestia che colpiscono ciclicamente queste zone devono essere ogni giorno distribuite centinaia di tonnellate di riso, mais, lenticchie, fagioli, olio e, in minori quantità, sale e zucchero. Si tratta tra le altre cose di un problema di natura logistica. Nelle zone di guerra, consegnare i sussidi risulta spesso impossibile per motivi di sicurezza e la conseguenza ovvia è una micidiale scarsità di alimenti. A soffrire maggiormente gli effetti della denutrizione nel Sahel sono in particolare anziani e bambini, cioè le fasce più deboli della popolazione. La situazione è grave soprattutto in Niger, ma anche nel Mali, in Mauritania o nel Burkina Faso, dove le scorte sono ormai esaurite. Nei decenni passati poche persone sono direttamente morte di fame, ma centinaia di migliaia, indebolite dalla fame e dalla costante denutrizione, sono vittime delle conseguenze indirette: epidemie, tubercolosi, tifo e, soprattutto negli ultimi tempi, colera. Anche il bestiame muore: solo in Mauritania sono deceduti 1,6 milioni di buoi sui 2,1 milioni presenti.

Emigranti alla ricerca di una vita migliore

"Il mondo sviluppato si sente assediato e minacciato da emigranti in cerca di asilo o lavoro, che vogliono sfuggire disperatamente a povertà, caos e oppressione. Il cammino che ogni anno conduce decine di migliaia fuori dall'Africa subsahariana è un viaggio in camion attraverso il Sahara, per giungere in paesi di relativo benessere, come l'Algeria o la Libia, e da qui forse in Europa – se non muoiono durante il viaggio."
Ali Benssad, giornalista algerino, nel 1993 condannato a morte nel suo paese e oggi esiliato in Germania.

Il continuo estendersi della zona del Sahel ha raggiunto negli ultimi anni persino l'isola di Capo Verde, dove la politica colonialista del Portogallo ha disboscato l'intera isola, esponendola così all'erosione del vento. Inoltre, dove non ci sono alberi le precipitazioni sono molto scarse. Anche il Gambia, ex colonia britannica, è minacciato dalla desertificazione e i raccolti si fanno sempre più scarsi.

Le persone che soffrono di malnutrizione sono anche particolarmente esposte alle malattie. Nel Burkina Faso vengono vaccinate contro tifo e colera dalle organizzazioni mediche umanitarie.

Milioni di uomini muoiono di fame

Nel giugno 1998 una truppa etiope di rivoltosi e saccheggiatori attraversa le strade di Axum, nella provincia del Tigrai.

ETIOPIA ED ERITREA

Nel 1984 un milione di persone è morto di fame in Etiopia, uno dei Paesi più poveri dell'Africa. Ancor oggi, due terzi della sua popolazione (74 milioni) sono analfabeti, e la maggior parte vive di agricoltura o di aiuti internazionali. L'aspettativa di vita degli uomini è di appena 46 anni, di 49 per le donne.

Una madre con i suoi bambini ormai esausti: un'immagine che mostra gli effetti di fame e sofferenze.

Una terra dalla cultura antica

L'Etiopia (dall'antico greco *aethiops*: uomo dal volto bruciato, nero), già Abissinia, si trova a sud dell'Egitto, nell'Africa orientale, tra Somalia e Sudan. È la più antica nazione cristiana di tutta l'Africa e, a differenza della maggior parte dei paesi africani, non è mai stata colonizzata. Dopo l'occupazione delle truppe di Mussolini (1936-1941), durante la seconda guerra mondiale, è seguita l'indipendenza, con il sostegno britannico, sotto l'imperatore Haile Selassie (1892-1975) fino al 1974 e poi, fino al 1991, un governo militare di ispirazione marxista. Il primo ministro dell'epoca, Meles Zelawi, del partito EPRDF (Ethiopian People's Revolutionary Democratic Front), un tempo marxista, è oggi fautore di un'economia di libero mercato. A nord dell'Etiopia si trova l'Eritrea. Dal 1993 l'ex provincia etiope è indipendente e fonte continua di conflitti militari sulla linea di confine. Gli unici elementi costanti nella regione sono carestie e siccità (già nel 1973, poi nel 1987-88), con i conseguenti, massicci problemi di approvvigionamento per la popolazione.

La difficile via verso l'indipendenza
Un tempo occupata dalle truppe italiane di Mussolini, nel 1941 presa dagli Inglesi e annessa all'Etiopia da Haile Selassie, l'Eritrea non riesce a trovare la pace nonostante sia stata dichiarata ufficialmente indipendente (sulla base di un referendum popolare) nel 1993 e abbia firmato un trattato di pace con l'Etiopia nel 2000. Le truppe delle Nazioni Unite devono tenere in scacco entrambe le fazioni in conflitto, gruppi di fuggitivi provocano incidenti e gli uomini vengono costantemente reclutati invece di rafforzare l'economia locale. Lo stato monopartitico del presidente Isaias Afewerki, fortemente statalizzato, è diviso in musulmani e cristiani, proprio come l'Etiopia. Il paese, uscito da un lungo conflitto contro Yemen ed Etiopia, deve ora occuparsi della completa ricostruzione di economia e infrastrutture.

Le morti di massa del 1984

La crisi del 1984 era già stata annunciata nel 1981, quando un intero raccolto era andato perduto per la siccità. All'epoca gli aiuti internazionali si misero in moto molto lentamente. Nel 1984 non piovve per tutta la primavera e il bestiame nell'intera regione di Sidamo, zona agricola di grande importanza, fu decimato pesantemente a causa di una epidemia. Nel marzo dello stesso anno il governo avvisò che si doveva affrontare un periodo di carestia, in quanto il paese poteva produrre solo 6,2 milioni di tonnellate di cereali, un milione in meno rispetto al necessario. Molti paesi stranieri si rivelarono tuttavia restii a inviare aiuti, presumibilmente perché non volevano collaborare con il regime marxista di Mengistu Haile Mariam, che spendeva più volentieri per acquistare armi che per procacciarsi derrate alimentari e che stava combattendo una guerra civile contro le province settentrionali di Eritrea e Tigri.

Quando, durante l'estate, decine di migliaia morirono di fame, l'organizzazione di aiuti "Oxfam" prese l'iniziativa mettendo a disposizione aiuti per 500.000 sterline inglesi. Ma i problemi legati alla distribuzione degli aiuti e le critiche rivolte al governo etiope, tra cui l'accusa di avere distribuito i cereali prima alle proprie truppe e poi

L'Etiopia non è sempre vittima della siccità. Al termine della stagione delle piogge il paese è ovunque molto fertile.

La situazione dei contadini

In Eritrea la terra è statalizzata e si sta investendo in nuovi sistemi di approvvigionamento idrico. Si utilizzano ancora aratri di legno come 3000 anni fa e in media ogni contadino lavora appena un ettaro di terra. In Etiopia i cereali, per lo più distribuiti sotto forma di aiuti alimentari, non sono in genere in grado di germogliare, sia perché troppo vecchi, sia perché trattati termicamente o di varietà inadatta. I semi ibridati dell'americana Pioneer Hi-Bred International non riescono a moltiplicarsi da soli e devono essere acquistati di nuovo ogni anno, mentre l'introduzione di varietà adatte al clima tropicale come il Triticale, un miscuglio di segale e frumento, è stata a lungo bloccata. In queste condizioni, i contadini si stanno sempre più impoverendo.

I profughi in questo campo nei pressi di Addis Abeba si affidano per sopravvivere all'aiuto delle organizzazioni umanitarie internazionali.

alla popolazione che soffriva, produssero ulteriori tentennamenti, nonostante un raccolto davvero da record in Europa. I primi aiuti iniziarono ad arrivare solo quando, nell'ottobre, le immagini di persone emaciate e affamate scioccarono gli spettatori dei telegiornali in tutto il mondo, risvegliando i ricordi della terribile carestia del Biafra alla fine degli anni Sessanta. Furono soprattutto le iniziative di musicisti come Bob Geldof, con il

Armati di kalashnikov, membri della tribù degli Hamer pattugliano la propria regione. I conflitti tra le varie tribù locali sono tra le cause delle carestie.

suo "Band Aid" e l'organizzazione di megaconcerti come i "Live Aid", a risvegliare l'attenzione dell'opinione pubblica e a raccogliere enormi cifre in sottoscrizioni. La situazione in Africa è col tempo ulteriormente peggiorata, con i profughi in fuga per la guerra civile in Sudan. In molti casi gli aiuti arrivano troppo tardi: decine di migliaia sono infatti già morti o stanno morendo per le conseguenze della denutrizione.

Il paese più giovane dell'Africa: l'Eritrea

Due terzi della popolazione dell'Eritrea (4,4 milioni) vivono costantemente di aiuti internazionali, ciononostante il paese ha gravi problemi ad accettare sostegni dall'esterno. Nell'ambito della lotta per raggiungere l'indipendenza, si sono introdotte imposte su quanto viene consegnato come aiuti, la distribuzione di cereali agli affamati viene interrotta e i mezzi delle organizzazioni di soccorso sequestrati. Gli stranieri possono uscire dalla capitale Asmara solo con particolari permessi. Questa sfiducia negli interventi esteri, da ricondurre alle pessime esperienze fatte con USA e Unione Sovietica, che hanno sostenuto la nemica Etiopia, provoca ulteriori casi di morte per malnutrizione. L'Eritrea produce circa il 30% dei cereali di cui abbisogna. Vive anche dei trasferimenti di denaro della popolazione che vive all'estero e di crediti con la Cina.

Invece di fornire supporti e aiuti mirati alla creazione di nuove infrastrutture e alla ricostruzione, uniche garanzie di uno sviluppo duraturo, le organizzazioni umanitarie spesso forniscono solo beni alimentari, talvolta anche in occasione di raccolti record in Etiopia, come quello del 2001. Ogni anno vengono importate circa 800.000 tonnellate di cereali, di cui almeno il 30% arriva sul mercato libero con il conseguente crollo dei prezzi per il mercato interno, il che ha indotto molti contadini a non coltivare più cereali, bensì il khat, una droga da masticare. Le società commerciali governative guadagnano non poco dalla distribuzione degli aiuti e tra l'altro favoriscono la propria gente, che si tratti di membri della stessa tribù o di compagni di partito.

Perché milioni muoiono di fame?

La causa del moltiplicarsi dei fenomeni di denutrizione è legata solo ai fattori climatici? A questa domanda non si può rispondere con un deciso sì. Cause scatenanti sono anche l'arretratezza economica, i metodi di coltivazione antiquati, i conflitti territoriali e le tensioni tra i membri di tribù e gruppi religiosi diversi (in entrambi i paesi, circa il 50% è musulmano, il 40% cristiano), la fame come strategia bellica, le deportazioni ed espulsioni con il conseguente crollo delle strutture familiari, l'Aids (in Etiopia sono circa 2 milioni le persone infettate) e persino la tipologia di aiuti internazionali per lo sviluppo. Tuttavia questi problemi non sono limitati a Etiopia ed Eritrea. In Africa si stima che 200 milioni di persone siano denutrite, e solo raramente la siccità ne è la causa. Un ruolo decisivo lo rivestono le guerre civili, perché provocano instabilità, cattiva amministrazione, corruzione, decenni di scarsi investimenti in agricoltura, crescita incontrollata della popolazione con parcellizzazione dei terreni coltivati: tutti problemi provocati dal comportamento dell'uomo. Infine, c'è l'Africa come mercato di sbocco delle merci del mondo industrializzato: un problema importato nei paesi del Terzo Mondo, anche se spesso a scatenarlo è un intento filantropico.

Come molte altre donne, anche questa madre sta fuggendo alla ricerca di cibo per sé e il proprio bambino durante la carestia del 1984.

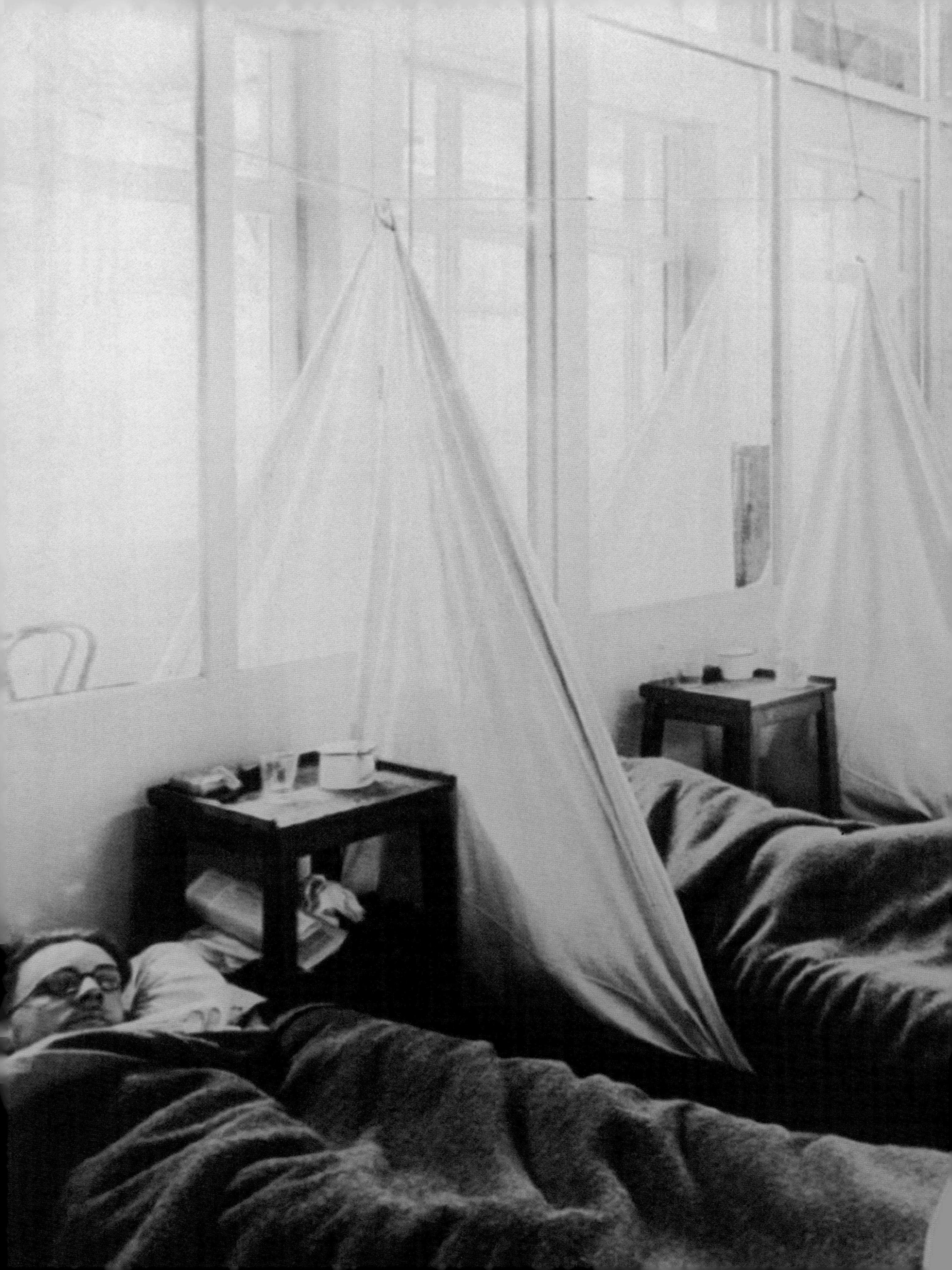

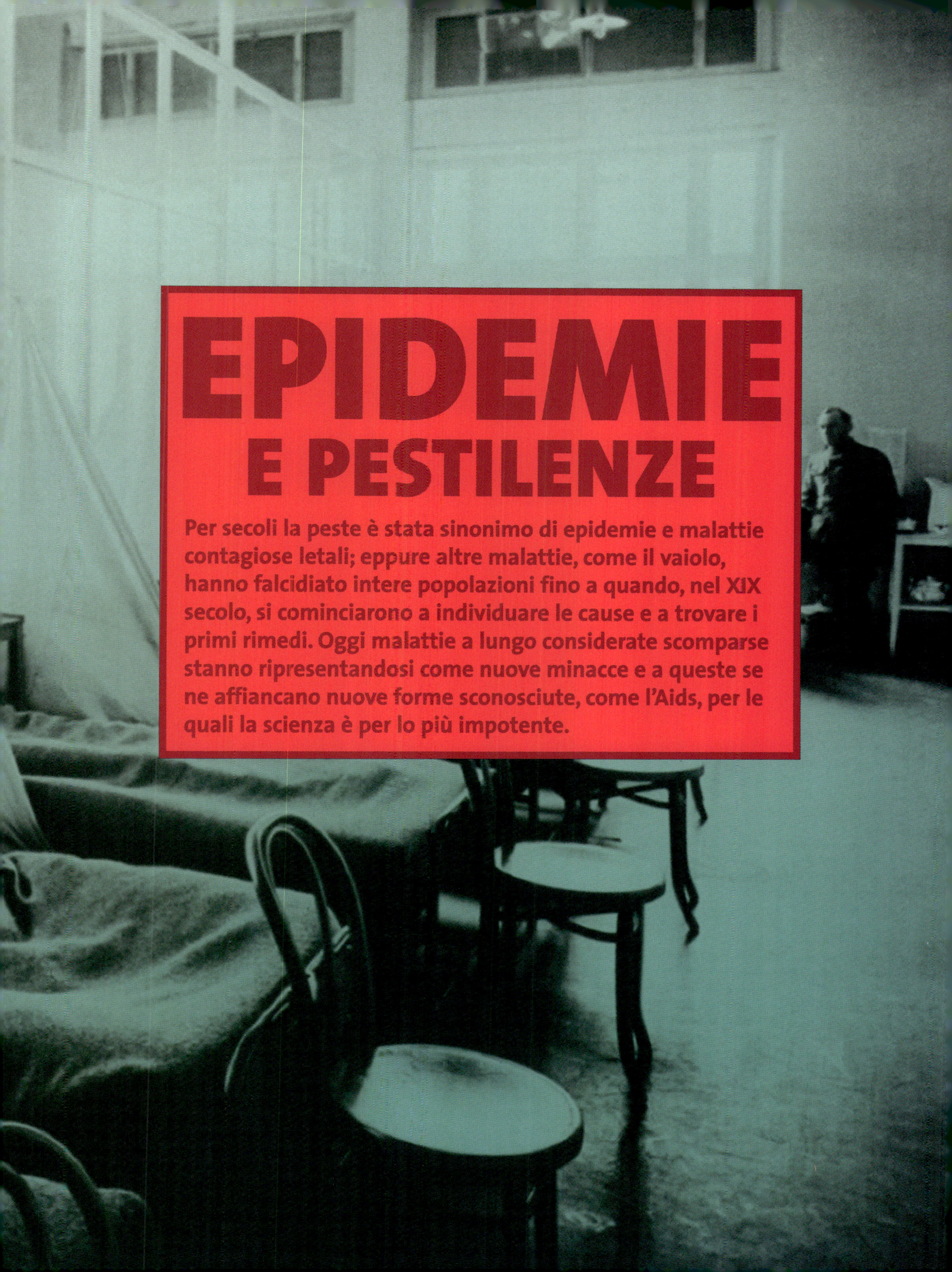

EPIDEMIE E PESTILENZE

Per secoli la peste è stata sinonimo di epidemie e malattie contagiose letali; eppure altre malattie, come il vaiolo, hanno falcidiato intere popolazioni fino a quando, nel XIX secolo, si cominciarono a individuare le cause e a trovare i primi rimedi. Oggi malattie a lungo considerate scomparse stanno ripresentandosi come nuove minacce e a queste se ne affiancano nuove forme sconosciute, come l'Aids, per le quali la scienza è per lo più impotente.

La morte nera: una minaccia sempre attuale

La peste nella storia e nel presente

La peste è la quintessenza delle epidemie mortali: nella storia dell'uomo ha mietuto milioni di vittime. Tra il 1896 e il 1930 oltre 12 milioni di persone sono morte di peste; ancor oggi, secondo le stime dell'Organizzazione Mondiale per la Sanità, ne muoiono ogni anno circa 2000 e il numero risulta in costante aumento. Il Congo è stato recentemente tra i paesi più colpiti, ma anche Algeria, Malawi e India non ne sono rimasti immuni, e persino negli USA sono state riscontrate vittime dovute per lo più al contatto con gatti infettati.

Pulci, ratti, uomini

Causa della peste sono i batteri intestinali del ceppo *Yersinia pestis*, praticamente impossibile da sradicare nei roditori selvatici. I ratti malati trasmettono i batteri della peste agli uomini attraverso pulci e altri parassiti.

Ma è possibile anche la trasmissione da uomo a uomo. In genere si distinguono due tipologie di peste: la peste bubbonica, individuabile attraverso un rigonfiamento dei linfonodi, e la peste polmonare, che si manifesta il più sovente attraverso infiammazione polmonare, espettorazioni scure ed emorragie puntiformi, da cui deriva il nome di "morte nera". Nella sepsi dovuta alla peste, conseguenza della peste polmonare, si assiste a un'infezione del sangue. La percentuale di morti in persone affette non sottoposte a trattamento medico oscilla nella peste bubbonica tra il 60 e l'80%, nella peste polmonare è quasi del 100%.

La peste, come descrisse Giovanni Boccaccio a Firenze nel XIV secolo, portò con sé cumuli di cadaveri, miseria diffusa ovunque e imbarbarimento dei costumi.

Aria appestata

In passato si definiva con il termine "pestilenza" quasi ogni genere di morti di massa. Fino a quando il medico italiano Girolamo Fracastoro (1448-1553) non poté dimostrare nel 1546 che esistevano effettivamente malattie trasmissibili (da uomo a uomo, con mezzi di contagio, attraverso l'aria), si continuava a credere che i responsabili della diffusione delle epidemie fossero l'aria appestata e i miasmi dannosi. Furono Louis Pasteur (1822-1895) e Robert Koch (1843-1910), entrambi microbiologi, a scoprire come si diffondevano le malattie infettive. Attraverso gli studi del medico e batteriologo svizzero-francese Alexander Yersin (1863-1943) e del giapponese Shibasaburo Kitasato (1853-1931) nel 1894 si individuò a Hong Kong l'agente della peste.

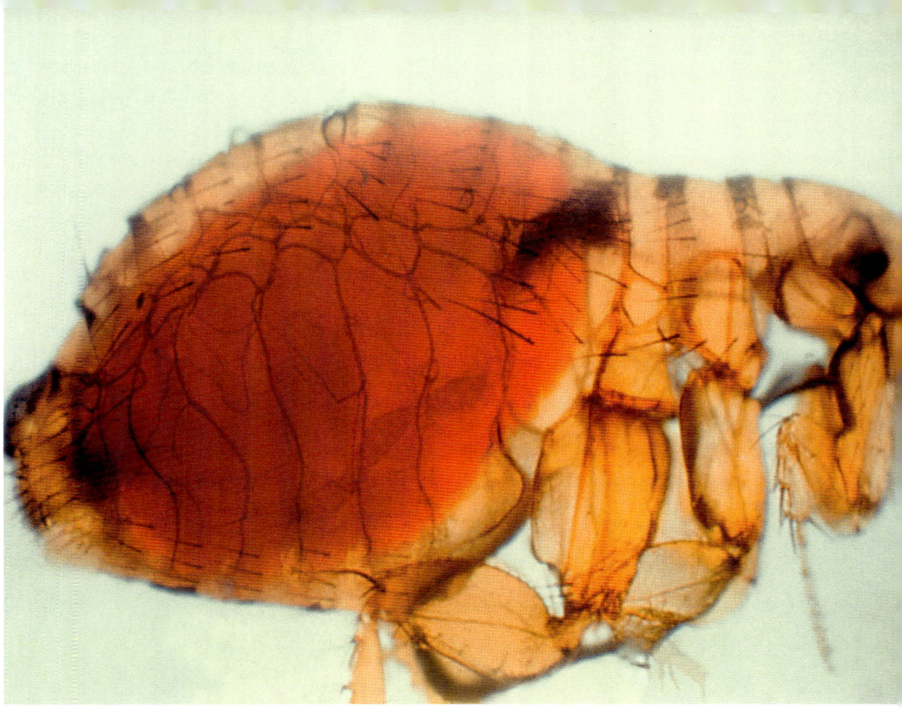

Le pulci dei ratti trasmettono i batteri della peste: nella foto, una pulce infettata da tre giorni. La macchia scura nello stomaco pieno di sangue indica l'infezione.

Le prime morti di massa

Già nella Bibbia si cita la "ghiandola d'Egitto" come punizione divina. Il poeta greco Omero rappresenta la fulminea trasmissione della peste (greco: *loimos*, *nosos*) in modo pittoresco: Apollo e Artemide colpirono i figli di Niobe usando delle frecce "pestifere" (Iliade XXIV). In passato i medici rifuggivano i focolai di epidemie, in quanto sapevano di non poter fare nulla.

La prima epidemia di vasta portata, per la quale si hanno fonti scritte affidabili, si verificò a Costantinopoli sotto l'imperatore Giustiniano (527-565). Probabilmente importata su alcune navi provenienti dall'Egitto nel 542, si diffuse rapidamente e causò in molti paesi migliaia di morti. Gregorio di Tours (538/539-594), vescovo e celebre storico, ne descrisse per esempio le conseguenze drammatiche per la Francia.

Protezione dalla peste

I medici si proteggevano con mantelli di tela cerata e maschere a foggia di becco, che riempivano di aceto o erbe. Forse anche la celebre "Echt Kölnisch Wasser 4711", commercializzata a Colonia dai fratelli Farina, era in origine una "acqua della peste". Nel 1634, nell'Oberammergau si fece un voto: se la popolazione fosse stata liberata dalla peste, ci si sarebbe impegnati a recitare ogni dieci anni la storia dei misteri di Gesù, cosa che si fa ancor oggi.

Un medico si protegge dalla peste con un mantello di tela cerata e una maschera. Anche le spugne imbevute di aceto si pensava aiutassero a evitare il contagio.

La diffusione attraverso le Crociate

Di tanto in tanto l'epidemia riprendeva vigore; a peggiorare la situazione si aggiunsero gli spostamenti regolari di vasti eserciti nel corso delle Crociate. Dopo che i Turchi Selgiuchidi occuparono Gerusalemme, i pellegrini cristiani si trovarono esposti a maggiori pericoli, tanto che papa Urbano II (1088-1099) incitò nel 1095 la Cristianità ad andare a liberare la Palestina, promettendo ai combattenti il perdono di tutti i peccati e la vita eterna. Dei 200.000 guerrieri che parteciparono alla Prima Crociata, solo 15.000 circa raggiunsero la città nel 1099; gli altri morirono durante il viaggio, spesso attraversando paesi appestati. Solo vicino ad Antiochia ne sarebbero morti 50.000. Le navi-ospedale degli ordini cavallereschi che accompagnavano gli eserciti diedero ulteriori, importanti impulsi all'evoluzione degli ospedali.

La morte nera 1347-1352

Dal 1325 al 1351 la peste invase anche la Cina. Gli agenti scatenanti proliferavano a ritmi incredibili nel pelo dei ratti sulle navi e negli indumenti di pelliccia.

Dal Mar Caspio al Mar Nero, attraverso Costantinopoli, la peste raggiunse anche Venezia, Messina e ben presto tutte le città portuali del Mediterraneo orientale.

Era iniziata la "grande Morte", la "mortalega grande". Le sue conseguenze vennero descritte da Giovanni Boccaccio (1313-1375) nel suo *Decamerone* (1348-1353), una raccolta di novelle, in cui si racconta come i membri della Compagnia della Misericordia, vestiti di rosso, raccogliessero i cadaveri e, con i loro lunghi uncini, afferrassero anche i malati morenti, per non dovere ripassare più tardi. Secondo Boccaccio, dal marzo 1348 al giugno 1349 sarebbero morte nella sola Fi-

Santi protettori

Molti malati pregavano abitualmente i santi protettori, in particolare san Sebastiano (morto intorno al 288), che secondo la leggenda Dio avrebbe salvato dalla morte , e san Rocco di Montpellier (ca. 1295-1327), che sarebbe stato infettato mentre curava malati e poi guarito da un angelo e da un cane che leccò i suoi bubboni infettati dalla peste.

La rappresentazione medievale di un appestato, tratta dal Libro delle Ore *di* Anna di Bretagna*, mostra i bubboni tipici della malattia.*

Di chi è la colpa della diffusione della peste?

I cristiani credenti vedevano nell'epidemia soprattutto una punizione divina, ma si attribuivano influssi anche ai pianeti. Inoltre si ricercavano colpevoli anche tra gli uomini, giungendo a supporre che gli ebrei avessero infettato le fontane e così favorito ulteriormente il contagio. In Spagna, Francia, Italia, Svizzera e Germania si organizzarono massicce persecuzioni, spesso collegate a movimenti di eretici. In alcune città si giunse a bruciare gli ebrei, in un caso addirittura senza che l'epidemia fosse effettivamente scoppiata, perché il re aveva assicurato l'impunità per questa forma di persecuzione in cambio di denaro. Molte comunità di ebrei furono completamente cancellate e scacciate da numerosi luoghi . Venezia, città mercantile e commerciale, offrì loro rifugio, pur costruendo poco dopo il primo ghetto. Gli ebrei dovevano indossare berretti gialli e la loro libertà venne fortemente limitata.

renze 100.000 persone. Sempre nel 1348, anche Siena perse in pochi mesi la metà della popolazione.

Ovunque viaggiavano navi cariche di appestati. Le navi non accettate a Messina cercavano altri punti di attracco, tra cui Marsiglia, da dove la peste si sarebbe diffusa verso Avignone, all'epoca sede del Papato. Una gran parte degli oltre 60.000 morti venne addirittura gettata nel Rodano, per penuria di tombe.

Mentre molti medici preferivano starsene al largo dagli appestati, gli ordini monastici, in prima fila i Francescani, stavano molto vicino ai malati, pagando spesso con la propria vita la loro generosità.

Dalla Francia meridionale la peste raggiunse nel 1348 Parigi e poi Calais, quindi l'Inghilterra, la cui popolazione passò da 4 a 2,5 milioni. Quasi tutta l'Europa venne colpita dalla peste, solo in Polonia e Russia vaste regioni vennero risparmiate. Circa un quarto della popolazione europea dell'epoca, più o meno 25 milioni di persone, venne ucciso dalla peste.

Tra le conseguenze collaterali vi fu una fuga dalle campagne di portata immensa, con conseguente inaridimento di interi campi un tempo coltivati e quindi carestie.

La popolazione viennese, grata, erige una colonna commemorativa alla fine della pestilenza del 1679, come ricordo ma anche monito per le generazioni future.

Le prime misure di quarantena

Sebbene non si conoscessero ancora le cause scatenanti l'infezione, si poteva presumere che la peste fosse contagiosa, per cui si iniziarono a costruire ospedali all'esterno delle mura cittadine. Le condizioni igieniche, spesso catastrofiche, migliorarono un poco: l'allevamento del bestiame e l'accumulo di mucchi di spazzatura e sporcizie varie all'interno delle città vennero limitati. Si curava in modo tradizionale, con salassi, erbe e incisione dei bubboni, si proibivano i bagni per non aprire i pori ed evitare un facile contagio. I pazienti erano isolati, locali e oggetti disinfettati bruciando zolfo, salnitro o canfora, viso e mani lavati con aceto, mentre i cadaveri erano ricoperti di calce.

Molte città mercantili, in primo luogo Ragusa (oggi Dubrovnik) e Venezia, costrinsero i viaggiatori sospettati di avere contratto la peste a rimanere prima per 30, poi per 40 giorni in quarantena, per esempio a Venezia sull'isola di San Lazzaro, dove in passato erano già stati isolati i lebbrosi. I 40 giorni canonici sono ovviamente all'origine del termine "quarantena".

Credenza o prevenzione?

In epoca moderna, è soprattutto Costantinopoli, l'attuale Istanbul, a essere un pericoloso luogo di contagio, poiché i turchi, affidando il proprio destino ad Allah, decisero di chiudere gli impianti destinati alla quarantena. Atteggiamento fatalista da cui non furono immuni neppure molti cristiani. Nel contempo migliorarono anche le misure contro la peste. Si iniziarono a bruciare indumenti e mobili degli appestati e nel 1656 il padre gesuita Athanasius Kirchner, di Würzburg, fece il tentativo di identificare i piccoli "vermetti" al microscopio.

Sebbene il cordone sanitario, cioè la linea di confine militare lunga 1900 km eretta dall'Austria contro i turchi, abbia contribuìto a bloccare la diffusione di una nuova epidemia via terra, si ebbero ugualmente nuovi focolai, come per esempio a Londra nel 1665-66. La peste di Marsiglia (1720-27) rappresentò l'ultima epidemia di una certa importanza in tutto l'Occidente. La terza pandemia nella seconda metà del XIX secolo, partita dalla Cina, non raggiunse mai l'Europa.

Nel Nord della Namibia si distribuisce il DDT per eliminare gli insetti che provocano la peste. Il pesticida è in realtà pericoloso, ma sempre meno dei parassiti.

Una scena davvero spettrale. Intorno al tavolo delle autopsie, nell'ospedale per appestati di Mukden, Cina, si disinfettava spruzzando dell'acido fenico (inverno 1910-11).

Nel maggio 1983, lo scoppio della peste presso Antananarivo, in Madagascar, costrinse in casa tutti i bambini.

Oggi la peste viene combattuta con successo ricorrendo a streptomicina, tetracicline e cloramfenicolo. Ma non è assolutamente possibile evitare un possibile nuovo focolaio. Anzi talvolta non lo si vuole nemmeno fare: al contrario! Accanto ai batteri del carbonchio e ai virus di vaiolo ed ebola, anche gli agenti scatenanti la peste possono essere usati come armi biologiche: ecco allora che paiono tornare tutti i timori del Medioevo.

La mano davanti alla bocca

A Roma, nel 590, si organizzarono processioni per allontanare il pericolo della peste. Il 29 agosto 590, sette cori si mossero alla stessa ora in sette direzioni diverse per giungere alla chiesa di S. Maria Maggiore. Durante la processione pare siano morte direttamente sul posto 80 persone, scatenando ovviamente la paura del contagio tra le persone che partecipavano all'evento. Dato che all'epoca l'aria appestata era considerata causa dell'epidemia, pare che sia nato in questo periodo l'uso di porre la mano dinanzi alla bocca quando si starnutisce o si tossisce, non tanto però per proteggere i vicini da un possibile contagio attraverso le secrezioni, ma per bloccare ai demoni l'accesso al proprio corpo.

MALATTIE VENEREE E DEMENZA

LA SIFILIDE

Gli italiani e i tedeschi, come Paracelso (1493-1541), noto medico e alchimista, la chiamavano "mal francese", e i francesi per contro "mal di Napoli" o "Passio Italica". In tutta Europa la si definiva invece "mal gallico" o "morbo celtico", e per i polacchi era la "malattia tedesca". I russi la attribuivano invece ai polacchi... In tutti i casi stiamo parlando della sifilide o lue. Colpisce gli organi sessuali, da sempre tabù sociale, e molti dei suoi nomi dimostrano come le sue origini fossero spesso collegate a un popolo vicino non propriamente amato. Sifilide, il nome attuale, deriva dall'italiano Girolamo Fracastoro (1478-1553), che lo scelse ispirandosi a un porcaro della mitologia greca.

Da Napoli in tutta Europa

Nel 1494 scoppiarono le prime epidemie di massa di sifilide, e più precisamente a Napoli. La città era stata assediata per tre mesi dall'esercito del re francese Carlo VIII. 32.000 uomini furono colpiti dalla sifilide, contagiandosi a vicenda. Febbre, forti dolori articolari e una morte prematura erano spesso le conseguenze della malattia. Si interruppe allora l'assedio e i sopravvissuti, tra cui per esempio solo 148 degli 8000 svizzeri che c'erano in origine, si misero sulla via del ritorno. Ma alle figure claudicanti, sfinite, con ulcere putride si preferì tenere chiuse le porte della città di Berna, anche se erano tutti suoi figli che volevano tornare a casa. I soldati, coperti di "verruche enormi", non furono curati, ma vennero lasciati morire. Molti bagni pubblici, spesso associati a bordelli, furono chiusi immediatamente.

Malattie veneree anche tra i bambini

Nella sifilide si possono distinguere quattro stadi: attraverso il contagio con il batterio *Treponema pallidum* si formano dopo circa tre settimane dei noduli circondati da un intenso rossore. In seguito, nella zona interessata si sviluppa un rigonfiamento duro. Dopo circa otto settimane dalla prima manifestazione cutanea, seguono attacchi di febbre e linfonodi ingrossati, oltre a eruzioni cutanee fortemente contagiose su schiena, torace, mani e piedi, infine caduta dei capelli (secondo stadio). Dopo una fase di latenza che può durare anche per più anni si entra nella terza fase con infiammazioni croniche della pelle e degli organi interni,

Come nel caso di questa famiglia, spesso l'estrema povertà è associata a gravi malattie, cui si è più esposti. La madre dei due piccoli è malata di sifilide e tubercolosi.

Secondo l'opinione di alcuni studiosi forse furono i grandi esploratori del Medioevo, come Cristoforo Colombo o Vasco da Gama, a portare la malattia in Europa .

caratterizzate dalla formazione di ammassi gommosi che distruggono il tessuto del corpo. Inoltre, all'incirca nel 20% degli infetti si riscontrano anche danni al sistema nervoso e al cervello che caratterizzano l'ultimo stadio della malattia, fino alla demenza.

Effetti tragici ha il contagio per l'embrione nel corpo di una madre sifilitica (si tratta della cosiddetta sifilide congenita). Se il bambino nasce ha un aspetto da vecchio, naso a sella, gravi problemi nello sviluppo ed è in genere sordo. Infine fino al compimento del secondo anno di età circa risulta fortemente contagioso.

La sifilide influisce sulla moda

Le piaghe della sifilide e la caduta di capelli che spesso si accompagnava influirono pure sulla moda. Si pensa infatti che la diffusione di parrucche, l'uso di jabot che coprivano il collo e lo spesso strato di cipria che abitualmente ricopriva il volto durante l'epoca Rococò fossero da collegarsi al desiderio di celare la lue. La corte del re francese Luigi XIV fu all'epoca un importante centro di diffusione della sifilide e di altre malattie veneree.

La sifilide in valigia

Per quanto riguarda la diffusione della sifilide esistono diverse teorie. Alcuni credono che sia giunta in Europa già nell'antichità e che sarebbe stata molto frequente nel Medioevo (per esempio in Gran Bretagna). Molte cronache contemporanee raccontano invece una storia diversa.

Cristoforo Colombo ritornò trionfante in Europa nel 1493. In realtà non aveva trovato, com'era nelle sue intenzioni, il passaggio per giungere in India, ma aveva pur sempre scoperto l'America. Pare che lui stesso e i suoi accompagnatori abbiano riportato da quei paesi lontani, in particolare da Haiti, ben altro rispetto a quella gioiosa notizia: Colombo era appena sbarcato a Palos, nella Spagna meridionale, che i suoi uomini si precipitarono nei bordelli la-

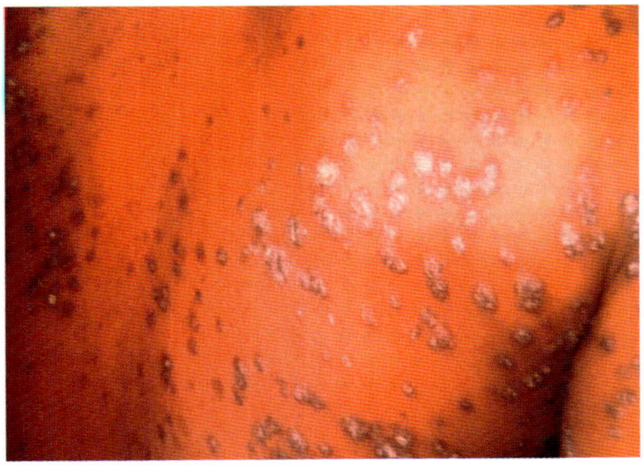

Le pustole della sifilide durante il secondo stadio, che spesso si manifestano su schiena, torace, mani e piedi, sono molto contagiose.

La cura nel cassone per il bagno a vapore divenne nel XVII secolo un trattamento tipico contro la sifilide. L'umanista Ulrich von Hutten, colpito da questo morbo, vi dovette trascorrere diverse settimane.

sciando dietro di sé un biglietto da visita mortale – la sifilide.

Cure nel bagno turco

La prima forma di sifilide era molto più pericolosa delle attuali e il lasso di tempo fino alla manifestazione completa della patologia (periodo di incubazione) molto più breve con la conseguenza che in passato le vittime furono numerosissime. Gli indiani del Sud America combattevano la malattia con decotti della corteccia o del legno del *Guaiacum officinale* e del *G. sanctum*. Ben presto si iniziò a importare il legno anche in Europa, arricchendo alcuni mercanti, soprattutto la dinastia dei Fugger, che ne trasse enormi profitti. Più spesso tuttavia si utilizzava un bagno turco seguito da una applicazione di unguento mercuriale. Anche il noto medico Paracelso consigliava nel suo testo *Sul mal francese* (1530) questo potente veleno. Aumentando la salivazione si sarebbe allontanata la materia dannosa dal corpo. Ma molti trovavano questo rimedio così brutale che piuttosto preferivano morire.

La penicillina guarisce

Fino agli inizi del XX secolo si continuò a ricorrere al trattamento a base di mercurio, poi si passò al Salvarsan, un farmaco contenente arsenico. Tuttavia fu solo grazie alla produzione in massa di penicillina, alla fine della seconda guerra mondiale, che la percentuale di guarigioni aumentò. Famigerata fu l'analisi eseguita su circa 400 poveri americani neri di Tuskegee, Alabama, che nonostante fossero colpiti da sifilide conclamata non furono curati con la penicillina dal 1932 al 1972, così da potere osservare il decorso della malattia. Tuttavia non furono informati né sullo studio, né sulle possibilità di guarigione che nel frattempo erano decisamente migliorate. Lo studio ebbe termine nel 1972, e solo perché alcuni particolari dell'esperimento furono rivelati all'opinione pubblica. Oggi anche in molti paesi industrializzati si è registrata una ripresa della sifilide, anche come grave effetto collaterale dell'Aids.

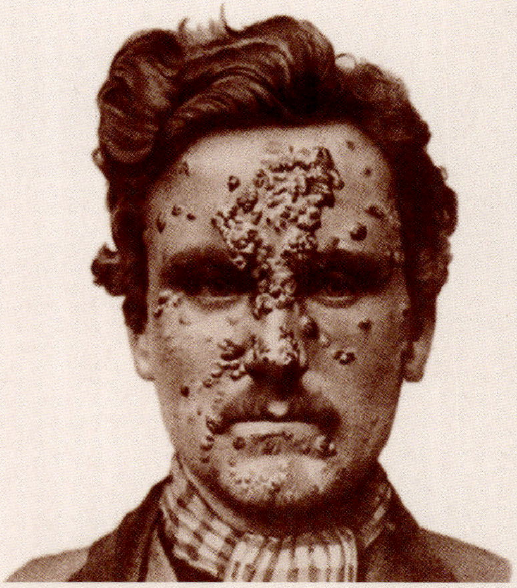

Byrom Bramwell mostra una descrizione dettagliata delle pustole ributtanti nel suo Atlas of Clinical Medicine *(ca. 1893).*

Cronaca di un malato

Il celebre umanista Ulrich von Hutten (1488-1523), anch'egli malato di sifilide, descrisse nel 1519 una cura a base di bagno di vapore, con applicazione di un unguento al mercurio, alla quale si sottopose ben undici volte: "Con tre, quattro o più di questi medicamenti preparavano un unguento che poi stendevano sulle articolazioni di braccia e gambe. I malati erano chiusi in un cassone per il bagno a vapore, che veniva scaldato molto e a lungo, alcuni per 20, altri per 30 giorni e altri ancora di più. Allora la malattia scorreva fuori da gola e bocca, con un danno così violento da far cadere i denti. Gengive e polpa dei denti si gonfiavano, i denti dondolavano, la saliva scorreva senza ingombro alcuno dalla bocca".

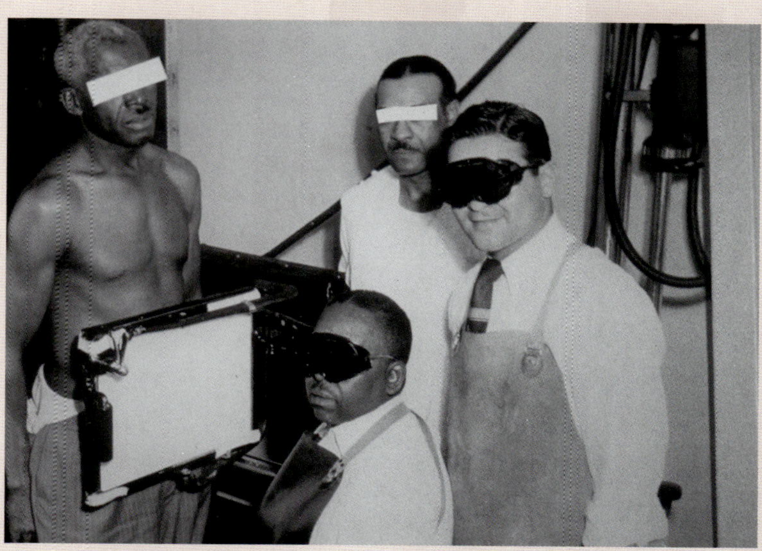

Negli Stati Uniti, alcuni pazienti non furono appositamente trattati a scopo di ricerca.

Anche in Australia si è diffusa la sifilide. Queste due anziane indigene dell'Australia meridionale hanno contratto la malattia.

La sifilide non conosce confini di ceto

In effetti spesso le lacerazioni e le pustole sulla pelle scomparivano dopo i bagni di vapore, ma di frequente i malati contraevano un avvelenamento da mercurio talvolta mortale. I malati, quando non erano semplicemente lasciati in mezzo alla strada, erano portati nei lebbrosari, ormai praticamente vuoti, e in istituti che erano in realtà più penitenziari che non ospedali: dopo tutto i segni della malattia erano considerati come una punizione per una lussuria sfrenata e proibita. Tuttavia ben presto i malati non furono più solo cavalieri e prostitute, ma anche imperatori, re, papi e vescovi. L'elenco illustre comprendeva per esempio papa Giulio II (1503-1513) e Leone X (1513-1521), che fece erigere la basilica di S. Pietro a Roma, i re francesi Francesco I (1515-1547) e il suo successore Enrico II (1547-1559), il re inglese Enrico VIII (1509-1561). In epoca successiva, altre vittime illustri furono il poeta Heinrich Heine (1797-1856), che per anni vegetò sul suo "materasso-sepolcro", quasi cieco e zoppo, e il filosofo Friedrich Nietzsche (1844-1900).

Vecchi e mendicanti dinanzi al lebbrosario di madre Teresa di Calcutta, un luogo di rifugio per molti disperati in cerca di aiuto.

Deformati e allontanati

LEBBRA: LA MALATTIA DEI POVERI

Nessuna malattia ha mai sfigurato gli uomini quanto la lebbra. Già la Bibbia la cita e ancora oggi, secondo le stime dell'Organizzazione Mondiale per la Sanità, ne soffrono all'incirca 15 milioni di persone all'anno in Asia sud-orientale (in particolare India), Africa, America Centrale e Latina. Ogni anno si riscontrano all'incirca 400.000 nuove infezioni dovute al batterio *Mycobacterium leprae*. Dopo un periodo di incubazione variabile da quattro a dieci anni, senza alcun sintomo, provoca storpiature e mutilazioni, oltre a malattie croniche. Per la trasmissione del bacillo della lebbra è assolutamente necessario che il contatto sia duraturo e molto ravvicinato. La lebbra è una malattia dei poveri, una epidemia terribile dovuta alla miseria, dove i bambini sono i soggetti maggiormente in pericolo

Dove l'individualità è cancellata

Si distingue tra lebbra lepromatosa e lebbra tubercoloide. Nella prima forma si riscontrano formazione di lepromi, o noduli leprosi, intorno a naso e fronte, perdita di capelli e formazione di cicatrici che si propagano al punto da rendere il viso totalmente irriconoscibile. Si assumono tratti leonini e dietro il naso gonfio e gibboso e le labbra tumefatte non si riescono più a distinguere età e sesso. All'interno, le mucose di bocca e naso sono distrutte, i denti cadono, la voce si fa più nasale e roca.

Con la lebbra tubercoloide si riscontrano invece perdita di sensibilità, zoppia e infine caduta di dita delle mani o dei piedi, e poi persino di mani e piedi (*Lepra mutilans*). La putrefazione degli arti è spesso accompagnata da una puzza rivoltante.

Lavarsi è peccato

Sin dall'antichità la lebbra ha invaso il Mediterraneo, diffondendosi poi nel IV secolo anche nell'Europa centrale. Tra i motivi principali, il progressivo declino di bagni e terme. Se la Roma pagana era nota in particolare per le sue terme, molti cristiani consideravano toccare il corpo e lavarsi come un peccato. Solo quando i crociati tornarono dall'Arabia i bagni ridiventarono molto popolari, ma per circa 1000 anni l'igiene corporale era stata osteggiata.

L'isolamento dei malati

L'aspetto disgustoso di un lebbroso viene spesso visto come una manifestazione dei suoi peccati. Già la Bibbia, del resto, descrive l'isolamento dei malati. Molti consigli ecclesiastici ne sancirono l'allontanamento, sostenendo che dovevano essere separati dai sani "come se fossero già morti", come si stabilì nel Concilio di Lione del 589. Fino all'XI secolo i lebbrosi vivevano in baracche e casupole poste al di fuori dei confini cittadini. Quando vagavano per mendicare dovevano indossare campanelli o portare con sé un corno da suonare, in modo da avvisare della loro presenza. In seguito

Le vie dell'infezione

Accanto alla trascuratezza fisica, anche l'uso dei tatuaggi ebbe un ruolo notevole nella diffusione dell'epidemia. Si utilizzavano spine, aghi, coltelli o altri strumenti, mescolando i colori con saliva, muco, urina o guano, dopodiché i colori, applicati con l'agente legante usando questi strumenti, entravano direttamente nella circolazione sanguigna.

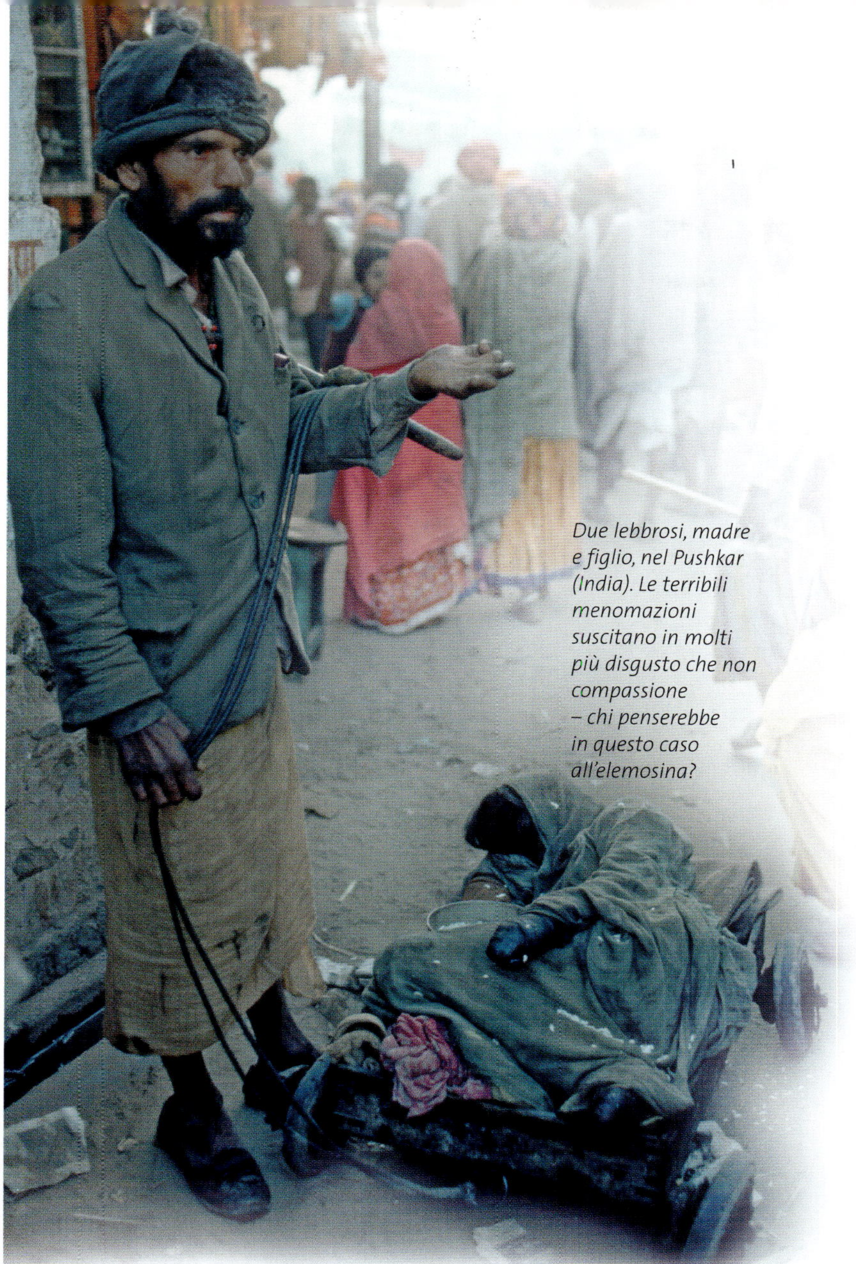

Due lebbrosi, madre e figlio, nel Pushkar (India). Le terribili menomazioni suscitano in molti più disgusto che non compassione – chi penserebbe in questo caso all'elemosina?

Separata dal resto del mondo: Molokai, nello Stato federale americano delle Hawaii, un tempo lebbrosario e isola dei reietti.

San Lazzaro e l'ordine omonimo
Santo patrono dei lebbrosi è san Lazzaro (da qui deriva tra l'altro anche il termine "lazzaretto"), che Gesù, secondo la Bibbia, avrebbe fatto risorgere dai morti. L'Ordine di San Lazzaro di Gerusalemme (XI secolo) accoglieva crociati, templari e gioanniti ammalati, che si recavano in battaglia come "morti viventi", e senza copricapo. Erano noti per il loro coraggio e già la loro vista era sufficiente per far fuggire gli avversari terrorizzati.

Il Western Visayas Sanitarium, a Santa Barbara (Filippine), si occupa di 185 lebbrosi con il supporto di alcune suore belghe.

vennero collocati in ospedali appositi, i cosiddetti lebbrosari. Durante i periodi di carestia, nei lebbrosari si recavano anche quei disperati, che preferivano mischiarsi ai malati di lebbra, reietti e dall'odore ripugnante, piuttosto che morire di fame poveri e cacciati. Nel XVIII secolo quasi tutti i lebbrosari furono chiusi, anche se ancor oggi, in Spagna nei pressi di Costa Blanca, a Fontilles, si trova un sanatorio con circa 80 pazienti.

La morte sociale

Nel Medioevo, non solo i medici, ma anche i preti diagnosticavano la lebbra: dopo salassi, osservazione del sangue, osservazione dell'urina e visita di tutto il corpo si procedeva alla diagnosi. Se si pensava che il paziente avesse la lebbra, lo si trasportava già in chiesa in processione, come se fosse un cadavere. Lo si poneva poi dinanzi all'altare, si intonavano canti funebri e lo si vestiva con la cosiddetta "veste di Lazzaro" che, grazie ai colori molto contrastanti, era visibile sin da lontano. Gli consegnavano poi dei guanti e un sonaglio, con cui avvisava della sua presenza. Il suo matrimonio era considerato nullo e tutte le proprietà passavano ai parenti o alla Chiesa.

Raymundo Mestidio è malato di lebbra; al Western Visayas Sanitarium (Filippine) fanno di tutto per curarlo il meglio possibile.

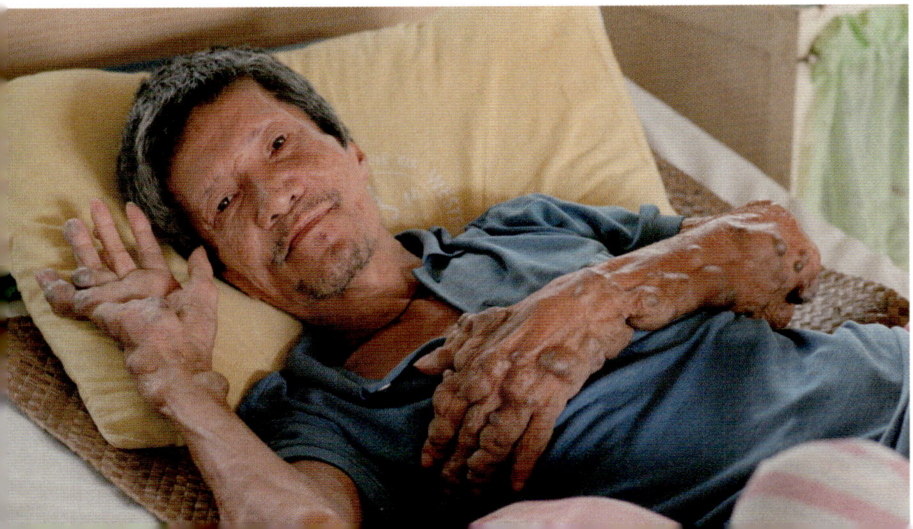

Diffusione attraverso colonizzazione e mercato degli schiavi

Mentre nel corso del XVI secolo la lebbra andava gradualmente scomparendo dall'Europa, grazie al miglioramento delle condizioni di vita, dalla con-

L'origine della borsa delle elemosine
Persino in chiesa i malati non erano accolti con vero amore fraterno cristiano. Anche quando erano ammessi alla Santa Messa, dovevano entrare in chiesa attraverso porte ben precise e avevano riservato un luogo separato, spesso dietro una parete dotata solo di una fessura stretta, per poter almeno vedere il prete. Prima e dopo il servizio divino i lebbrosi si mettevano davanti alla chiesa con le loro borse delle elemosine fissate a lunghi bastoni, a raccogliere oboli. In seguito si decise addirittura di vietare l'ingresso in chiesa ai lebbrosi, lasciandoli definitivamente fuori, e si preferì raccogliere per loro le elemosine. Questo viene visto tra l'altro come l'origine del passaggio tra i banchi per ritirare le offerte.

tagiata Penisola Iberica si diffusse in tutta l'America centrale e meridionale. Fu il condottiero spagnolo Hernán Cortéz (1485-1547) a far edificare i primi lebbrosari in Messico. I conquistadores spagnoli portarono con sé la lebbra, e il vaiolo, ma spesso vennero a loro volta contagiati dalla sifilide: alcuni lo considerarono un segno di giustizia ed eguaglianza. Ancor oggi l'America latina è uno dei paesi più colpiti dalla lebbra.

Sepolti vivi a Molokai

Dopo che James Cook (1728-1779) scoprì le Hawaii, nel 1778, anche qui approdarono numerose malattie infettive, tra cui, nel 1845, la lebbra. Di conseguenza, in appena 80 anni il numero di abitanti diminuì di quattro-quinti, da 330.000 a circa 60.000. Per paura di ulteriori contagi, si raccolsero i malati con sintomi evidenti e li si portò sull'isola di Molokai, erta e rocciosa. In pratica si abbandonarono i lebbrosi al proprio destino, senza medici né medicine e nemmeno case. Tutto ciò finché non giunse sull'isola padre Damien de Veuster (1840-1889), che vi si stabilì nel 1873. Anch'egli si ritrasse disgustato dinanzi ai malati puzzolenti, nelle cui ferite putrefatte prosperavano i vermi. Ma fece comunque costruire rifugi, procurò indumenti e medicine, condivise con loro la vita e la morte, fino a quando, all'età di 49 anni, non morì anche lui a Molokai dopo essere stato contagiato.

Nel 1995 padre Damien, che nella sua vita aveva seguito l'esempio di santa Elisabetta, figlia del re d'Ungheria impegnata nel lebbrosario di Marburg-Lahn, venne fatto santo.

La guarigione è possibile

Nel 1873 Gerhard Armauer Hansen (1841-1912), a Bergen, Norvegia, riuscì a identificare l'agente patogeno della lebbra. Il suo destino lo accomuna a molti altri scopritori: dapprima infatti le sue conoscenze non furono prese sul serio. Ma alla fine si iniziarono a isolare i malati per evitare un ulteriore contagio.

Oggigiorno si può addirittura bloccare la malattia grazie a una diagnosi tempestiva e a una terapia antibiotica combinata. Il pericolo di contagio è relativamente ridotto, ma il reinserimento dei lebbrosi guariti nella società rimane molto problematico per via delle menomazioni permanenti.

Su Molokai (Hawaii) si trova la tomba del prete belga Damien, che dedicò la propria esistenza ai lebbrosi e si adoperò instancabilmente per loro.

L'ANGELO STERMINATORE DEI BAMBINI

LA DIFTERITE È TORNATA D'ATTUALITÀ

La difterite è tornata prepotentemente a colpire, per lo meno negli stati nati dalla divisione dell'URSS. Negli anni Novanta si registrarono in questi luoghi epidemie di notevole entità, con almeno 5000 morti. Ma anche Indonesia, India, Nepal e Papua-Nuova Guinea ne sono colpiti. Una possibile esplosione della malattia deve essere annunciata immediatamente dall'OMS (Organizzazione Mondiale della Sanità). In caso di viaggi nei paesi colpiti non si deve assolutamente dimenticare di effettuare la vaccinazione antidifterica.

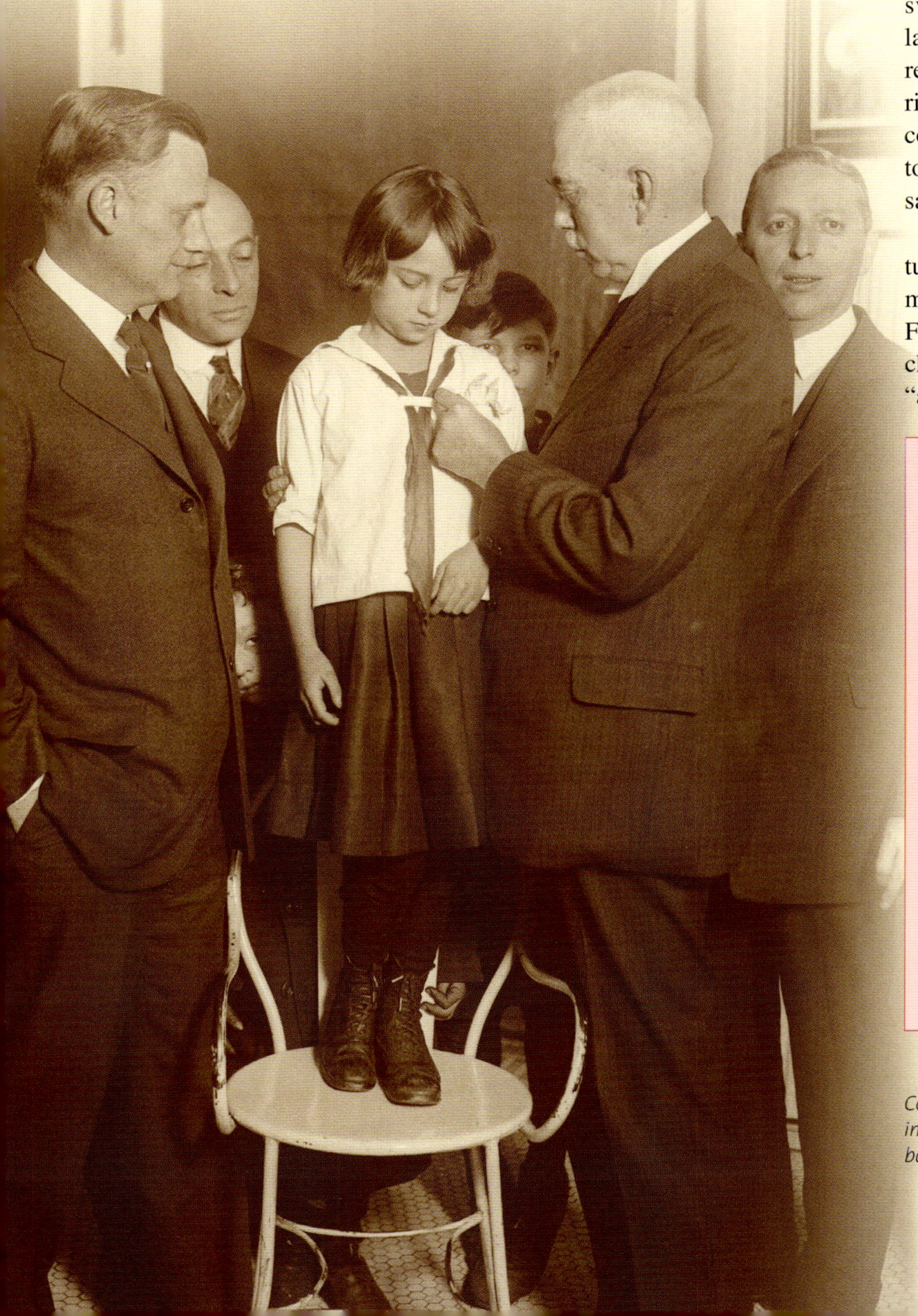

Una morte straziante: cause e sintomi

Questa terribile malattia infettiva è causata dal bacillo *Corynebacterium diphtheriae*, ma non sono i bacilli a provocare i dolori, bensì i veleni (tossine) che questi emettono. La malattia viene direttamente trasmessa da uomo a uomo per contagio umido (goccia a goccia) e si manifesta dopo due-cinque giorni, iniziando con dolori al collo e febbre. La mucosa di gola, collo e naso risulta modificata, ha un odore putrescente e dolciastro e assume un colore marrone. Se le tossine si diffondono in tutto il corpo la malattia può avere esito mortale, con la minaccia di nefrite, episodi di zoppia oppure infiammazione dei muscoli cardiaci, con improvviso infarto cardiaco. Quando viene colpita la laringe, si sviluppa il pericolosissimo croup (difterite laringea), con tosse, raucedine, insufficienza respiratoria e gonfiori. Il malato si afferra a più riprese il collo, vuole liberarsi da quel senso di costrizione e alla fine soffoca tra i più terribili tormenti: solo una rapida tracheotomia potrebbe salvargli ancora la vita.

A periodi alterni la difterite imperversò in tutta Europa: per esempio, all'epoca della Riforma colpì Germania, Olanda e Svizzera, quindi Francia, Spagna e Italia. In Germania oltre a "Rachenbräune" (gola marrone) è chiamata anche "angina maligna", mentre in Spagna, "garrotillo",

Terrore e magia contro la difterite

La pericolosissima "malattia egiziana", presumibilmente importata dall'Oriente, era nota sin nell'antichità greca e romana. Plinio il Vecchio (ca. 23-79 d.C.) la trattava con nidi di rondine sminuzzati, millepiedi schiacciati o impacchi di guano di colombo intinto nel vino. Nel Medioevo ci si rivolse a san Biagio come santo protettore, e nei casi dove sussisteva un grave pericolo di soffocamento anche ai cerusici e ai barbieri, affinché praticassero un taglio nella trachea. Per via di questo taglio, il malato moriva non tanto per la difterite, ma per dissanguamento. I medici delle accademie non eseguivano alcuna operazione; le lasciavano eseguire a barbieri, cerusici e chirurghi.

Con la scoperta dell'antitossina si poté finalmente intraprendere la lotta contro l'epidemia. Nella foto, una bambina viene vaccinata.

da garrota, la forma di pena capitale ivi usata che prevedeva la morte del condannato per soffocamento.

Nel 1617, per via della trasmissione della malattia morirono nel solo Regno di Napoli 60.000 bambini, mentre alla metà del XIX secolo destino analogo venne condiviso da quasi tutti i bambini di alcune regioni di Russia, Grecia e Turchia.

La statua di Balto a Central Park
Una statua di Balto, husky nero, si trova a New York, in Central Park. Balto era il cane guida che nel 1925 condusse una muta di 150 cani da slitta a Nome, in Alaska. Qui era scoppiata una epidemia di difterite, malattia che vi era stata portata per la prima volta nel XVIII secolo da alcuni emigranti. I cani e le loro 20 guide percorsero in appena cinque giorni e mezzo l'intero tratto di oltre 1000 km, e per questo motivo furono celebrati in tutta l'America.

La lotta contro la malattia

Fu il medico Paul Bretonneau (1771-1862) che, osservando a Tours, in Francia, i mutamenti della pelle nella laringe, nel 1826 diede alla malattia il nome di difterite (dal greco *diphthera*, "membrana"). Ma fu solo con l'identificazione dell'agente patogeno, nel 1884, per opera di Friedrich Loeffler (1852-1915) attivo presso l'ufficio Sanitario imperiale di Berlino, e le colture eseguite da Emil Roux (1853-1933) e Alexander Yersin (1863-1943) presso l'istituto Pasteur di Parigi oltre al sostegno dell'immunologo Shibasaburo Kitasato (1853-1931), alle ricerche di Emil von Behring sul siero e infine alla scoperta dell'antitossina nel 1890, che si poté finalmente iniziare la lotta contro l'epidemia.

A Behring venne anche assegnato il premio Nobel per la medicina. Per ottenere grandi quantità di antitossine si ricorse dapprima alle focene comuni, poi ai cavalli. Infine l'antidoto venne prodotto su scala industriale dalla Hoechster Farbwerke e poi dalla Behring-Werke. La media dei decessi diminuì sensibilmente, anche se in alcune zone, come in Germania, si ebbe un'altra, vasta epidemia tra il 1942 e il 1945, con conseguenze riscontrabili fin negli anni Sessanta.

Oggi la difterite è ormai molto rara in Europa, ma l'importante è agire subito, sin dal primo sintomo, con la somministrazione di un antidoto (antitossina, antisiero) contro la tossina batterica e di penicillina contro i batteri stessi. Ancor oggi circa il 20% dei casi accertati ha esito mortale.

Nel 1925 i cani da slitta portarono il vaccino da New York all'Alaska, per fermare l'epidemia che vi era scoppiata.

Emil von Behring (1854-1917) ottenne il premio Nobel per la medicina grazie alle sue ricerche sulla difterite.

Mosche ed escrementi

IL TIFO IMPERVERSA ANCOR OGGI

42.564 malati in quattro mesi (dal settembre 2004 al gennaio 2005) e 214 morti: ancor oggi, in Congo, il tifo rappresenta una minaccia di straordinaria portata. A livello mondiale sono in molti, per lo più poveri, a esserne colpiti e da poco tempo il tifo è tornato a prendere piede anche ad Haiti e in Sudafrica. Secondo l'Organizzazione Mondiale per la Sanità ogni anno si ammalano circa 16 milioni di persone, delle quali 600.000 muoiono. Acqua potabile contaminata, diffusione di escrementi attraverso mosche e carente igiene personale fanno in modo che questa malattia, che provoca diarrea, si ripresenti di tanto in tanto.

Annebbiamento e febbre alta

Causa scatenante del tifo è la *Salmonella typhi*, un batterio che viene trasmesso solo dagli uomini portando alla bocca escrementi e urina. Dal contagio ai primi sintomi passa in genere un periodo di incubazione da una a tre settimane. Senso di spossatezza e dolori articolari vengono accompagnati da febbre in costante aumento, che può raggiungere anche i 41 °C e durare per settimane. Conseguenze della malattia sono disturbi della conoscenza (a cui si ispira il nome greco, *typhos*, cioè nebbia, vertigini), attacchi di diarrea, eruzioni cutanee, melena (sanguinamento dall'intestino), problemi cardiocircolatori.

Solo gli antibiotici sono in grado di lottare contro il batterio. Nel 2-5% dei casi il paziente rimane comunque malato cronico e può essere contagioso, con la possibilità di diventare per una mutazione genetica un cosiddetto "untore a vita".

Morte per dissenteria: uno sguardo indietro

Fino agli inizi del XX secolo, anche in Europa e Nord America vi erano luoghi privi di acqua corrente e, soprattutto, acqua potabile pulita. Come capitava nell'antichità, gli escrementi, di qualsiasi natura, venivano gettati dal pitale direttamente in strada, accompagnati da un grido di avviso. Le acque di scarico erano in genere guidate dalle case direttamente nei fiumi o per le strade e gli scarichi

In un ospedale del Vietnam, un malato aspetta di essere curato insieme con il suo bambino. Il tifo non è stato ancora debellato.

Celebre e temibile: Maria e il contagio

Nel 1906 il banchiere di New York Charles Henry Warren affittò una casa per le vacanze a Long Island. La cuoca irlandese Mary Mallon si occupava del benessere della famiglia, ma nell'arco di poco tempo sei degli undici membri si ammalarono di tifo, la malattia si diffuse e tre persone morirono. Da analisi e ricerche si scoprì che nelle feci della cuoca si trovava un numero elevatissimo di agenti patogeni. Lei si impegnò a non lavorare più come cuoca, ma lo fece ancora sotto falso nome, fino a quando il tifo scoppiò di nuovo e fu costretta a recarsi, contro la propria volontà, nell'ospedale per quarantena sull'isola di North Brother, nell'East River, dove morì nel 1938 per infarto, dopo 23 anni di quarantena.

venivano puliti all'incirca ogni 15 anni. In molte città medievali si poteva passare per i vicoli sporchi solo su appositi trampoli. In tempo di guerra la situazione peggiorava, tanto che morivano più soldati di dissenteria che non per mano del nemico.

La prevenzione è la terapia migliore

Ci si può vaccinare contro il tifo, ma non contro malattie simili al tifo (paratifoidi). Per questo motivo l'igiene personale è molto importante e viaggiando nei paesi colpiti, oltre all'igiene e a lavarsi ripetutamente le mani, si devono assolutamente evitare l'acqua non bollita, le uova, la frutta e la verdura crude. Celebre è il detto inglese: "Peel it, cook it, or forget it!" ("Pelalo, cuocilo o scordatelo"). In caso di tifo occorre assolutamente fare denuncia all'autorità competente, e i pazienti vengono isolati in ospedale dagli altri malati.

Il tifo nell'Europa di oggi

Solo molto raramente il tifo si ripresenta ancor oggi in Europa. L'Istituto Robert Koch ha reso noto un caso mortale di tifo agli inizi di gennaio del 2006, quando un abitante di 53 anni di Berlino morì di questa malattia dopo essere rimasto per tre settimane in India. Nonostante la febbre si recò ugualmente al lavoro, ma si presentò dal medico troppo tardi rifiutando di recarsi in ospedale perché si era sotto Natale. Quando i suoi amici vollero fargli visita, lo trovarono morto nell'appartamento sporco di feci. Fortunatamente amici e colleghi non furono contagiati.

Sullo sfondo: nei campi di concentramento nazisti, come qui a Bergen-Belsen, molti prigionieri morirono di tifo.

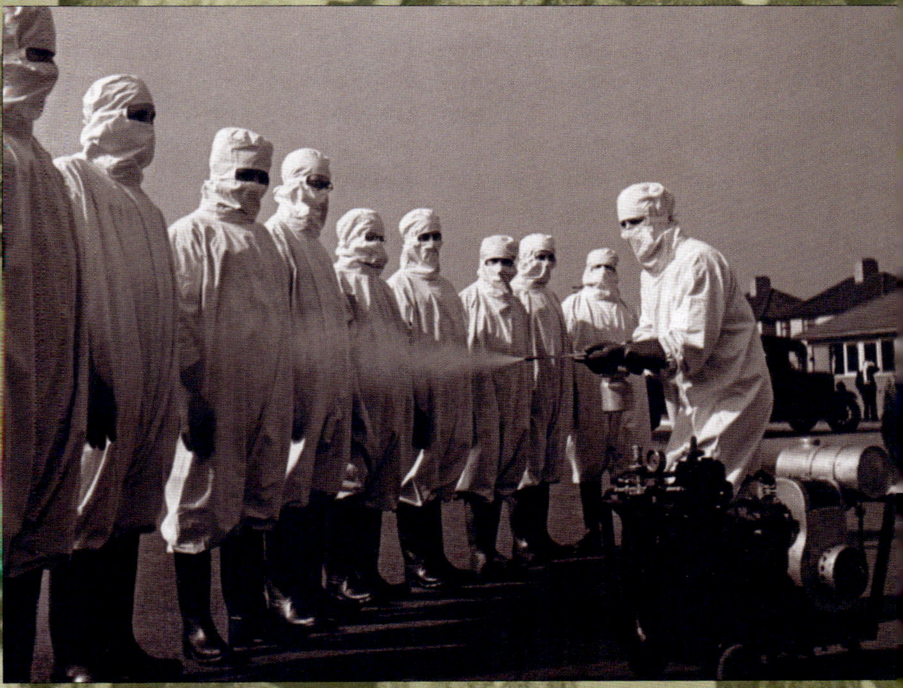

In basso: Per spruzzare i disinfettanti utili nella lotta contro il batterio della Salmonella typhi, *gli addetti devono necessariamente usare tute protettive.*

La morte arriva con l'acqua

La storia del colera

"Nell'ottemperare i miei doveri d'ufficio ho frequentato molti luoghi in cui gli escrementi erano ammucchiati dinanzi alle case, alle cantine, ai cortili, e in quantità tali che si poteva eliminarli solo con grande fatica": così scriveva nel 1841 un membro della Metropolitan Sewers Commission. "Ho incontrato uomini che vivevano e dormivano in locali dove pareti e pavimenti erano ricoperti di letame. Le conseguenze di questi cumuli puzzolenti, da cui si sviluppavano gas velenosi, erano scritte sui volti emaciati, malati e pallidi e evidenti nelle membra tremanti di chi doveva vivere in questi luoghi di sporcizia e miseria."

Una malattia mortale

Il colera ha avuto origine nel delta paludoso e densamente abitato di Gange e Brahmaputra. Da qui, già nei secoli passati, passò in Asia e Africa.

Il colera è una malattia della mucosa intestinale. Sotto forma di una delle peggiori epidemie nella storia dell'umanità, raggiunse nel 2006 l'Africa, più precisamente Angola e Sudan, provocando molte vittime. La malattia, i cui sintomi sono dissenteria e vomito molto violenti, scoppia, dopo il contagio con il batterio *Vibrio cholerae* che vive in acqua, nell'arco di due-cinque giorni, anche se talvolta bastano poche ore. Il batterio viene eliminato con le feci. Se non si procede immediatamente alle infusioni di acqua con sale da cucina, il corpo perde acqua e sostanze minerali, la pressione sanguigna e la temperatura corporea scendono, la morte è in pratica imminente.

Quando i batteri inquinano l'acqua potabile, il numero di persone colpite aumenta in modo rapidissimo. Anche oggetti, per esempio indumenti, non disinfettati dalle feci possono provocare infezioni, rendendo così la malattia ancor più pericolosa. Circa la metà dei pazienti non trattati muore; in bambini e anziani la percentuale di decessi raggiunge addirittura il 90%.

Religione e igiene

Che il colera ancor oggi mieta molte vittime in numerosi paesi dell'Asia e dell'Africa dipende anche dai costumi religiosi vigenti. L'acqua del Gange, in India, sulle cui rive giungono ogni anno innumerevoli persone, è considerata sacra dagli Indù, in quanto dovrebbe purificare gli uomini e liberarli dai

Profughi del Ruanda nel campo di Goma passano accanto a una fila interminabile di vittime del colera.

peccati. Così si accompagnano malati e morenti sulle rive del fiume. In seguito le loro ceneri saranno disperse sulle acque, dove spesso si gettano anche i cadaveri dei più poveri, solo parzialmente bruciati. I pellegrini bevono queste acque, per di più rese ancor meno pulite dalle acque di scarico, che vi giungono non depurate e le riportano con sé nelle proprie città, in quanto ne riempiono bottiglie intere. In questo modo le malattie raggiungono anche luoghi molto lontani.

La prima grande epidemia di colera 1815-1824

Da un punto di vista storico, la religione ebbe in passato un ruolo fondamentale nella diffusione delle epidemie molto tempo fa. Dopo la conquista del Bengala, attualmente corrispondente al Bangladesh e a parti dell'India nord-orientale, da parte degli inglesi intorno alla metà del XVIII secolo, il commercio con le coste della penisola araba si intensificò, così come il contatto con Mecca e Medina, luoghi di pellegrinaggio. Qui si raccoglievano regolarmente decine di migliaia di pellegrini e non è difficile credere che le condizioni igieniche fossero effettivamente pessime. In circostanze simili, l'epidemia si diffuse molto rapidamente (da qui deriva il suo nome arabo, *El hawa*, cioè "la tempesta", oppure *Hawa asfar*, "vento giallo"). I pellegrini la portarono con sé in Egitto e da qui si diffuse in tutto il bacino mediterraneo.

Tra il 1815 e il 1817 nella zona del Gange si registrarono gigantesche inondazioni, raccolti distrutti e attacchi di colera. Attraverso il commercio e i movimenti delle truppe l'epidemia raggiunse rapidamente anche le Filippine, poi da Bombay arrivò in Arabia e Persia e infine in Russia. Nel 1823-24 ebbe fine il massacro, ma non grazie ai trattamenti con salassi o clisteri, come si crede. In realtà, le basse temperature indebolirono la capacità di sopravvivenza del bacillo.

Nel 1884 si cercò di disinfettare i viaggiatori delle ferrovie francesi e i loro bagagli con la fumigazione, in modo da limitare la diffusione della malattia.

New York nell'anno 1880: l'economia godeva di un grande boom, ma i poveri vivevano ancora in condizioni igieniche terribili. Anche qui il colera fece molte vittime.

1826-1836: Mosca-Versavia-Berlino-Londra-Parigi-New York

Nel 1826 scoppiò una seconda epidemia che, anche in questo caso, si propagò dal Gange verso ovest, raggiungendo vaste proporzioni lungo il Volga. Dato che si seguiva ancora l'antica teoria secondo cui un miasma, cioè aria contaminata e vapori pericolosi, potesse essere la causa della malattia, non si prese nemmeno in considerazione

Il celebre medico berlinese Robert Koch (1843-1910) scoprì non solo il bacillo della tubercolosi, ma anche l'agente patogeno del colera.

la possibilità di un contatto con l'acqua infetta. Essendo impossibile seppellire nei cimiteri i circa 200.000 morti, inizialmente soprattutto marinai e lavandaie, se ne ammassarono i corpi in fosse comuni.

L'epidemia proseguì il suo cammino verso ovest, attraverso la Polonia, fino a Berlino. All'epoca la Prussia, guidata dal maresciallo generale in capo von Gneisenau (1760-1831) e dal suo capo di stato maggiore Carl von Clausewitz (1780-1831), combatteva contro la Polonia. Questa volta si era preparati al "colera d'Oriente" e si chiusero i confini con la Polonia, permettendo l'accesso solo attraverso dodici posti di confine, con spazi adibiti alla quarantena. Si poteva riprendere il viaggio solo dopo una sosta da dieci a venti giorni; posta e merci in entrata venivano disinfettate in casse divise in tre parti, dove sotto si ponevano carboni ardenti, sopra zolfo, salnitro e crusca, e infine, per esempio, delle lettere. I medici cercavano di proteggersi, come avveniva anche con la peste, usando mantelli di tela cerata. Ma anche simili misure di protezione si rivelarono poco utili: Clausewitz stesso morì in agosto, Gneisenau in novembre.

A questo punto il colera stava lentamente entrando a Berlino, dove intere zone colpite vennero isolate. Nei pressi del castello di Charlottenburg, dove la corte si era ritirata, venne allestita una camera di disinfestazione per i visitatori. Sulle strade fu di nuovo permesso accendere i fuochi, fino ad allora pratica proibita dalla polizia, in modo da purificare l'aria malsana. Morirono più di 1400 persone, tra cui anche il filosofo Georg Wilhelm Friedrich Hegel (*1770) nel novembre 1831.

Le metropoli europee alla mercé del colera

Lungo i fiumi Havel e Spree il colera si avvicinò ad Amburgo. L'applicazione delle regole di quarantena provocò la diffusione del colera nel porto, lungo l'Elba e sui canali. Le condizioni igieniche erano qui peggiori che a Berlino, in quanto non esistevano canali di scarico né una distribuzione centrale dell'acqua. La rimozione degli escrementi avveniva solo saltuariamente e dalle case poste sull'Alster interno gli escrementi infetti andavano direttamente in acqua. Da qui si raccoglieva, tra l'altro, anche l'acqua potabile. Per questi motivi, dei circa 145.000 abitanti stimati all'epoca, quasi 2000 morirono di colera.

Ad Amburgo seguì Londra, con circa 10.000 vittime, e poi nel 1832 Parigi. Le terribili condizioni igieniche nelle strade e all'Hôtel-Dieu, l'ospedale posto vicino alla cattedrale di Nôtre-Dame, vennero tra l'altro descritte anche da Heinrich Heine.

Anche Parigi all'epoca non aveva un efficiente sistema di canalizzazione. Le fosse piene di escrementi erano svuotate in carri dotati di botte, che poi gettavano il proprio carico nei Dépotoirs aux Vories, depositi posti ai margini delle strade. Quando questi erano pieni, ci si limitava a deviare gli scarichi presso Saint-Denis direttamente nella Senna. Quasi 230.000 francesi si ammalarono e oltre 100.000 morirono, di cui, nella sola Parigi, 19.000 nel 1832. In tutta Europa furono migliaia le vittime e nel 1832 il colera raggiunse anche gli Stati Uniti, probabilmente portato da emigranti irlandesi. Qui, molte vittime furono riscontrate tra gli indiani americani.

Nel campo profughi di Goma (Congo) le condizioni di vita sono terribili. Una donna fuggita dal Ruanda sta somministrando una flebo a un uomo colpito dal colera.

E non c'è mai fine

A queste seguirono sempre nuove epidemie: dapprima dal 1840 fino al 1861, con oltre un milione di vittime solo in Russia, poi dal 1863 al 1875, dal 1881 fino al 1896 e dal 1899 al 1923. Nel 1936 ebbe inizio la settima pandemia, che in gran parte risparmiò l'Europa. Nel frattempo vennero individuate le cause e si poterono quindi prendere le misure più appropriate.

Già nel 1854 il medico inglese John Snow (1813-1858) intuì il collegamento tra l'elevato numero di casi registrati a Soho e l'impiego di una pompa dell'acqua a Broad Street. Fece quindi togliere il braccio della pompa, che fu così inutilizzabile, e in poco tempo l'epidemia si estinse. Ma nessuno volle pubblicare la sua relazione sull'acqua sporca come causa principale della malattia: si continuava a credere che la colpa fosse un miasma, l'aria appestata.

Nel 1854 Max Pettenkofer (1818-1901), professore a Monaco di chimica medica, scorse un chiaro rapporto tra insudiciamento da escrementi e colera e si batté per la realizzazione sistematica di canali di scarico. Tuttavia anch'egli continuò a negare il ruolo dell'acqua potabile infettata. Solo nel 1883 Robert Koch (1843-1910), lo studioso che scoprì il bacillo della tubercolosi, riuscì ad Alessandria a identificare il *Vibrio cholerae* nell'acqua potabile. Durante la terribile epidemia di colera che sconvolse Amburgo nel 1892 la popolazione venne finalmente invitata a bollire l'acqua potabile prima di consumarla. Tuttavia ancora una volta i medici fecero notare che tutti i consigli non servivano a nulla se un numero sconosciuto di persone continuava a vegetare in cantine umide, a soffrire la fame e a non avere mai acqua sufficiente per lavarsi. Anche se i progressi medici in diagnosi e terapia non potranno mai essere sufficientemente enfatizzati, per molte epidemie la povertà risulta ancor oggi un fattore principale che non deve mai essere sottovalutato, come accade ancora oggi in Angola.

Il colera a Parigi

Heinrich Heine descrisse in modo attento la situazione opprimente a Parigi: "Un silenzio di morte regna in tutta Parigi. Una serietà impietrita è sui volti. Per parecchie sere si sono visti addirittura sui boulevard poche persone e queste si affrettavano ad allontanarsi l'una dall'altra, con una mano o un fazzoletto sulla bocca. I teatri sembrano morti. Gran parte degli stranieri, come per esempio i miei padroni di casa, sono partiti".

Stretti l'uno all'altro, i piccoli orfani nel campo profughi si proteggono a vicenda. I loro genitori sono morti di colera.

L'INFLUENZA: UNA MINACCIA SOTTOVALUTATA

DALLA SPAGNOLA ALL'AVIARIA

Il 1918 fu l'ultimo anno in cui infuriò la prima guerra mondiale, che coinvolse quasi tutta Europa e in tutto il mondo provocò circa 9 milioni di morti. Ma nessuno avrebbe mai potuto prevedere che la più grande catastrofe dell'inizio del XX secolo non sarebbe stata la guerra, bensì una temibile ondata influenzale.

Cattive notizie dalla Spagna

Le prime informazioni su un ingente contagio influenzale nella primavera del 1918 provenivano dalla Spagna. Questo paese non era rimasto coinvolto nella prima guerra mondiale e quindi non seguiva una rigorosa censura delle informazioni. I paesi belligeranti facevano invece tutto il possibile per non affliggere ulteriormente il morale della popolazione con la diffusione di notizie terribili. Per questo motivo l'influenza assunse poi il nome di "spagnola", anche se in realtà nessuno oggi può affermare con certezza che le sue origini fossero state effettivamente in Spagna.

Le prime manifestazioni di questa malattia si ebbero presumibilmente nel marzo 1918, in un campo militare americano del Kansas. La diffusione dell'influenza fu fulminea. In un brevissimo arco di tempo vennero infettati interi battaglioni. Sottovalutando il grado di contagio, l'influenza si diffuse indisturbata tra le famiglie dei soldati e quindi raggiunse l'Europa con le truppe americane trasportate.

La morte giunge a ondate

L'influenza spagnola si presentò a più ondate successive. La prima si verificò nella primavera del 1918, per calmarsi poi solo nel mese di agosto. Nell'autunno del 1918 l'influenza fece una nuova comparsa, questa volta partendo dalla Francia. Anche in questo caso, la malattia risultò estremamente contagiosa e ancor più mortale rispetto alla prima ondata. Colpì in particolare gli uomini adulti tra i 18 e i 35 anni e conseguentemente la parte più produttiva della popolazione. Gli effetti furono così evidenti che in alcuni luoghi la vita sociale ne fu paralizzata. Scuole e altri edifici pubblici vennero chiusi e per le strade l'immagine più comune era ormai data dalle mascherine che co-

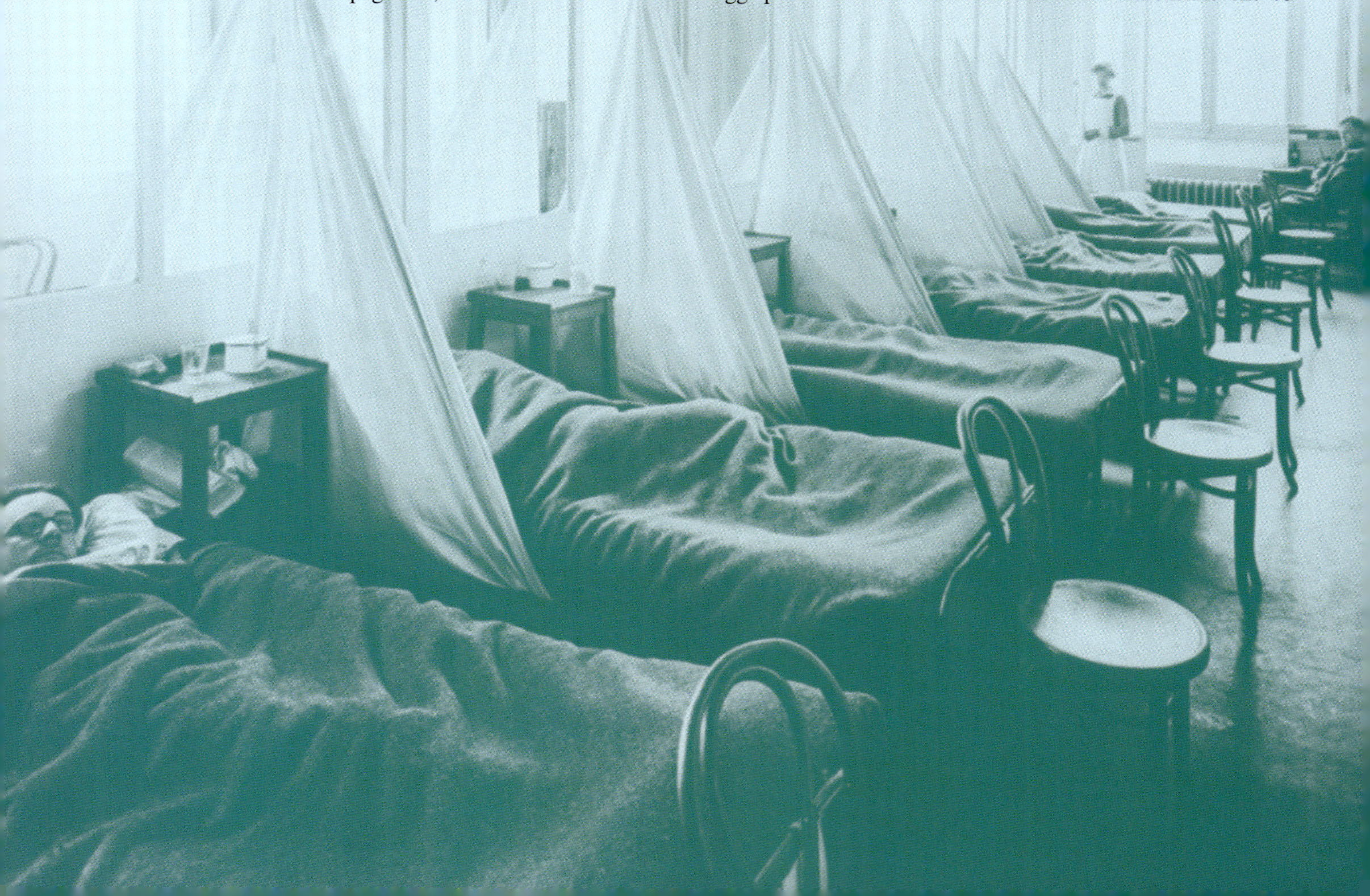

Nell'autunno del 1918 l'influenza imperversò su tutta Parigi. In questo ospedale vengono curati numerosi soldati americani.

privano il volto. All'inizio del 1919 il peggio pareva ormai superato. Seguirono in effetti ancora ondate di minore importanza, ma gran parte delle vittime fu registrata nei primi nove mesi dell'anno. Quando, nel 1921, l'influenza, finalmente scomparve, aveva ormai causato in tutto il mondo 25-50 milioni di morti, pari ad almeno tre volte il numero di vittime provocate dalla prima guerra mondiale, conclusasi nel 1918. L'esercito americano perse un numero maggiore di soldati a causa dell'influenza spagnola che non per via della guerra.

Un virus come causa

Per definire epidemie di simile portata catastrofica è stato coniato il termine di "pandemia", una definizione mutuata dall'antico greco, che letteralmente significa "riguardante tutto il popolo". Una pandemia è in realtà, come l'epidemia, una malattia infettiva delimitata temporalmente, ma, a differenza della prima, non è geograficamentee circonscrivibile, in quanto tende a diffondersi su tutti i continenti. Pandemie assimilabili all'influenza spagnola sono la peste medievale dal 1347 al 1352, che aveva fatto oltre 20 milioni di morti, e l'Aids, che imperversa dal 1980.

L'impotenza dei medici di allora nei confronti delle morti di massa derivava anche dal fatto che all'epoca il virus dell'influenza era ancora sconosciuto. Si pensava infatti che la causa scatenante fosse un batterio, anche perché si era ancora del tutto impotenti nella battaglia contro i virus,

Quando in Cina scoppiò l'aviaria, polli e volatili furono sterminati a migliaia.

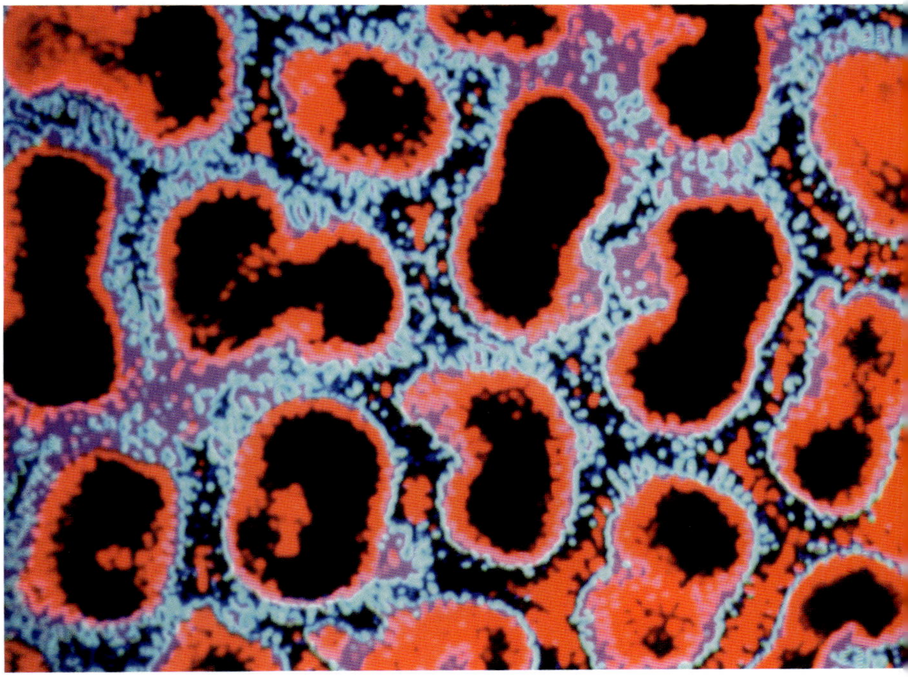

Dapprima si credeva che responsabile della malattia fosse un batterio, ma nel 1933 si scoprì che l'influenza era in realtà causata da un virus.

Negli anni Trenta, i malati di influenza dovevano rimanere in campi appositamente allestiti fino a quando non erano del tutto guariti.

essendo impossibile individuarli con le tecniche e gli strumenti a disposizione. Solo nel 1933 alcuni ricercatori inglesi riuscirono a isolare per la prima volta il virus dell'influenza in soggetti animali, sebbene non si conoscesse ancora il sottotipo responsabile della spagnola. Nel 1951 ci si avvicinò in maniera più decisa all'agente patogeno scatenante. Si iniziarono infatti a cercare tracce dei virus in alcune vittime dell'epidemia influenzale che il ghiaccio eterno dell'Alaska aveva preservato. Dapprima la ricerca non ebbe successo, finché nel 1997 il biologo molecolare Jeffery Taubenberger non riuscì a individuare la soluzione al quesito. Il virus killer del 1918 apparteneva al ceppo Tipo A/H1N1, una variante estremamente aggressiva che utilizzava gli uccelli come veicoli per poi mutarsi in un agente molto pericoloso per gli uomini.

Tipologie di virus influenzali

I ceppi che scatenano l'influenza nell'uomo possono essere divisi in tre tipologie. I tipi B e C si riscontrano quasi esclusivamente negli uomini e sono poco pericolosi. Il tipo A per contro è il più micidiale e al contempo il più diffuso. Colpisce non solo gli uomini, ma anche pollame e maiali. Il tipo A si presenta in diversi sottotipi, distinti da indicazioni come H1N1 o H5N1. Attraverso il transfer genetico tra virus della peste aviaria e virus influenzali per l'uomo possono nascere anche nuovi sottotipi di virus letali, contro i quali non sono stati sviluppati anticorpi. La terza vasta epidemia influenzale del XX secolo, la Hong Kong del 1968, fu causata da una simile mutazione di un virus di tipo A. Questa volta il tipo A/H2N2, agente scatenante l'influenza asiatica, si mischiò con un virus dell'influenza aviaria, dando vita al nuovo sottotipo A/H3N2.

Lo spaventoso risultato fu un altro milione di morti a livello mondiale.

Il pericolo delle mutazioni

L'influenza spagnola è considerata fino a questo momento l'epidemia da virus più catastrofica dell'era moderna. Dopo questo episodio, per circa 40 anni il mondo venne risparmiato da malattie contagiose a diffusione mondiale. Solo nel 1957 e nel 1958 ricomparve una nuova epidemia di portata mondiale: l'asiatica. Questa iniziò il pro-

Poesia per bambini, 1918
I had a little bird,
Its name was Enza
I opened the window,
And in-flu-Enza.
(Avevo un uccellino,
che si chiamava Enza,
Aprii la finestra
Ed entrò Influenza.)
(in inglese "in-flu-Enza" crea un gioco di parole perché significa sia influenza, sia "dentro-è volata-Enza).

prio cammino in Cina e venne portata a Hong Kong dai cinesi fuggitivi che vi trovarono rifugio, per poi diffondersi da lì a livello mondiale. Questa pandemia fece dal milione ai 4 milioni di vittime.

L'agente patogeno dell'influenza proveniva dal ceppo del virus influenzale A/H1N1, già causa dell'influenza spagnola, attraverso la combinazione con un virus legato all'aviaria. Il risultato fu il nuovo virus A/H2N2, contro il quale il sistema di difesa immunitario dell'uomo non era preparato. Quando l'influenza ebbe termine, molte persone risultarono ormai immuni contro il virus scatenante, così che l'influenza asiatica non rappresentò più un pericolo per diversi anni. Ma le nuove generazioni non hanno sviluppato i sistemi difensivi contro questo virus, pertanto la ricomparsa del tipo A/H2N2 potrebbe avere esiti catastrofici. Da questo punto di vista diventa allora comprensibile l'eccitazione scatenata da un annuncio dato alla stampa dall'Istituto berlinese Robert Koch nell'aprile 2004. L'istituto infatti fece sapere che migliaia di laboratori avevano ricevuto erroneamente un campione di questa tipologia virale, per errore. L'Organizzazione Mondiale della Sanità richiese a tutti i laboratori in questione di distruggere immediatamente i campioni con questo agente.

Cosa si dovrà prevedere per la successiva pandemia?

Ogni volta, attraverso l'unione dei virus influenzali umani e animali si crea un nuovo sottotipo, che potrebbe provocare la nuova pandemia. Luogo d'origine di simili mutazioni pare essere per antonomasia l'Asia, in quanto il modo semplice e promiscuo con cui si tengono in casa gli animali potrebbe fornire le condizioni ideali per un'infezione che colpisca uomini e animali contemporaneamente. Dal 2003 imperversa il virus di influenza aviaria di tipo H5N1, di origine asiatica. Ma fino a ora pare che non si sia ancora mischiato ai virus influenzali che colpiscono l'uomo. Il pericolo è comunque sempre presente. Le previsioni circa il numero di morti provocate da una simile pandemia oscillerebbero tra 7 e 150 milioni di vittime.

La paura di ulteriori epidemie influenzali è sempre presente in Asia dopo lo scoppio dell'aviaria. Ormai quasi più nessuno esce di casa senza mascherina.

Una vittima illustre: Egon Schiele
Celebre vittima dell'influenza fu il pittore austriaco Egon Schiele (1890-1918). Protagonista della scena artistica viennese a soli 28 anni, aveva appena accompagnato nel suo ultimo viaggio il paterno mecenate Gustav Klimt (1862-1918), il più celebre rappresentante dello Jugendstil, quando con sua moglie fu colpito dalla seconda ondata di influenza spagnola, nell'autunno 1918. All'epoca Edith era incinta di sei mesi. Lei morì il 28 ottobre 1918: Egon Schiele la ritrasse morente, mentre egli stesso lottava già contro la morte, che ebbe il sopravvento appena tre giorni dopo.
Le opere di Schiele raggiungono attualmente quotazioni molto elevate alle aste internazionali.

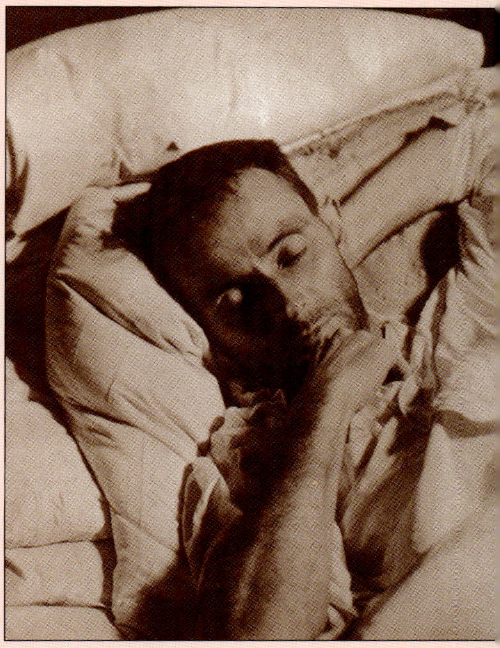

Egon Schiele sul letto di morte.

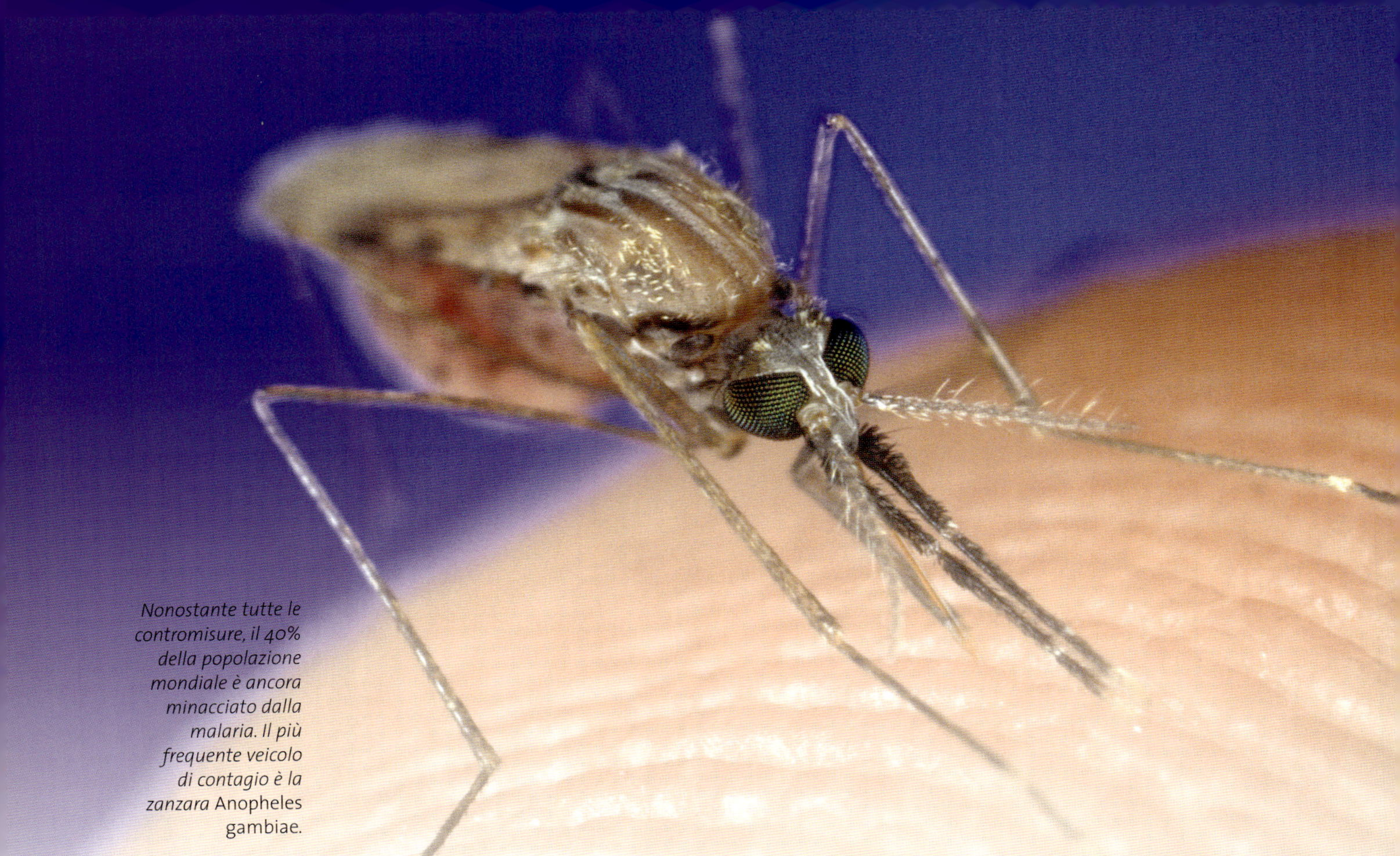

Nonostante tutte le contromisure, il 40% della popolazione mondiale è ancora minacciato dalla malaria. Il più frequente veicolo di contagio è la zanzara Anopheles gambiae.

Ogni giorno, tremila morti

UN NUMERO INCALCOLABILE DI VITTIME PER LA MALARIA

"Mal'aria", cioè letteralmente aria malsana, cattiva, è il termine che caratterizza una delle malattie infettive peggiori al mondo, a causa della quale ogni anno si ammalano circa 300-500 milioni di persone e oltre 2 milioni muoiono, soprattutto bambini sotto i cinque anni. Rappresenta una minaccia peggiore dell'Aids o della tubercolosi e ricompare regolarmente in oltre 100 paesi, dove la zanzara Anopheles vive e trasporta parassiti unicellulari, i cosiddetti plasmodi.

Grande diffusione al di fuori dell'Europa

Mentre Europa, Nord America e altre parti della Russia sono oggi del tutto al sicuro dalla malaria, l'epidemia è ancora molto diffusa in Africa, Asia e America latina: in sostanza, oltre il 40% della popolazione ne è minacciato. Alcune eccezioni confermano la regola: talvolta, infatti, fa la sua comparsa in Europa, attraverso l'importazione di zanzare infette, anche la cosiddetta "malaria da aeroporto".

Anche in Europa fino al XX secolo la malaria rappresentò una minaccia, e ancora alla fine della seconda guerra mondiale l'Italia era considerata una vera e propria terra di malaria, in cui gli ultimi casi conclamati risalgono al 1962. Oggi sussiste l'obbligo di denuncia per questa malattia grave. L'Organizzazione Mondiale della Sanità lascia trascorrere alcuni anni dopo l'effettivo verificarsi dell'ultimo attacco della malattia prima di dichiarare un paese zona libera da malaria.

Lo scoppio delle cellule: l'agente patogeno nell'uomo

Gli agenti che causano la malaria sono presumibilmente tra i più antichi parassiti dell'uomo e si sono originariamente diffusi nell'intestino dei rettili, oltre 60 milioni di anni fa. Si riproducono in due fasi, una volta scegliendo come ospite l'uomo, una volta le zanzare. La femmina della zanzara trasmette nell'uomo i parassiti durante il suo "pasto" a base di sangue. Dal sangue raggiungono poi il fegato, dove maturano e si moltiplicano e quindi, dopo alcuni giorni o anche mesi, ritornano di nuovo nel sangue. Si moltiplicano ora nei globuli rossi, fino a quando questi, dopo due o tre giorni, scoppiano. Il virus allora cerca altri globuli rossi (eritrociti), e così via: in tal modo la malattia si diffonde e solo in questo momento il soggetto colpito capisce che c'è qualcosa che non va. Quando la zanzara punge una persona infetta si fa nuovamente portatrice del virus della malaria, in un ciclo senza fine. Accanto alla puntura della zanzara Anopheles sussistono anche altre forme di contagio, anche se più rare: per esempio, attraverso le trasfusioni di sangue, le iniezioni con siringhe già usate o il contagio diretto da madre a figlio durante il parto, nel momento in cui si rompe la placenta.

Sotto lo sguardo attento di due bambini, un medico raccoglie un campione d'acqua stagnante pieno di larve di zanzara nella regione dell'Irian-Jaya (Indonesia).

I sintomi di una perfida malattia

Dapprima il malato percepisce sintomi non specifici, come per esempio febbre, senso di malessere generale, mal di testa, dissenteria o dolori articolari. Dopo che l'agente patogeno ha già vissuto diversi cicli di moltiplicazione, si sviluppano a intervalli regolari attacchi di febbre fino a 40 °C, brividi, anemia e ingrossamento della milza (splenomegalia).

Si distinguono quattro tipologie di agenti: il *Plasmodium vivax* e il *Plasmodium ovale* provocano la "Malaria tertiana", con attacchi febbrili a partire dal terzo giorno; il *Plasmodium malariae* la "Malaria quartana", con febbre il primo e il quarto

Forme di malaria e loro diffusione

Agente scatenante	Forme di mal.	Frequenza	Diffusione
Plasmoaium falciparum	*M. tropica*	*49 %*	*A livello mondiale, in particolare Sahara meridionale, Asia, Nuova Guinea e Haiti*
Plasmodium vivax	*M. tertiana*	*43 %*	*In zone temperate, in particolare India, America centrale e meridionale, Asia orient.*
Plasmodium ovale	*M. tertiana*	*1 %*	*Soprattutto in Africa occidentale*
Plasmodium malariae	*M. quartana*	*7 %*	*Principalmente in Africa*

L'organizzazione umanitaria internazionale Medici senza Frontiere aiuta queste piccole vittime della malaria in Monrovia (Liberia), che anche in ospedale vengono accudite dalle loro madri.

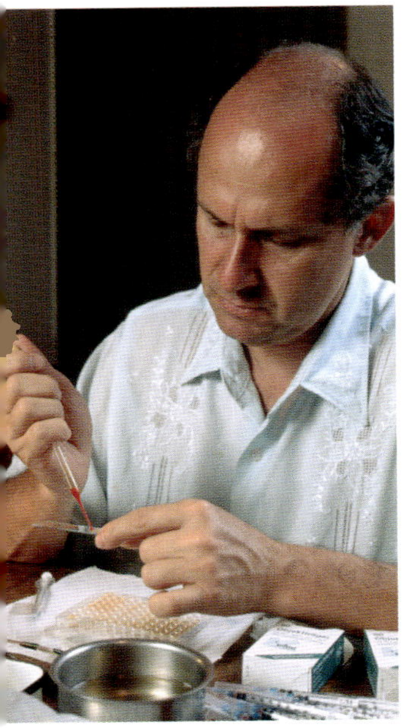

Nella lotta contro la malaria si fanno anche controlli sugli animali. Qui un medico analizza il sangue di una scimmia nella speranza di trovarvi un antidoto.

giorno, e due giorni senza febbre in mezzo. La più pericolosa in assoluto, detta "Malaria tropica", è causata dal *Plasmodium falciparum*; i casi con esito letale si riscontrano quasi esclusivamente in questa forma. In media, tra i malati, che non acquisiscono una sorta di immunità attraverso il contagio ripetuto, si registra almeno il 20% di vittime. In questo caso i sintomi sono irregolari: la "Malaria tropica" può infatti condurre a malfunzionamento di reni e polmoni, scarsa capacità di coagulazione, crampi e, nella forma che colpisce principalmente il cervello, vertigini e coma.

Trattamenti medici e prevenzione al giorno d'oggi

Il trattamento della malattia dipende dall'agente scatenante. Una malaria non maligna, provocata quindi da *Plasmodium vivax*, *ovale* o *malariae*, viene curata con pastiglie di clorochina, a base di chinino, mentre la pericolosa forma tropicale, in base alla regione d'origine, con gli stessi farmaci, più artemisinina, chinidina gluconato e in alcuni casi trasfusioni. Purtroppo, nelle regioni più colpite i parassiti hanno sviluppato una notevole resistenza ai farmaci, che quindi risultano quasi inefficaci. Ciò può essere dovuto anche alla scarsità dei medicinali a disposizione, a una somministrazione inadatta per scelta limitata o per un'assunzione irregolare. Una resistenza di tutt'altro tipo si è rivelata molto positiva in alcuni casi: l'anemia falciforme, una forma ereditaria molto diffusa tra gli africani neri (e anche tra i loro discendenti negli USA), protegge infatti dal contagio della malaria, in quanto l'agente scatenante non può riprodursi nel sangue.

I viaggiatori che si recano nei paesi colpiti vengono consigliati da istituti sanitari nazionali e altre organizzazioni a seguire una teoria chemioprofilattica prima e durante il viaggio, che non blocca l'infezione ma lo scoppio della malattia. Ricorrere a trattamenti ritardati, o non ricorrervi affatto, potrebbe avere un esito anche letale e comunque provocare sempre gravi conseguenze.

Accanto al trattamento medico, fondamentale è anche affrontare in modo intelligente il pericolo di infezioni. Agli abitanti dei Tropici, per esempio, e ovviamente anche ai turisti, per evitare le punture di zanzare viene in genere consigliato:

- non uscire all'aperto di mattina presto e al tramonto
- indossare maniche e pantaloni lunghi, per coprire la pelle
- distribuire sulla pelle non coperta creme protettive e repellenti anzizanzare

Dopo lo tsunami che sconvolse l'Indonesia nel 2004 si temette anche la diffusione della malaria, che si cercò di evitare con l'impiego di mezzi chimici.

– utilizzare zanzariere, reti e condizionatori; distribuire su reti e zanzariere un insetticida.
Si può facilmente intuire quanto sia difficile per chi vive in estrema povertà potersi proteggere con simili misure: un numero enorme di persone vive infatti in slum, dove le zanzare Anopheles trovano il terreno ideale per moltiplicarsi in canali pieni di acqua stagnante, pozzanghere e scoli.

Una lotta storica contro la malaria

La malaria è nota sin dalle epoche più remote, in particolare in India, Egitto e nell'antica Cina. Alcune mummie di oltre 3000 anni presentano la milza ingrossata, sintomo tipico della malaria. I cinesi impiegavano già nel 168 a.C. l'artemisia annuale con grande successo contro la malattia, e dopo oltre 2000 anni il principio attivo contenuto in questa pianta riscuote grande interesse nella ricerca e nell'industria. È questa la base dell'artemisinina. I greci (per esempio Omero ed Erodoto) e i romani (Varrone), non solo descrissero la malaria, ma fecero notare la pericolosità delle paludi, senza sapere che proprio in quei luoghi le zanzare pullulano. Loro presupponevano invece che la causa fossero i miasmi oppure l'acqua stagnante.

La crescita della popolazione, i commerci sempre più frequenti e numerosi viaggi portarono alla sua diffusione in tutta Europa; in seguito ai grandi viaggi di esplorazione, la malattia si diffuse anche nell'America del Nord e del Sud, ma proprio dal Sud America venne la guarigione: medici spagnoli e preti gesuiti, notando come i peruviani, costretti a lavorare in miniere piene di acqua fredda, si proteggessero usando la corteccia della Cinchona, iniziarono a impiegarla con successo nella cura della malaria a partire dal XVII secolo. Dall'albero della *Cinchona officinalis* si ottiene il chinino.

La ricerca fruttuosa delle cause della malaria nel XIX secolo venne premiata con due Nobel per la medicina: l'inglese Ronald Ross (1857-1932), scopritore della trasmissione dalla zanzara all'uomo, che operava in India, lo ottenne nel 1902; il medico militare francese Charles Laveran (1845-1922), che nel 1880 aveva scoperto i parassiti veri e propri, ne fu insignito nel 1907.

La lotta internazionale contro l'epidemia

Circoscrivere la malaria è molto difficile. Già durante il governo di Mussolini si era cercato di distruggere l'ambiente dove la zanzara prolifera bonificando le paludi; in Spagna si introdussero dei pesci (Gambusia) che si cibavano di larve di zanzara. In entrambi i casi si ebbero risultati solo parziali. Nel 1956 l'Organizzazione Mondiale della Sanità iniziò una vera e propria guerra contro la malaria a livello mondiale, con la clorochina contro i parassiti e il pesticida DDT contro le zanzare. All'inizio i risultati furono decisamente confortanti, ma poi nel tempo parassiti e zanzare diventarono sempre più resistenti e il numero dei morti tornò precipitosamente a salire. Oggi invece si cerca, nell'ambito del "Roll Back Malaria Program", di diminuire il numero di neocontagiati distribuendo zanzariere e farmaci preventivi.

Solo dal 2001 sul mercato è stato immesso un prodotto alquanto economico, che tuttavia risulta ancora troppo costoso per gran parte dei malati nei paesi più poveri. Spesso vengono posti in vendita anche farmaci sbagliati o poco efficaci. Ormai non sono più solo le strutture militari a cercare una soluzione, ma anche l'OMS in collaborazione con le grandi case farmaceutiche; pure il magnate americano dell'informatica Bill Gates si è impegnato in prima persona contro la malaria. Si prevede che nel 2015 il numero di malati dovrebbe diminuire sensibilmente.

Circa cinquant'anni fa a Giava il chinino, farmaco antimalarico, era ottenuto facendo essiccare al sole le foglie della Cinchona e quindi riducendole in polvere.

EVITARE ASSOLUTAMENTE IL CONTAGIO

L'EPIDEMIA DELL'AIDS

"In America si possono vedere uomini che convivono con l'Aids, come Magic Johnson. In Africa invece altri continuano a morire: è una condanna a morte", afferma la cantante India Arie in un'intervista con Nekesa Mumbi Moody dopo una visita in Kenya. "Solo pochissimi vengono trattati. Pensate cosa significa tutto ciò: una donna di settant'anni, spossata da un duro lavoro fisico, che ha dovuto allevare bambini di sei, sette o otto anni, perché un'intera generazione, quella di mezzo, è stata spazzata via."

La sindrome da immunodeficienza acquisita

Solo nel 2005 furono registrati oltre tre milioni di morti e circa 5 milioni di nuovi casi: l'Aids (dall'inglese "acquired immune deficiency syndrome" – Sindrome da immunodeficienza acquisita) è un'epidemia globale, comparsa per la prima volta circa 25 anni fa e che da allora in tutto il mondo ha causato oltre 25 milioni di vittime. Oggi circa 40 milioni di persone convivono con il virus HI, tra

L'Africa come epicentro

Epicentro dell'Aids è l'Africa. Secondo i dati forniti dall'organizzazione Unaids, appena il 10% della popolazione mondiale risiede qui, ma si tratta del 60% di tutti i malati di Aids. Di seguito riportiamo i dati riferiti alla diffusione di questa malattia a livello mondiale:

- *Africa: 25,8 milioni di malati di Aids*
- *Asia: 8,3 milioni di malati di Aids*
- *America latina: 1,8 milioni di malati di Aids*
- *Europa orientale e Asia centrale: 1,6 milioni di malati di Aids*
- *America del Nord: 1,2 milioni di malati di Aids*
- *Europa occidentale e centrale: 720.000 malati di Aids*
- *Nord Africa/Vicino Oriente: 510.000 malati di Aids*
- *Caraibi: 300.000 malati di Aids*
- *Oceania: 74.000 malati di Aids*

Bambini e adolescenti di Lagos (Nigeria) sono scesi in strada per protestare non solo contro l'abuso infantile, ma anche contro il possibile contagio di Aids attraverso un pedofilo che abita nel loro quartiere.

cui sempre più donne e anche molti bambini. Qual è la differenza tra HIV e Aids? Il primo è la causa del secondo. L'abbreviazione "HI" sta per "human immune deficiency", cioè immunodeficienza umana. I virus HI distruggono le cellule del corpo umano che servono per costruire il sistema immunitario. Indeboliscono il sistema immunitario e quindi non permettono di difendersi da funghi, batteri e virus. Rispetto a un uomo sano, il malato di Aids si ammala spesso e in forma acuta di malattie in genere facilmente guaribili. L'Aids è quindi l'ultimo stadio di un'infezione da virus HI.

I virus dell'Aids hanno un periodo di incubazione particolarmente lungo, cioè può passare anche parecchio tempo prima che si scorgano i primi sintomi. In questa fase si possono facilmente contagiare altre persone.

Bambini piangono per la mamma appena morta. In Africa, la maggior parte degli orfani dovuti all'Aids deve badare a se stessa, in quanto mancano orfanotrofi e asili.

Come agiscono i virus HI?
Quando un agente pericoloso penetra nel nostro corpo, le cellule T-helper umane lo contrastano. Dette anche CD4 e T4, sono componenti dei globuli bianchi (leucociti). I virus HI attaccano proprio queste cellule e si moltiplicano. L'organismo cerca di opporsi con gli anticorpi, ma non riesce a vincere i virus HI che si diffondono, spesso provocando iperreazioni: il sistema immunitario agisce in fretta e può rivolgersi contro le proprie cellule (malattie da autoimmunodeficienza). Inoltre anche le allergie possono instaurarsi più frequentemente.

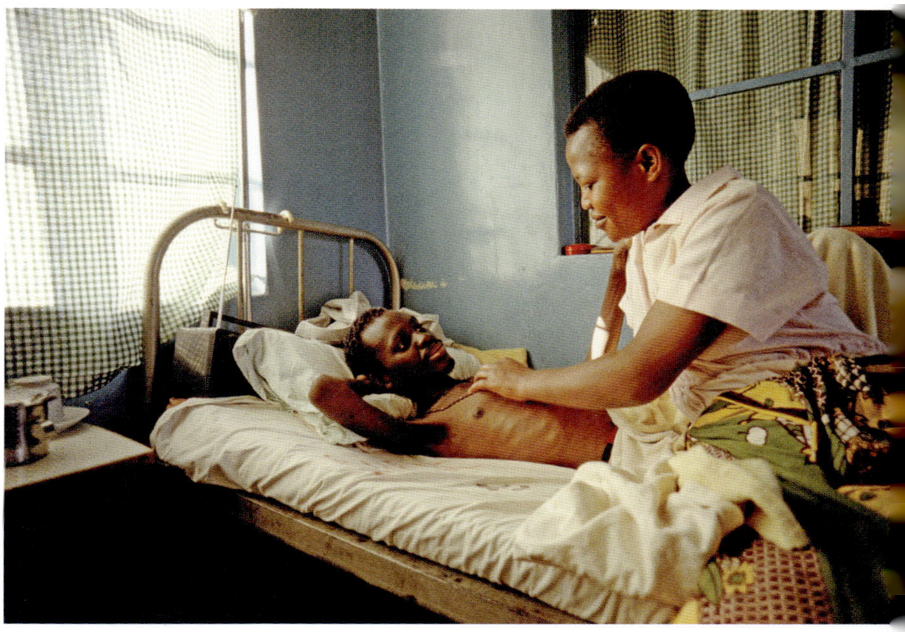

In un ospedale di Rubwe (Tanzania), una donna accudisce il marito malato di Aids.

A Ndola (Zambia) almeno il 20% degli adulti ha contratto l'Aids. I cimiteri sono ormai al collasso.

Come viene trasmesso l'Aids?

L'HIV non si propaga attraverso punture di zanzara, tosse o starnuti, come molti credono ancor oggi. L'80% dei contagi dipende da rapporti sessuali vaginali, anali oppure orali senza preservativo con un partner infettato. Il virus si ritrova nel liquido seminale e nei liquidi di scambio, che possono penetrare nel corpo attraverso minuscoli tagli nella mucosa. Subito dopo l'infezione il neoammalato può infettare rapidamente gli altri, perché il numero di virus nel suo corpo è ancora molto alto. Particolarmente minacciato è colui che ha una malattia di origine sessuale.

Purtroppo con un notevole ritardo si è scoperto che anche le trasfusioni possono essere un potente veicolo della malattia. Il pericolo di infezione è in questo caso particolarmente elevato. Dal 1985, in molti paesi si eseguono test sulle scorte di sangue destinate alle trasfusioni, ma nei paesi più poveri queste analisi sono spesso tralasciate per problemi esclusivamente economici. I drogati che si passano ago e siringa sono ad altissimo rischio di contagio: circa il 15% dei malati negli USA e in Europa si sono infettati in questo modo. Anche gli operatori attivi in campo medico possono infettarsi con aghi o bisturi malamente disinfettati, ma avviene solo molto raramente. Il contagio è possibile pure con il trapianto di organi. Inoltre, una madre infettata dal virus dell'HI può contagiare il proprio bambino. Quando tuttavia durante la gravidanza si esegue già una cura adeguata, il rischio di infezione

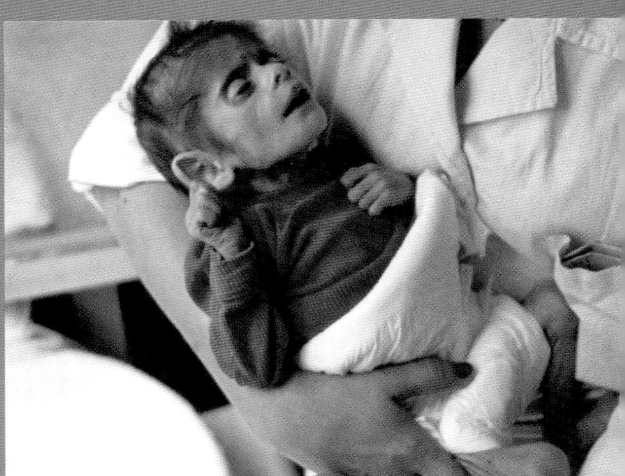

In Romania, tra gli anni Ottanta e Novanta molti bambini si sono ammalati di Aids. Nella foto, un piccolo fortemente segnato dalla malattia in un ospedale di Bucarest.

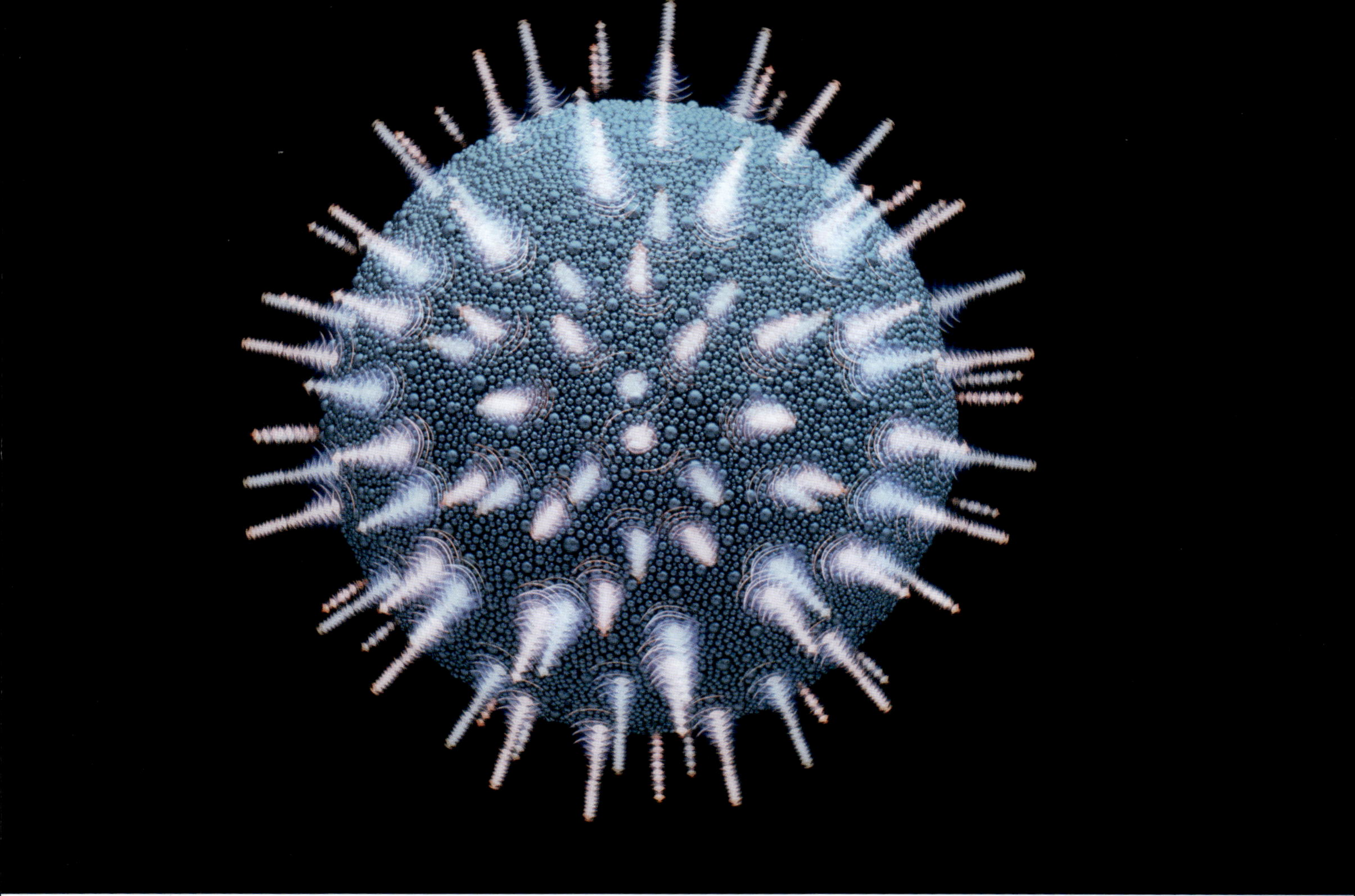

diminuisce di circa due terzi e con il parto cesareo è ancora inferiore.

HIV positivo? Prima i test, poi i trattamenti

Dapprima si deve stabilire attraverso appositi test se sia effettivamente presente un'infezione. Al più tardi dodici settimane dopo il contagio i test possono essere molto esplicativi. Attraverso il test degli anticorpi HIV si dimostra se il corpo ha assunto misure contro l'intruso, cioè, nella fattispecie, se si sono sviluppati anticorpi contro le proteine HIV. Altri test possono evidenziare non solo la presenza di anticorpi contro il virus, ma anche il virus stesso. "HIV positivo" significa che gli anticorpi sono presenti, ma che il virus è penetrato nel corpo e deve essere combattuto. La malattia ha un decorso molto vario, può essere quasi senza sintomi o presentare i classici elementi della sindrome dell'Aids, con febbre, dissenteria, infezioni polmonari, toxoplasmosi, herpes, sarcoma di Kaposi, mutamenti della composizione del sangue, tubercolosi, carcinoma e così via. Il numero di cellule utili per microlitro di sangue fornisce dati importanti per scoprire la gravità della malattia (500-1200 = normale, meno di 250 = problematico). Se e quando questi sintomi si manifesteranno dipende fortemente dallo stato complessivo, dalle condizioni di vita, dal momento temporale e dalla tipologia del trattamento medico. Grazie alle nuove cure, nei paesi industrializzati si hanno malati che vivono da 15 anni quasi senza sintomi.

Ingrandimento al microscopio di un virus HI, identificato per la prima volta a Parigi nel 1983.

Una storia complicata

Nessuno sa quando l'Aids ha assunto la sua forma evolutiva conclamata. Probabilmente il virus è stato

L'utilità di una terapia combinata

Mentre le prime diagnosi di Aids assomigliavano più a una condanna a morte, l'impiego di nuove terapie a base di preparati combinati fa sì che molti pazienti possano vivere una lunga fase priva di sintomi. Nei paesi in via di sviluppo la situazione è tuttavia completamente diversa. Qui infatti i costi elevati dei farmaci non ne permettono un uso regolare. Per questo motivo si assiste a proteste sempre più accese contro la politica dei prezzi imposta dalle ditte farmaceutiche. Difficile è anche lottare contro una "Superinfezione", cioè quando un malato di Aids viene contagiato da un secondo virus dell'Aids appartenente a un altro ceppo: casi molto frequenti tra prostitute o persone che hanno una vita sessuale promiscua.

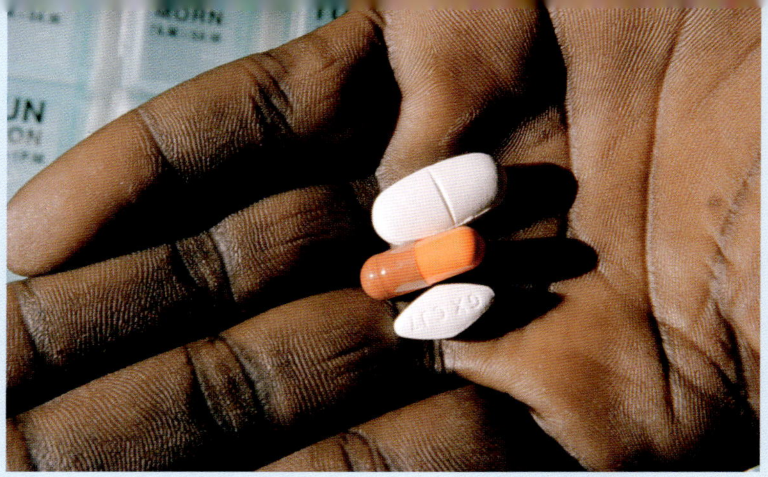

Un malato di Aids in Sudafrica con le sue medicine. Per molti africani affetti da questa sindrome i costi dei farmaci sono troppo elevati: per tale motivo le cure possono essere per loro solo saltuarie o del tutto assenti.

trasmesso in Africa dagli scimpanzé agli uomini. I primi casi risalgono alla fine degli anni Settanta del secolo scorso e già nel 1980 si sono riscontrate persone affette in tutto il mondo. Nel 1981 si sono riscontrate una forma aggressiva del sarcoma di Kaposi (tumore della pelle) in alcuni giovani omosessuali di New York, così come una forma davvero molto rara di infezione polmonare a New York e in California. Questo insieme insolito di sintomi, oltre all'iniziale limitazione agli omosessuali, ha attirato l'attenzione dei medici. Accanto a queste categorie, anche drogati e persone sottoposte a trasfusioni si sono ben presto rivelati tra le persone affette da una malattia che nel 1982 venne battezzata Aids (in francese e spagnolo Sida). Nel 1983 il virus fu identificato dai medici dell'istituto Pasteur di Parigi. Ovunque si diffuse il panico, i poliziotti indossavano maschere e guanti speciali quando dovevano arrestare persone sospettate di avere l'Aids, chi era attivo nel settore assistenziale adottava misure particolari e spesso ci si parlava più volentieri al telefono. Le vittime dell'Aids a livello mondiale sono state per lo più contagiate da americani o africani, spesso di Zambia o Zaire – in questi casi tra soggetti eterosessuali. Nel 1983 l'OMS ha indicato 3064 casi negli USA, con oltre il 40% di vittime. Nel 1984 il medico americano Robert Gallo ha scoperto il virus, detto HTLV-III, e sta lavorando alla preparazione di un test per individuarlo, che ben presto verrà immesso sul mercato.

Paura e discriminazione

I malati di Aids e i rappresentanti dei movimenti omosessuali si sono mobilitati contro la discriminazione, ma la paura del contagio ha indotto per esempio molti genitori a non permettere ai propri figli di frequentare la stessa scuola di giovani vittime dell'Aids.

La prima celebre vittima dell'Aids fu l'attore Rock Hudson, amatissimo dalle donne, che morì il 3 ottobre 1985. La paura dell'Aids si diffuse ulteriormente, nonostante il sostegno pubblico di campagne e l'aiuto fornito da personaggi molto amati, come la principessa Diana, che stupì l'opinione

Ad Abidjan, in Costa d'Avorio, si pubblicizzano preservativi, il cui uso corretto e regolare diminuisce notevolmente il rischio di essere contagiati dall'Aids.

pubblica quando, nel 1987, strinse le mani a malati di Aids senza usare guanti protettivi. A San Francisco si è realizzato negli ambienti omosessuali un gigantesco arazzo patchwork (quilt), con i nomi delle vittime e in tutta America gruppi come "Act Up" e "Gran Fury" lottano per trattamenti migliori e maggiore comprensione. I malati di Aids non hanno il permesso di entrare negli USA e i medici si pongono il problema se sia corretto rompere l'obbligo di silenzio professionale quando sussiste il pericolo che una persona ammalata ne contagi un'altra. Ancora nel 1998, in Sudafrica, un'attivista Aids venne uccisa dai suoi vicini quando rese nota la propria infezione.

Passi avanti e passi indietro

Nel 1990 in Francia molte persone sono state infettate da trasfusioni di persone affette da Aids, nonostante i test fossero già da tempo disponibili. In seguito, alcuni dei responsabili, tra cui Michel Garretta, all'epoca direttore del Centro trasfusionale nazionale francese, vennero condannati al carcere. Nel 1998 persino l'allora primo ministro, Laurent Fabius, venne processato. In Romania quasi 100.000 bambini orfani furono infettati da trasfusioni sanguigne. L'infezione si è rapidamente diffusa in Asia ed Europa orientale. A partire dal 1994 tutti i viaggiatori che entrano in Russia devono sottoporsi a un test dell'Aids. Nel 1995 l'Aids ha rappresentato negli USA la principale causa di morte per i gruppi di età compresa tra i 25 e i 44 anni. Nella lotta contro l'Aids, le Nazioni Unite hanno fondato l'UNAIDS, un'unione di OMS, UNDP, UNICEF, UNFPA, UNESCO e Banca Mondiale. La ricerca di un farmaco per vaccinazione, sostenuta finanziariamente dall'ex presidente USA Bill Clinton e dalla Bill and Melinda Gates Foundation, si è rivelata più difficile del previsto. Preservativi e diaframmi trattati anche con sostanze chimiche (microbiotici), la circoncisione degli uomini, astinenza e informazione adeguata possono essere utili per proteggere dall'Aids.

Il gigantesco Quilt di San Francisco, qui esposto a Washington in memoria delle vittime dell'Aids: un documento toccante, che colpisce molti visitatori.

Robert Mapplethorpe: vinto dall'Aids

Il fotografo newyorchese Robert Mapplethorpe, nato nel 1946, ritrasse non solo la sua amica Patti Smith (per esempio sulla copertina del suo primo album, Horses*), ma anche Richard Gere, Peter Gabriel, Grace Jones e Andy Warhol. Celebre soprattutto per le sue fotografie provocatorie in bianco e nero che raffigurano l'ambiente omosessuale, è riuscito con queste immagini ad accendere un acceso dibattito in America sul tema della pornografia. Pare che Mapplethorpe avesse rapporti sessuali con il 75% dei suoi modelli ed era anche celebre per l'eccessivo consumo di droga. Dopo che, nel 1986, si ammalò di Aids, iniziò a lottare con tutte le sue forze contro la malattia. Sconvolto, vide molti dei suoi amici morire di GRID (Gay Related Immune Deficiency: Immunodeficienza associata agli omosessuali). All'epoca il concetto di Aids non era ancora molto diffuso. Nel suo sconvolgente autoritratto del 1988 porta già i segni della morte, ormai condannato sulla carrozzina perché i trattamenti farmacologici non avevano dato i risultati sperati. Inoltre già piangeva la morte del proprio compagno, il collezionista d'arte Sam Wagstaff. Dieci mesi prima di morire, nel maggio 1988, decise di vendere le sue opere e con il ricavato aprire una fondazione, che accanto alla gestione delle fotografie si sarebbe occupata anche della lotta contro l'Aids, in particolare della cura intensiva di pazienti lungodegenti. Robert Mapplethorpe morì di Aids ad appena 42 anni il 9 marzo 1989. La sua vita è stata ritratta da Patricia Morrisroe nella biografia* This Charming Man.

Sordo, cieco e sfigurato

Il vaiolo

Nel 1950 in India morirono all'incirca un milione di persone per il vaiolo, una malattia che nel frattempo si considerava ormai debellata, ma che invece ha lasciato nella storia degli uomini tracce profonde. Nel 1967, quando l'Organizzazione Mondiale della Sanità iniziò la sua campagna per sconfiggere il vaiolo, erano stati registrati all'incirca 15 milioni di malati e il 60% della popolazione mondiale correva il pericolo di esserne contagiato.

Papille e pustole

Si devono innanzitutto distinguere due tipi di vaiolo: il vaiolo bianco, provocato da *Orthopoxvirus alastrim*, relativamente innocuo, e il vaiolo vero e proprio, dovuto a *Orthopoxvirus variola*, che provoca dapprima febbre, dolori articolari e infiammazione delle vie respiratorie, poi vescicole sulla pelle (papille) che si riempiono di liquido e infine di pus (pustole). Quando queste si asciugano, si instaura un prurito molto intenso, il malato continua a grattarsi le pustole e si vengono così a formare le terribili cicatrici del vaiolo. La febbre che compare in questo stadio può provocare delirio con allucinazioni. Altri sintomi correlati sono cecità e sordità fino alla zoppia. Almeno il 15% dei malati muore.

Il vaiolo nero

Il vaiolo nero (*Variola haemorrhogica*) è una forma particolarmente grave di vaiolo, molto pericolosa, con esito letale in quasi il 100% dei malati. Il decorso è molto rapido e si riscontrano emorragie copiose non solo a livello di pelle e mucosa, ma anche di organi interni, che talvolta nell'arco di appena 48 ore portano alla morte.

Estremamente contagioso

Dal contagio alla forma conclamata della malattia passano normalmente dagli 8 ai 14 giorni. Il vaiolo può essere trasmesso ancor prima della formazione delle pustole, per esempio attraverso starnuti, saliva o tosse, e questo fino a 20 metri di distanza. Ma ci si può ammalare di vaiolo anche attraverso un'infezione dovuta a indumenti sporchi, biancheria o anche toccando maniglie e persino respirando polvere. E quando il pus delle

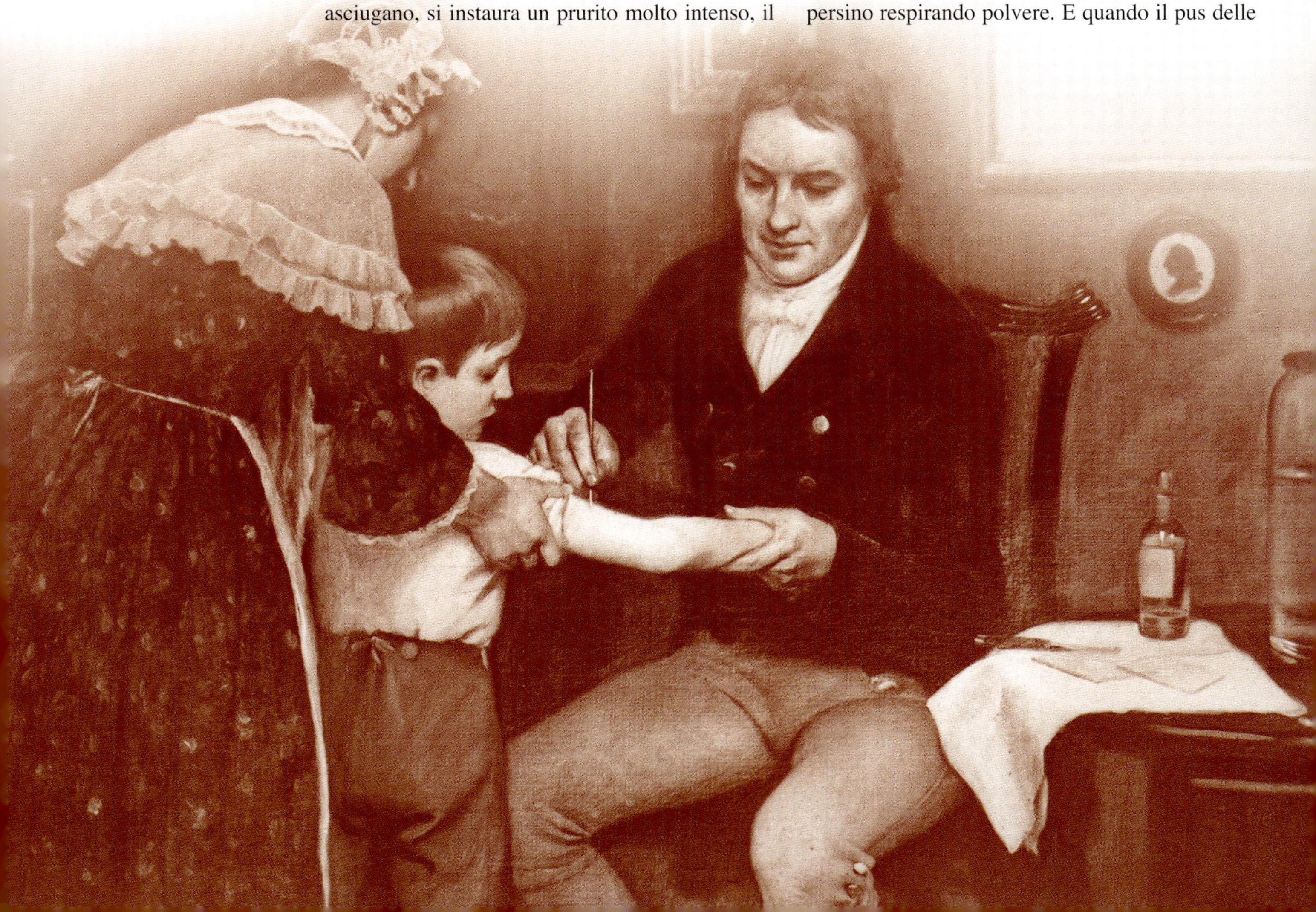

Il medico Edward Jenner (1749-1823) inietta a James Phipps il vaiolo vaccino il 14 maggio 1796. Il piccolo risulterà poi immune al vaiolo umano quando gli verrà somministrato.

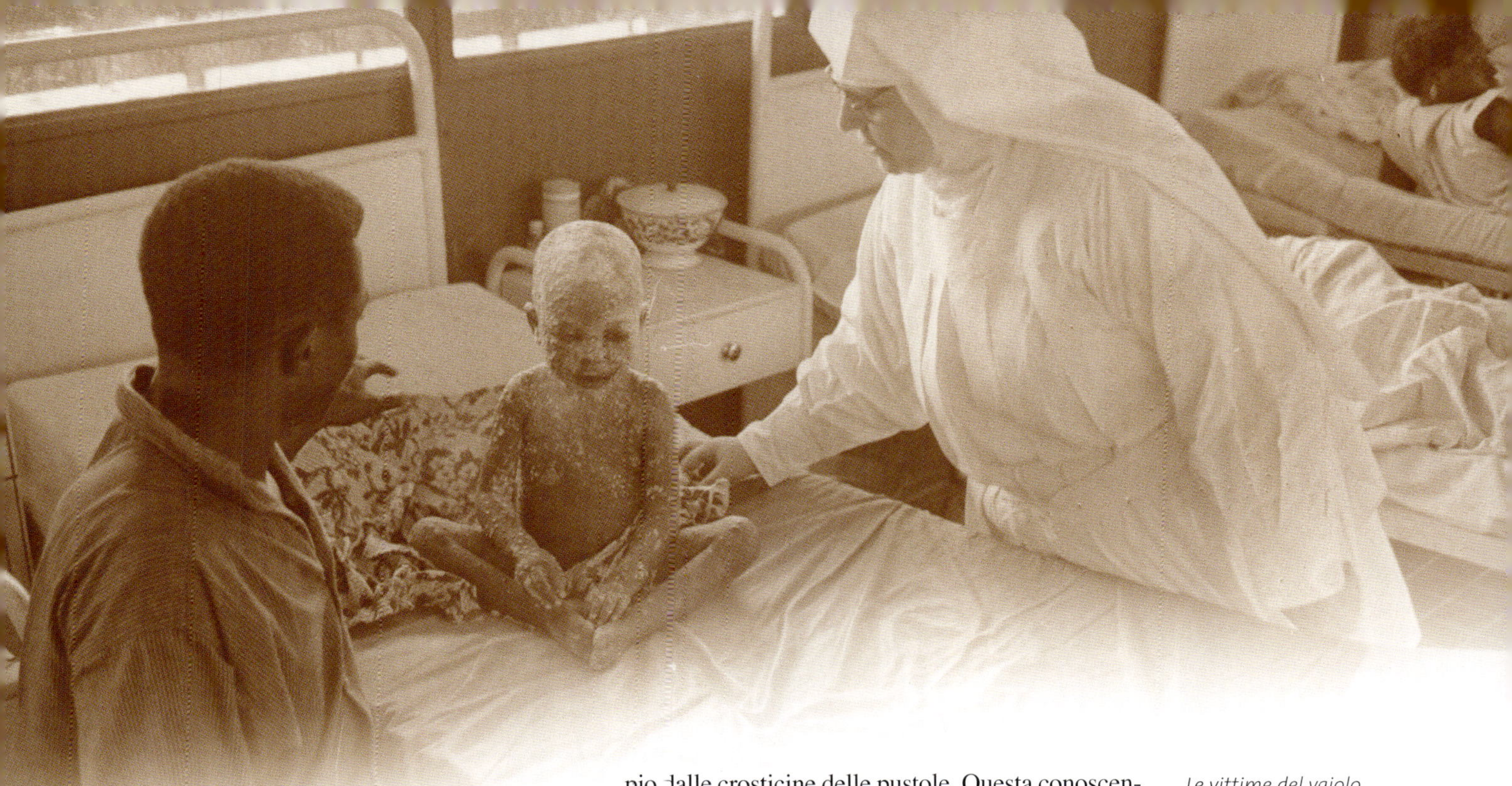

pustole rimane su vestiti e biancheria da letto, risulta ancora infettante per diversi mesi. Mosche e altri insetti che vi si posano possono così diffondere ulteriormente la malattia.

La scienza dell'antica Cina

Già nell'anno 340 d.C. in Cina vennero correttamente descritti i sintomi del vaiolo e fin dal X secolo si praticavano vaccinazioni preventive. Si era infatti notato che coloro i quali erano già stati una volta a contatto con la secrezione del vaiolo umano si ammalavano più difficilmente. Pertanto si infettarono a scopo preventivo alcuni soggetti con minuscole quantità del virus, preso per esempio dalle crosticine delle pustole. Questa conoscenza venne confermata nel mondo occidentale solo molti secoli dopo.

In Europa le prime epidemie di vaiolo documentate risalgono al VI secolo d.C. Gli Unni diffusero all'epoca l'epidemia, contagiando Germani e Galli francesi. Attraverso gli spostamenti

Le vittime del vaiolo, qui una bambina molto piccola, soffrono anche per l'intenso prurito provocato dalle pustole.

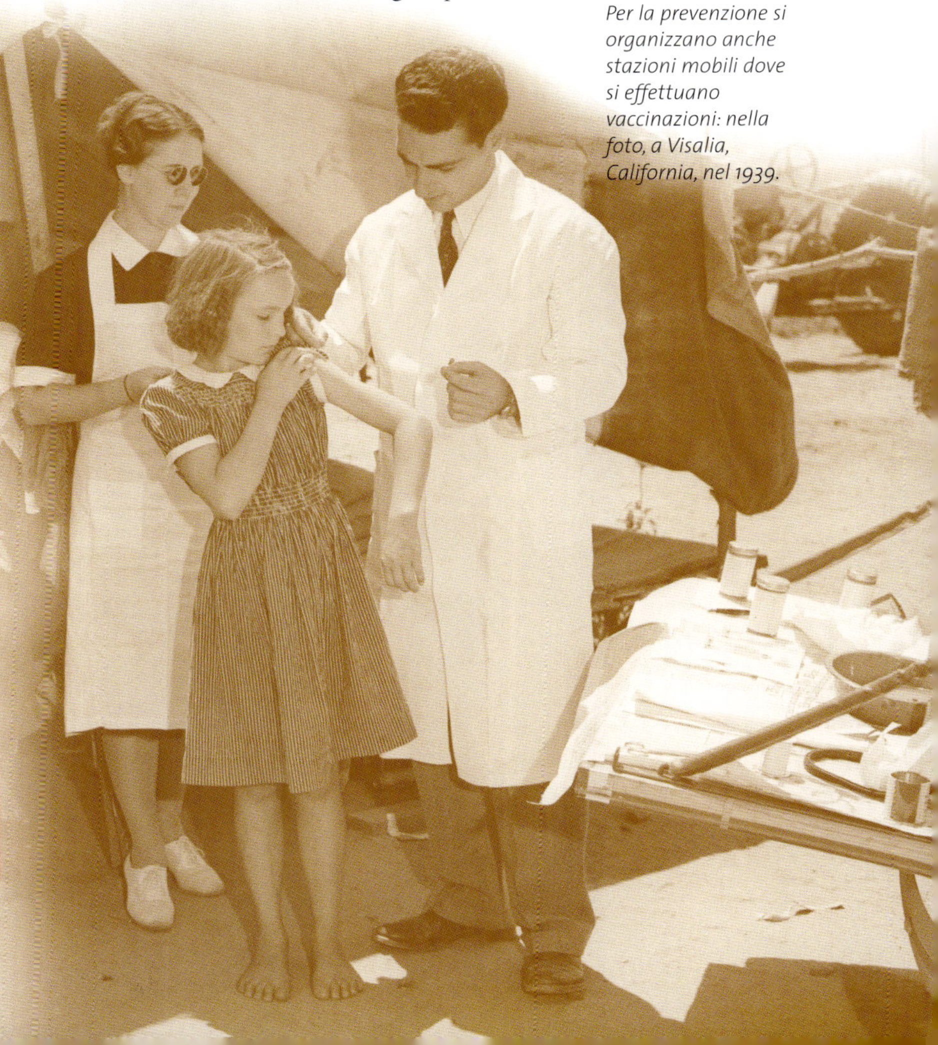

Per la prevenzione si organizzano anche stazioni mobili dove si effettuano vaccinazioni: nella foto, a Visalia, California, nel 1939.

Cronologia di un successo

Il vaiolo non rappresenta ormai più un pericolo grazie alle vaccinazioni che furono rese obbligatorie in tutto il mondo nel 1967 per decisione dell'Organizzazione mondiale della Sanità. Nel 1970 Africa centrale e occidentale risultavano ormai libere dal vaiolo, nel 1971 fu la volta del Sud America e nel 1975 dell'Asia sud-orientale. Nel 1977 venne rilevato l'ultimo caso di vaiolo in Somalia. L'8 maggio 1980 il mondo è stato dichiarato del tutto "libero dal vaiolo" dall'OMS. Da quel momento, il virus è conservato solo nel Center for Disease Control di Atlanta (Usa) e nei laboratori Vector di Novosibirk (Russia), dove è mantenuto nell'azoto.

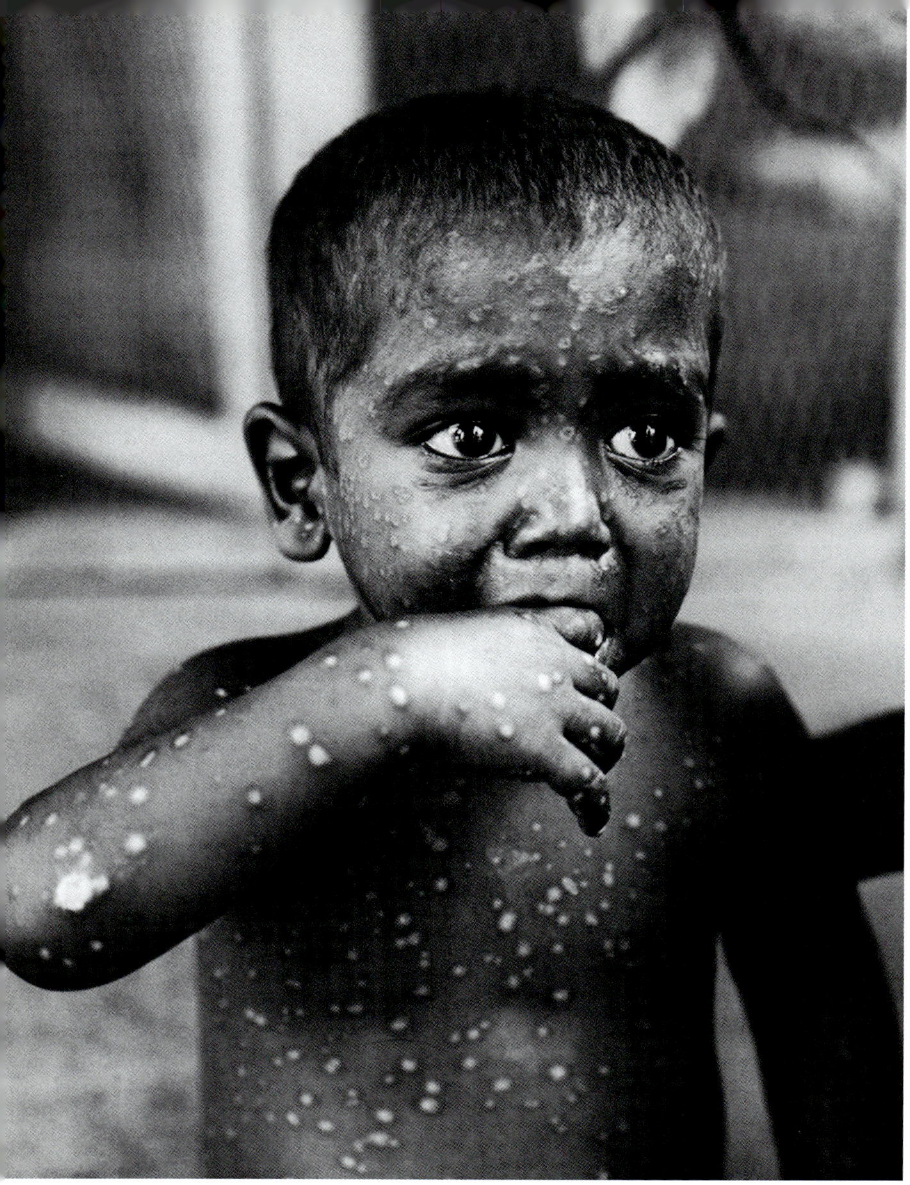

Nel 1962 l'India ha iniziato una massiccia campagna di vaccinazione contro il vaiolo, con il sostegno dell'OMS e dell'UNICEF: troppo tardi per questo bambino contagiato e ricoverato in un ospedale di Madras.

degli eserciti di Crociati dall'Occidente all'Oriente, e viceversa, i virus variola si diffusero sempre più, causando epidemie molto vaste. Nel Medioevo, nei tipici "anni del vaiolo", si poteva ricondurre il 10% di tutti i decessi a questa forma, e un malato su cinque moriva, mentre il 60-80% di chi sopravviveva era deturpato da terribili cicatrici.

Il faraone con il vaiolo

Il faraone Ramsete V (1145-1142 a.C.), la cui mummia è conservata al Museo del Cairo, soffriva di vaiolo, o per lo meno è quanto si può desumere dalle numerose cicatrici che segnano il suo corpo. Ma in epoche molto remote furono soprattutto Cina e India a essere centri di questa malattia infettiva, tanto che già nel 1500 a.C. in India si veneravano dee che proteggevano dal vaiolo. Le cicatrici lasciate dalla malattia dovrebbero dimostrare che una di queste divinità ha visitato il malato.

Una morte batteriologica

In Europa il vaiolo fu molto diffuso nel XV e XVI secolo, ma chi sopravviveva risultava immune. Con i Conquistadores spagnoli guidati da Hernán Cortèz (1485-1547) il vaiolo raggiunse anche il continente americano. Haiti, Cuba e Messico, poi tutto il Sud e il Nord America, ne furono colpiti. Inoltre la tratta degli schiavi ne favorì la diffusione. I Conquistadores diffusero nell'America centrale e meridionale non solo il vaiolo, ma anche il morbillo tra Inca e Aztechi, con conseguenze terribili: solo l'epidemia che scoppiò nel 1576 provocò 2 milioni di vittime. E fino al 1700 gli Indiani dei Caraibi e delle regioni costiere continuarono a soffrirne e morirne, al punto da distruggere la loro cultura. La fine dei grandi imperi di Inca e Aztechi è soprattutto da collegare alle epidemie, triste destino condiviso dagli Indiani del Nord America.

Il vaiolo uccide i primi abitanti

Gli Indiani d'America, infatti, non furono decimati solo dal lavoro brutale nelle miniere d'oro o nelle piantagioni, ma anche, e soprattutto, da malattie infettive come il vaiolo. I virus trovarono qui libero accesso, dato che non esistevano forme di immunità. I numeri parlano da soli: a Espanola (attuale Haiti) vivevano nel 1508 circa 60.000 indios, nel 1510 solo 46.000, nel 1512 20.000. Giunti al 1514 il loro numero scese a 13.000-14.000 e nel 1547 tutti gli altri perirono di epidemie. Anche i viaggi di conquista successivi ebbero esito analogo: nel 1652, per esempio, gli olandesi provocarono al Capo di Buona Speranza un vero e proprio massacro tra gli abitanti indigeni. Attraverso il commercio mondiale, la malattia aveva conquistato anche le terre più lontane.

La salvezza con una vaccinazione

Il primo vero aiuto contro il vaiolo fu rappresentato dalla vaccinazione. Un nuovo metodo introdotto dal medico inglese Edward Jenner (1749-1832) allontanò tutte le possibili remore, in quanto invece di vaiolo umano si utilizzavano virus di vaiolo vaccino.

Sarah Nelmes, una mungitrice, si era infettata con questa forma, che venne poi usata per vaccinare il piccolo James Phipps il 14 maggio 1796. Aveva una leggera febbre, ma quando poco dopo gli vennero inoculati dei virus del vaiolo umano, non si ammalò. Basandosi proprio su

Lady Mary Wortley Montagu (1689-1762)
Lady Montagu, scrittrice e moglie dell'ambasciatore inglese a Costantinopoli, venne un giorno a sapere come si combatteva il vaiolo in Turchia: prendendo un poco di pus dalle pustole di un malato e quindi iniettandolo in un altro contagiato, dopo avergli inciso la pelle del braccio. Nel 1717 fece vaccinare il proprio figlio Edgar seguendo questa prassi: il giovane superò la vaccinazione e non si ammalò mai di vaiolo. Lady Montagu riportò questa informazione in Inghilterra, dove il re Giorgio I, deciso a procedere con le dovute precauzioni, fece vaccinare in questo modo sette condannati a morte: tutti sopravvissero e furono graziati. Poi lasciò che anche suo nipote venisse vaccinato: da quel momento l'inoculazione, cioè la vaccinazione con virus del vaiolo ancora vivi, divenne una pratica molto usato.

questo metodo si è riusciti a sconfiggere il vaiolo in tutto il mondo. L'unico pericolo è che, un giorno, venga utilizzato come arma biologica da qualche gruppo di terroristi.

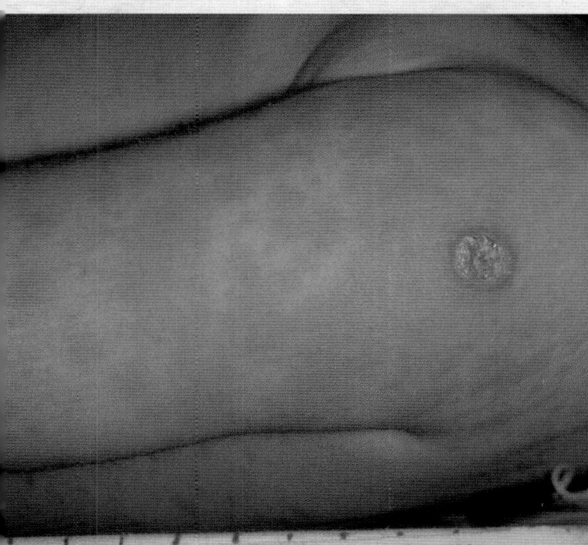

Alcuni pazienti hanno reazioni allergiche alla vaccinazione antivaiolosa, ma questo rischio va corso per poter vincere la malattia.

Una fila sterminata di persone attende di essere vaccinata contro il vaiolo davanti a un ospedale di New York.

LADDER 113

GUERRA
E TERRORISMO

La guerra esiste da quando esistono gli uomini. Indipendentemente dalla sua durata, non è mai senza vittime. Inoltre, quanto più le guerre si modernizzano, tante più persone ne restano coinvolte, anche tra i civili. Con la scoperta della bomba atomica l'uomo risulta, almeno teoricamente, anche nella posizione di poter decretare la propria distruzione. Ma la guerra ha assunto recentemente un aspetto del tutto nuovo e a tutt'oggi non compreso appieno: il terrorismo.

Sprofondato in appena 18 minuti

Il naufragio del *Lusitania*

Con le sue 31.500 tonnellate di stazza lorda, l'*RMS Lusitania* risultava nel 1915 il piroscafo più grande ed efficiente, insieme con il gemello *Mauretania*, della compagnia inglese Cunard Line. Otto anni dopo il primo viaggio inaugurale, un anno dopo lo scoppio della prima guerra mondiale, fu colpito il 7 maggio da un siluro di un sommergibile tedesco e in pochi minuti si inabissò. Dei 1959 passeggeri a bordo ne morirono 1198. Ancor oggi il suo naufragio è considerato una delle peggiori catastrofi mai verificatesi in mare.

La nave più veloce del mondo

Il *Lusitania* fu il primo transatlantico di simili dimensioni che impiegava turbine invece di motori. La sua costruzione venne iniziata nel settembre 1904, ma l'imbarcazione fu varata già nel 1906 e il 7 settembre 1907 compì il suo viaggio inaugurale. All'epoca, tra Inghilterra e Germania esisteva una profonda rivalità in tutti i campi tecnici e questo portò ben presto a un sensibile riarmo, che nel 1914 ebbe il suo culmine con lo scoppio della prima guerra mondiale. Dal 1900 la nave più veloce al mondo era considerata la *Deutschland*, che per questo aveva ottenuto il celebre nastro azzurro, onorificenza conferita alla nave più veloce sulla rotta atlantica, grazie a una velocità di 22,84 nodi

Il Lusitania *partì nel 1907 per il suo viaggio inaugurale: era considerata la nave più veloce del tempo.*

con cui aveva attraversato l'oceano. Ma il *Lusitania* riuscì a superarla poco dopo il viaggio inaugurale, ottenendo l'ambito trionfo già con la seconda traversata. Il suo record era intorno ai 24 nodi, ma era anche la prima nave che poteva raggiungere una velocità media di 25 nodi, corrispondenti all'incirca a 47 km/h. Il *Lusitania* era registrato come Royal Mail Steamer, cioè trasportava anche posta, il che significava per la compagnia inglese di navigazione Cunard Line ulteriori entrate.

I passeggeri salvati sono sotto shock. Per dimostrare il dramma vissuto da chi era a bordo del Lusitania, *i sopravvissuti posarono per i fotografi a bordo di una scialuppa di salvataggio della nave dinanzi alle coste d'Irlanda.*

Quando scoppiò la guerra, il *Lusitania* continuò a essere impiegato, anche se fumaiolo, nome e bandiera inglese furono coperti di nero per motivi di sicurezza, allo scopo di ridurre il rischio di un attacco.

Il blocco navale

Poco dopo lo scoppio della guerra, nel 1914, l'Inghilterra aveva emanato un divieto di commercio nei confronti della Germania: attraverso il blocco marino si voleva non solo proteggere il proprio paese dal tentativo di un'invasione nemica, ma soprattutto bloccare i rifornimenti per la Germania. I blocchi furono realizzati nei pressi delle basi inglesi, tra le isole Shetland e la Norvegia meridionale, così come nel Canale della Manica, con l'aiuto di mine e navi pattuglia. In applicazione al provvedimento, le navi che volevano portare le merci nei porti tedeschi venivano bloccate dalle pattuglie inglesi, controllate e quindi si procedeva a sequestrare la possibile merce. Ma dato che molti prodotti riuscivano comunque ad arrivare nonostante i divieti, l'Inghilterra il 2 novembre 1914 stabilì che l'intero Mare del Nord fosse da considerarsi zona di guerra. Per le navi neutrali erano riservate determinate rotte, che obbligavano le imbarcazioni a raggiungere i porti inglesi, in modo da poterle controllare. Di

Questa illustrazione della propaganda tedesca mostra su ogni lato della prua due cannoni, per dimostrare che il Lusitania *non era affatto una nave passeggeri neutrale, ma era usata dall'ammiragliato inglese per trasportare armi e munizioni.*

conseguenza, il Reich tedesco iniziò a soffrire per la mancanza di materie prime e soprattutto di generi alimentari, tanto che il blocco venne ribattezzato "Hungerblockade" (Blocco della fame).

Nel febbraio 1915 la Germania lanciò la cosiddetta guerra illimitata dei sommergibili, perché giudicava che l'Inghilterra con le sue scelte avesse leso i diritti umani. Ben presto i sommergibili divennero una vera e propria minaccia per tutto il traffico navale nell'Atlantico, al punto che Woodrow Wilson (1856-1924), presidente americano dal 1913 al 1921, ammonì il Reich circa le possibili conseguenze se fossero stati colpiti cittadini americani.

L'avviso dell'ambasciatore ai passeggeri

Il 22 aprile 1915 l'ambasciata dell'Impero tedesco fece pubblicare su una cinquantina dei principali quotidiani americani, accanto agli orari di partenza della nave, anche il seguente avviso: "Attenzione! I passeggeri che pensano di intrprendere una traversata dell'Atlantico dovranno ricordare che tra Germania e Gran Bretagna,e relativi alleati, si è instaurato uno stato belligerante; che la zona bellica comprende anche le Isole britanniche; che, in base alle direttive ufficiali del governo imperiale tedesco, le navi recanti bandiera inglese, o di uno dei suoi alleati, potranno essere attaccate in questo spazio di mare e che i passeggeri che viaggiano nella zona in questione su una nave inglese lo fanno a proprio rischio e pericolo".

Il *Lusitania* sprofonda in appena 18 minuti

Il 30 aprile 1915 il *Lusitania* era pronto per partire per la sua 201ª traversata dell'Atlantico. Il suo capitano, William Thomas Turner, si diresse verso la costa sud-occidentale dell'Irlanda, dove lo aspettava, a ovest di Fastnet Rock, l'incrociatore *Juno* che doveva accompagnarlo fino al porto di Liverpool. A bordo c'erano 1257 passeggeri, tra cui 218 americani. Ma soprattutto c'era un numero straordinariamente alto di bambini di varia età, il numero maggiore in assoluto da quando era scoppiata la guerra.

Il Reich tedesco aveva già avuto modo di accusare la Gran Bretagna per avere riarmato il *Lusitania* già all'inizio del conflitto. In realtà, sia il *Mauretania* sia il *Lusitania* erano presentati nel Brassey's naval annual, il registro ufficiale della navigazione britannica, come "Armed Merchant Cruisers", navi mercantili armate. La Germania inoltre incolpava l'ammiragliato inglese di trasportare armi e munizioni sotto bandiera neutrale (degli USA) e di avere dotato il *Lusitania* di armi difensive. Il 22 aprile 1915 l'ambasciata tedesca negli USA fece pubblicare su 50 quotidiani un avviso per chi viaggiava sul transatlantico (vedi riquadro a fianco).

Il 7 maggio gli uomini del *Lusitania*, ormai ad appena 14 miglia marine dalle coste dell'Irlanda, avvistarono poco prima delle 14.00 un siluro che si stava avvicinando a grande velocità. Il capitano

John Roper (a destra), membro dell'equipaggio, è considerato l'eroe del "Lusitania". Salvò infatti il capitano William Thomas Turner e altri 17 uomini da una sicura morte per annegamento.

Turner cercò di effettuare una manovra di allontanamento, ma fallì. La prua del *Lusitania* venne colpita e ne seguì un'esplosione. Poco dopo questa prima esplosione una seconda distrusse completamente la prua. In soli 18 minuti il *Lusitania* affondò posandosi sul fondale marino. Dei 1257 passeggeri si salvarono solo 764 persone, mentre 1195 persero la vita.

Cosa causò la seconda esplosione?

L'ordine di colpire il *Lusitania* il 7 maggio venne dato dal tenente di vascello Walter von Schwieger, comandante del sommergibile tedesco *U-20*. La scelta di colpire il *Lusitania* avrebbe avuto conseguenze molto gravi, in quanto negli USA l'opinione pubblica si rivolse ora contro la Germania e sempre più voci si levarono a favore di un ingresso in guerra degli Stati Uniti al fianco degli alleati.

Fino a oggi non si è ancora individuato cosa possa avere causato la seconda esplosione a bordo del *Lusitania*: ufficialmente, da parte inglese si è parlato di una esplosione di polvere di carbone, da parte tedesca e secondo alcune voci critiche britanniche ci sarebbe stata una esplosione di munizioni e armi. Infatti solo queste avrebbero potuto causare una detonazione di simile intensità. La valutazione dell'affondamento spaziò dall'omicidio di massa in mare fino a un'operazione militare in tempo di guerra, da parte dei tedeschi. Ma si disse anche che Winston Churchill (1874-1965), allora ministro della Marina britannica e successivamente primo ministro, avesse volutamente portato il *Lusitania* sulla linea di attacco dei tedeschi, per indurre l'America ad entrare in guerra. In seguito all'affondamento scoppiò un attacco propagandistico antitedesco e il presidente americano Wilson pretese in una nota diplomatica molto dura che l'azione venisse considerata un crimine, inducendo il ministro degli esteri americano William Jennings Bryan (1860-1925) a dare le proprie dimissioni per protesta. Questi infatti considerava quella nota come un ultimatum e voleva assolutamente evitare che gli USA rimanessero coinvolti in una guerra contro la Germania. Secondo la sua opinione, ogni paese aveva il diritto di evitare che materiale bellico venisse fornito al nemico. Deplorò invece la scelta di prendere a bordo i passeggeri come scudi umani, per scongiurare un possibile attacco.

Il Lusitania *esce per l'ultima volta dal porto di New York. Dopo un attacco da parte del sommergibile tedesco* U-20 *dinanzi alle coste irlandesi, il gigante degli oceani si inabissò in appena 18 minuti.*

Operazione "Castigo"

Bombardieri distruggono la diga della Möhne

Nella notte del 17 maggio 1943 i bombardieri inglesi di una unità speciale attaccarono numerose dighe tedesche che contribuivano all'approvvigionamento energetico e idrico della zona della Ruhr. Durante l'operazione venne colpita e distrutta la diga della Möhne: l'ondata di piena, alta circa 12 m, che ne seguì travolse nel suo corso campi, case, chiese e gli impianti industriali nelle valli sottostanti il muro della diga, in pochi secondi. In quella notte di terrore morirono circa 1600 persone, gran parte delle quali in un campo di prigionieri militari presso il monastero di Himmelpforten.

La bomba cilindrica

La distruzione della diga è avvenuta in base a un piano accuratamente studiato e testato a lungo in Inghilterra. Le bombe cilindriche devono essere lanciate a un'altezza esatta di 18,30 m dall'acqua. Al momento del lancio ricevono una spinta avvitata, grazie alla quale si muovono con una rapida rotazione all'indietro. Quando toccano l'acqua iniziano un movimento saltellante come quello di un ciottolo che viene lanciato dalla riva, dirigendosi verso la diga. Questo movimento evita da un lato che la bomba sprofondi immediatamente nell'acqua troppo lontano dalla diga e dall'altro di poter superare le reti anti-siluri tirate dinanzi alla diga stessa. Giunte a contatto della parete, le bombe si posano sul fondo. A una profondità della massa d'acqua di circa 9 m vengono fatte esplodere da un innesco a pressione. La maggior parte delle bombe lanciate sprofondarono troppo prima o saltarono oltre la diga, ma una in particolare colpì esattamente il bersaglio designato.

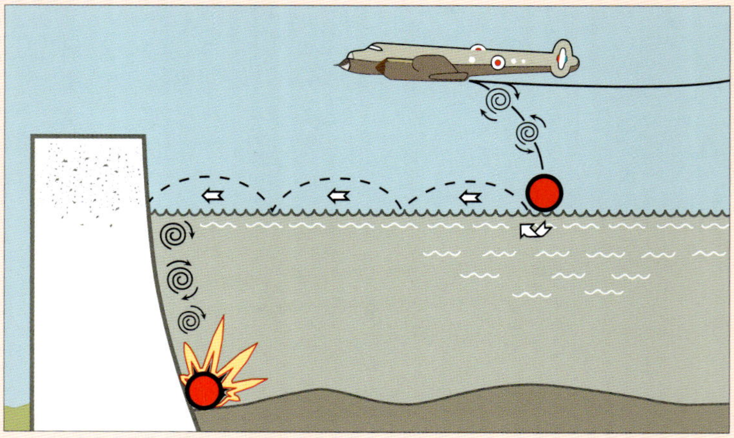

Operation Chastise

Agli inizi del 1943 l'Aeronautica britannica sviluppò un piano secondo il quale, attraverso la distruzione di alcune dighe, la potenza economica della regione della Ruhr sarebbe stata fortemente indebolita. Come bersagli dell'attacco vennero scelte le dighe di Möhne, Sorpe ed Eder. In questo modo si sarebbe notevolmente limitato l'approvvigionamento energetico per l'industria della Ruhr, un'area fondamentale per la guerra, e al contempo la fornitura di acqua per la popolazione. Il piano venne chiamato "Operation Chastise" (Operazione Castigo).

Allo scopo l'ingegnere Barnes Wallis ideò appositamente uno speciale ordigno esplosivo: una bomba cilindrica, che sarebbe stata lanciata a bassa quota sopra il lago artificiale e poi avrebbe compiuto vari balzi come un ciottolo tirato a pelo d'acqua. Con l'impiego di questa tecnica si pensava da un lato di superare le reti ormeggiate nell'acqua per fermare i siluri, dall'altro di far esplodere la bomba il più vicino possibile alla parete della diga. Per mettere in atto il piano si scelse uno stormo speciale della Royal Air Force, per il quale piloti esperti sarebbero stati addestrati mesi interi in vista della difficile missione. L'attacco doveva essere compiuto a maggio, quando il livello dell'acqua nel lago artificiale sarebbe stato al massimo.

La diga della Möhne il mattino dopo la catastrofe. La massa d'acqua fuoriuscita ha già completato la sua distruzione nelle valli sottostanti.

I bombardieri Lancaster partono

La sera del 16 maggio 1943, 19 bombardieri Lancaster della Royal Air Force si apprestavano a partire con a bordo ordigni speciali. Erano stati divisi in tre gruppi di attacco, ognuno con un bersaglio diverso.

Il primo gruppo era destinato alla diga della Möhne ed era formato da nove velivoli. Otto di questi raggiunsero a notte inoltrata lo sbarramento della diga e iniziarono l'attacco. Singolarmente, e con una notevole distanza uno dall'altro, arrivarono alla parete della diga, per lasciar cadere il proprio carico di bombe ad altezza, distanza e velocità millimetriche. Tre bombe raggiunsero il bersaglio secondo il piano previsto, provocando una prima, piccola falla nel muro che tuttavia, a causa della pressione dell'acqua in movimento, diventò rapidamente sempre più larga, fino a quando il muro crollò.

Testimonianza oculare

"La massa d'acqua risalì fino a un'altezza di 10-12 m. Nella zona vicino alla catastrofe si trovava il monastero di Himmelpforten, con l'antica chiesa parrocchiale barocca del comune di Niederense-Himmelpforten. Tetto e campanile della chiesa sbucavano ancora dalle onde e dalla nebbiolina che si era formata. Ma un'altra ondata d'acqua completò l'opera di distruzione. In pochi istanti l'ultima immagine di Himmelpforten scomparve dinanzi ai nostri occhi. L'ultimo rintocco della campana risuonò come un grido di terrore, quella campana che divenne un'altra vittima della guerra. Il crollo della chiesa del monastero aveva causato quell'ultimo rintocco della campana. In questo modo, luoghi con 700 anni di storia furono annientati in modo tragico. La nostra chiesa, cresciuta insieme con la patria, la nostra "Porta coeli", Himmelpforten, non c'era più. Tra i tanti morti, anche il nostro parroco, Josef Berkenkopf."

Scritto da un testimone oculare sconosciuto, il giorno dopo la catastrofe.

Arriva la piena

Nel paese di Niederense, situato sotto la parete della diga, a partire da mezzanotte iniziarono a sentire gli attacchi portati dalla flotta aerea alla diga. Dai ricoveri antiaerei si udivano gli aerei compiere un cerchio sul paese, per poi raggiungere la diga. Verso le 0,15 l'aria si riempì dei rumori sordi e cupi, dei fruscii e degli scoppi che sempre accompagnano un'ondata in avvicinamento. 140.000.000 m^2 di acqua ricaddero in un'ondata di quasi 12 metri sul villaggio. La popolazione, in preda al panico, cercava di farsi capire urlando e gridando. Tutto era immerso

Sir Barnes Wallis (1887-1979) progettò l'ordigno speciale usato per la distruzione delle dighe.

Anche le pareti della diga sull'Eder vennero distrutte durante l'attacco del 1943. La diga serviva non solo per l'approvvigionamento energetico, ma riforniva d'acqua il più importante canale che collegava la regione della Ruhr a Berlino.

nell'oscurità, in quanto la fornitura di energia elettrica era stata interrotta dopo avere distrutto la centrale ai piedi della diga. Gli abitanti cercarono di salvarsi spostandosi in zone poste più in alto. Nelle vicinanze della zona minacciata si trovavano un monastero e un campo di prigionia per lavoratrici coatte dell'Europa dell'Est. Testimoni oculari descrissero come il tetto e il campanile della chiesa del monastero rimanessero fuori dall'acqua solo per qualche istante, per essere poi portati via dalle onde, mentre la campana suonava un ultimo rintocco. Solo nel campo di prigionia per lavoratrici coatte e prigionieri di guerra morirono oltre 1200 persone. Gli effetti dell'ondata di piena si percepirono fino all'estremità occidentale della Ruhr, a circa 100 km di distanza.

Il mattino seguente, le inondazioni avevano lasciato dietro di sé un paesaggio del tutto diverso. La vallata era infatti coperta di fango, de-

triti e rovine, gli alberi dei margini boschivi sui pendii erano schiacciati come canne e tra le corone degli alberi più alti si trovavano buoi, polli e maiali annegati.

Un successo dubbioso

Sebbene nella notte dell'"Operation Chastise" venisse distrutta anche la diga sull'Eder, l'effetto di questi attacchi sul corso della guerra rimase ben al di sotto delle aspettative inglesi. I lavori di ricostruzione iniziarono subito dopo gli attacchi e poterono essere conclusi già nell'ottobre 1943. Di grande rilevanza fu solo il successo propagandistico dell'operazione, sbandierato con la pubblicazione sulla stampa inglese di immagini delle dighe distrutte. Ma per ottenere un risultato simile 1600 persone erano morte nella valle della Möhne. Dei 133 aviatori che parteciparono all'impresa dei bombardieri Lancaster, 54 morirono nell'attacco.

Impossibile prevedere cosa accadrebbe oggi se venisse bombardata una diga delle dimensioni della cinese "Three-Gorges-Dam" (Diga delle tre gole). La diga, entrata in funzione il 20 maggio 2006, è una delle più imponenti al mondo.

24 anni dopo la Operation Chastise un bombardiere Lancaster percorse nuovamente la rotta aerea per giungere alla diga tedesca. Il bombardiere è stato battezzato con il nome del comandante dell'attacco: Guy Gibson.

I SILURI COLPISCONO LA *Wilhelm Gustloff*

L'AFFONDAMENTO DELLA NAVE DI PROFUGHI TEDESCHI – 1945

Durante l'ultimo anno della seconda guerra mondiale, la resistenza della Wehrmacht tedesca crollò nel gennaio 1945 sul fronte orientale. L'armata rossa spinse quanto rimaneva delle truppe tedesche ormai battute e della popolazione civile in fuga sulle coste del Mar Baltico. Disperati, i fuggitivi cercarono un'ultima via di fuga sulle acque ghiacciate. Il piroscafo *Wilhelm Gustloff* sembrò per migliaia di fuggitivi il mezzo per salvarsi e mettersi al sicuro, ma solo poche ore dopo la partenza la nave si tramutò in una trappola mortale.

Da incrociatore a nave residenziale

Agli inizi del 1938 la più grande nave da crociera dell'epoca compì il suo viaggio inaugurale. La *Wilhelm Gustloff* era stata progettata dalla organizzazione per il tempo libero dei nazionalsocialisti, la "Kraft durch Freude" (letteralmente, la forza attraverso la gioia), come nave da crociera.

Per la sua epoca aveva allestimenti e arredamenti lussuosi: acqua calda corrente in tutte le cabine, cinema e persino una piscina. Ma il compito per cui era stata originariamente concepita la nave da crociera fu in realtà messo in atto solo in poche occasioni, con viaggi in Norvegia o Portogallo. Già nel settembre 1939, poco dopo lo scoppio della seconda guerra mondiale, venne infatti ceduta alla Marina per il trasporto dei feriti.

A partire dal novembre 1940 la *Wilhelm Gustloff* era stata messa all'ancora nelle vicinanze della città di Danzica, nella Prussia orientale, dove veniva

Il viaggio inaugurale della Wilhelm Gustloff *ebbe luogo il 5 maggio 1937 alla presenza di Adolf Hitler.*

Una delle scialuppe di salvataggio abbandona la Wilhelm Gustloff *colpita.*

Un anno prima dell'inizio della seconda guerra mondiale la Wilhelm Gustloff *era all'ancora nel porto inglese di Tilbury.*

usata come caserma per i soldati della seconda divisione allievi sommergibilisti.

Una posizione disperata a Est

Alla fine di gennaio 1945 il fronte orientale della Germania cadde. L'armata sovietica riuscì a separare la regione orientale tedesca da quella occidentale, ricorrendo a grandi movimenti a tenaglia rivolti verso nord. La confusione tra la popolazione civile in fuga e il resto dell'esercito tedesco doveva essere terribile. Esposti a temperature che scendevano a -20 °C, tutti fuggivano in preda al panico verso nord, in quanto le altre vie di fuga erano bloccate dai russi. Le notizie sul furore devastante dei russi contribuivano ad aumentare il panico nei fuggiaschi. Unica via di scampo: la fuga attraverso il Mar Baltico, sulle cui rive ghiacciate la Wehrmacht tedesca teneva ancora alcune teste di ponte. Una di queste vie di fuga era la Baia di Danzica, dove la *Wilhelm Gustloff* era all'ancora a Gotenhafen. Il grande ammiraglio della Marina tedesca aveva già dato ordine, il 21 gennaio, che la nave venisse preparata per fuggire verso ovest.

La *Wilhelm Gustloff* salpa

Il 30 gennaio 1945, intorno alle 12.20, la *Wilhelm Gustloff* ricevette l'ordine di salpare. Nei concitati momenti di panico che seguirono, le persone che si trovavano a bordo non vennero nemmeno più

Altri affondamenti di navi cariche di profughi

Anche dopo il terribile affondamento della Wilhelm Gustloff, *la fuga attraverso il Mar Baltico rimaneva l'unica speranza per gli uomini terorizzati dinanzi all'avanzata dell'armata rossa. Di tanto in tanto nuovi convogli venivano organizzati, tutti con scarse basi di sicurezza, e pertanto non si poteva di certo escludere a priori nuove catastrofi. Nel febbraio 1945 l'incrociatore* Steuben *venne affondato sempre dal sommergibile S-13: quasi 4000 persone vi trovarono la morte. Nell'aprile 1945 lo stesso destino attendeva le persone a bordo del mercantile Goya. Il Goya affondò nell'arco di tre minuti nelle acque gelide del Mar Baltico, portando con sé almeno 7000 persone. Solo l'affondamento di queste tre navi cariche di fuggitivi costò la vita a oltre 20.000 persone.*

Nell'aprile 1938 la Wilhelm Gustloff venne anche usata come seggio elettorale, in occasione del referendum per l'annessione dell'Austria al Reich tedesco.

registrate, né il numero totale aggiornato. Una cosa certa invece è che la nave, progettata per 1465 turisti, in questo periodo aveva a bordo almeno 8000, se non forse addirittura 10.000 persone. Gran parte dei passeggeri erano donne, bambini e feriti. Ogni angolo sottocoperta era stato sfruttato per dare rifugio a persone terrorizzate, perché rimanere a bordo con una temperatura di -20 °C era cosa impensabile. Persino la piscina venne sfruttata per stiparvi passeggeri. 99 giovani aiutanti di marina vi avevano organizzato un rifugio provvisorio: delle poverette, solo sei sarebbero sopravvissute a quella notte terribile. Le condizioni meteo erano intanto tempestose e gelide, stanchezza e mal di mare avevano fatto il resto, e a bordo regnava il silenzio più totale. Nei corridoi sovraffollati l'aria si era fatta irrespirabile.

Il comandante del sommergibile

Alexander Ivanovich Marinesko, comandante del sommergibile S-13, si trovava agli inizi del 1945 sotto forte pressione. Prima di rimettersi in mare con il suo sommergibile era stato accusato di mancanza di disciplina e quindi temeva un processo dinanzi al tribunale di guerra. Nella speranza di poter evitare il processo, voleva quindi mettersi in mostra affondando navi nemiche. Dopo che ebbe colpito e affondato la Gustloff *e la* Steuben, *riportò il proprio sommergibile nel porto russo e attese di essere osannato come eroe. Ma il comando generale della flotta russa preferì tacere su entrambi gli affondamenti, per non incorrere nella condanna di crimini contro la popolazione civile. Nel settembre 1945 Marinesko fu congedato dalla Marina sovietica senza onore. 27 anni dopo la morte, nel 1990, venne riabilitato e definito "eroe dell'Unione Sovietica".*

La morte in agguato

Per maggiore sicurezza della *Wilhelm Gustloff*, la cui linea di galleggiamento era molto al di sotto del pelo dell'acqua, la nave era accompagnata da altre due imbarcazioni, la torpediniera *Löwe* e il cacciatorpediniere *T1*. Ma quest'ultimo dovette abbandonare l'impresa per le condizioni proibitive del moto ondoso.

La protezione garantita dalla *Löwe* era tuttavia del tutto insufficiente, in quanto il dispositivo di rilevamento subacqueo era ghiacciato e pertanto fuori uso. Tra le altre cose, non ci sarebbe nemmeno stata la possibilità, in questa fase, di scoprire per tempo il sommergibile russo *S-13*.

Il capitano dell'*S-13*, Alexander Ivanovich Marinesko, pattugliava già da due settimane il Mar Baltico in cerca di bottino, per evitare, con un successo davvero spettacolare, un processo militare che lo stava minacciando. Il 30 gennaio ricevette verso le 20.00 la notizia dell'avvistamento di una grande nave che trasportava truppe. Riprese subito la caccia, sempre proteggendosi dalle cattive condizioni meteo, e infine portò il suo sommergibile in una posizione favorevole. Un'ora dopo diede l'ordine di sparare quattro siluri. Tre abbandonarono l'*S-13*, ma il quarto rimase bloccato e dovette essere immediatamente disinnescato.

L'affondamento

Il primo siluro colpì la prua della *Wilhelm Gustloff*. Immediatamente vennero iniziate le operazioni di evacuazione con i sopravvissuti, perché la nave minacciava di inabissarsi con la prua. Il secondo colpì la piscina, uccidendo all'istante quasi tutte le giovani aiutanti di marina che vi si erano rifugiate. Il terzo siluro devastò la sala macchine, distruggendo in un attimo tutto il sistema di approvvigionamento della nave. Da quel momento in poi, ai sopravvissuti rimanevano appena 50 minuti di tempo prima di inabissarsi. Il panico a bordo era omai indescrivibile: circa 10.000 persone cercavano disperatamente di salvarsi in uno spazio praticamente inesistente, tutti spingevano per salire sul ponte e chi cadeva veniva calpestato a morte dai disperati dietro di lui. Giunti sul ponte, ghiacciato, i fuggitivi scivolarono dalla nave che era ormai già notevolmente inclinata, precipitando nel mare ghiacciato. Le scialuppe di salvataggio erano state previste per appena 2000 persone. Inoltre i dispositivi di sospensione erano ghiacciati e questo complicò notevolmente il calo in acqua dei mezzi. I soldati cercarono di riportare un minimo d'ordine tra la massa terrorizzata sparando alcuni colpi di avvertimento. Alcune scialuppe raggiunsero l'acqua piene solo a metà, altre talmente sovraccariche da minacciare di inabissarsi per il peso. Chi per la disperazione preferì gettarsi nelle acque gelide del Mar Baltico non ebbe scampo.

I sopravvissuti

Dopo avere lanciato i siluri, il sommergibile *S-13* era rimasto intanto immerso nelle vicinanze, temendo un attacco della *Löwe*. Quest'ultima tuttavia preferì accorrere in aiuto dei naufraghi che stavano annegando e al contempo mandava disperatamente segnali di SOS.

Altre sette navi si avvicinarono al luogo della catastrofe per portare soccorso, ma il tempo era ormai molto limitato e il Mar Baltico incredibilmente freddo per potervi sopravvivere. La torpediniera *T-36* riuscì ad accogliere 400 naufraghi e durante le fasi di salvataggio subì un solo nuovo attacco dell'*S-13*. Il comandante del *T-36* fece immediatamente lanciare bombe di profondità, danneggiando profondamente l'*S-13*, ma non poté evitare la fuga del sommergibile.

Verso le 22.00 la *Wilhelm Gustloff* era ormai completamente inabissata. Con lei scomparvero tra i flutti circa 9000 persone, in gran parte bambini. Il numero esatto delle vittime rimarrà sempre avvolto nel mistero, mentre quello dei sopravvissuti è certo: 1239 persone infatti sopravvissero a quella che sino a ora è considerata la più grave sciagura navale della storia.

I passeggeri della Wilhelm Gustloff seguono entusiasti le manovre per uscire dal porto.

DISTRUZIONI DI MASSA

LE BOMBE ATOMICHE DI HIROSHIMA E NAGASAKI

In Europa, nell'agosto 1945 la seconda guerra mondiale era ormai finita, ma nell'Estremo Oriente continuava a imperversare, senza sosta. Tokyo e altre importanti metropoli erano continuamente esposte agli attacchi aerei americani.
La città di Hiroshima, sul delta dell'Ote, era stata fino a quel momento risparmiata dagli attacchi, ma il mattino del 6 e dell'8 agosto 1945 le cose sarebbero cambiate in modo drammatico.

L'"Enola Gay" fa cadere il suo carico di morte

Alle 8 del mattino, immerso nella luce brillante del sole, un bombardiere B-29, quello che gli americani avevano ribattezzato "Superfortress", volava alto sopra il cielo di Hiroshima. La ricognizione aerea giapponese aveva scambiato il velivolo per un ricognitore. Cosa avrebbe potuto fare un solo aereo, quando ormai si era abituati a intere flotte in attacco? Mentre i cittadini di Hiroshima iniziavano le normali attività della giornata, l'equipaggio dell'"Enola Gay", come si chiamava l'aereo, si preparava a sganciare, sotto il comando del capitano colonnello Paul W. Tibbets, una bomba atomica: la prima arma di distruzione di massa nella storia dell'umanità. Scegliendo un eufemismo, la bomba era stata ribattezzata "Little Boy": un "bambino", lungo 3.3 m, del peso di oltre 4000 kg.

La bomba cadde a peso morto fino a un'altezza di 600 m, poi al suo interno si attivò una reazione a catena indotta dalla fissione nucleare dell'uranio, corrispondente all'energia di 20.000 t di TNT. Da un secondo all'altro, la città di Hiroshima, con i suoi 390.000 abitanti, fu distrutta, interi quartieri completamente rasi al suolo. Secondo le prime stime durante l'esplosione morirono almeno 75.000 persone, mentre 250.000 ne avrebbero sofferto a lungo le conseguenze. Mai prima di allora, nella storia dell'umanità, un solo strumento di distruzione aveva falciato così tante vite né causato una distruzione di simile portata come la bomba del 6 agosto 1945.

Il metallo si fonde

Le testimonianze della catastrofe furono rinvenute solo ad alcuni chilometri di distanza, in quanto, nel raggio di 3 km, tutto era stato distrutto in un attimo, mentre nel raggio di 5 km era rimasto in piedi appena un terzo delle case, che di lì a poco sarebbero state divorate dalle fiamme. L'onda d'urto venne percepita anche da testimoni sopravvissuti che si trovavano a parecchi chilometri di distanza e che videro l'enorme fungo dell'esplosione levarsi per centinaia di metri verso il cielo, come una colonna. Nella zona immediatamente prossima al centro dell'esplosione non esisteva più nulla: le temperature elevatissime avevano fuso tutto quanto era di metallo, mentre il resto era bruciato o scomparso. Tutte le forme di vita che si ritrovarono entro l'epicentro del fungo ven-

Il fungo atomico formatosi dopo lo sgancio della bomba sulla città di Hiroshima.

nero letteralmente polverizzate. Il vento alimentò poi i focolai d'incendio sparsi un po' ovunque. Chi per caso, o per fortuna, si trovava in un luogo riparato o comunque era riuscito a proteggersi dall'onda d'urto, sfuggì a morte immediata.

Ma la bomba libera anche raggi gamma (vedi riquadro) che penetrano in ogni cosa, distruggendola. Ogni essere vivente che si trovava a meno di 2,2 km dal luogo dell'esplosione era condannato a morte, se non immediata, per lo meno di poco successiva allo scoppio. Tutto era contaminato dalle radiazioni e anche le squadre di salvataggio che entrarono in azione poco dopo, per cercare di salvare il salvabile, furono condannate dal contatto con il materiale radioattivo. Nessuno aveva preso misure preventive o si era potuto proteggere, perché nessuno, nemmeno gli americani, conosceva le conseguenze terribili che tutto questo avrebbe avuto.

Le enormi sofferenze della popolazione

Per alcuni fra i colpiti l'incubo ebbe ben presto fine, mentre altri soffrirono per settimane, se non mesi, di vomito, diarrea, emorragie della pelle e dei polmoni, della vescica e dello stomaco, per attacchi febbrili, perdita di capelli, decomposizione della mucosa gastrica: le vittime erano praticamente ormai prive di globuli bianchi e morirono tra sofferenze indicibili. Tra coloro che abita-

La prima arma di distruzione di massa nella storia dell'umanità venne ribattezzata "Little Boy": era lunga 3,3 m e pesava oltre 4000 kg.

I raggi gamma

Alcuni elementi hanno la proprietà di emanare radiazioni senza bisogno di energia esterna: è questa la radioattività, che è dipendente dall'instabilità del nucleo dell'atomo. Nei raggi gamma, incredibilmente radioattivi, la radiazione ha una frequenza molto alta, originata dalla trasformazione atomica del nucleo centrale, e possiede grande capacità di penetrazione. La radiazione si indebolisce in modo direttamente proporzionale rispetto alla massa del corpo penetrato. Nell'esplosione di una bomba atomica si libera una grande quantità di raggi gamma. Lo sfruttamento pacifico dei raggi gamma avviene nella terapia antitumorale e per testare macchinari o materiali.

Sotto il comando del capitano colonnello Paul W. Tibbets, il bombardiere B-29 "Enola Gay" nell'agosto 1945 sganciò sulla città giapponese di Hiroshima la prima bomba atomica nella storia dell'umanità .

Hiroshima dopo il lancio della bomba, il 6 agosto 1945: la distruzione è totale. L'unico edificio ancora in piedi è la sede dello sviluppo industriale, restaurato per farne un monumento commemorativo della catastrofe.

vano nelle immediate vicinanze di Hiroshima, il rischio di ammalarsi di leucemia negli anni successivi si sarebbe elevato del 50%, ma anche altre forme tumorali – tra cui il cancro allo stomaco, ai polmoni, alla tiroide, ai testicoli o alla laringe – risultarono molto più frequenti. Le donne incinte abortirono o partorirono figli deformi e non in grado di sopravvivere. Ancor oggi, a oltre sessant'anni dall'attacco, molti ne soffrono le conseguenze.

L'attacco di Nagasaki

Nonostante il terribile attacco di cui era stata vittima la sua popolazione, il Giappone decise di non capitolare. Inoltre la Russia aveva appena dichiarato guerra al Giappone. Per questi motivi la potenza americana decise appena due giorni dopo di compiere un altro attacco e l'8 agosto sganciò sulla città industriale di Nagasaki la bomba al plutonio "Fat Boy". Questa pesava 5000 kg e liberò l'incredibile temperatura di 300.000 °C, annientando in un istante tutte le forme di vita. L'onda d'urto, che si propagò a una velocità di 14.000 km/h, distrusse completamente la città di Nagasaki, su cui era stata lanciata: oltre 50.000 persone morirono immediatamente. Anche qui, alle migliaia di sopravvissuti non poté essere garantito alcun futuro, e come era accaduto a Hiroshima morirono in preda a terribili sofferenze a causa degli effetti dell'esplosione.

La guerra nel Pacifico poteva ormai dirsi conclusa: il 15 agosto l'imperatore Hirohito annunciò la capitolazione del Giappone.

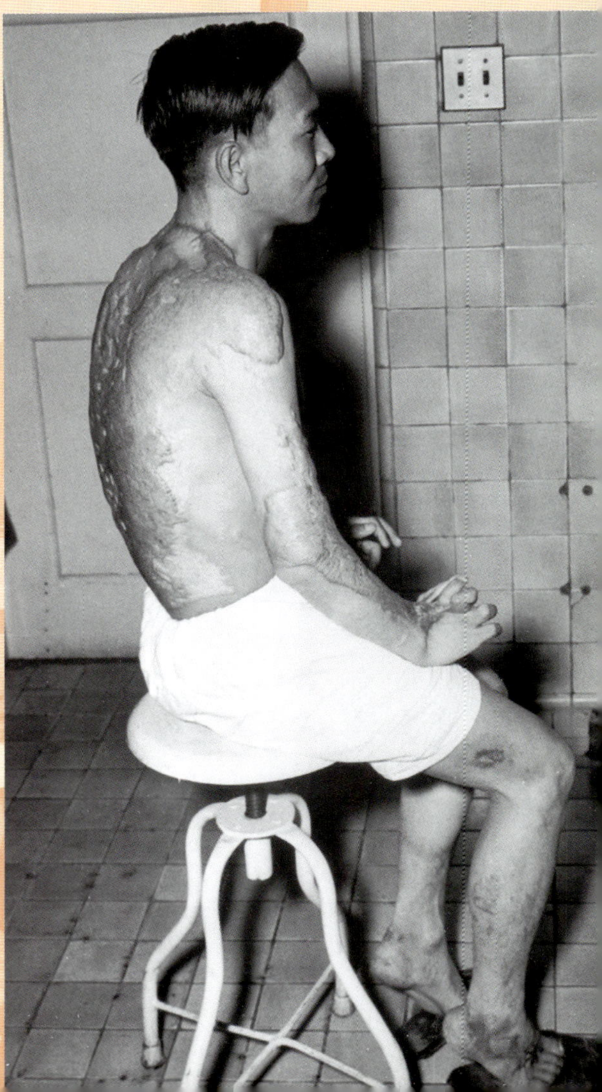

Kiyoshi Kikkawa fu una delle vittime dell'incendio scatenato dalla bomba atomica: ancora dopo due anni dall'attacco, la sua pelle portava evidenti i segni delle ustioni.

Julius Robert Oppenheimer

J. Robert Oppenheimer (1904-1967) fu il padre della bomba atomica. Dal 1943 fu responsabile del laboratorio di Los Alamos, dove vennero studiate e create le prime bombe. Per via di supposti contatti precedenti con i comunisti, venne sollevato dall'incarico nel 1954, in pieno maccartismo, ma nel 1963 fu riabilitato. Oppenheimer mutò poi opinione sulla sua scoperta, che prima aveva considerato come la più importante di tutta la storia dell'umanità. Quando vide la portata della distruzione provocata, si rivolse disperato al presidente Harry S. Truman con le seguenti parole: "Le mie mani sono macchiate di sangue". Pare che Truman gli abbia risposto di non essere mai stato preso dal minimo dubbio sulla correttezza dell'azione. "Quando si ha a che fare con una bestia, la si deve trattare come una bestia", concluse.

I test nel deserto del New Mexico

Solo qualche settimana prima, il 16 luglio 1945, gli americani avevano svolto una prova lanciando la prima bomba atomica della storia dell'umanità in una zona desertica del New Mexico.

Robert Oppenheimer (1904-1967), scopritore e "padre della bomba atomica", parlò della "nascita di un bambino particolare": da qui derivò il diminutivo eufemistico dato alla bomba di Hiroshima, "Little Boy". Quando, insieme con altri scienziati del laboratorio di Los Alamos, dove dal 1943 si costruivano bombe atomiche e che ancor oggi si occupa della conservazione di armi nucleari, Oppenheimer osservò l'enorme portata e forza distruttrice dei loro "Babys", tutti vennero presi da una sensazione di onnipotenza, senza saper effettivamente valutare i danni reali e gli effetti a lungo termine dell'arma.

Edward Teller, uno dei fisici di Los Alamos, disse scherzosamente ad alcuni amici di spedirgli una cartolina riguardante un monte qualsiasi che dava loro fastidio o si trovava nel luogo sbagliato. Tre settimane dopo lanciarono invece la loro bomba su bersagli umani.

Harry S. Truman

Harry S. Truman (1884-1972) venne eletto 33° presidente degli Stati Uniti d'America e guidò il paese per due legislature, dal 1945 al 1953. Dopo la fine della seconda guerra mondiale, fu lui nel 1947 ad aumentare la pressione sull'Unione Sovietica e infine fondò nel 1949 la NATO. Da un punto di vista politico fu considerato un duro che ampliò gli effetti della guerra fredda e definì l'impiego della bomba atomica come un'azione indispensabile, giustificandola. Insieme con il senatore Joseph McCarthy, scatenò negli USA una caccia alle streghe contro i comunisti, che secondo loro si stavano infiltrando nel paese. Anche dopo avere lasciato la carica di presidente, scrisse in una lettera all'amministrazione pubblica di Hiroshima che in circostanze simili a quelle verificatesi allora avrebbe ridato nuovamente l'ordine di lanciare la bomba atomica.

L'equilibrio del terrore

Negli oltre sessant'anni trascorsi dal lancio di entrambe le bombe, fortunatamente rimaste le uniche a essere state impiegate contro gli uomini, si è andato via via formando il cosiddetto "equilibrio del terrore" nell'ambito della guerra fredda che si instaurò subito dopo la seconda guerra mondiale.

Quando i russi ebbero la possibilità di costruirsi una propria bomba atomica, si iniziò infatti una corsa agli armamenti che il mondo non aveva mai conosciuto fino a quel momento. Le superpotenze atomiche accumularono così tanti armamenti da poter far saltare in aria il mondo intero, se per un futile motivo una delle potenze avesse deciso di premere il famigerato bottone. Fortunatamente ormai questo pericolo è scongiurato, perché le parti si sono ravvicinate e la corsa al riarmo a livello mondiale è ufficialmente finita.

Al giorno d'oggi, tuttavia, il pericolo di una distruzione atomica proviene non tanto dalla superpotenza americana, ma da altri stati o organizzazioni.

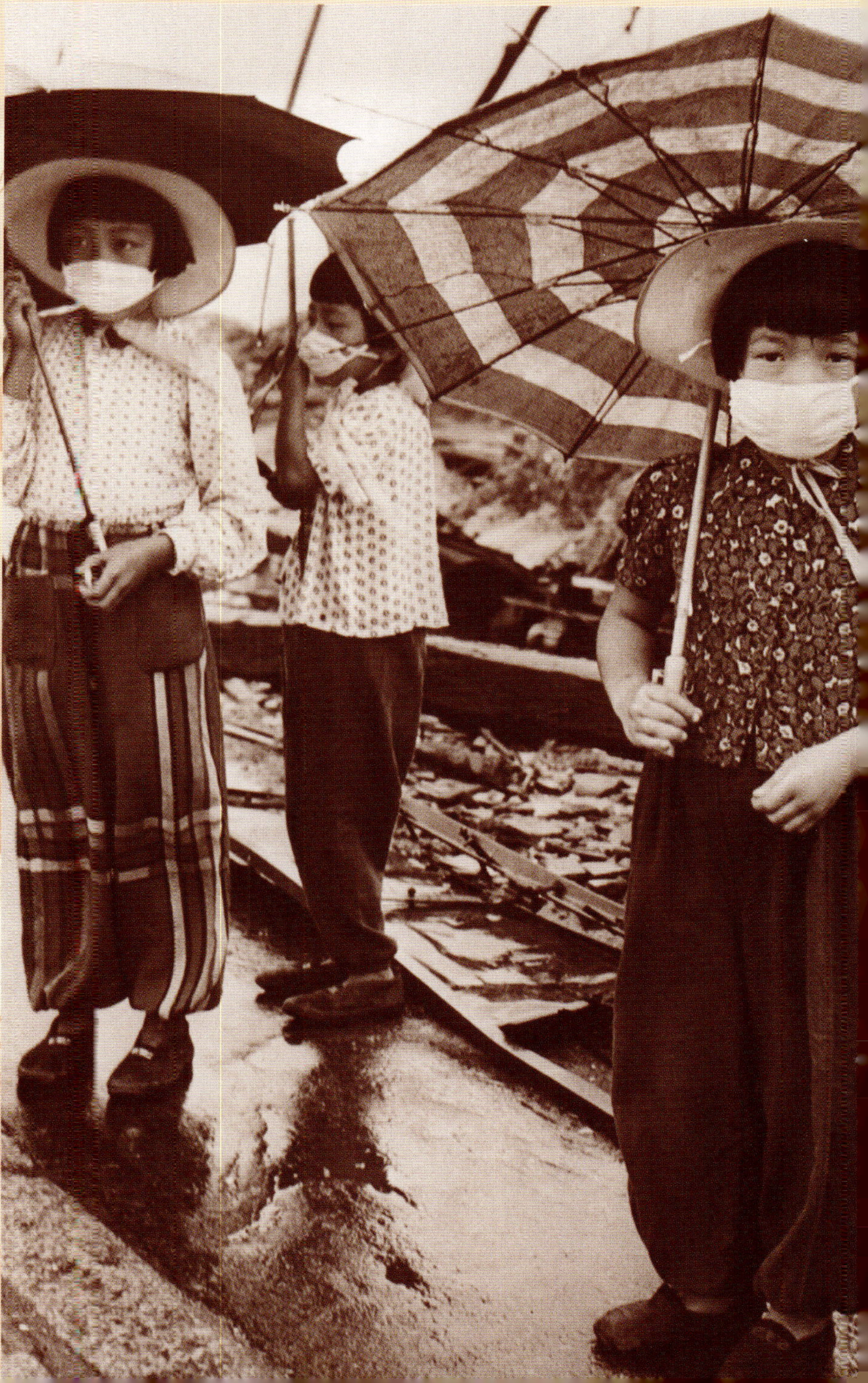

Alunne di una scuola giapponese portano la mascherina sul volto, per poter sopportare l'odore dei corpi infettati o in putrefazione.

Massacro aereo sui cieli della Scozia

La catastrofe aerea di Lockerbie, 1988

Il Boeing 747 della Pan American World Airways (Pan Am) volava a un'altezza di 10.000 metri sulla Scozia e si stava avvicinando alle coste atlantiche, nel suo viaggio verso New York, quando improvvisamente sul radar della stazione di terra comparvero tre segni invece di uno solo. Poco dopo, ecco cinque punti. Ben presto fu chiaro che non si trattava di cinque diversi aerei, bensì delle parti del Jumbo che dopo un'esplosione stavano ricadendo sul paese di Lockerbie, trascinando con sé nella morte i 259 passeggeri. Nell'impatto a terra portarono nuova distruzione e provocarono la morte di altre undici persone.

I Boeing 747: un simbolo del progresso

Nel 1970, quando il Boeing 747 venne usato per la prima volta, fu acclamato come il più grande aereo passeggeri del mondo, dove potevano trovare posto fino a 400 persone. L'aereo possente, con il suo aspetto caratteristico, divenne ben presto un simbolo del progresso e una bandiera delle compagnie aeree internazionali. Ma fin dall'inizio questa insegna del progresso divenne bersaglio del nascente terrorismo, alla ricerca di simboli da sfruttare ai propri fini. Così, per esempio, il 6 settembre 1970 un Boeing 747 con appena quattro mesi di vita fu vittima di un attacco al Cairo, dove venne fatto esplodere a terra, senza passeggeri a bordo. Nel 1972 un aereo della compagnia aerea giapponese JAL fu dirottato in Libia dove, fatti scendere a terra i passeggeri ed equipaggio, venne anch'esso fatto saltare in aria. Ma al terrorismo internazionale ormai non bastava più

Il Boeing 747 era considerato da molti un simbolo del progresso.

Alcuni specialisti esaminano i resti della cabina di pilotaggio del Boeing 747.

distruggere i simboli: doveva iniziare a scorrere anche il sangue. E così, il 23 giugno 1985, dopo il decollo vi fu un'esplosione a bordo di un velivolo della Air India, che stava volando sopra il mare, a sud-ovest dell'Irlanda: tutti coloro che si trovavano a bordo persero la vita.

L'abbattimento dell'aereo Pan-Am 103 appena tre anni dopo fu il più grande attacco all'Inghilterra e la peggiore catastrofe aerea che la Gran Bretagna avesse mai vissuto.

Scomparso dal radar

L'aereo Pan-Am 103, partito da Francoforte, con scalo a London Heathrow, era diretto a New York, al John F. Kennedy Airport. Il volo sul Boeing 747 "Maiden of the Sea" era previsto con partenza da Londra, mentre i passeggeri in arrivo da Francoforte viaggiavano su un mezzo più piccolo per poi salire a bordo del Boeing che li attendeva già sulla pista di Heathrow.

Il 21 dicembre il volo 103, alle 18.25 ora locale, con appena 25 minuti di ritardo, decollò da Londra. Il capitano, il cinquantacinquenne Jim MacQuarrie, diresse il velivolo sulla costa nord-occidentale, sopra la Scozia, per prendere poi la rotta sull'Atlantico. Si mise subito in collegamento con la stazione di terra "Shanwick Oceanic Control Center", presso Prestwick, per avere il via libera all'attraversamento dell'Atlantico settentrionale. Improvvisamente, durante la comunicazione, l'aereo PA 103 non rispose più, e contemporaneamente la torre di controllo ricevette una insolita immagine sul radar: cinque diversi punti, che poi, uno dopo l'altro, scomparvero dallo schermo. L'ultimo segno scomparve intorno alle 19.15. Nello stesso momento,

Testimonianza oculare

"Fu come un tuono; pensai che si trattasse di un temporale. Poi eccone un altro, seguito da un lampo arancione. Vidi oggetti arancioni che cadevano dal cielo come la lava di un vulcano. Era terribile, davvero terribile. Non avevo mai visto niente del genere."

Sam Sanderson, abitante di Lockerbie

Il paesino di Lockerbie subì gravissimi danni dalla caduta del Boeing 747. Una parte precipitò su un distributore di benzina e ne seguì una forte esplosione, che fece salire verso il cielo notturno una colonna di fuoco alta 100 metri.

la torre di controllo ricevette messaggi radio di altri aerei presenti in quel momento nel cielo scozzese, che segnalavano una esplosione in aria.

Qualche secondo dopo, i resti del Boeing caddero sul paese di Lockerbie, di 2500 anime, ad appena 24 km dal confine anglo-scozzese. Un pezzo di lamiera precipitò su una stazione di servizio, provocando un'esplosione che avrebbe fatto levare verso il cielo una colonna di fuoco alta 100 m. Undici abitanti di Lockerbie rimasero uccisi, altri dodici subirono gravi ustioni e furono ricoverati in ospedale, parti intere della cittadina andarono completamente distrutte.

Nessun avviso della tragedia

"Non ci fu alcun urlo... nessuna minaccia, nessun segnale che ci fosse qualcosa che non andava, e poi non c'erano state neanche informazioni sul fatto che a bordo ci fossero problemi. E non sussistevano neppure condizioni atmosferiche negative."

Jeff Kriendler, vicepresidente Pan Am

I possibili esecutori dell'attacco terroristico

Sin dalle prime azioni di salvataggio, gli esperti si dimostrarono tutti d'accordo sul fatto che si fosse trattato di un attacco. Di conseguenza vennero presi in considerazione e messi sotto osservazione, alcuni gruppi di terroristi, ma fino a oggi non si è riusciti a stabilire il mandante dell'attentato. In genere tutti concordano sul fatto che si sia trattato di fondamentalisti islamici, e al proposito esistono due teorie.

La Libia

Secondo la prima teoria, gli investigatori americani ritengono che la Libia sia responsabile della catastrofe e tutti i collegamenti conducono a Gheddafi. L'attacco al boeing 747 sarebbe allora la vendetta, preannunciata nel 1986, per un bombardamento americano sulla Libia. La pressione economica e diplomatica sulla Libia aumentò via via nel corso degli anni seguenti sino a quando, nel 1999, il paese, spinto da un embargo delle Nazioni Unite, consegnò a un tribunale indipendente scozzese in Olanda due sospettati, gli agenti Abdel Basset Ali el Megrahi e Al Amin Khalifa Fhimah.

Dopo un processo durato diversi mesi, il tribunale considerò el Megrahi colpevole del crimine, mentre lasciò libero Khalifa Fhimah.

Iran – Palestina

Nel 1988 una nave da guerra americana di stanza nel Golfo Persico aveva colpito per errore, almeno secondo la versione ufficiale statunitense, un Airbus della Iran Air, mentre stava facendo delle manovre di esercitazione dinanzi alle coste iraniane. Più di 200 passeggeri persero la vita.

Di conseguenza, in base alla seconda teoria, l'Iran avrebbe commissionato a un gruppo terroristico palestinese di far saltare in aria un aereo americano.

In effetti, alcuni investigatori in Germania arrestarono un gruppo di palestinesi e misero anche in sicurezza una bomba con innesco barometrico, cioè azionato dalla pressione atmosferica, in una radio portatile.

Una bomba simile era stata impiegata anche per l'esplosione dell'aereo Pan Am 103. Subito la stampa pubblicò la notizia che il gruppo facente capo al terrorista Abu Nidal, nel frattempo morto, aveva rivendicato il gesto. Rivendicazione che i servizi segreti di diversi paesi misero tuttavia in dubbio.

In ogni caso, tutto ciò ha fatto sorgere più di una perplessità a proposito della sentenza contro Abdel Basset Ali el Megrahi.

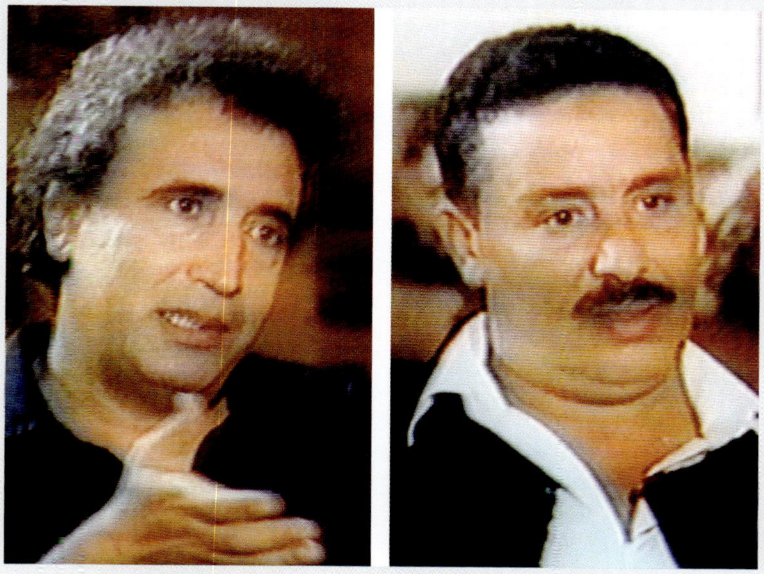

Abdel Basset el Megrahi (a sinistra) e Al Amin Khalifa Fhimah sono i due libici accusati dell'attacco terroristico. Megrahi fu condannato all'ergastolo in Scozia, Fhimah venne liberato.

Un altro relitto dell'aereo Pan Am. La bomba squarciò il velivolo in cinque pezzi.

I motivi possibili per l'attacco terroristico

Mentre si ricercavano i responsabili, si cercò di far luce sui motivi del gesto. Durante le ricerche, emersero due ragioni plausibili che spiegherebbero l'attacco al PA 103.

Cacciabombardieri americani avevano bombardato dieci giorni prima le città libiche di Tripoli e Bengasi come rappresaglia per le bombe lanciate in una discoteca di Berlino frequentata da soldati americani: tre militari erano morti, mentre 230 erano rimasti feriti. Per parte sua. Gheddafi aveva ordinato l'attentato alla discoteca come vendetta per l'affondamento di tre barche libiche nel Golfo della Sirte, avvenuto il marzo dello stesso anno. Le bombe americane su Tripoli avevano tra l'altro ucciso Hanna, la figlia di Gheddafi.

Un altro motivo poteva essere l'attacco, anch'esso già menzionato, all'aereo iraniano sul Golfo Persico, avvenuto nel mese di luglio, durante il quale erano morte 290 persone di sei paesi diversi, tra cui 66 bambini. La nave da guerra americana *USS Vincennes* aveva considerato l'aereo IA655 come un mezzo militare che si stava avvicinando con fini minacciosi. Tra l'altro, la decisione americana di non interrompere le feste per il 4 luglio, nonostante la tragedia, sconvolse e irritò il mondo intero. Per Teheran questo atteggiamento significava che gli americani non dimostravano alcun pentimento e quindi l'azione venne catalogata come attacco mirato. Il 14 novembre 1988, solo poche settimane prima di Lockerbie, l'allora presidente americano George Bush definì l'abbattimento un atto di autodifesa e il governo di Teheran interpretò queste parole come una totale mancanza di sensi di colpa da parte americana e quindi definì gli USA nemico acerrimo.

Tutte le tracce della catastrofe aerea, che forse fu un atto di vendetta, portavano al presidente libico Gheddafi.

I soccorritori di Lockerbie si trovarono dinanzi immagini terribili.

La Libia paga i danni

Il 29 maggio 2002 la Libia offrì la somma di circa 2,7 miliardi di dollari USA come riconoscimento danni per le famiglie delle vittime di Lockerbie: in pratica, il pagamento di circa 10 milioni di dollari per ogni vittima della tragedia. In cambio la Libia si attendeva che le Nazioni Unite togliessero sanzioni ed embargo contro il paese. Il 40% della somma sarebbe stato pagato nel momento in cui le sanzioni delle Nazioni Uniti fossero state tolte, un altro 40% all'eliminazione dell'embargo commerciale statunitense e il restante 20% quando gli USA avessero cancellato la Libia dal loro elenco di Stati che favorivano il terrorismo internazionale.

Il 15 agosto 2003 l'ambasciatore libico alle Nazioni Unite presentò al Consiglio di sicurezza una nota scritta in cui la Libia si accollava ufficialmente la responsabilità per l'azione dei due agenti. Insieme alla consegna della nota, il governo di Tripoli versò per ogni famiglia 8 milioni di dollari, 2,5 milioni dei quali venivano poi dedotti per saldare l'onorario dello studio di avvocati newyorchesi Kreindler & Kreindler.

Come risultato, le Nazioni Unite posero fine ai quattro anni di sanzioni e l'embargo statunitense fu sospeso. Altri 2 milioni di dollari, come già detto, sarebbero stati versati alle famiglie delle vittime nel momento in cui gli USA avessero cancellato la Libia dall'elenco di paesi che favorivano il terrorismo, cosa che a oggi non è ancora avvenuta. Tuttavia, per la prima volta nella storia, un paese ha versato dei risarcimenti per un atto terroristico.

Molti osservatori internazionali hanno sollevato l'obiezione che la Libia si sia dichiarata responsabile per le bombe a bordo del PA103 più per motivi economici che non per ammissione di colpa. Tutto quindi sarebbe ruotato intorno alle necessità della Libia di vedersi sollevata dall'embargo e dalle sanzioni e non tanto al riconoscimento delle proprie colpe, anche perché nel tempo si sarebbe rivelato sicuramente più economico avere di nuovo uno status "normale". Il primo ministro libico Shukri Ghanem affermò in un'intervista alla BBC, il 4 febbraio 2004, che la Libia aveva pagato il prezzo della libertà, ma non ammise una colpa vera e propria.

La compagnia americana Pan Am, che dovette dichiarare fallimento, in parte anche come conseguenza diretta dell'attacco del 21 dicembre 1988, citò la Libia in una causa civile chiedendo un risarcimento di 4,5 miliardi di dollari per la perdita del Boeing 747 e i danni economici subiti.

Il quadro successivo

Lo studio Kreindler & Kreindler, con sede a New York, in seguito al pagamento dei risarcimenti, venne travolto dalle critiche, perché aveva guadagnato una somma esorbitante dalla sua attività di mediatore. "Denaro macchiato di sangue" fu il commento di molti politici e anche dei sopravvissuti alla tragedia.

Nell'ottobre 2005 venne riportata la notizia di trattative tra Libia, Inghilterra e USA per il trasferimento di Abdel Basset el Megrahi, condannato al carcere a vita, in una prigione del suo paese natale, a condizione che rinunciasse a ulteriori ricorsi contro la sentenza. Cosa che avvenne, sebbene nella sentenza si affermasse chiaramente che avrebbe dovuto risiedere in Scozia fino alla sua morte. Il fatto di essere giunti a un concordato simile dimostra il grande interesse di Inghilterra e USA a non riaprire il caso, per non rinvenire nuovi elementi su questo episodio, per molti aspetti ancora avvolto nel mistero, che avrebbero potuto di nuovo indebolire il rapporto con la Libia e magari portare con sé conseguenze del tutto diverse.

L'attacco americano sulle città libiche di Tripoli e Bengasi dovrebbe essere stato la causa scatenante la vendetta che ha portato alla distruzione dell'aereo Pan Am.

Dopo l'attacco terroristico del 20 marzo 1995, un'unità speciale di poliziotti e vigili del fuoco di Tokyo è stata addestrata per agire in caso di attacchi con gas Sarin, come quello organizzato dalla setta Aum.

Vapori letali nel traffico dei pendolari

Attacco tossico nella metropolitana di Tokyo

Il 20 marzo 1995, di mattina presto, Tokyo visse il peggior attacco terroristico della sua storia: cinque uomini salirono sui vagoni di tre linee della metro, come sempre sovraffollate essendo l'ora di punta, e lasciarono cadere dei barattoli, facendone saltare la chiusura. Quello che al momento nessuno immaginava era che dai contenitori si disperdesse nell'aria un gas nervino letale, il Sarin o GB. Oltre 5000 persone furono coinvolte. Alla fine della mattina si sarebbero contati 12 morti in seguito all'attacco, mentre oltre 3000 ancor oggi devono lottare contro le conseguenze di quel gesto criminale.

Carico mortale sul treno dei pendolari

Intorno alle 7.39 del mattino cinque persone completamente nascoste da sciarpe e maschere salirono sui treni dei pendolari, già affollati dal traffico del mattino, scegliendo linee diverse della rete metropolitana, poi lasciarono sul pavimento dei vagoni alcuni pacchetti avvolti in giornali e plastica. Infine li schiacciarono usando la punta di ombrelli e lasciarono immediatamente i mezzi, prima che si richiudessero le porte. Altri membri del gruppo terroristico li aspettavano dinanzi alle stazioni, con automobili già pronte per partire. In Giappone, e in particolare a Tokyo, spesso i passeggeri delle linee metropolitane indossano mascherine protettive sulla bocca, quindi gli attentatori non avevano suscitato alcun sospetto.

Mentre i treni ripartivano a tutta velocità, le

confezioni iniziarono a sprigionare vapori di Sarin. Dato che il gas nervino, estremamente tossico, è del tutto privo di odore e sapore, le vittime si accorsero di quanto stava succedendo solo quando per molti di loro era ormai troppo tardi: infatti erano già visibili i primi sintomi – forte lacrimazione e difficoltà respiratorie – che rivelavano la presenza di un avvelenamento. Poi sopraggiunsero i crampi e l'impossibilità di muovere gli arti, seguiti da coma, infarto cardiaco, soffocamento e infine una morte molto dolorosa. Verso le 8 del mattino un passeggero inciampò in uno di questi pacchetti sulla banchina della stazione Kodenmacho. Il contenuto uscì immediatamente, formando una pozza. In quel punto, colpiti dai vapori velenosi, morirono all'istante quattro uomini. Circa dieci minuti dopo il passeggero di un treno azionò il freno a mano della stazione successiva, Tsukiji. Quando le porte del mezzo si aprirono, molti passeggeri caddero sulla banchina: subito scattò l'allarme e le autorità ordinarono che il treno venisse immediatamente evacuato e tolto dalla circolazione. Solo verso le 8.17 iniziarono ad arrivare alla polizia segnalazioni dell'attacco. Circa mezz'ora dopo la prima vittima raggiunse l'ospedale internazionale di St. Lukes. E fu solo allora che, finalmente, le autorità si mossero, allestendo all'esterno delle stazioni metro postazioni di emergenza medica per poter soccorrere le vittime, in costante aumento. Verso le 11.00 la polizia confermò, con un comunicato ufficiale, che si era trattato di un attacco terroristico con l'impiego di gas tossico. Complessivamente l'attacco provocò 12 morti (9 all'istante, uno più tardi, quello stesso giorno, altri 2 qualche settimana dopo) e oltre 1000 feriti gravi, 37 dei quali gravissimi, mentre in ospedale furono trattati 5500 intossicati. Delle conseguenze, in particolare infiammazioni acute alle mucose e depressioni, hanno sofferto e soffrono tuttora oltre 3000 persone.

A sinistra: il gas Sarin è privo di odore, sapore ed è invisibile. Le vittime capirono di essere state avvelenate quando ormai per molti era troppo tardi: l'intervento immediato con antidoti farmacologici è essenziale per la sopravvivenza.

Un fascino inspiegabile

"Abbiamo a che fare con lo stesso genere di seduzione che spinge interi popoli ad assoggettarsi con entusiasmo a dittatori folli anche se sanno che li porteranno in rovina."

Yokosuna Die, in passato adepto della setta Aum, che riuscì a uscirne due anni prima dell'attacco con il Sarin.

Il 27 febbraio 2004, il capo della setta Aum, Shoko Asahara, venne giudicato colpevole da un tribunale di Tokyo e condannato a morte per impiccagione.

Il Sarin

Il gas nervino venne scoperto nel 1938 dal chimico tedesco Gerhard Schrader, presso la IG Farben, mentre cercava nuovi prodotti insetticidi. Privo di odore e sapore, completamente invisibile, ha effetti devastanti sull'organismo, tanto che, dopo aver provocato disturbi della vista, difficoltà respiratoria, crampi muscolari, vomito, carenza di stimoli per defecare e blocco respiratorio, porta infine alla morte. Il Sarin venne impiegato nella guerra tra Iran e Iraq e inoltre, nel 1988, dal regime di Saddam Hussein contro la minoranza curda in Iraq.

Un vero enigma per le autorità

All'inizio le autorità competenti non sapevano proprio come comportarsi di fronte a un caso del genere. Non si era di certo preparati a un attacco simile, né si sapeva cosa fosse il Sarin. Anche gli ospedali non erano in grado di affrontare una catastrofe di tali dimensioni, né si era sicuri su come trattare le vittime, anche dopo avere scoperto il tipo di veleno impiegato. Nella metropolitana si trovavano ancora molti civili che stavano aiutando gli altri passeggeri a uscire dai vagoni colpiti. Più di 100 ausiliari accorsi sul posto rimasero intossicati perché non indossavano indumenti protettivi, cioè tute ermetiche che non lasciassero passare il gas in nessun punto.

I cinque membri del commando furono identificati come affiliati della setta Aum (in giapponese: "om-Shinrikyo", "La verità eletta"). In seguito all'attacco terroristico la setta spiegò di non avere nulla a che fare con l'accaduto, che si era trattato solo di una falsità inventata dallo Stato, per togliere di mezzo la "verità" sgradevole. Successivamente però gli adepti cambiarono tattica e riconobbero la propria colpa. Dieci dei principali responsabili furono condannati a morte o all'ergastolo.

Sangue per acquisire la conoscenza

Dopo avere stabilito la responsabilità dell'accaduto, 2500 poliziotti, aiutati da corpi militari speciali, setacciarono numerosi edifici della setta, nelle vicinanze di Tokyo e in altre parti del paese, per individuare la presenza di aggressivi chimici. Si scoprirono resti di gas nervino Sarin e 50 persone denutrite e trattenute contro la propria volontà in uno stato di desolazione. Ma la polizia

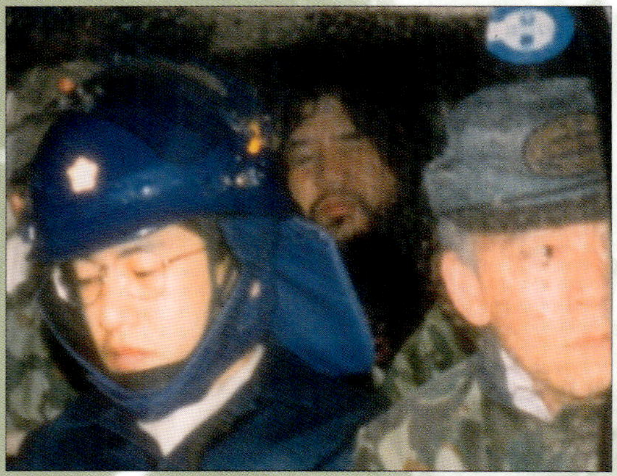

Sopra: Shoko Asahara (al centro), guida della setta di Aum Shinrikyo, viene prelevato dalla polizia.

A sinistra: Un'unità speciale dell'esercito pulisce il luogo dell'attacco.

non riuscì a individuare il capo della setta, Shoko Asahara.

Personalità ambigua e mutevole, Shoko Asahara non solo credeva di poter effettuare viaggi astrali, ma anche di poter essere contemporaneamente in più luoghi. Inoltre, aveva una particolare propensione per il lusso ed era la mente economica della setta, che possedeva, accanto ai propri laboratori per produrre sostanze chimiche, anche un vero e proprio cartello industriale con un fatturato annuo esorbitante. Nel 1990 Asahara aveva avuto persino ambizioni politiche, candidandosi per il Parlamento giapponese. In aperto contrasto con il suo stile di vita lussuoso, il maestro obbligava gli adepti a vivere nell'indigenza; questi dovevano consegnargli ogni bene e, nel caso di inadempienza, questi erano addirittura sottoposti a torture. Ai giovani benestanti vendeva, per un corrispettivo di 5000 euro, una bottiglietta del proprio sangue che il credente avrebbe dovuto bere in sua presenza per raggiungere la conoscenza.

I membri delle sette come cavie

Nel 1995 la setta Aum, di fede buddhista, contava in Giappone 10.000 adepti e altri 30.000 in Germania e in Russia. Esercitava opera di convincimento, prospettando una vita migliore e più serena a chi abbracciava la sua dottrina e considerava la società circostante come il vero nemico da annientare. I membri della setta, se non volevano vedersi tramutati in oggetto dell'aggressione, dovevano assoggettarsi fino all'annientamento totale e alla consegna di ogni bene personale. A Tokyo la setta aveva progettato la fine del mondo, ma già un anno prima, nella città di Matsumoto, poco distante da Tokyo, nel corso di un attacco in cui si era impiegato il Sarin, erano rimasti uccisi sette uomini e feriti all'incirca 600. Per la setta questa prima azione era stata una sorta di test. Non tutti, però, all'interno della setta dovevano essere consenzienti, se si pensa che oltre a 33 membri ammazzati, ne risultano altri 29 scomparsi. Quasi sicuramente furono bruciati in grandi forni a microonde all'interno di una struttura isolata di proprietà della società: per lo meno questa è la ricostruzione fornita dalle autorità.

Poco dopo l'attacco alla metropolitana di Tokyo, il 30 marzo 1995, il direttore generale della polizia nazionale, Takaji Kunimatsu, venne ferito da quattro pallottole, ma riuscì a salvarsi. L'esecutore dell'attentato fu individuato in un membro della setta. Il 30 marzo 1989 l'avvocato Tsutsumi Sakamoto, nemico giurato della setta, fu assassinato a Yokohama con tutta la sua famiglia. L'avvocato aveva cercato di allontanare dalla setta alcune persone che vi erano trattenute contro la loro volontà. Inoltre Aum teneva anche veri e propri elenchi della morte, su cui si trovavano i nomi di alcuni uomini politici giapponesi e persino quello de l'allora presidente USA Bill Clinton. La setta progettava infatti di inviare alcune confezioni piene di Sarin direttamente negli USA. Venne inoltre dimostrato che Asahara utilizzava dei membri della setta come vere e proprie cavie, su cui provava l'efficacia delle sue armi chimiche o biologiche.

Con l'attacco di Tokyo il terrorismo acquisì di sicuro una nuova dimensione. In seguito, altri hanno adottato tecniche simili, dimostrando l'attualità di questo terribile strumento di morte.

Oshiya è il nome dato ai dipendenti della metropolitana di Tokyo che si occupano di spingere i passeggeri nei vagoni durante l'ora di punta. Fu proprio in una simile situazione che i cinque uomini mascherati introdussero i contenitori pieni di Sarin nei vagoni, schiacciandoli in modo da far uscire il veleno mortale.

Valutazione dell'attacco
"L'attacco di Tokyo rompe un tabù e ha un elevato significato psicologico. Altri si chiederanno se anche loro non potrebbero impiegare tattiche simili. Ed è sicuramente molto probabile che ci sarà chi è pronto a dare una risposta affermativa."
Brian Jenkins, esperto di terrorismo internazionale, 1995

L'aereo 175 delle United Airlines si avvicina alle 9.03 ora locale alla torre sud del World Trade Center, mentre dalla torre nord esce già un fumo nero e denso. Il velivolo si schianterà contro la torre sud provocando un'esplosione gigantesca.

Nine-Eleven

L'ATTACCO TERRORISTICO CONTRO GLI USA – 2001

L'11 settembre 2001, nell'arco di pochi minuti quattro aerei di grandi dimensioni furono dirottati sulla costa orientale degli Stati Uniti. Due dei velivoli si lanciarono, a una distanza di appena 20 minuti l'uno dall'altro, contro le torri gemelle del World Trade Center di New York, un terzo aereo si abbatté sul Pentagono, il quartier generale militare negli USA. Questa serie di catastrofi causò complessivamente la morte di 3056 persone, tra cui anche i 19 dirottatori. Si trattava di terroristi islamici, che avevano pianificato un attacco gigantesco contro i simboli delle democrazie occidentali. Dopo questo terribile disastro, che entrò nella storia con il nome di "Nine-Eleven" (undici-nove), il mondo non è più quello di prima: la frattura tra Stati fondamentalisti del Vicino Oriente e democrazie occidentali è divenuta ancor più profonda.

Il giorno internazionale della pace

Il 7 settembre 2001, presso il Consiglio generale delle Nazioni Unite di New York venne votata una risoluzione secondo cui il 21 settembre sarebbe stato considerato da quel momento in poi Giornata internazionale della pace. Appena quattro giorni dopo la stessa città divenne teatro di un terribile attentato terroristico, fino ad allora considerato inimmaginabile. L'11 settembre 2001 sarebbe diventato, per tutta la popolazione mondiale, simbolo della tragedia che un terrorismo folle e insensato può scatenare ai danni di civili. La versione americana "9/11" della data 11 settembre è l'abbreviazione usata da quel momento per ricordare questo grave atto di violenza. Sarà un caso che proprio questa combinazione di numeri, "911", indichi in tutti gli USA il numero telefonico per le emergenze?

American Airlines, volo 11

Alle 7.59 ora locale, a Boston, cinque terroristi salirono a bordo dell'aereo 11 dell'American Airlines. Il loro capo era Mohammed Atta, vissuto per anni come studente irreprensibile ad Amburgo: esempio perfetto di una cellula dormiente, un terrorista, cioè, che vive integrandosi perfettamente in un ambiente estraneo e aspetta solo di essere chiamato. Già 30 minuti dopo il decollo, l'hostess Betty Ong comunicava alla centrale di controllo della propria compagnia aerea che l'aereo era stato dirottato. Poco dopo, intorno alle 8.40, i terroristi, che avevano frequentato allo scopo un corso piloti negli USA, erano già seduti ai posti di comando, in cabina. Il volo del Boeing 767 venne dirottato su New York, mentre l'aereo perdeva quota. Cinque minuti dopo puntò contro la torre nord del World Trade Center (WTC), che con le sue gigantesche torri gemelle dominava lo skyline della Grande Mela. L'aereo colpì l'edificio all'altezza del 96° piano, penetrandovi fino al centro. I 40.000 litri di carburante presenti nei serbatoi del velivolo appena decollato esplosero scatenando un incendio

Gli attentatori

Il Ministero della Giustizia americano ha diramato il 27 settembre 2001 un manifesto con i volti dei presunti attentatori. Dei 19 uomini, undici erano originari dell'Arabia Saudita, lo Stato da cui proviene anche il capo di Al Kaeda, Osama bin Laden.

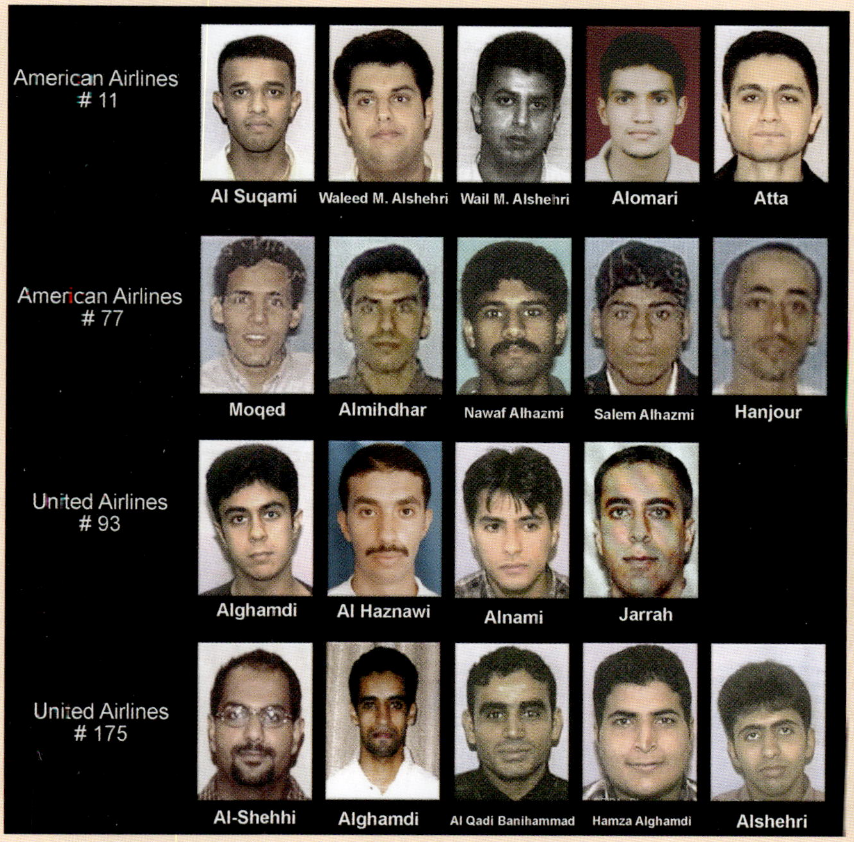

Anche il Pentagono era un bersaglio dell'attacco terroristico. Qui la parte crollata dell'ala ovest.

Persone disperate si accalcano alle finestre della torre nord del World Trade Center, già in fiamme: ormai le speranze di salvezza sono pressoché nulle.

Un salto nel vuoto

Nel documentario girato dai fratelli Jules e Gedeon Naudet si distingue in sottofondo il rumore sordo e al contempo assordante di persone che, prese dalla disperazione, sono saltate dalle finestre del World Trade Center in fiamme. Una di queste, cadendo, ha colpito un pompiere, uccidendolo. Il numero esatto di persone che prese dal panico si sono lanciate nel vuoto per non essere soffocate o bruciate vive è incerto, ma si valuta che possa aggirarsi intorno a 200. La stampa internazionale non ha voluto pubblicare le immagini, per rispetto delle vittime. Queste sono comparse solamente su alcuni siti internet che si dedicano alla pubblicazione di scene molto violente.

che raggiunse temperature di 1000 °C. L'impatto e l'esplosione furono così devastanti che parti dell'altro lato della torre vennero scagliate lontano. Per chi si trovava dal 96° piano in su non c'era alcuna possibilità di salvezza: le vie di fuga verso il basso erano state completamente distrutte.

United Airlines, volo 175

Appena quindici minuti dopo il volo 11, anche la seconda macchina del terrore decollò dall'aeroporto di Boston. Il Boeing, volo 175 delle United Airlines, era in attesa a poche centinaia di metri dietro il velivolo dove si trovava Atta. Poco prima del decollo del suo aereo, Atta aveva telefonato sul cellulare di Marwan al-Shehhi, suo compagno di studi ad Amburgo e designato come pilota del secondo aereo. Sul velivolo si trovavano 56 passeggeri e nove membri dell'equipaggio.

Mezz'ora dopo la partenza, i terroristi cercarono di entrare nella cabina di pilotaggio. Per convincere i piloti ad aprire le porte accoltellarono divers hostess.

Proprio in quel momento il primo aereo colpì la torre nord del World Trade Center. Subito l'emittente CNN mandò in onda le prime immagini dell'edificio in fiamme. Durante la drammatica trasmissione, milioni di spettatori in tutto il mondo videro un secondo aereo avvicinarsi alle torri, compiere una curva molto stretta e, alle 9.03, colpire la torre sud, fino a quel momento rimasta intatta. Al comando dell'aereo si trovava presumibilmente al–Shehhi.

Panico a New York

Le immagini della catastrofe trasmesse in tempo reale fecero il giro del mondo, ed è facile pensare che tutti rimasero impietriti, in preda all'orrore. Le torri bruciavano, tutti i mezzi dei vigili del fuoco e le unità di soccorso di New York accorrevano sul luogo della catastrofe, cercando di evacuare gli edifici e di salire fino ai piani superiori. Uomini disperati si lanciavano nel vuoto, verso una morte certa, per sfuggire a un'altra morte certa e dolorosa, soffocati o arsi vivi.

Nel frattempo il governo americano, resosi conto della portata del pericolo, temette altri attentati simili in altre grandi città degli Stati Uniti. In quel momento lo spazio aereo americano era attraversato da circa 2200 aerei: a tutti fu richiesto di atterrare nell'aeroporto più vicino. Alcuni caccia decollarono per abbattere i velivoli che non avessero seguito le istruzioni. E mentre in tutto il mondo persone sotto shock seguivano la scena dinanzi ai teleschermi, la portata della catastrofe di

Il World Trade Center si disintegra in una gigantesca nube di polvere e detriti. In tutto il mondo milioni di persone davanti alla televisione diventarono testimoni loro malgrado della catastrofe.

New York assumeva proporzioni sempre più allucinanti.

Intorno alle 9.59 la torre sud crollò su se stessa, nubi di polvere grigia penetrarono ovunque, uomini in preda al panico correvano per le strade tentando di mettersi in salvo. La torre nord, anche se colpita prima, ma molto più in alto, poté reggere la furia del fuoco per un'altra mezz'ora. Infine, alle 10.28, anche questa si arrese, crollando.

Il traliccio di acciaio intorno al punto dell'impatto era stata troppo indebolito dall'urto e dal fuoco infernale che si era sprigionato, per poter restare ancora in piedi. I piani sottostanti furono semplicemente schiacciati, come sotto una slavina. Complessivamente morirono 2823 persone, tra cui 323 rappresentanti delle forze di soccorso che sacrificarono la propria vita per aiutare i disperati.

American Airlines, volo 77

Mentre le immagini della tragedia di New York facevano il giro del mondo, altre due macchine della morte erano già in volo. Il volo 77 dell'American Airlines era decollato a Washington alle 8.21, con altri cinque terroristi a bordo. La sua meta prevista era Los Angeles, sulla costa occidentale degli USA. Mentre i caccia dell'esercito erano già in volo, questo apparecchio venne sequestrato dai terroristi e dirottato sul quartier generale militare degli USA. Alle 9.40 l'aereo, con 53 passeggeri a bordo, entrò in collisione contro il lato occidentale del Pentagono, un'ala appena rinnovata, i cui uffici erano fortunatamente ancora vuoti. I caccia arrivarono troppo tardi. Nell'edificio stesso trovarono la morte 125 collaboratori dell'esercito e del governo.

I pompieri appoggiati alle rovine del World Trade Center distrutto rivelano stanchezza e disperazione.

United Airlines, volo 93

Quando l'ultimo aereo della morte decollò dall'aeroporto di Newark alle 8.42, con notevole ritardo, il capo del gruppo di terroristi, Mohammed Atta, si trovava già a pochi istanti dall'obiettivo.

A bordo del volo 93 delle United Airlines c'erano altri quattro terroristi, il cui capo era il terzo studente della cellula di Amburgo, Ziad Jarrah. Anche lui, dopo il periodo da studente ad Amburgo, aveva seguito un breve corso di addestramento piloti negli USA. Poco dopo, intorno alle 9.28, i terroristi avevano ormai preso il comando del Boeing 757.

I pochi passeggeri a bordo dell'aereo ebbero la possibilità di mantenere contatti telefonici con amici e parenti. Così, qualche minuto dopo che i terroristi avevano dirottato l'aereo, vennero a sapere quanto accaduto a New York. Subito intuirono quale sarebbe stato il loro terribile destino: erano in pratica ormai condannati a morte. Dalle molte telefonate eseguite sull'aereo, in seguito si capì che alcuni passeggeri, resisi conto che stavano per morire, avevano deciso di attaccare i terroristi. Poco prima delle 10.00 si udì il grido "Let's roll!", un comando rivolto agli altri passeggeri ormai decisi ad attacare gli attentatori.

Nella scatola nera rinvenuta dopo il disastro rimane traccia della disputa tra passeggeri e

I soccorritori osservano increduli le rovine delle torri gemelle.

Le ultime parole

"Non fate sciocchezze. Non accadrà niente a nessuno. Abbiamo altri aerei, abbiamo più aerei. Rimanete calmi. Ritorneremo all'aeroporto."
Ore 8.29, *una voce dall'accento straniero molto forte, rivolta dal cockpit del volo AA 11 ai passeggeri*

"Vedo l'acqua. Vedo degli edifici. Oh mio Dio!"
Ore 8.44, *la hostess Sweeney dal volo AA 11 subito prima dello schianto contro la torre nord del WTC*

"Dipende da noi. Credo che possiamo farcela... Non preoccuparti, riusciremo a fare qualcosa."
Ore 9.43, un passeggero sul volo UA 93 alla moglie, poco prima del tentativo di sopraffare i terroristi

terroristi, messi evidentemente alle strette. Uno di loro urlò infine rivolto al pilota: “Tiralo giù! Tiralo giù!”, quindi l’aereo si schiantò su un campo nelle vicinanze di Shanksville/Pennsylvania. Nessuno sopravvisse al terribile impatto.

Fino a oggi non è stato ancora chiarito quale fosse la meta di questo quarto aereo del terrore: sulla sua rotta si trovavano alcuni importanti obiettivi ricchi di simboli, come la Casa Bianca e il Campidoglio di Washington, oltre alla tenuta presidenziale di Camp David.

Ground Zero

Dall’11 settembre 2001 il termine “Ground Zero” è diventato il sinonimo del luogo dove è avvenuta la catastrofe di New York. In realtà l’espressione risale all’epoca degli esperimenti con le bombe atomiche, e indica il punto di distruzione massima, il luogo dove avviene la deflagrazione della bomba atomica.

La zona intorno al World Trade Center – cuore pulsante dell’economia americana – era ridotta a un deserto di macerie. I soli interventi per ripulirla richiesero quasi un anno, molto di più i progetti per una nuova pianificazione della zona. Ancora nel 2006 la ricostruzione di quest’area nel cuore di Manhattan, tra l’altro molto prestigiosa, non aveva ancora avuto inizio. Finora sono stati banditi concorsi tra vari architetti ed esiste anche un piano concreto per erigere le Freedom Towers, di cui si è ora alla ricerca dei finanziamenti.

Nell’ottica dei sopravvissuti e dei parenti delle vittime, si spera che l’area diventi il luogo della memoria per una catastrofe che ha scosso tutta l’America.

Il terrore e la paura collegati alla data “Nine-Eleven” e al “Ground Zero” sono ormai così radicati che ancor oggi gran parte degli abitanti di New York non oserebbe lavorare in quel luogo tragico.

Vigili del fuoco di New York tra le macerie del World Trade Center. Durante gli interventi di salvataggio morirono 343 pompieri.

Only time

La canzone "Only time" dell'irlandese Enya è divenuta senza volerlo l'inno dedicato alle vittime dell'11 settembre. La cantante ha devoluto gli incassi della versione americana della canzone al fondo per i parenti delle vittime.

Le vittime dell'attacco sul treno vengono subito soccorse sui binari, accanto ai vagoni.

Morte sul treno dei pendolari

Gli attacchi dei terroristi scuotono Madrid, la capitale della Spagna

L'11 marzo 2004 Madrid fu sconvolta da una serie di attentati dinamitardi. Complessivamente dieci bombe furono lasciate su quattro treni delle ferrovie spagnole, uccidendo 191 pendolari diretti in centro città. Dopo i primi momenti, in cui le forze dell'ordine si trovarono a brancolare nel buio, si capì che gli esecutori facevano parte di un gruppo di terroristi musulmani. Nel tentativo di catturarli, sette di loro si fecero saltare in aria, provocando anche la morte di un poliziotto.

Una serie di attacchi

Al mattino, intorno alle 7.30, i treni che provengono dalla periferia di Madrid sono sempre carichi di persone che si recano al lavoro nel centro della capitale spagnola. Per molti la "Estación de Atocha", nei pressi del centro, è il punto di arrivo. Qui si fermano tutte le linee ferroviarie della regione.

L'11 marzo 2004, tra le 7.39 e le 7.42, sette esplosioni sconvolsero la stazione. Due treni furono distrutti dalle deflagrazioni, uno dei due saltò in aria nella stazione stessa, l'altro, che aveva qualche minuto di ritardo, esplose a 500 metri dall'arrivo. Due altre deflagrazioni avvennero su due treni nelle stazioni di "Santa Eugenia" ed "El Pozo del Tio Raimundo", nella parte sud-occidentale della città.

Questa serie di attacchi provocò la morte di 191 persone, mentre furono quasi 2000 i feriti. Ma chi organizzò l'attentato aveva evidentemente in mente di rendere ancor più pesante il bilancio della catastrofe con un piano davvero diabolico, in base al quale altre tre bombe avrebbero dovuto esplodere a una certa distanza di tempo nella stazione stessa, probabilmente per uccidere le squadre di soccorso giunte per portare aiuto. Una delle bombe era così potente che avrebbe potuto distruggere l'intera stazione di Atocha. Fortunatamente questi ordigni furono scoperti per tempo e disinnescati.

L'esplosione ha provocato una voragine nel treno dei pendolari su un binario della ferrovia Atocha di Madrid.

Falsi sospetti

Passato il primo shock per l'attentato, si iniziò a speculare su chi fosse il mandante. La precisione del piano e la portata dell'attentato risvegliarono ovviamente il ricordo degli attacchi terroristici dell'11 settembre 2001. Anche il fatto che la Spagna avesse sostenuto la campagna militare americana in Iraq pareva confermare la matrice del terrorismo islamico. Il governo spagnolo sospettava tuttavia che dietro la catastrofe ci fosse il movimento dei separatisti baschi dell'Eta. Del resto, l'organizzazione aveva già più volte in passato eseguito attacchi terroristici poco prima delle elezioni spagnole; tre giorni dopo l'assalto di Atocha si sarebbero infatti svolte le elezioni parlamentari.

Nei giorni precedenti le elezioni tutta la Spagna si mobilitò con grandi dimostrazioni. Da un lato, infatti, ci fu quella di milioni di spagnoli a sostegno delle vittime, dall'altro manifestazioni antigovernative chiedevano a gran voce di far luce sulla matrice degli attentati. La possibilità che l'attentato fosse stato

La ferrovia di Atocha si trova nel centro di Madrid, la capitale della Spagna.

Quando la polizia spagnola fece irruzione per catturare i terroristi nel quartiere madrileno di Leganés, i sospettati si fecero subito saltare in aria. L'intero condominio fu distrutto e nello scoppio morirono altre vittime innocenti.

organizzato dall'Eta, secondo quanto fonti governative avevano affermato, era da molti apertamente messa in dubbio.

I terroristi si autoeliminano

Le elezioni parlamentari del 14 marzo portarono a una vittoria schiacciante del partito socialista, prima all'opposizione; al contempo diventava sempre più forte il sospetto che dietro i terroristi ci fosse la mano di Al Kaeda. Il governo uscente venne allora sospettato di avere semplicemente voluto incolpare l'Eta per evitare che la scelta governativa di partecipare alla guerra in Iraq al fianco degli americani potesse essere collegata agli attacchi. Il 3 aprile 2004 sembrava che la polizia avesse individuato i responsabili, ma quando le forze di intervento penetrarono nella casa dove si nascondevano, i sette terroristi stessi si fecero saltare in aria. Il condominio nel quartiere madrileno di Leganés fu fortemente danneggiato. Oltre ai sette attentatori, anche un poliziotto spagnolo perse la vita durante l'intervento.

Il "Bosco degli assenti"

L'11 marzo 2005, giorno del primo anniversario della catastrofe, nel parco madrileno del Retiro venne inaugurato un monumento commemorativo in ricordo delle 191 vittime innocenti degli attentati e del poliziotto ucciso durante l'assalto all'appartamento di Leganés. Su una collina è stato piantato un bosco di 192 cipressi: il "Bosque de los Ausentes" (Bosco degli assenti). Inoltre sono stati posti alcuni olivi come simboli di pace e perdono. A mezzogiorno, l'intera Spagna si è fermata per 5 minuti in ricordo delle vittime di quello che è considerato il più feroce attacco terroristico della storia spagnola.

Le indagini

Due anni dopo gli attentati, quasi 500 persone rimaste ferite erano ancora sotto trattamento medico o psicologico. Le indagini in merito agli attentati procedevano comunque molto lentamente. Nell'aprile 2006 venne depositata l'accusa: gli investigatori erano infatti giunti alla

La stazione di Atocha, a Madrid

La "Estación de Atocha" è la più grande stazione di Madrid, nel centro della capitale spagnola. La celebre costruzione in stile Jugendstil di ghisa e vetro risale nei suoi tratti fondamentali alla fine del XIX secolo e venne progettata dall'architetto spagnolo Alberto del Palacio (1856-1939) e dal francese Gustave Eiffel (1832-1923), costruttore della celebre torre omonima di Parigi. Al centro dell'elegante salone della stazione si trova un giardino tropicale, in cui prosperano a una temperatura di 24 °C palme, felci e banani. Alla fine del XX secolo la stazione venne ampliata per poter accogliere il maggior volume di traffico. Il primo treno che giunse nella stazione di Atocha nell'anno 1851 fu il "Tren de la Fresa" ("Treno della fragola"). In estate, una riproduzione di questo treno parte durante il fine settimana come attrazione turistica. Durante il viaggio vengono offerte come specialità fragole fresche con panna montata.

conclusione che la matrice degli attentati non andasse ricercata né nell'Eta, né nel gruppo estremistico internazionale di Al Kaeda, bensì in una cellula locale di musulmani radicali, che tuttavia furono motivati a organizzare l'attentato attraverso le sollecitazione divulgate da Al Kaeda su internet.

Certo è invece che i sette islamici fattisi saltare in aria a Leganés fossero gli esecutori materiali dell'attentato. 29 persone, che sapevano degli attentati e con la loro condotta li avevano in qualche modo favoriti, furono accusate di omicidio e tentato omicidio. Il processo è iniziato nel 2007 e sicuramente durerà almeno un anno.

Dopo gli attacchi, migliaia di persone "Victimas del terrorismo" ("vittime del terrorismo") dimostrarono contro l'organizzazione separatista basca dell'Eta, sospettata all'inizio di avere organizzato gli attentati.

Suicidio nella metropolitana di Londra

Gli attacchi terroristici del 7 luglio 2005

Il 7 luglio 2005, nell'abituale traffico mattutino della City londinese, nell'arco di un solo minuto si verificarono tre esplosioni nei treni della metropolitana . Appena mezz'ora dopo, una quarta bomba distrusse un bus a due piani. Gli attentati eseguiti da quattro persone uccisero oltre 50 pendolari e ferirono più di 700 persone. Il traffico londinese venne bloccato per molte ore per prestare soccorso alle vittime; la vena vitale della metropoli pulsante si fermò, come morta, fino alle ore della sera. Il terrorismo di matrice islamica radicale ha raggiunto un nuovo stadio nell'Europa occidentale; il ricorso ad attentatori suicidi è ormai divenuto una realtà.

Un abbraccio come commiato

Come rivelarono poi le immagini registrate dalla videosorveglianza della rete metropolitana di Londra, verso le 8.30 quattro uomini si abbracciarono per l'ultima volta, congedandosi l'uno dall'altro. Avevano un'aria euforica. Poi, nascondendo le bombe negli zaini, scomparvero nei meandri ben ramificati della metropolitana di Londra. Venti minuti dopo le bombe scoppiarono quasi contemporaneamente. Il terrorismo islamico, presagito ormai da tempo da molti esperti aveva raggiunto anche la capitale londinese. Al momento delle deflagrazioni i treni, carichi di pendolari, si trovavano nelle vicinanze delle stazioni di "Liverpool Street", "King's Cross" e "Edgware Road".

Il giorno dopo gli attacchi di Londra, alcuni investigatori cercano eventuali tracce intorno al bus distrutto.

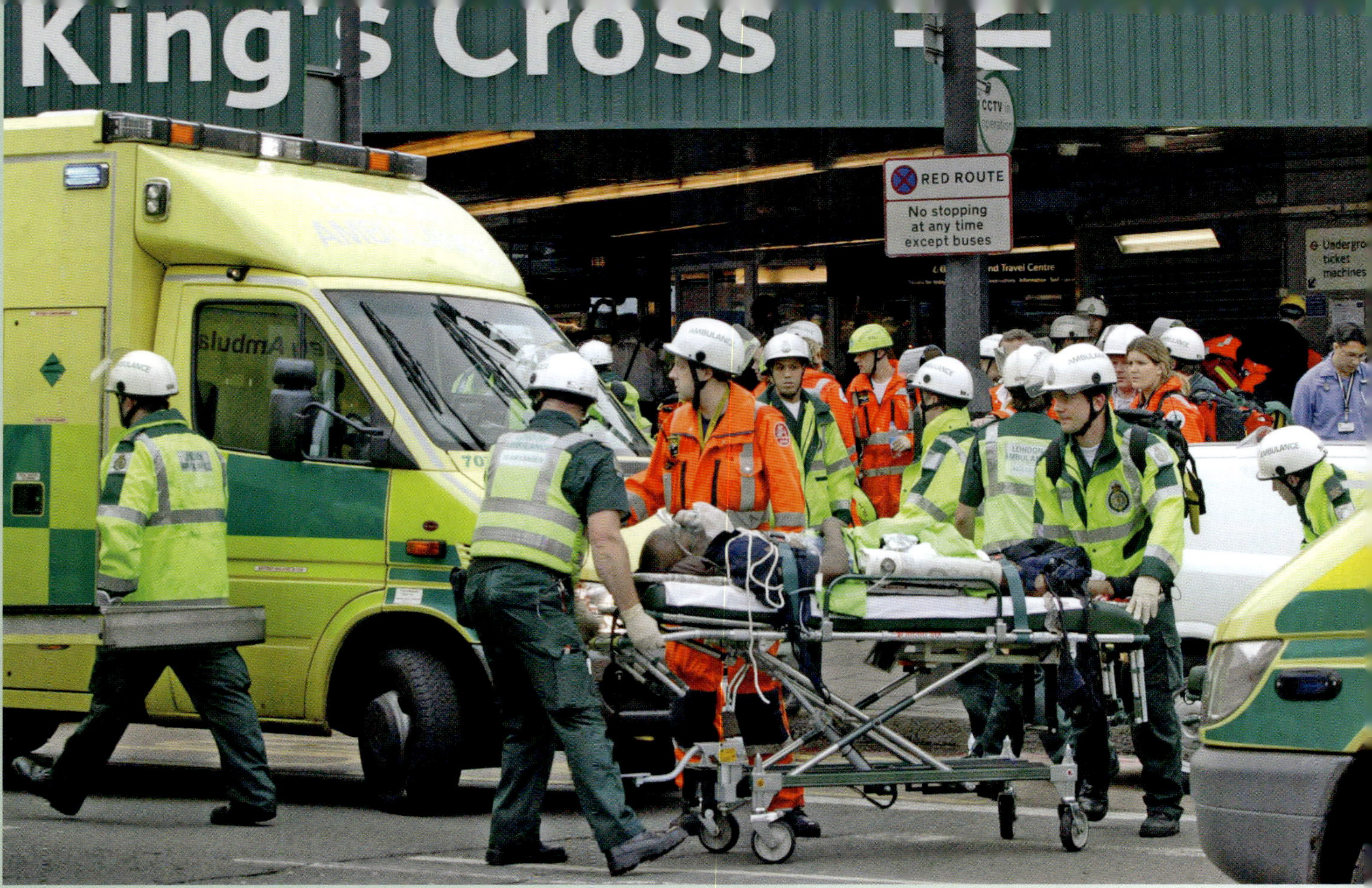

I soccorritori evacuano i feriti della stazione metropolitana di "King's Cross". Nelle vicinanze della stazione si trova il treno distrutto della linea "Piccadilly".

Una evacuazione difficile

Il treno più gravemente colpito fu quello sulla linea "Piccadilly", tra "King's Cross" e "Russel Square". Mentre gli altri due si trovavano vicini a una stazione, questo venne colpito proprio mentre stava attraversando una galleria molto stretta. L'esplosione provocò solo su questo treno 28 vittime. La minaccia del crollo della galleria, unita a un calore infernale, polvere e detriti e a un fetore incredibile resero ancora più difficile per i soccorritori raggiungere il luogo dell'incidente. L'evacuazione dei feriti e degli altri passeggeri durò fino alla sera e solo tre giorni dopo la catastrofe si poterono estrarre i cadaveri dalle lamiere del vagone.

La quarta bomba

Mentre le ambulanze a sirene spiegate sfrecciavano da un lato all'altro di Londra per aiutare le vittime dei treni della metropolitana, il quarto

"Non siamo coinvolti con le bombe di Londra": alcune studentesse pachistane protestano contro l'ondata razzista scatenata dalla ricerca dei terroristi degli attacchi londinesi.

I risultati delle ricerche

Dieci mesi dopo gli attentati, nel maggio 2006, il ministro degli Interni inglese e la commissione parlamentare dei servizi segreti presentarono la prima documentazione delle indagini. L'elemento più inquietante della documentazione è stato scoprire che c'era una possibilità di bloccare i terroristi per tempo. Tutti e quattro erano nati in Gran Bretagna o vi erano cresciuti e parevano perfettamente integrati nella società multiculturale inglese, per lo meno fino alla sera prima dell'azione. Non furono evidentemente necessari né un'organizzazione in grado di coordinare gli attentati né lunghi tempi di pianificazione: gli attentatori, infatti, fecero pochi viaggi, non ebbero contatti evidenti con predicatori musulmani né cercarono appoggi su internet. Inoltre, non avevano bisogno di un supporto finanziario per le loro azioni; il ministero dell'interno, infatti, ha calcolato che sarebbero state usate appena 8000 sterline (circa 11.500 euro) per trasformare il piano in azione.

Sopra: Molte persone, come questa ragazza in lacrime presso "Tavistock Square", depositarono fiori all'altezza delle fermate per commemorare le vittime dell'attentato.

Sotto: Nei giorni successivi agli attentati i poliziotti continuarono a cercare compagni, figli e amici. Alle pareti della stazione di "King's Cross" furono appese foto dei dispersi.

attentatore era seduto al piano superiore di un autobus a due piani della linea 30. Giunto all'altezza di Tavistock Square, quasi un'ora dopo gli attentati delle linee metropolitane, innescò la bomba che recava nascosta nello zaino. Il tetto del bus rosso venne proiettato lontano dall'esplosione, 13 persone morirono sul colpo, il luogo dove avvenne la deflagrazione si tramutò in un'immagine dell'orrore.

Nell'arco di appena un'ora gli attentatori avevano paralizzato completamente la rete di collegamenti della metropoli europea.

Nei quattro attentati suicidi 52 persone innocenti trovarono la morte e alcune centinaia di passeggeri ignari furono più o meno gravemente feriti. L'intera Europa era sconvolta.

Indagini immediate

Mentre nei giorni che seguirono il 7 luglio 2005 le indagini per identificare i terroristi e le circostanze che li avevano portati ad agire procedevano a pieno ritmo, negli ospedali londinesi molti feriti gravi combattevano con la morte. Il 18 luglio morì infine la 56ª vittima degli attentati.

All'inizio si dubitava che si fosse trattato effettivamente di attentatori suicidi e di bombe con congegni a tempo per farle esplodere, ma ben presto fu chiaro che i quattro terroristi si trovavano effettivamente tra i morti. Tutti e quattro avevano nazionalità inglese e avevano vissuto sino al momento degli attacchi a Leeds, apparentemente ben integrati nel loro contesto sociale. Tre erano giovani di origine pakistana, il quarto era originario della Giamaica. Alcuni di loro erano stati di recente in Pakistan e almeno di uno si era saputo che negli ultimi tempi aveva frequentato una scuola coranica dove si predicava odio contro l'Occidente e i cristiani. Nemmeno i parenti più prossimi erano a conoscenza di cosa avessero in mente.

Il 16 luglio venne comunicata la notizia che nella capitale egiziana, Il Cairo, era stato arrestato il probabile fabbricante degli ordigni: la stampa inglese l'ha ribattezzato "il Chimico" e vede in lui uno dei mandanti e organizzatori degli attacchi.

La sequenza degli attacchi di Londra era stata attentamente pianificata.

Altro terrore il 21 luglio 2005

Solo due settimane dopo i terribili attacchi alla metropolitana di Londra, la città venne di nuovo messa in allarme. Tre stazioni della metropolitana furono evacuate e subito si interruppe il traffico su tre linee. In tre metropolitane e un autobus si erano avute piccole esplosioni, ma fortunatamente solo una persona era rimasta ferita. Le indagini svolte successivamente hanno dimostrato che in tutti i casi si era trattato di un gruppetto di emulatori che aveva voluto ripetere gli attacchi del 7 luglio 2005. Ma gli ordigni erano stati costruiti in modo molto dilettantistico, tanto che esplose solo la miccia, e non le bombe stesse. Tutti gli attentatori coinvolti riuscirono a fuggire, anche se in un caso alcuni passanti coraggiosi ne inseguirono uno e riuscirono quasi a prenderlo. Appena otto giorni dopo gli attentati falliti le polizie di Londra e Roma riuscirono a catturare tutti gli esecutori.

TERRORE IN VOLO

Le notizie di catastrofi di aerei che precipitano e di voli spaziali in avaria si diffondono in tutto il mondo, suscitando terrore. E dopo ogni incidente del genere le domande che ci si pone circa le eventuali responsabilità sono sempre le stesse: si è forse trattato di scarsa manutenzione, problemi tecnici, pessime condizioni del tempo? Spesso la spiegazione più logica è l'errore umano, e allora potremmo soffermarci a chiederci: stiamo forse esagerando?

L'ULTIMO ZEPPELIN

IL DIRIGIBILE *HINDENBURG* ESPLODE A LAKEHURST

Il 6 maggio 1937 il gigantesco dirigibile *Hindenburg* fece rotta verso il punto in cui doveva atterrare, a Lakehurst, New Jersey. Tre giorni prima, a Francoforte sul Meno, aveva iniziato l'ultima traversata dell'Atlantico della stagione. Ma durante le fasi di atterraggio il dirigibile prese fuoco, e nell'arco di qualche secondo si tramutò in una gigantesca palla incandescente. Come per miracolo, 62 delle 97 persone a bordo riuscirono a sopravvivere alla catastrofe. La tragedia sconvolse tutti da una sponda all'altra dell'Atlantico e portò alla sospensione dei viaggi civili a bordo di zeppelin.

Lo zeppelin Hindenburg *venne utilizzata appena un anno, dal 1936 al 1937, per il servizio di linea tra Germania e America.*

Viaggi confortevoli, con qualche ritardo

Dal 1930 la diffusione dei viaggi in dirigibile o aeronave o zeppelin aveva raggiunto livelli tali da portare a un vero e proprio traffico transatlantico regolare. I viaggi a bordo di uno zeppelin erano tuttavia un divertimento decisamente costoso, che solo pochi potevano permettersi. Se paragonate alle cabine lussuose di un transatlantico, quelle dello zeppelin erano strette e arredate in modo molto spartano, ma il resto degli ambienti e la vista dalle ampie finestre panoramiche dei settori riservati ai passeggeri ripagavano i viaggiatori. Nella sala comune si trovava persino un'ala in alluminio costruita appositamente per l'aeronave e il cibo offerto a bordo divenne ben presto celebre per la qualità raffinata. Dal 1936 anche lo zeppelin *Hindenburg* percorse la rotta tra la Germania e l'America. La prima stagione del nuovo dirigibile aveva avuto un successo straordinario, tanto che il servizio di linea venne proseguito anche per l'anno 1937.

L'ultimo viaggio dell'*Hindenburg*

L'ultimo viaggio dell'LZ 129 *Hindenburg* iniziò la sera del 3 maggio 1937 a Francoforte sul Meno. A bordo si trovavano solo 36 passeggeri, accuditi da 61 membri dell'equipaggio. L'attraversamento dell'Atlantico durò per via di forti venti contrari 12 ore più del previsto. Quando finalmente si giunse in vista della terraferma americana, sopraggiunse un forte temporale con venti molti forti e piogge violente. Il capitano dell'aeronave

cercò dapprima di aggirare il temporale, ma alla fine decise di posticipare di un'ora l'atterraggio.

Idrogeno invece di elio

Al momento del suo viaggio inaugurale, nel 1936, l' *Hindenburg* era la macchina volante più grande di tutti i tempi. Fino a quel momento, la più celebre aeronave tedesca era stata il *Graf Zeppelin*, che dal 1930 aveva trasportato un numero sempre maggiore di passeggeri sull'Atlantico. Il modello successivo, l'*Hindenburg*, avrebbe dovuto portare a un alleggerimento del carico del *Graf Zeppelin*, e al contempo imporre nuove misure. Era lungo appena un paio di metri in più del *Graf Zeppelin*, ma aveva un diametro decisamente maggiore, tanto da aver bisogno di una quantità di gas quasi doppia per essere riempito. Mentre i modelli precedenti erano sempre stati riempiti con l'idrogeno, più pericoloso in quanto estremamente infiammabile, l' *Hindenburg* era sato costruito appositamente per utilizzare l'elio. Questo gas, all'epoca, era prodotto in grandi quantità solo negli USA, che ne avevano sospeso le forniture in Germania vista la situazione politica molto critica nel paese ormai in mano ai nazionalsocialisti. Pertanto anche l' *Hindenburg* sarebbe stato riempito con il pericolosissimo idrogeno.

Disperazione a bordo

Dopo tre giorni di traversata atlantica, l'*Hindenburg* si stava apprestando ad atterrare il 6 maggio 1937 presso Lakehurst, New Jersey, alle 19.15 ora locale. L'equipaggio era già pronto e aveva afferrato i lunghi cavi di ritegno gettati dall'aeromobile. La quota alla quale volava era ormai ridotta a circa 60 m, quando improvvisamente si sviluppò un pennacchio di fumo all'altezza della pinna posteriore: dopo pochi secondi un'esplosione scosse tutta la parte posteriore, seguita a breve da una seconda esplosione nella zona centrale: l'aeronave era ormai avvolta dalle fiamme. L' *Hindenburg* si abbassò ancora di più, mentre passeggeri e membri dell'equipaggio che avevano superato indenni le prime esplosioni cercavano di salvarsi gettandosi nel vuoto.

Lo steward Wilhelm Balla riportò in seguito, nel suo diario, di avere visto una madre gettare i suoi due bambini dalla nave in fuoco, mentre la sorella maggiore si lanciava da sola nel vuoto. I figli sopravvissero alla catastrofe, la loro sorella e il padre furono invece tra le vittime (13 passeg-

Pioniere dell'aviazione

Ferdinand, conte di Zeppelin (1838-1917), era generale e costruttore di aeronavi. Dopo la carriera militare, si dedicò alla realizzazione di dirigibili. Il risultato, che si basava su progetti e brevetti dell'inventore ungherese David Schwarz, fu un'aeronave dirigibile, che volò per la prima volta nel 1900 sul lago di Costanza. Attraverso donazioni e lotterie riuscì a procurarsi altro denaro per perfezionare le sue aeronavi. Dal 1909 le nuove aeronavi, che vennero battezzate zeppelin dal nome del loro ideatore, e furono impiegate nell'aviazione civile, anche se il maggior numero di questi apparecchi venne realizzato durante la prima guerra mondiale a scopi militari e impiegato come bombardieri e ricognitori.

La cabina di pilotaggio dell'aeronave Hindenburg *è ben visibile da questa prospettiva.*

Il 6 maggio 1937 l'Hindenburg esplose durante la fase di atterraggio a Lakehurst, formando una gigantesca palla di fuoco.

geri, 22 membri dell'equipaggio e uno degli aiutanti da terra). Per ultimi lasciarono l'aeronave i due capitani, dei quali uno morì il giorno seguente per le gravi ustioni.

La ricerca delle cause

Le cause esatte che scatenarono la catastrofe sono fino a oggi poco chiare. Una commissione appositamente creata analizzò le varie ipotesi, tra cui anche la possibilità di un sabotaggio, ma non giunse ad alcun risultato convincente. La spiegazione più probabile è che il rivestimento esterno del velivolo sia stato caricato elettricamente nel momento in cui attraversò il fronte del temporale e che nel momento della scarica abbia infiammato l'idrogeno uscito da un piccolo foro. Il gas tuttavia si consumò in un solo minuto; molto più spaventoso fu invece l'effetto incendiario del carburante diesel per i motori, che continuò a bruciare per ore, provocando molte vittime.

Il disastro di Lakehurst rappresentò in ogni caso la fine dell'era degli zeppelin. Il giorno seguente al disastro il ministro tedesco dell'Aviazione, Hermann Göring, ordinò la temporanea sospensione dei voli con le aeronavi. E poiché gli USA non erano disposti, neppure dopo la catastrofe, a fornire alla Germania l'innocuo elio, l'impiego degli zeppelin cessò definitivamente.

Reportage dal vivo

L'incendio dell' *Hindenburg* a Lakehurst provocò miracolosamente appena 36 vittime, ma suscitò grande partecipazione da una parte all'altra dell'Atlantico. La reazione potrebbe anche essere dovuta, almeno in parte, al fatto che si trattò di una delle prime catastrofi a essere raccontate dal vivo alla radio.

Testimonianza oculare

"Vidi i due giovani vicinissimi a me e li udii urlare, mentre la ragazzina tredicenne era distesa sul pavimento con i capelli in fiamme. Insieme con un compagno accorremmo subito al suo fianco e le spegnemmo i capelli meglio che potevamo, ma era ormai troppo tardi: tre ore dopo era morta, finalmente liberata dalle sue pene."
Dal diario dello steward Wilhelm Balla

Herbert Morrison, reporter di una stazione radio di Chicago, giunto sul luogo per poter raccontare ai suoi ascoltatori l'arrivo dello zeppelin, fu invce suo malgrado testimone diretto della catastrofe: la sua cronaca tranquilla delle manovre di atterraggio del dirigibile si tramutò così in una descrizione concitata del disastro.

Palesemente commosso e sconvolto, dovette più volte interrompere il suo reportage che, registrato su nastro, venne poi inviato quella sera stessa a Chicago e quindi riportato il giorno seguente in tutto la nazione.

Ancor oggi la radiocronaca dal vivo della tragedia dell'*Hindenburg* è tra i pezzi più classici che hanno fatto la storia di questo mezzo di comunicazione.

*La carcassa dell'*Hindenburg *bruciò ancora per parecchie ore a causa del carburante diesel che si trovava a bordo.*

Dopo che il rogo dello zeppelin fu estinto, i soccorritori trasportarono le vittime lontano dal luogo dell'incidente.

L'Empire State Building venne costruito a New York tra 1929 e 1932 su progetto degli architetti Shreve, Lamb & Harmon: all'epoca era il più alto grattacielo del mondo.

Incubo al 79° piano

Un bombardiere B-25 si schianta contro l'Empire State Building di New York

In un giorno di luglio del 1945, un bombardiere B-25 con a bordo tre uomini di equipaggio, era diretto dal Massachusetts a New York. Non potendo, a causa della fitta nebbia, atterrare come previsto all'aeroporto La Guardia, nel Queens, il pilota chiese di poter proseguire fino a Newark, New Jersey. Convinto di trovarsi sul lato occidentale di Manhattan, stava invece volando molto vicino al Chrysler Building, poi attraverso la 5ª Strada fino alla 34ª. L'ultima frase che pronunciò alla radio fu: "Non riesco a vedere l'Empire State Building".

L'Empire State Building: nato in epoca della crisi

Il 1929 fu un anno florido per l'economia, tanto da spingere John Jacob Raskob, fondatore della General Motors, e il candidato alla presidenza per il partito democratico, Alfred E. Smith, a unirsi per costruire il più imponente grattacielo al mondo. Affidarono l'incarico allo lo studio di architettura Shreve, Lamb & Harmon. Il 16° progetto, quello prescelto, mostrava una torre semplice ed elegante, che poggiava su una base di cinque piani realizzata in arenaria, con fasce di alluminio e nickel, decorazioni Art-déco e una serie di piani che si rastremavano verso l'alto.

Due settimane dopo l'inizio della costruzione scoppiò la crisi economica che per almeno cinquant'anni avrebbe posto fine alla corsa per realizzare grattacieli sempre più alti. Ecco perché l'Empire State Building rimase per tanto tempo il palazzo più alto del mondo. Quando venne terminato la crisi aveva raggiunto un livello tale che gran parte dei suoi uffici rimase sfitta e venne ribattezzato "Empty State Building" (*empty*/-vuoto). Quello che salvò l'Empire State Building dalla bancarotta furono le varie piattaforme-belvedere sulla sua cima: milioni di visitatori erano infatti disposti a pagare l'ingresso per poter vedere il mondo da questa vertiginosa altezza.

Nebbia a New York

Il mattino del 28 luglio 1945 c'era nebbia fitta quando il bombardiere B-25 guidato dal tenente colonnello William Smith si trovava in volo tra Boston e Newark. La visuale era pessima, ma Smith, pensando di trovarsi già all'altezza della pista, iniziò le manovre di atterraggio, quando all'improvviso la nebbia si diradò, tanto che Smith poté vedere che il velivolo stava puntando verso il Radio City Music Hall, la sala dei concerti del Rockefeller Center. Cercò subito di tirare la leva di comando verso l'alto, ma non riuscendo a riprendere quota, si trovò davanti, come un muro possente, la facciata dell'Empire State Building. L'aereo non poté evitare l'impatto e si schiantò contro il 79° piano dell'edificio più alto del mondo. I tre membri dell'equipaggio morirono sul colpo. Un motore si staccò, fendette tutto l'edificio e uscì dall'altra parte, andando a cadere sul tetto di un edificio di 20 piani sulla 34° strada, dove scatenò un incendio. I serbatoi esplosero, combustibile incandescente sprizzò all'interno scendendo lungo i lati del grattacielo.

Undici persone che si trovavano al 79° piano dell'Empire State Building vennero avvolte nelle fiamme provocate dallo schianto. Altre 3 persero la vita rimanendo schiacciate da parti dell'edificio o dell'aereo, mentre 26 rimasero ferite. Il motivo per cui fortunatamente vi furono poche vittime sta nel fatto che l'incidente avvenne di sabato mattina, pertanto nell'edificio si trovavano solo 1500 persone. Attualmente nell'Empire State Building lavorano più di 15.000 persone, a cui vanno aggiunti 10.000-20.000 visitatori. Anche le strade non erano sovraffollate di gente come in un normale giorno infrasettimanale. Ma se il bombardiere non fosse stato un aereo di addestramento e avesse invece avuto il suo abituale carico di munizioni, ci sarebbe sicuramente stata una catastrofe di proporzioni inimmaginabili. L'incidente

Dopo lo schianto del bombardiere B-25 al 79° piano, l'Empire State Building è avvolto da fumo e fiamme.

Di fronte al grattacielo si è formata una folla di persone che segue l'incidente spaventata e incuriosita.

La voragine lasciata dal B-25 nell'Empire State Building è una chiara dimostrazione della portata dell'impatto.

del 28 luglio non rimase l'unico del suo genere: appena un anno dopo, il 20 maggio 1946, un altro aereo militare si schiantò contro il 58° piano di un edificio di Wall Street, e sempre a causa della fitta nebbia. In questo incidente persero la vita tutte le cinque persone che si trovavano sull'aereo.

Tragedia in ascensore

Anche all'interno del grattacielo quel 28 luglio si verificò una tragedia che tuttavia, rispetto allo schianto del bombardiere, passò in secondo piano. Il secondo motore e parti del B-25 erano caduti nell'edificio, raggiungendo le cabine degli ascensori. Il motore danneggiò tutti i sei cavi d'acciaio di un ascensore e quindi precipitò come una palla di fuoco su un'altra cabina, fortunatamente vuota.

All'80° piano Betty Lou Oliver, addetta dell'ascensore, era rimasta leggermente ferita dalle fiamme. Ausiliari e vigili del fuoco, che si erano affrettati a raggiungere immediatamente il luogo del disastro, la soccorsero al 79° piano, quindi la trasportarono fino alla cabina dell'ascensore n. 6, per portarla al piano terra e farla accompagnare in ospedale. I soccorritori non potevano sapere che i cavi dell'ascensore erano stati fortemente danneggiati e vi fecero quindi entrare Betty Lou. Quando la porta dell'ascensore si chiuse, sentirono il rumore sordo dei cavi che si rompevano: la cabina precipitò in caduta libera davanti agli occhi dei pompieri impotenti, mentre i piedi di Betty Lou si sollevavano dal pavimento. Parti di cavo cominciarono a sbattere contro il tetto della cabina fino a quando questa non si schiantò al suolo. Oliver rimase gravemente ferita, ma riuscì a sopravvivere al volo di 300 metri grazie al vuoto d'aria che si venne a creare durante la caduta dentro la cabina; inoltre, un sistema frenante rallentò lo schianto. Oliver venne estratta dai resti dell'ascensore: era sopravvissuta a una catastrofe che aveva minacciato di ucciderla due volte.

Prendere l'ascensore è pericoloso?

Le dimensioni svettanti dello skyline di New York furono rese possibili solo perché era stato scoperto l'ascensore, in quanto soltanto in questo modo si poteva pensare di raggiungere facilmente e velocemente i piani costruiti ad altezze sempre più vertiginose.

A New York sono stati contati circa 54.000 ascensori che ogni giorno compiono in entrambi i

Il bombardiere bimotore B-25 volava con un equipaggio di cinque persone e una velocità massima di circa 500 km/h.

sensi 27 milioni di corse. Secondo una ricerca, si verifica un incidente ogni 135 milioni di corse, quindi in media uno ogni cinque giorni.

Per fortuna pochi ascensori precipitano nel vuoto, grazie anche al meccanico Elisha Graves Otis che nel 1854 ha scoperto un meccanismo di presa per le cabine in fase di caduta, che attraverso dei morsetti impedisce la caduta libera. Questo congegno è ancor oggi installato in quasi tutti gli ascensori del mondo.

Perché l'Empire State Building non è crollato?
Come è ovvio, raccontando la catastrofe causata dai B-25 non possono non venire in mente le immagini dell'11 settembre 2001. Ma per quale motivo l'Empire State Building non è crollato? A differenza di un aereo passeggeri, il bombardiere B-25 è un velivolo decisamente piccolo, soprattutto se paragonato alla massiccia costruzione di acciaio e cemento di un grattacielo. Inoltre, questo edificio non è tenuto unito ed eretto da un'unica costruzione. Il bombardiere non ha danneggiato travi di sostegno verticali, quindi non c'è mai stato il pericolo che l'edificio potesse crollare su se stesso.

Gli operai eressero i ponteggi sulla 33ª strada due giorni dopo la catastrofe, per poter iniziare i lavori di ripristino della facciata dell'Empire State Building.

Circa una settimana dopo l'incidente i sopravvissuti decisero, dopo lunghe discussioni, di cibarsi dei corpi dei compagni morti per poter sopravvivere.

CANNIBALI PER DISPERAZIONE

16 PASSEGGERI SOPRAVVISSUTI A UN DISASTRO AEREO SULLE ANDE

Il 13 ottobre 1972 un piccolo aereo a elica dell'aeronautica uruguayana si schiantò sulle Ande. L'aereo era stato noleggiato dai giocatori di una quadra di rugby che dovevano fare una partita amichevole in Cile. 33 dei 45 passeggeri sopravvissero allo schianto, ma le operazioni di ricerca furono rimandate di qualche giorno, in quanto si pensava non vi fossero superstiti. Iniziò quindi una vera e propria lotta per la sopravvivenza tra le nevi andine, che terminò finalmente 72 giorni dopo con il salvataggio dei 16 passeggeri rimasti ancora in vita. Disperati, i sopravvissuti si videro costretti a mangiare i loro compagni morti, per non morire a loro volta di fame.

In volo per un'amichevole

Anche dopo avere preso il diploma presso la Stella Maris Boy School di Montevideo, Uruguay, i ragazzi della scuola non avrebbero mai potuto fare a meno dell'amatissimo rugby. Per questo motivo fondarono la Old Christians Rugby Team, anche allo scopo di potersi incontrare regolarmente. Nel 1971 vennero addirittura invitati per una partita amichevole in Cile, a Santiago, dove trascorsero giorni allegri e felici. Quando, l'anno seguente, venne loro rinnovato l'invito, iniziarono subito i preparativi, al colmo dell'entusiasmo. Amici e parenti furono invitati a partecipare alla gita nel paese limitrofo.

Così, il 12 ottobre 1972, un gruppo di quaranta persone si ritrovò all'aeroporto di Carrasco, nelle vicinanze di Montevideo, con l'intenzione di sorvolare le Ande a bordo di un piccolo aereo a elica del tipo Fairchild FH-227.

L'atmosfera a bordo era eccellente, persino il pallone da rugby poteva essere tirato da un lato all'altro della cabina passeggeri senza che nessuno protestasse. Verso il pomeriggio, tuttavia, il tempo iniziò a peggiorare, tanto che i piloti decisero di fare una tappa intermedia prima di sorvolare le Ande, perché il piccolo velivolo non non cel'avrebbe mai fatta a superare l'imponente catena senza problemi. Il giorno seguente il tempo era migliorato al punto che la traversata andina sembrò assolutamente fattibile.

Un errore di navigazione dalle conseguenze spaventose

Le vette rimanevano comunque avvolte in una densa cortina di nubi, tanto che i piloti dovettero procedere nel volo affidandosi esclusivamente ai propri strumenti di bordo. Quando erano ormai certi di essersi lasciati alle spalle le Ande, iniziarono a diminuire di quota, uscendo finalmente dalle nubi. Ma non appena ebbero una visuale migliore, si accorsero terrorizzati che si trovavano ancora in mezzo alle montagne: evidentemente non avevano prestato sufficiente attenzione ai forti venti contrari. Prima che l'apparecchio potesse riprendere quota, l'ala destra urtò contro la cima di una montagna, staccandosi. Poco dopo anche l'ala sinistra ebbe un destino analogo. Parti delle ali distrutte causarono una profonda falla nella coda dell'aereo e la corrente d'aria formatasi risucchiò fuori dall'abitacolo cinque passeggeri, condannandoli a morte certa. Il tronco rimasto precipitò al suolo e scivolò sulla neve, fino a fermarsi con gran stridore.

Le prime notti nella neve

Nell'aereo, tra i sopravvissuti, dominava il caos. Molti sedili erano stati staccati dal loro ancoraggio nel momento dello schianto e spinti in avanti. Numerosi feriti gemevano tra i sedili e i rottami. I pochi superstiti che avevano riportato solo lievi ferite iniziarono a curare i più gravi. Lentamente scese l'oscurità e venne il gelo: di notte a un'altezza di circa 4000 m la temperatura può scendere fino a -30 °C. Oltretutto, a bordo c'erano ben pochi aiuti per proteggersi da quel freddo estremo. Già durante la prima notte morirono altre cinque persone come conseguenza delle ferite riportate nello schianto. Il mattino del 14 ottobre erano vive solo 27 delle 45 persone salite a bordo e molte erano ferite.

I sopravvissuti si aiutavano a vicenda meglio che potevano, sperando in soccorsi rapidi. Per procurarsi dell'acqua potabile idearono ben presto un sistema che faceva fondere la neve con i raggi del sole e quindi raccoglieva l'acqua in contenitori. Ma il problema principale ben presto si rivelò la mancanza di cibo: oltre a un paio di tavolette di cioccolato e qualche biscotto, infatti, non c'era nulla.

Dopo una settimana intera trascorsa tra il gelo dei ghiacci, da una piccola radio a transistor i sopravvissuti vennero a sapere che le ricerche erano

Le notti in alta montagna sono gelide, e i sopravvissuti erano equipaggiati in modo assolutamente insufficiente.

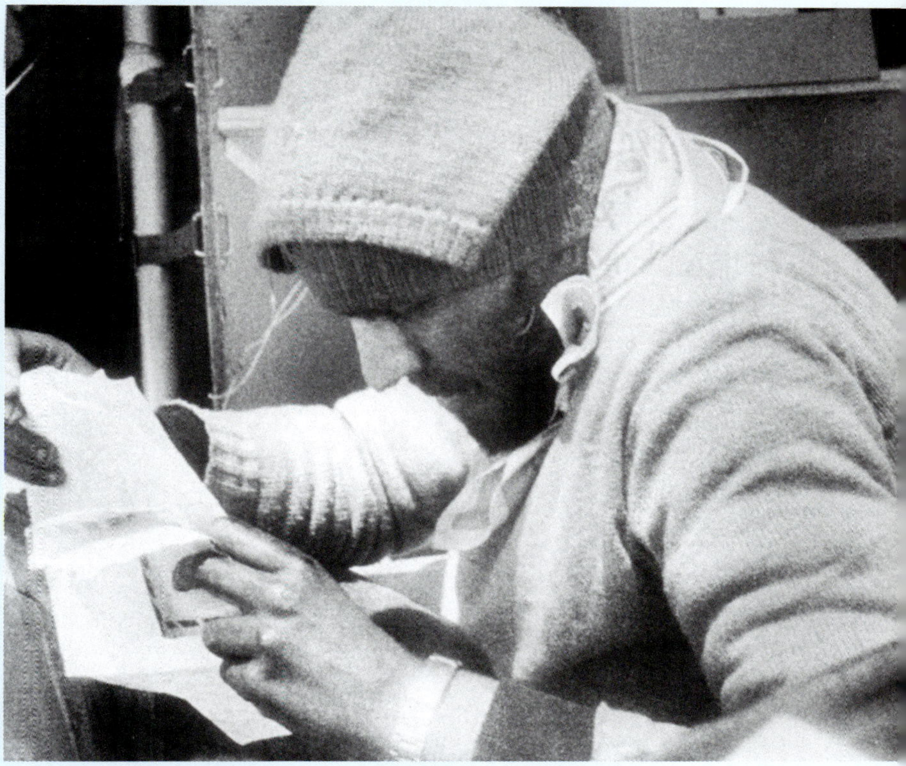

La lettera

Il grido di aiuto affidato alle acque del fiume diceva: "Vengo da un aereo che è precipitato tra le montagne. Sono uruguayano. Ormai sono dieci giorni che camminiamo. Lassù in alto ho ancora un amico ferito. Nell'aereo ci sono altri 15 feriti. Dobbiamo andarcene velocemente ma non sappiamo come. Non abbiamo nulla da mangiare. Siamo malati. Vi prego, venite a prenderci. Non possiamo andare avanti. Dove siamo?"

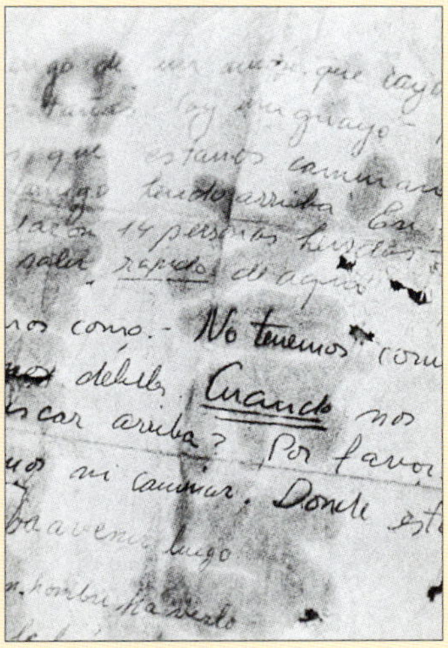

state ormai sospese: per il resto del mondo, erano considerati tutti morti.

Una lotta disperata per sopravvivere

Dopo una settimana, le ferite più lievi erano guarite, ma le ultime riserve di cibo risultavano ormai esaurite e la fame aveva iniziato a indebolire i sopravvissuti. Dopo lunghe discussioni decisero alla fine di mangiare la carne dei compagni morti: il cimitero che avevano realizzato si trasformava ora in una scorta di cibo per i sopravvissuti più disperati. Superate le prime remore, tutti indiscriminatamente decisero di seguire queste pratiche considerate abitualmente da cannibali. A quelle altitudini, dove flora e fauna sono completamente assenti, al gruppetto di disperati, se volevano mantenere viva la speranza di sopravvivere non rimaneva altra scelta .

Di nuovo nel mondo civile

Dopo due mesi trascorsi in queste condizioni disumane, erano vive ancora 16 persone: otto sopravvissuti erano stati uccisi da una slavina che alla fine di ottobre aveva travolto il tronco dell'aereo. Altri tre morirono in novembre e dicembre per le ferite riportate nello schianto.

Nel frattempo avevano iniziato a organizzare spedizioni di piccoli gruppi che tuttavia erano sempre ritornate senza successo. Dopo 62 giorni, infine, Nando Parrado, Roberto Canessa e Antonio Vizintin si misero di nuovo in marcia: questa volta sarebbe stata la volta buona. Dopo tre giorni Vizintin venne rimandato indietro per risparmiare le già scarse scorte alimentari della spedizione. Dopo otto giorni, Parrado e Canessa raggiunsero la fine del nevaio e trovarono un fiume sulla cui riva opposta un pastore stava facendo pascolare il proprio gregge. Dato che non potevano superare le acque tumultuose e anche le loro grida di aiuto non erano udibili, decisero di scrivere una lettera che venne alla fine legata intorno a un sasso e gettata verso l'altra riva. Subito il pastore avvisò le autorità: dopo 72 giorni trascorsi tra le nevi eterne, i sopravvissuti vennero alla fine salvati in elicottero.

Sotto: I nevai a 4000 metri di altezza non forniscono cibo: piante e animali non possono vivere a queste altitudini.

A destra: Finalmente, dopo 72 giorni tra la neve, gli elicotteri giungono a salvare i sopravvissuti.

Incontrarsi di nuovo trent'anni dopo

In occasione del 30° anniversario del salvataggio, quattro dei sopravvissuti risalirono la montagna che li aveva condotti al fiume della salvezza, per una preghiera comune. Tra loro, Roberto Canessa (primo a destra), uno dei due sopravvissuti che aveva intrapreso la spedizione decisiva.

Inferno sulla pista di decollo

Due jumbo jet collidono a Tenerife

Il 27 marzo 1977 due jumbo jet si scontrarono sulla pista dell'aeroporto di Tenerife. Dei 643 uomini che si trovavano a bordo dei due aerei, solo 61 sopravvissero all'inferno di fuoco che si scatenò. La tragedia più spaventosa della storia dell'aviazione nel XX secolo si verificò quindi non in aria, bensì sulla pista di rullaggio di un aeroporto. Probabilmente la causa della catastrofe fu una serie di problemi di comunicazione tra la torre e i due equipaggi.

Pericolo incombente su Gran Canaria

Il 27 marzo 1977, una domenica, due aerei di grosse dimensioni erano in volo diretti a Gran Canaria, l'isola spagnola vacanziera per antonomasia: il jumbojet (Boeing 747) con il nome "Rhine River" della compagnia aerea olandese KLM, proveniente da Amsterdam, e il jumbojet "Clipper Victor" della compagnia americana Pan Am, da New York. Complessivamente i due velivoli avevano a bordo 643 persone. Poco prima dell'atterraggio nell'aeroporto di destinazione, Las Palmas, si verificò un attacco terroristico, che portò conseguentemente alla chiusura provvisoria dell'aeroporto. Entrambi gli aerei vennero quindi deviati su Tenerife, dove atterrarono, uno dopo l'altro, verso le 14.00. In quel momento l'aeroporto Los Rodeos di Santa Cruz, Tenerife, risultava fortemente sovraccaricato, dato che doveva accogliere, accanto al proprio traffico abituale del fine settimana, anche quello degli aerei qui deviati da Gran Canaria. Per motivi di spazio, gli aerei in arrivo e in attesa dovevano essere parcheggiati vicinissimi tra loro, per poter essere pronti a partire senza un attimo di indugio.

"Rhine River" ostacola "Clipper Victor"

I piloti di entrambi i jumbo jet presero decisioni diverse per i loro passeggeri. Mentre infatti il capitano olandese Jacob van Zanten fece scendere i suoi passeggeri, in modo che potessero passare il tempo di attesa nella sala dell'aeroporto, quello americano preferì trattenerli a bordo, per poter ripartire quanto prima. Subito dopo l'annuncio di cessato allarme a Las Palmas entrambi gli equipaggi si prepararono a un nuovo decollo. Sfortunatamente l'aereo della compagnia KLM si

La carcassa del jumbo jet KLM distrutto dalle fiamme giace sulla pista di decollo dell'aeroporto di Tenerife.

Il giorno dopo il disastro la pista di rullaggio offre un'immagine di distruzione.

trovava dietro quello della Pan Am, così che questi dovette attendere fino a quando i passeggeri del volo olandese furono di nuovo a bordo. Quando finalmente il jumbo KLM ottenne il via libera a mettersi in posizione di partenza, dovette spostarsi direttamente sulla pista di decollo, poiché altri mezzi occupavano non solo l'aerea antistante l'hangar da cui si iniziavano i decolli, ma anche la pista laterale di rullaggio per giungere alla posizione di decollo. Poco tempo dopo, anche l'aereo Pan Am si sarebbe spostato sulla stessa pista per il decollo.

Una serie di incomprensioni

Non appena il capitano della KLM van Zanten raggiunse la fine della pista di decollo, fece una virata di 180° e avvisò la torre con le parole "ready for take off": era pronto per decollare, ma i controllori di volo risposero con l'avviso "stay at take-off", in quanto l'aereo americano, che lo seguiva da vicino, era ancora sulla pista di decollo. Il velivolo avrebbe dovuto attraversare un passaggio di collegamento per andare dalla pista di decollo a quella di rullaggio principale, ma il capitano della Pan Am superò la diramazione corrispondente e proseguì sulla pista di decollo.

Nel frattempo era calata una nebbia così fitta che il capitano van Zanten non riusciva più a vedere tutta la pista dinanzi a sé. Sfortunatamente, del segnale di attesa comunicatogli aveva evidentemente capito solo qualche frammento, forse addirittura solo il "take-off". In ogni caso era convinto di avere ricevuto l'OK alla partenza, e quindi iniziò le manovre per il decollo.

Il secondo pilota aveva nel frattempo sentito dei frammenti della comunicazione tra l'aereo Pan Am e la torre di controllo, la quale aveva già richiesto all'equipaggio americano di segnalare quando avrebbero liberato la pista di decollo. Nella registrazione della scatola nera dell'areo della KLM si sentono distintamente le sue parole al capitano van Zanten: "Il Pan Am è sulla pista di decollo?" E la risposta più che convinta del suo capitano: "Ma no!".

L'aeroporto Los Rodeos

L'"Aeropuerto International de los Rodeos" è il più piccolo dei due aeroporti di Tenerife. Si trova nella parte settentrionale dell'isola, presso Santa Cruz de Tenerife. Da sempre noto per i banchi di nebbia e i venti violenti che si formano all'improvviso, rendendo difficili le fasi di decollo e atterraggio, al momento della catastrofe, nel 1977, non aveva ancora un radar da terra, grazie al quale si possono controllare i movimenti sulla pista di rullaggio anche in caso di scarsissima visibilità.

La cronaca della catastrofe

Mentre l'aereo americano stava ancora rullando sulla pista di partenza, improvvisamente emerse dalla nebbia la sagoma del velivolo KLM in decollo, che stava percorrendo la pista a oltre 200 km/h. Entrambi i piloti tentarono davvero l'impossibile: l'americano infatti fece virare il suo jumbo e al contempo diede tutto gas, per spostarsi dalla pista, l'olandese invece cercò di sollevare la parte anteriore dell'aereo per sorvolare l'altro mezzo. La catastrofe tuttavia non era ormai più evitabile. L'aereo KLM in realtà riuscì a sollevarsi, ma il suo carrello colpì il tronco del jumbo americano, squarciandolo. Il "Rhine River" proseguì per altri 150 metri sulla pista di decollo, scivolò poi per 300 metri sul suolo e infine prese fuoco. All'inferno di fiamme che ne scaturì non riuscì a scampare nessuno dei 248 passeggeri.

Il "Clipper Victor" proseguì per un breve tratto con la parte superiore del tronco completamente squarciata e le alette laterali distaccate, poi esplose e infine prese fuoco. Dei 396 occupanti ne sopravvissero appena 61, quasi tutti feriti.

L'intensità dell'esplosione scaraventò lontano alcuni passeggeri del jumbo Pan Am, ma solo pochi poterono sfuggire come per miracolo alla catastrofe. Intorno, solo frammenti, ogni cosa era in fiamme. Radio Tenerife inviò immediatamente un messaggio per chiedere soccorsi a tutti i medici e gli infermieri, in modo che si recassero all'aeroporto per soccorrere i feriti. La strada che portava all'aeroporto era ormai bloccata dal traffico, e per di più stava piovendo forte, preludio della tempesta che si sarebbe scatenata di lì a poco. Nell'hangar si allestì prontamente un ricovero per i cadaveri. Sulla pista di rullaggio i vigili del fuoco lottavano contro l'inferno delle fiamme, ma solo nove ore dopo si sarebbe riusciti ad avere il controllo dell'incendio.

La questione della responsabilità

Le indagini delle autorità spagnole che si occupavano della sicurezza aerea giunsero in seguito al risultato che i piloti avevano agito in modo corretto e anche che le condizioni meteo non fossero state la causa principale. Le indicazioni via

Incidenti aerei a Los Rodeos

7 dicembre 1965: un Douglas DC-3 della compagnia spagnola SPANTAX precipita poco dopo il decollo: 32 morti.

3 dicembre 1972: un Convair 990 della compagnia spagnola SPANTAX si ritrova in un banco di nebbia subito dopo il decollo. Il pilota perde l'orientamento e l'aereo precipita: 155 morti.

27 marzo 1977: nella nebbia, due jumbo jet si scontrano sulla pista di decollo. Il più grave incidente dell'aviazione civile: 583 morti

25 aprile 1980: un Boeing 727-100 si schianta al momento dell'atterraggio contro una montagna nascosta da una fitta cortina di nubi: 146 morti

I resti del jumbo Pan Am sulla pista di decollo dell'aeroporto di Tenerife.

radio avevano avuto un ruolo decisivo. Evidentemente non si erano sempre seguite le formule standardizzate e le regole stabilite abitualmente come norme per le comunicazioni via radio. Non si erano attese le conferme delle indicazioni date, ma nemmeno la torre di controllo le aveva richieste per fugare eventuali errori. Gran parte della responsabilità venne tuttavia attribuita al capitano dell'aereo KLM, in quanto non aveva atteso un chiaro via libera.

Come conseguenza per la catastrofe le autorità olandesi e spagnole richiesero un impiego più massiccio dei radar a terra negli aeroporti spagnoli. In questo modo probabilmente in quella domenica nebbiosa la sequenza letale di incomprensioni avrebbe potuto essere individuata per tempo e probabilmente evitata.

Un jumbo jet 747 della KLM vola sopra le nuvole. La compagnia aerea esiste ancor oggi.

Sulla pista di rullaggio restano solo macerie, tra cui il carrello danneggiato da uno dei due aerei.

Il Challenger *parte dal Kennedy Space Center di Cape Canaveral, Florida.*

NAVICELLA SI TRASFORMA IN UNA PALLA DI FUOCO

L'ESPLOSIONE DELLA NAVICELLA SPAZIALE *CHALLENGER*

Il *Challenger*, la seconda navicella spaziale costruita dalla NASA per i voli nello spazio, fece il suo primo viaggio nel 1983. Nella sua storia triennale eseguì dieci spedizioni, trascorse 69 giorni nello spazio e compì per 987 volte il giro intorno alla Terra. Durante i suoi voli vennero collocati anche i primi satelliti GPS e di trasmissione dati, oltre a testare una nuova copertura per lo shuttle. Il 28 gennaio 1986 si verificò tuttavia una catastrofe: appena 73 secondi dopo una partenza perfetta il *Challenger* esplose mentre si apprestava a eseguire la missione STS-51L, causando la morte di sei astronauti e una civile.

Protagonista della storia dei viaggi spaziali

Era stata la navicella di ricerca della US Navy *Challenger* a fare da madrina nella scelta del nome da dare ai viaggi nello spazio, e già la prima passeggiata sulla luna nel corso della missione "Apollo 17" aveva avuto quel nome. Fino al

Cordoglio in tutto il Paese

"Non li dimenticheremo mai, soprattutto non dimenticheremo mai quest'ultima volta, quando li vedemmo questa mattina, mentre si stavano preparando al viaggio, si voltavano verso di noi per un cenno di saluto e sicuri abbandonavano la Terra, per avvicinarsi ai Dio."

Ronald Reagan, presidente USA dal 1981 al 1989

tragico incidente, la navicella aveva partecipato ad alcuni dei momenti culminanti nella storia dell'esplorazione spaziale americana: Sally Ride era stata la prima astronauta americana nello spazio; il *Challenger* era stata la prima navicella a toccare terra nel Kennedy Space Center; durante una missione precedente, l'astronauta Bruce McCandless era stato il primo uomo a muoversi fuori dalla navicella nello spazio senza fune di sicurezza, spostandosi di 30 metri da essa. Durante una missione successiva Kathryn Sullivan era risultata la prima americana ad avere compiuto una passeggiata nello spazio. Inoltre, in un altro dei dieci voli del *Challenger* erano riusciti per la prima volta sia il decollo, sia l'atterraggio di notte. Nel 1985 il "Challenger" portò con sé su tre aerei il laboratorio spaziale Spacelab, dove, accanto ad altri esperimenti, vennero anche eseguiti test con animali viventi nello spazio. Durante un viaggio successivo, il *Challenger* fu accompagnata dal laboratorio spaziale Spacelab D1: una missione in gran parte finanziata dall'allora Repubblica Federale di Germania. Sull'ultimo volo di questa navicella che aveva mietuto tanti successi, per la prima volta viaggiava anche una civile: l'insegnante Christa McAuliffe, che avrebbe dovuto fare lezione ai bambini dallo spazio.

La scelta della maestra

"Vorrei mostrare agli studenti in classe che anche loro fanno parte della storia, che il programma spaziale appartiene pure a loro. Vorrei cercare di farli crescere con la consapevolezza di vivere nell'era spaziale."

Christa Mcauliffe, prima civile nello spazio

Lezioni dallo spazio

Negli anni, tra la popolazione americana si fece sempre più pressante la domanda circa l'utilità delle missioni spaziali organizzate dalla NASA. L'avventura nello spazio richiedeva miliardi di contributi, e dopotutto lo scopo iniziale non era stato altro che acquisire una posizione di vantaggio nell'ambito della Guerra fredda. Alla metà degli anni Ottanta la popolarità del programma spaziale raggiunse i suoi minimi storici: in pratica, ormai erano pochissimi coloro che seguivano decolli e atterraggi delle navicelle. Per rendere ancora popolare il programma della NASA e soprattutto per vedersi garantiti ulteriori finanziamenti da parte del governo, i costosi viaggi spaziali avrebbero dovuto diventare un'esperienza di dominio comune. Così, per lanciare una vera e propria campagna pubblicitaria, si ebbe l'idea di ricorrere alla cosiddetta "donna della porta accanto", da spedire nello spazio. Nell'ambito del programma Teacher-in-Space (insegnante nello spazio) la scelta cadde sulla trentasettenne Christa McAuliffe, selezionata tra 11.500 persone che avevano fatto domanda. Christa, madre di due bambini e insegnante, fu tramutata in un'astronauta. In pratica si cercò di risvegliare l'interesse per la ricerca spaziale tra i giovani offrendo loro la straordinaria possibilità di vivere "al futuro" e seguire lezioni dallo spazio. Secondo i calcoli, milioni di studenti

L'equipaggio del Challenger. *Dietro: Ellison S. Onizuka, Christa McAuliffe, Gregory Jarvis, Judith A. Resnik; davanti: Michael J. Smith, Francis R. Scobee e Ronald E. McNair (sempre da sinistra a destra).*

Lettera dell'ingegnere Roger Boisjoly

Nell'estate 1985, sei mesi prima della catastrofe, l'ingegnere aerospaziale Roger Boisjoly scrisse una lettera a R.K. Lunf, vicepresidente di Morton Thiokol Inc., che aveva assunto la responsabilità della costruzione della navicella, evidenziando i difetti riscontrati negli anelli delle guarnizioni: "Questa lettera fu scritta per assicurarsi che l'amministrazione fosse informata della serietà dei problemi di erosione che interessano gli anelli di guarnizione, osservati dal punto di vista di un ingegnere... Se si dovesse ripetere uno scenario simile (a quello della sequenza di test – N.d.t.), allora questo punto diventerebbe fondamentale per il successo o l'insuccesso della missione... Il risultato sarebbe una catastrofe di portata immensa: la perdita di vite umane. Sono seriamente preoccupato del fatto che, se non affronteremo il problema immediatamente e non realizzeremo un team in grado di risolvere la questione delle guarnizioni, perderemo una navicella."

Morton Thiokol Inc. non seguì minimamente i consigli di Boisjoly

Il Challenger *esplose appena 73 secondi dopo la partenza, il 28 gennaio 1986, dinanzi agli occhi di milioni di telespettatori in tutto il mondo.*

americani sarebbero rimasti incollati al televisore: purtroppo al posto della lezione dallo spazio avrebbero vissuto in diretta la tragedia.

L'indagine della catastrofe

L'allora presidente statunitense Ronald Reagan (1911-2004) richiese subito dopo la tragedia l'istituzione di una commissione che chiarisse le dinamiche dell'incidente. Già sei mesi dopo la tragedia si ebbero le prime relazioni, in cui si affermava che la catastrofe era stata causata da alcuni ispessimenti porosi delle guarnizioni sul razzo di spinta ausiliare destro. Le ricerche evidenziarono che la NASA aveva trascurato tutta una serie di norme di sicurezza. Era chiaro inoltre che l'Ente spaziale non avesse tenuto in considerazione gli avvisi ripetutamente forniti dagli esperti sull'eccessiva porosità delle guarnizioni degli anelli. Il count-down era partito: ormai nessuno poteva fermarlo.

Il *Challenger* non sarebbe mai dovuto partire quella mattina di gennaio del 1986, perché a Cape Canaveral c'era molto ghiaccio. Si poté infatti stabilire come l'effetto del freddo intenso a contatto con il calore improvviso dovuto all'accensione del gruppo motore avesse reso poroso lo strato di gomma delle guarnizioni del booster. In questo modo si era formata una'incrinatura: alcune foto scattate prima della partenza mostrano chiaramente pennacchi di fumo. Con il completamento delle fasi di partenza e il successivo decollo, il destino di Richard Scobee, Michael Smith, Judith Resnik, Ellison Onizuka, Ronald McNair, Gregory Jarvis e Christa McAuliffe era segnato: il foro si ampliò rapidamente e in pochi secondi le prime scintille ricaddero sul serbatoio centrale. Quando qualche secondo dopo il serbatoio prese definitivamente fuoco, esplosero all'incirca 1,4 milioni di litri di idrogeno e ossigeno dentro il serbatoio del carburante dello spaceshuttle: i frammenti della navicella si dispersero sulla baia della costa orientale della Florida.

Per un mese intero i sommozzatori della NASA furono impegnati a raccogliere dall'oceano pezzi della navicella e solo un paio di mesi dopo, nel marzo 1986, riuscirono a recuperare il cockpit con i resti dei suoi occupanti. Le indagini nel cockpit hanno dimostrato che i setti occupanti sopravvissero all'esplosione e che almeno tre cercarono di prendere le bombole dell'ossigeno per poter continuare a respirare. Pare che per almeno tre minuti abbiano vissuto pienamente consapevoli tutte le fasi dei 17 km di caduta, fino allo schianto sulla superficie dell'oceano.

Le conseguenze della catastrofe

La tragedia e le notizie successive indussero le autorità statali in carica a decidere di sospendere i voli dello shuttle. Solo più di un anno e mezzo dopo, il 29 settembre 1988, la navicella *Discovery* riprese il programma spaziale americano: vi erano state apportate oltre 2000 modifiche. Il razzo di spinta ausiliare destro, individuato come il responsabile del disastro del *Challenger*, venne completamente rielaborato. Inoltre fu realizzato un boccaporto per l'uscita di sicurezza, cosa che avrebbe obbligato gli astronauti a indossare di nuovo tute pressurizzate per avere garantita aria sufficiente al decollo e all'atterraggio. La NASA rinunciò da quel momento in poi a trasportare nello spazio satelliti ricorrendo all'aiuto di navicelle spaziali con equipaggio a bordo: per questo scopo si iniziarono a usare razzi trasportatori senza uomini a bordo. Nel 1991 venne realizzata quella che al momento era la migliore navicella spaziale, la *Endeavour* e fino al 2003 la NASA non ha più subito perdite: nel gennaio di quell'anno, invece, la navicella *Columbia* si disintegrò nelle ultime fasi del volo di ritorno e tutti i sette membri della spedizione morirono.

La navicella spaziale Challenger *vola con gli sportelli di carico aperti nell'orbita intorno alla Terra.*

I membri dell'equipaggio della "USS Preserver" sollevano dalle profondità oceaniche davanti alla Florida parte dei rottami della navicella Challenger.

Un jumbo si schianta su Amsterdam

La misteriosa catastrofe di Bijlmermeer – 1992

La sera del 4 ottobre 1992 un aereo da trasporto della compagnia israeliana El Al si schiantò su Bijlmermeer, un quartiere di Amsterdam. Il jumbojet appena partito aveva perso entrambi i motori destri. Il velivolo precipitò su due condomini e il cherosene esploso trasformò tutto in un vero inferno di fuoco. Inoltre si volle a lungo tenere segreta la consistenza di una parte del carico, tanto che all'inizio si parlò solo di fiori, profumi e componenti elettroniche per l'intrattenimento. Solo sei mesi dopo la catastrofe la compagnia aerea ammise che a bordo si trasportavano anche aggressivi chimici e uranio.

Il Boeing 747 della compagnia israeliana El Al decolla per il suo ultimo volo.

L'aereo sorvola Amsterdam

Solo pochi minuti dopo la partenza dall'aeroporto Schiphol di Amsterdam da un Boeing 747-200 battente bandiera israeliana si staccò uno dei due motori di destra. Il capitano Jizchak Fuchs segnalò l'emergenza alla torre di controllo, richiedendo di poter fare immediato ritorno in aeroporto. A una velocità di 520 km/h l'aereo compì un'ampia virata sulla città di Amsterdam, quando improvvisamente anche il secondo motore di destra si staccò, inducendo il velivolo a muoversi solo in cerchio. Quando poi subentrarono problemi anche all'impianto idraulico, e quindi divenne impossibile gestire le superfici di comando laterale e superiore, l'aereo divenne ingovernabile e iniziò a perdere drammaticamente quota.

La caduta è inevitabile

"Going down, going down!", urlò Fuchs nel suo ultimo comunicato via radio. L'aereo precipitava intanto sulle case di Bijlmermeer, un quartiere alla periferia di Amsterdam, schiantandosi qualche secondo dopo contro i condomini "Groeneveen" e "Kruitberg". Il quartiere fu tramutato all'istante in un mare di fiamme.

La caduta dell'aereo da trasporto, che aveva 13 anni, fu inevitabile e venne in seguito attribuita all'usura dei bulloni che dovevano trattenere i motori. Ma perché il capitano Fuchs non aveva cercato di compiere un atterraggio di emergenza nel vicino Jisselmeer, avendo la possibilità di tentarlo? Perché aveva sorvolato più volte Amsterdam, per raggiungere una determinata pista di atterraggio dell'aeroporto? Queste sono solo alcune delle domande che avvolgono nel mistero il volo LY 1862 diretto da Amsterdam a Tel Aviv.

Dopo lo schianto del jumbojet numerosi condomini presero fuoco. Alla fine, rimasero solo rovine fumanti.

Azioni misteriose nel luogo del disastro

Nel mare di fiamme morirono almeno 93 persone e 233 appartamenti furono distrutti. Inoltre la vampata di calore del cherosene esploso rese quasi irriconoscibili molti corpi, tanto che le fasi di identificazione furono difficilissime. Non è nemmeno da escludere che vi fossero anche altri abitanti illegali nel grande condominio, quindi il numero delle vittime potrebbe essere ancora più alto. I lavori di recupero e salvataggio proseguirono per tutta la notte. Verso mezzanotte tuttavia il luogo del disastro venne improvvisamente isolato dagli uomini della sicurezza. Vigili del fuoco, giornalisti e curiosi furono spostati dietro i condomini vicini, gli appartamenti che davano direttamente sul luogo del disastro furono requisiti. Quindi alcuni uomini in tute protettive bianche perlustrarono attentamente tutta la zona e

Comunicato stampa del 7 aprile 1998

"Amsterdam – La polizia olandese ha aperto martedì un'indagine sui misteriosi 'uomini con la tuta bianca', che si sarebbero materializzati dopo la caduta di un aereo El-Al nell'ottobre 1992, ad Amsterdam. Subito dopo lo schianto dell'aereo contro alcuni condomini di Amsterdam, alcuni testimoni oculari hanno visto 'uomini simili ad astronauti' tra i resti dell'aereo. Motivo dell'indagine è la testimonianza di un vigile del fuoco che avrebbe scorto questi uomini in tuta bianca, confermando ciò che avevano riferito gli abitanti. Non è stato invece chiarito il carico a bordo dell'aereo El-Al diretto a Tel Aviv. Al mattino, una impresa di trasporto americana ha confermato che nella notte dopo lo schianto aveva trasportato in tutta fretta un carico a Tel Aviv. La televisione olandese aveva reso noto uno studio svedese secondo il quale la caduta del Boeing 747 sul quartiere di Bijlmermeer aveva liberato enormi quantità di uranio debolmente radioattivo. I tossicologi olandesi hanno espresso dubbi circa questa versione dei fatti. Durante l'incidente un aereo da trasporto della compagnia El-Al era caduto su un condominio. Tre membri dell'equipaggio, un passante e 43 residenti erano morti. Molti abitanti dovettero essere curati per parecchi anni a venire per alopecia e malattie della pelle."

verso le cinque del mattino dei mezzi di trasporto portarono via una parte della carcassa del jumbo.

Cosa trasportava veramente l'aereo?

Durante una conferenza stampa dopo la catastrofe, il ministro olandese del Traffico, Hanja Maji-Weggen, disse che l'aereo trasportava solo fiori e profumi. In effetti, una nuvola di profumo nel luogo dell'incidente fu confermata anche da molti testimoni oculari. Ma come si possono spiegare le malattie che colpirono numerosi soccorritori e abitanti del quartiere, anche anni dopo la catastrofe?

Problemi renali, perdita di capelli, eczemi e un numero incredibile di aborti: tutti riscontrati senza ombra di dubbio. Ancora quasi sei anni dopo il disastro vennero alla luce altri dettagli: i documenti relativi al carico dell'aereo erano stati evidentemente falsificati, la scatola nera, dove erano registrate le ultime frasi nella cabina di volo, fu probabilmente trasportata di nascosto in Israele, e sicuramente l'aereo non trasportava solo fiori e profumi. La compagnia a quel punto dovette ammettere anche la presenza di merce destinata all'esercito: parti di carro armato, componenti per razzi di contraerea, sostanze chimiche per la produzione di gas tossico Sarin e infine anche qualche centinaio di chili di uranio.

L'aereo della compagnia El-Al si schianta su Amsterdam-Bijlmermeer e distrugge complessivamente 223 appartamenti, provocando la morte di almeno 93 persone.

L'"albero che ha visto tutto"

Ci sono ben poche speranze che la verità venga mai alla luce. Persino sei anni dopo l'incidente, molti dei feriti aspettavano ancora i risultati delle indagini ufficiali e un riconoscimento delle loro stranissime malattie. Nel 1998 ci si limitò invece a inaugurare un monumento in ricordo della catastrofe. Nelle vicinanze del luogo del disastro, al centro della zona maggiormente distrutta, era rimasto un pioppo solitario, intorno al quale era ben presto stato istituito un luogo a memoria della strage. Poesie, foto, fiori e corone vennero deposti intorno all'albero, per ricordare le vittime. L'"albero che ha visto tutto", testimone verde e silenzioso, divenne alla fine il centro di un monumento che per iniziativa del comune di Amsterdam venne eretto a Bijlmermeer.

Per chi è rimasto personalmente colpito dal disastro si tratta comunque di una debole consolazione. I segreti di stato internazionali hanno evidentemente la priorità rispetto ai diritti dei singoli. Eczemi, perdita di capelli e piaghe purulente rimangono ancora il vero problema delle vittime incolpevoli. Henk van der Belt, testimone oculare della catastrofe, commentò: "E cosa ce ne facciamo del monumento? Sarebbe meglio che chiarissero la faccenda e ci ridessero la fiducia di vivere in una democrazia in cui gli uomini vengono presi sul serio".

La regina Beatrice visita il luogo della catastrofe il giorno dopo l'incidente.

La fine di un simbolo di pace

Il Concorde va in fiamme

Il 25 luglio 2000 l'aereo Air France 4590, in volo dall'aeroporto internazionale Charles de Gaulle, a Parigi, al John F. Kennedy Airport di New York, si schiantò appena qualche minuto dopo il decollo. Il Concorde, l'unico aereo supersonico della storia dell'aviazione, simbolo di pace e di concordia internazionale, come lo definì Tony Benn, all'epoca ministro inglese delle Tecnologie, prese immediatamente fuoco e 113 persone persero la vita.

I motori dell'ala sinistra del Concorde prendono fuoco subito dopo la partenza. Causa della catastrofe: il distacco di una ruota.

L'aereo passeggeri più sicuro della storia

Il Concorde venne realizzato congiuntamente da Gran Bretagna e Francia e con i suoi 2200 km/h raggiungeva il doppio della velocità del suono. Il primo prototipo compì il suo volo di battesimo nel 1969. Dal 1976 venne impiegato regolarmente e fino a oggi è rimasto l'unico velivolo supersonico usato per il normale traffico aereo. Inoltre il Concorde era considerato l'aereo più sicuro al mondo, un risultato calcolato in base alla quantità di vittime in volo rapportate alle miglia percorse da una data tipologia di aereo. A paragone, l'intera flotta di Boeing 737 percorre in una sola settimana un numero maggiore di miglia per passeggero e ha all'attivo più ore di volo rispetto al Concorde nel corso della sua attività, ma questo in realtà dipende dalla quantità di boeing in circolazione e dalla vastità delle loro tratte.

Lamiere di titanio sulla pista di decollo

Durante le fasi di decollo del Concorde in quella domenica di luglio del 2000, l'aereo, che in quel momento aveva già una velocità di 300 km/h, passò sopra un pezzo di lamiera di titanio lungo circa 40 cm, che si trovava sulla pista. La lamiera apparteneva a un DC10 della compagnia americana Continental Airlines, decollato da quella stessa pista solo quattro minuti prima. La ruota del Concorde interessata dalla collisione si staccò e una sua parte colpì la parte inferiore del carrello sinistro con una forza tale da danneggiare uno dei serbatoi di combustibile. Il liquido, uscendo, s'incendiò a causa di alcune scintille di una linea elettrica oppure per contatto con le parti bollenti del motore. Pochi secondi dopo, quando l'aereo si staccò dal suolo, i motori 1 e 2 persero contemporaneamente la forza di spinta, che tuttavia riacquistarono nei secondi successivi. Quando poi nel motore numero 2 si verificò una grande fiammata, che subito formò come una coda dietro l'aereo, i membri dell'equipaggio decisero di staccare questo motore: nel frattempo infatti avevano già ricevuto un avviso di incendio sul proprio computer di bordo. A questo punto i piloti non avevano altra scelta che proseguire nelle fasi di decollo, con la speranza di raggiungere il vicino aeroporto di Le Bourget, dove tentare un atterraggio di fortuna.

Lo schianto su un hotel

Dato che tre dei quattro motori funzionavano ancora e la preparazione per l'atterraggio non poteva ancora iniziare, il Concorde tentò comunque di proseguire acquistando velocità, non riuscendo però a raggiungere la necessaria altezza di volo. Continuò quindi a volare a 379 km/h, invece dei necessari 400 km/h, e a un'altezza di appena 60 m. Il fuoco intanto si era propagato al motore n. 1, che andò fuori uso. Per via dell'accelerazione, che ora risultava asimmetrica (in pratica, funzionavano solo i due motori 3 e 4), l'ala destra si alzò al punto

Il Concorde in panne si schiantò su un hotel nelle vicinanze, uccidendovi quattro ospiti.

da far assumere all'aereo una pendenza di oltre 100 gradi. Per riportare il Concorde in posizione orizzontale al pilota non rimaneva altra scelta che diminuire la potenza dei due motori rimasti. Come conseguenza della diminuita velocità, tuttavia, perse il controllo dell'aereo, che precipitò.

Paura di altri incidente
"L'incidente del 25 luglio dimostra come la distruzione di un pneumatico, evento che potrebbe comunque ripresentarsi, abbia avuto in così poco tempo effetti tanto catastrofici che non avrebbero potuto essere gestiti altrimenti dagli uomini dell'equipaggio."
Ufficio inchieste francese per gli incidenti aerei (BEA)

Purtroppo il Concorde si schiantò contro l'hotel "Les Relais Bleus", a Gonesse, nelle vicinanze dell'aeroporto. Nella catastrofe morirono tutti i nove membri dell'equipaggio, 100 passeggeri e quattro persone a terra.

Divieto di volo per tutti i Concorde

Appena qualche giorno dopo il tragico incidente tutti i Concorde vennero sottoposti a divieto di volo, perché le autorità di sicurezza aerea internazionali volevano prima analizzare bene l'incidente. Soltanto a un aereo Air France che si trovava ancora a New York venne concesso di rientrare a Parigi, ma senza passeggeri. Oltre a una relazione

I vigili del fuoco non poterono fare altro che spegnere le fiamme nel relitto del Concorde. Per i membri dell'equipaggio e i passeggeri non vi fu possibilità di salvezza.

Un Concorde della British-Airways nella fase di decollo dal John F. Kennedy International Airport. L'aereo dovette essere poi riportato senza passeggeri all'aeroporto di Heathrow, Londra, il 26 luglio 2000, un giorno dopo la catastrofe di Parigi.

I record del Concorde

Il Concorde ha raggiunto nella sua storia più di un record: nel 1995 circumnavigò la Terra partendo da Parigi e tornando nello stesso aeroporto di partenza, con tutte le soste intermedie, in 32 ore, 27 minuti e 49 secondi. Un Concorde della British Airways coprì la tratta New York-Londra il 7 febbraio 1996 in 2 ore, 52 minuti e 59 secondi: un vero e proprio record mondiale. Nell'agosto 1999 tre Concorde sorvolarono l'Atlantico raddoppiando la velocità del suono, durante un'eclissi: in questo modo, circa 300 passeggeri vissero l'oscurità completa tre o quattro volte più a lungo rispetto a chi la osservava dalla Terra.

L'aereo distrutto lasciò un vero e proprio ammasso di rottami, provocando alla Air France danni per milioni. A questi elevati costi si unirono anche quelli derivanti dalla decisione di sospendere i voli con il Concorde.

sulle cause dell'incidente, gli esperti avrebbero dovuto avanzare proposte di miglioramento per il mezzo. Le indagini fecero notare come alcuni cambiamenti dovevano essere assolutamente apportati e, in particolare, che tutti i velivoli avrebbero dovuto essere dotati di ruote e pneumatici appositamente creati per loro, che non potevano staccarsi.

Problemi infiniti con le ruote

Nel 2005 le autorità francesi avviarono una indagine ai danni della Continental Airlines per l'impiego di lamiera di titanio, effettivamente non ammessa, che invece la compagnia utilizzava perché era più resistente rispetto ad altri metalli tradizionali.Nello stesso anno venne condotta anche un'indagine contro l'ingegnere aeronautico Jacques Herubel. Come si evinse, negli anni compresi tra il 1979 e il 2000 si erano verificati complessivamente oltre 70 incidenti dovuti a problemi alle ruote del Concorde. Herubel, capo ingegnere, aveva invece preferito trascurare questo elemento e non aveva mai sollevato la questione. Quando ormai tutti i problemi sembravano risolti e il Concorde avrebbe potuto ricominciare a volare, si verificarono gli attacchi terroristici dell'11 settembre 2001. Una conseguenza indiretta fu la significativa diminuzione di passeggeri nel traffico transatlantico, cosa che alla fine portò alla sospensione di tutti i voli con i Concorde, perché con un numero così vistosamente in calo di passeggeri gli elevati costi del volo non erano più ammortizzabili.

Il Concorde, l'unico aereo supersonico mai utilizzato per il trasporto aereo civile, era considerato il velivolo più sicuro al mondo, ovviamente prima del disastro di Parigi.

Esplode in fase di atterraggio

LA NAVICELLA *COLUMBIA*

Il 12 aprile 1981 il *Columbia* aprì un nuovo capitolo nella storia delle navicelle spaziali. Contrariamente ai razzi vettori, parti dei quali si estinguono nell'universo, e soltanto una piccola capsula ritorna sulla Terra, la navicella spaziale atterra come un aereo su una pista e può poi essere completamente riutilizzata. Così battezzata in onore di un veliero americano che riuscì per la prima volta nel 1792 a circumnavigare la Terra, il *Columbia* compì moltissimi voli, fino alla catastrofe del 1° febbraio 2003, quando rientrando nell'atmosfera s'incendiò, causando la morte di tutto l'equipaggio.

Danni sin dal decollo

Le indagini su quanto accadde il 1° febbraio dimostrarono come le prime avvisaglie della tragedia, che si sarebbe verificata negli ultimi minuti di volo, si erano in realtà già annunciate al momento della partenza.

Per tre mesi i membri di una commissione appositamente creata studiarono 50.000 reperti, dati di computer e foto, prima di giungere alla conclusione che la navicella aveva già subito un danno 81 secondi dopo la partenza, poi non aggravatosi durante tutti i 16 giorni della missione, fino a quando, negli ultimi minuti, già durante il volo di atterraggio, il lieve danno originario diede origine alla tragedia.

Al momento della partenza, un pezzetto di materiale isolante si era staccato da uno dei serbatoi esterni e aveva battuto contro la superficie alare sinistra del veleggiatore, causando un danno. Nel momento del rientro nell'atmosfera, gas bollenti penetrarono nella parte danneggiata della superficie alare sinistra. I gas provocarono poi lo scoppio del *Columbia* e la morte dei sette membri dell'equipaggio.

Harold Gehman, responsabile della commissione di inchiesta di Houston, disse che la navicella spaziale era rientrata nell'atmosfera con un problema già presente sulla superficie alare sinistra: il danno doveva essere sufficientemente vasto da far sì che i gas potessero raggiungere la superficie alare sinistra, provocando un calore molto elevato e infine il crollo strutturale dell'intera navicella. Gehman aggiunse tuttavia che non si poteva affermare con certezza che questa fosse la dinamica dell'incidente.

La navicella spaziale "Columbia" inizia la sua missione di 16 giorni nello spazio.

Un momento difficile

"Il ritorno nell'atmosfera terrestre è uno dei momenti più difficili in una missione spaziale. Una differenza di un solo grado può provocare una catastrofe come quella di oggi."

Umberto Guidoni, astronauta italiano

Nel Johnson Space Center, di Houston, Texas, venne scattata una foto ricordo dell'equipaggio del Columbia.

L'ultimo contatto radio con il "Columbia"

Il "Columbia" ebbe l'ultimo contatto radio poco prima delle 15.00 (CET) con il centro di controllo di Houston.

Secondo una traduzione non ufficiale degli appunti raccolti, queste dovrebbero essere state le ultime frasi scambiate:

Centro di controllo: "Columbia Houston, vediamo le vostre segnalazioni sulla pressione degli pneumatici, e non abbiamo capito le ultime."

Columbia: "Capito, hu..."

Poi il collegamento si interrompe.

La stessa NASA venne pesantemente criticata dalla commissione di inchiesta, in quanto avrebbe tralasciato informazioni importanti e inoltre non si sarebbe data abbastanza da fare per salvare l'equipaggio.

Il 26 agosto 2003, nella sua relazione, Gehman spiegò che l'indagine aveva evidenziato diverse lacune ed errori di gestione, soprattutto un pessimo controllo della qualità. Inoltre la NASA avrebbe deciso di correre molti rischi negli ultimi anni, molti di più di quanto si sarebbe supposto agli inizi del programma di viaggi spaziali.

Le comunicazioni sugli errori iniziano 15 minuti prima dell'atterraggio

A bordo del *Columbia*, che si accingeva a compiere la sua 16ª missione, si trovavano sette astronauti. Rick Husband era il comandante, William McCool il pilota, Kalpana Chawla, David Brown, Michael Anderson, Laurel Clark i cosiddetti specialisti della missione, che avrebbero compiuto oltre 80 esperimenti scientifici a bordo. Il settimo membro dell'equipaggio, e specialista di carico, era l'ufficiale israeliano Ilan Ramon, il primo israeliano a entrare nello spazio, tanto che la sua presenza aveva reso necessarie una serie di straordinarie misure di sicurezza al momento della partenza, per paura di possibili attentati.

Quando la navicella era ormai pronta per l'atterraggio, la velocità doveva essere portata da 29.000 km/h ad appena 1000 km/h nell'arco di un tempo relativamente breve. Durante la fase di frenata si provoca una forte diffusione di calore, tanto che gli schermi di protezione devono sopportare una temperatura di 1650 °C.

Questi schermi sono formati da circa 20.000 piccole tessere di un materiale particolare. Il punto di calore massimo venne raggiunto dal *Columbia* il 1° febbraio 2003, circa 15 minuti prima dell'atterraggio, a un'altezza di circa 62 km, intorno alle 14.52 (CET).

I sensori della temperatura del rivestimento dei freni mostravano anch'essi temperature straordinariamente elevate. La navicella si trovava ormai in volo sulle coste della California. Appena nove minuti dopo, un altro sensore avvisò di un improvviso surriscaldamento della tubazione del freno di sinistra. Il *Columbia* stava sorvolando la Cali-

Cadendo al suolo nelle vicinanze di Athens, California, i relitti della navicella Columbia provocarono svariati piccoli incendi.

fornia. Dopo altri quattro minuti, i sensori della superficie alare sinistra smisero di funzionare e alla stazione a terra non arrivarono più dati. Ora la navicella si trovava sopra l'Arizona.

Qualche secondo prima dell'interruzione dei contatti radio i sensori rivelarono una forte resistenza dell'aria sulla superficie alare sinistra. Il *Columbia* aveva ora raggiunto una velocità di 20.100 km/h. Improvvisamente, più persone udirono una serie di esplosioni fragorose. La navicella si spezzò in almeno tre parti, che precipitarono in fiamme: diciasette anni dopo la tragedia del

Sotto: tecnici al lavoro per ricostruire il "Columbia" con i vari relitti. Dopo lo schianto vennero ritrovati 25.000 kg di materiale, circa il 24% della navicella spaziale.

Testimonianza oculare
"Fummo svegliati da un tuono. Fu come se un treno stesse passando sul nostro terreno, diretto verso la casa."
Lynn Hern, Huntington, Texas

Challenger, gli USA persero una seconda navicella spaziale.

La ricerca dei relitti

Le attente ricerche dei pezzi del *Columbia* permisero di recuperare il 24% circa del mezzo. Subito dopo la tragedia la NASA, temendo una caccia all'accaparramento, avvisò la popolazione locale di non avvicinarsi alle rovine perché tossiche. Era solo permesso filmare o fotografare i pezzi, non raccoglierli né tanto meno portarli via.

Poco dopo la catastrofe numerosi relitti furono ritrovati a Nacogdoches, Texas. Sempre a poche ore di distanza dall'evento si rinvennero anche i primi resti umani: per esempio, in una strada di campagna del Texas, nei pressi di alcune parti del *Columbia* si ritrovarono un torso umano carbonizzato, un femore e un cranio.

I relitti del Columbia *vennero raccolti in cinque Stati federali degli USA.*

Vigili del fuoco di Oregon e California setacciarono palmo a palmo i campi del Texas, per poter rinvenire altre parti del Columbia.

Cronaca degli incidenti a navicelle spaziali

*27 gennaio 1967: fuoco a bordo dell'*Apollo 1*; tutti i tre gli astronauti americani muoiono.*

24 aprile 1967: i paracadute di una capsula Sojus sovietica non si aprono in modo corretto. Muore un cosmonauta.

*13 aprile 1970: mentre si sta dirigendo verso la luna, a bordo dell'*Apollo 13 *si verifica l'esplosione di un serbatoio di ossigeno. I tre astronauti riescono a tornare sani e salvi sulla terra.*

30 giugno 1971: una valvola della pressione si apre a bordo di una capsula Sojus e tre cosmonauti muoiono.

26 settembre 1983: a bordo di un razzo russo Sojus scoppia un incendio poco prima della partenza. La navicella venne fatta ugualmente partire con i tre cosmonauti, che si salvarono.

28 gennaio 1986: poco dopo la partenza, la navicella Challenger *esplode, causando la morte di tutti i membri dell'equipaggio.*

23 febbraio 1997: a bordo della stazione spaziale "Mir" scoppia un incendio; i cosmonauti reagiscono prontamente e spengono le fiamme nell'arco di appena 14 minuti; nessuno rimane ferito nell'incidente.

25 giugno 1997: una capsula di supporto, senza uomini a bordo, entra in collisione con la stazione "Mir", il cui equipaggio rimane illeso.

1° febbraio 2003: al momento dell'atterraggio della navicella spaziale Columbia*, un'esplosione si verifica a 60 km di altezza, la navicella precipita a terra e tutti i sette astronauti perdono la vita.*

TERRORE IN MARE

Il *Titanic* fu veramente una nave superlativa, in tutto, fino al suo affondamento: una catastrofe di dimensioni straordinarie. Questo capitolo tuttavia non presenta solo sogni sommersi, ma anche tragedie marine di altro genere, come i danni ambientali causati dal petrolio, che ormai da anni sferrano attacchi violenti contro la natura. Le analisi delle catastrofi partono sempre dalla previsione che in futuro si possano evitare: un'illusione cui si ricorre per potersi spingere sempre più in avanti.

Quattro generazioni di una famiglia di schiavi neri a Beaufort, Carolina del Sud. Chi entrava suo malgrado in questo giro di sfruttamento, non ne usciva più.

Uomini come merce

L'ultimo viaggio della *Henrietta Marie*, una nave per il trasporto degli schiavi

La schiavitù esiste da quando esiste l'uomo: sempre, di secolo in secolo, gli uomini sono stati costretti a lavorare contro la propria volontà, mentre altri gestivano, e gestiscono, la loro vita. Il XVII e XVIII secolo furono il periodo dominante della tratta degli schiavi. Il trasporto avveniva con navi che, sulla rotta atlantica, dall'Europa giungevano in Sud America e sulla costa meridionale degli attuali Stati Uniti, passando per l'Africa. Stipati in condizioni disumane sulle navi, senza alcuna assistenza e spesso persino senza cibo, migliaia di uomini venivano trasportati come se fossero merce e venduti. Accanto ai tristi destini di molti sfortunati, la vera catastrofe trovava in questo caso il proprio fondamento nella pura esistenza della schiavitù.

Una lettera aperta

"Il mio scopo principale in questa guerra è di salvare l'Unione, non di salvare o distruggere la schiavitù. Se potessi salvare l'Unione, anche senza liberare nemmeno uno schiavo, lo farei; se potessi salvarla, liberando tutti gli schiavi, lo farei; e se potessi anche salvare l'Unione liberando alcuni schiavi e tenendone altri prigionieri, lo farei. Tutto quello che faccio nei confronti della schiavitù e dei neri accade perché credo sia utile per salvare l'Unione."

Lettera introduttiva di Abraham Lincoln, pubblicata sul *New York Tribune* del 22 agosto 1862.

Il governo indiano sa che, nonostante il divieto, migliaia di bambini di età compresa tra i quattro e gli undici anni vengono sistematicamente sfruttati come forza lavoro.

La schiavitù oggi

L'organizzazione per i diritti umani Terre des hommes ha pubblicato nell'aprile 2006 una relazione secondo cui ancor oggi circa 12 milioni di persone al mondo vivono in condizioni di schiavitù. Più della metà sono bambini e giovani costretti a lavorare in paesi come India, Bangladesh o Pakistan. Nelle nazioni industrializzate, invece, bambine e giovani donne vivono come prostitute in condizioni simili a quelle di servi della gleba. Purtroppo, queste situazioni nei paesi interessati, anche nelle nazioni industrializzate, rimangono spesso senza alcuna conseguenza penale o sociale: non sono in pratica mai sanzionate. Fino a quando ci sarà interesse a mantenere lo status quo, fino a quando sarà presente il fattore che ne determina il mercato, situazioni così terribili non avranno mai fine. Inoltre, soprattutto in Africa molti bambini vengono schiavizzati per tramutarli in soldati. Anche un simile abuso è stigmatizzato dalle organizzazioni per i diritti umani, ma la situazione è difficilmente modificabilr. Pare proprio che la schiavitù sia un male connaturato all'uomo, che solo con grandi difficoltà si potrà sradicare.

Trasportati come animali

Nell'estate del 1700 la nave inglese *Henrietta Marie*, destinata al trasporto degli schiavi, faceva naufragio ad appena 50 km circa a ovest di Key West, Florida. Pochi giorni prima, il 18 maggio, aveva fatto scalo a Port Royal, Giamaica. I due ponti di carico della nave a vela – nel frattempo si era aggiunto un altro ponte per poter trasportare più uomini – erano sovraffollati con più di 300 donne, bambini e uomini, tutti ridotti in schiavitù sulle coste occidentali dell'Africa. Si è stimato che questa nave potesse trasportare oltre 400 schiavi. Gli schiavi neri erano stati catturati da altri africani, per lo più di tribù nemiche, e quindi rivenduti ai negrieri. I mercanti di schiavi inglesi avevano pagato gli uomini con perle di vetro, utensili, sbarre di ferro o di rame. Prima che la *Henrietta Marie* entrasse in porto, il capitano Thomas Chamberlain aveva ordinato che le persone venissero preparate per la vendita: erano state portate sul ponte, lavate, rasate e unte d'olio, quindi ci si era preso cura delle loro ferite. Dopo l'arrivo, erano state sbarcate a terra, nude e incatenate. I possibili clienti le soppesavano come se fossero animali, tastandone il corpo, osservandone i denti, annusando e assaggiando il sudore, in quanto si credeva che dal suo odore e dal suo sapore si potessero individuare

Centinaia di neri trascorrevano tutto il viaggio a bordo della nave che li portava verso la schiavitù sottocoperta, in uno spazio di appena 0,5 metri quadri per persona.

alcune malattie. La schiavitù era un affare molto redditizio. Si è calcolato che le rendite di un carico completo di schiavi superassero le 3000 sterline, il che corrisponde a un potere d'acquisto attuale di 450.000 euro. Gli schiavi, che venivano impiegati per lo più in Giamaica nelle piantagioni di canna da zucchero e in quelle di cotone negli Stati meridionali degli attuali USA, avevano in genere una speranza di vita futura oscillante tra i cinque e i dieci anni. Carica di zucchero, cotone, essenze lignee tropicali pregiate e il colorante indaco, molto apprezzato – il tutto ottenuto grazie alla vendita degli schiavi – la *Henrietta Marie* lasciò le coste della Giamaica. Ma mentre si dirigeva verso la Gran Bretagna si incagliò, inabissandosi. Tutti coloro che si trovavano ancora sulla nave morirono annegati.

Condannati a una morte certa

Nel 1972 l'americano Mel Fisher, subacqueo e cercatore di tesori, ne scoprì il relitto, ma dato che non vi era traccia d'oro, non ne diede notizia. Fu solo nel 1983 che l'archeologo americano David Moore lo osservò attentamente e, per via delle

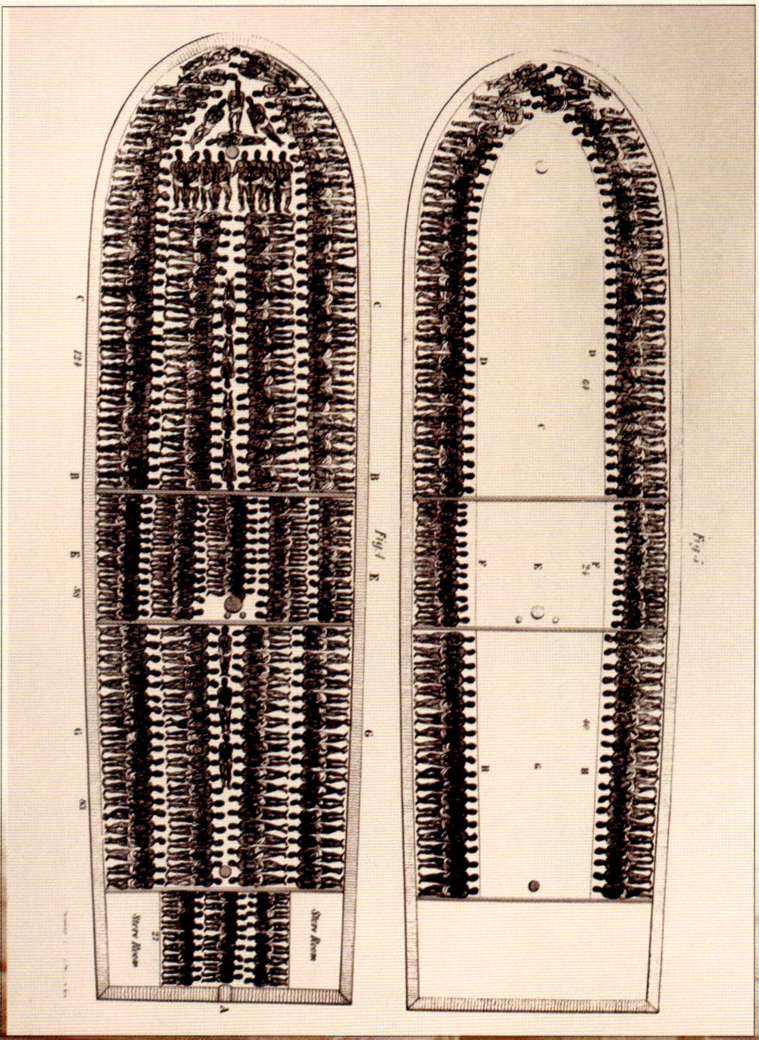

Distribuzione degli schiavi sul ponte della nave: la nave danese Kron-Printzen, *adibita al trasporto degli schiavi, affondò nel 1706 dopo una tempesta, causando la morte di 820 persone incatenate.*

Un gruppo di schiavi americani dinanzi alla baracca in cui vivevano. Le condizioni di vita erano spesso insopportabili.

molte catene di ferro, lo identificò come nave per il trasporto degli schiavi. La nave a vela *Henrietta Marie* rappresenta il relitto di nave negriera più antico che sia mai stato rinvenuto. Ma ovviamente questa non era l'unica nave per gli schiavi: l'Inghilterra non era l'unica nazione che guadagnava denaro vendendo uomini. La danese *Kron-Printzen* affondò nel 1706 durante una tempesta: la nave, incredibilmente carica, portò con sé sui fondali marini gli 820 schiavi incatenati che aveva a bordo, condannandoli a morte certa.

Gli schiavi vengono scaricati dalla nave americana Wyandotte a Key West, Florida. La Wyandotte era una delle tante navi illegali adibite al trasporto degli schiavi.

Gli schiavi valgono meno del cibo che consumano

La scoperta e la colonizzazione delle Americhe avevano aumentato la richiesta di forza lavoro. All'inizio vennero ridotti in schiavitù i primi abitanti indigeni dei paesi appena scoperti. Fu quando gli indiani incominciarono a scarseggiare perché decimati dalla schiavitù e dalle malattie importate dagli europei, come morbillo e vaiolo, che si verificò una carenza di manodopera e si ricorse a una forma ormai secolare per procurarsi forza lavoro a poco prezzo: il mercato degli schiavi. In questo modo, nel XVI e XVII secolo, 750.000 schiavi africani giunsero nelle colonie spagnole. Tuttavia, le condizioni di vita sulle navi degli schiavi erano così disumane che un numero pari al doppio moriva già durante il viaggio. I mercanti degli schiavi anzi consideravano questo evento come una sorta di selezione naturale, in quanto in tal modo giungevano nella loro nuova patria soltanto i più forti, che poi venivano usati anche per scopi riproduttivi. Ovviamente i mercanti degli schiavi preferivano investire poco denaro nell'alimentazione della loro "merce" durante le lunghe settimane di viaggio sull'Atlantico, accollandosi quindi anche il rischio di qualche decesso per denutrizione: in quei momenti, lo schiavo aveva un valore minore rispetto all'alimentazione necessaria per mantenerlo in vita. Ogni schiavo aveva a disposizione sulla nave solo 0,5 metri quadri di spazio: incatenati e stipati, dovevano riuscire in qualche modo a superare gli strapazzi di viaggi che spesso duravano settimane. Quando, durante la prima rivoluzione industriale, si giunse all'impiego di macchine a vapore anche nelle piantagioni, le condizioni di vita e di lavoro degli schiavi peggiorarono ulteriormente: dovevano infatti adeguarsi alle macchine, molto più veloci di loro. Stipati in baracche e costretti a un numero di ore lavorative ancor più elevato, dato che le macchine non si fermavano né si stancavano, le loro aspettative di vita vennero ancor più ridotte anno dopo anno.

La capanna dello zio Tom

Nel 1852 Harriet Beecher-Stove (1811-1896) pubblicò il romanzo La capanna dello zio Tom, *in cui trattava il tema della schiavitù. Per i contenuti del suo libro venne vivacemente osteggiata soprattutto negli Stati sudisti. Per la stesura del libro si era basata su materiale autentico. Pare che Abraham Lincoln (1809-1865), il 16° presidente americano, le abbia detto: "... Ma allora lei è la signora che ha scritto il libro che ha scatenato la nostra grande guerra?" Lincoln fu vittima di un attentato subito dopo la guerra civile; l'attore John Wilkes Booth, acceso sudista e del tutto scontento dell'esito della guerra di secessione, gli sparò, colpendolo al capo.*

INFERNO DI FUOCO SULL'EAST RIVER

L'INABISSAMENTO DELLA *GENERAL SLOCUM*

Se chiedete a un newyorchese quale sia stata la peggiore catastrofe prima dell'11 settembre e della distruzione delle torri gemelle del World Trade Center, vi risponderà senza esitare: l'inabissamento della *General Slocum*. Il 15 giugno 1904, mentre stava percorrendo l'East River con a bordo oltre 1300 persone, sul piroscafo scoppiò un incendio. Il fuoco divampò violentemente senza che si riuscisse a domarlo e molti dei passeggeri annegarono nel fiume o perirono tra le fiamme a bordo.

Una comunità religiosa tedesca organizza la gita

Quello che oggi nel Lower East Side di New York, sulla costa orientale americana, è noto come East Village, alla fine dell'Ottocento era invece chiamato "Kleindeutschland" o "Little Germany", piccola Germania. Già nel 1870 vi vivevano infatti oltre 80.000 immigrati tedeschi. Il quartiere aveva teatri, librerie, negozi di generi alimentari, macellerie, club sportivi, chiese e sinagoghe dove tutti parlavano tedesco. Nel mese di giugno di ogni anno la comunità religiosa protestante di St. Mark, sulla East 6th Street, organizzava una gita per festeggiare la fine della scuola domenicale. In genere si prendeva a noleggio una nave con cui i membri della co-

I vigili del fuoco cercano di spegnere le fiamme sulla General Slocum, *ma per le 1021 persone i soccorsi arrivarono troppo tardi. A bordo, tutte le manichette antincendio erano fuori uso.*

L'incendio della General Slocum *si diffuse rapidamente dalla stiva e subito a bordo scoppiò il panico.*

munità raggiungevano una meta nei dintorni per fare il bagno, giocare, fare un picnic.
Il 15 giugno 1904 era stata noleggiata allo scopo la *General Slocum*, un piroscafo con ruota a pale. L'imbarcazione era lunga 76 metri e adatta al trasporto di 3000 persone. Era dedicata al generale nordista e successivamente membro del Congresso Henry Warner Slocum (1827-1894). In quella bella giornata di giugno ci si doveva recare a Locust Grove, a Long Island.

Poco dopo le 9 il piroscafo salpò, scendendo l'East River in direzione nord. Il ponte era stipato di bambini che volevano seguire da vicino le manovre della partenza, mentre gli adulti ascoltavano la banda che suonava canzoni tedesche. In quel momento sul fiume vi erano molte imbarcazioni, di varie dimensioni.

Impreparati per un caso di necessità

Verso le 9.30, quando la nave stava per passare la East 90th Street, alcuni membri dell'equipaggio scoprirono sotto coperta un incendio in una stiva, causato sicuramente da un tizzone lasciato inavvertitamente cadere o da un mozzicone di sigaretta. Ben presto l'incendio si propagò. I marinai, che non erano mai stati preparati per un'evenienza simile, afferrarono subito gli idranti che, essendo ormai vecchi e troppo porosi, scoppiarono per la pressione. Solo dieci minuti dopo lo scoppio dell'incendio e i primi tentativi falliti per domare le fiamme il capitano William van Schaik venne informato. In quel punto dell'East River, denominato per i suoi gorghi micidiali "Hell's Gate" (La

Il piroscafo General Slocum *era una imbarcazione adibita al divertimento, spesso noleggiata da comitive. Poteva accogliere 3000 passeggeri.*

Alcuni esperti mentre svolgono le indagini sui resti carbonizzati della General Slocum*: qui, il 15 giugno 1904, avevano trovato la morte 1021 persone.*

porta dell'inferno), si trovavano diversi grossi tank di petrolio ancorati ai moli dinanzi alla città. Per paura di provocare un'esplosione e contrariamente ai richiami dei viaggiatori, che gli dicevano di avvicinarsi a terra, il capitano diede il comando di aumentare la velocità e dirigersi a tutto vapore verso l'isola di North Brother, a circa 1,5 km di distanza, ma l'elevata velocità alimentò il fuoco.

Panico a bordo

A bordo regnava intanto il panico, perché solo pochi tra i passeggeri sapevano nuotare. Confusi e non sapendo come proteggersi dal fuoco, le mamme chiamavano i propri figli, gli uomini le mogli. Inoltre, da poco la nave era stata ridipinta con vernice estremamente infiammabile, come venne stabilito in seguito dalle indagini, e anche la vernice contribuì a tramutare il piroscafo in un inferno di fiamme. I primi passeggeri saltarono in acqua, alcuni rimasero quanto più possibile stretti al parapetto, ma quando le forze iniziarono a mancare, si lasciarono andare in acqua e annegarono. La maggior parte, infatti, non sapeva nuotare. L'equipaggio, che come abbiamo visto era totalmente impreparato a gestire un'emergenza simile, pensò solo a salvarsi, senza offrire alcun aiuto ai passeggeri. Il sughero degli oltre 3000 salvagenti, che da anni non venivano più controllati né tantomeno riparati, si staccò immediatamente: anche questa forma di salvataggio era inutilizzabile. Pertanto, coloro che li avevano indossati prima di saltare in acqua vennero addirittura spinti a fondo dal peso aggiuntivo. Nessuna delle scialuppe di salvataggio venne messa in acqua perché per via della vernice fresca era impossibile staccarle. Anche i cavi che avrebbero dovuto rilasciarle erano incollati, argani e verricelli fuori uso. Quando alla fine la nave raggiunse North Brother Island, il fuoco ne aveva ormai preso definitivamente possesso. I pochi rimasti a bordo del piroscafo si accalcavano nei punti non ancora raggiunti dalle fiamme.

All'epoca la North Brother Island era impiegata come luogo di quarantena. Infermiere e medici che avevano visto il piroscafo in fiamme si precipitarono sulla riva con delle corde per prestare aiuto ai sopravvissuti e riportarli a terra: tra questi però c'era anche la maggior parte di coloro che non sapevano nuotare. Le madri lanciavano i propri figli in acqua, per salvarli da morte sicura, ma molti annegarono. Nell'arco di pochi minuti la nave bruciò completamente, poi si inclinò su un fianco, inabissandosi. Il capitano e alcuni passeggeri riuscirono a salvarsi grazie all'intervento delle persone sull'isola.

Il bilancio a fine giornata era terribile, al punto da

far piangere i soccorritori, impotenti e disperati: 1021 persone, per lo più bambini, erano annegati. Si teme comunque che il numero di vittime possa essere stato ancor più alto, in quanto i piccoli che avevano meno di un anno non avevano bisogno di biglietto e quindi non erano indicati nel numero complessivo.

Alla ricerca dei colpevoli della catastrofe

Durante la settimana che seguì la tragedia migliaia di persone si recarono a riconoscere i cadaveri già ricomposti nelle bare. Alcuni avevano perso tutta la famiglia. Dato che molti dei cadaveri erano stati resi completamente irriconoscibili dalle fiamme, 61 persone non vennero mai identificate e quindi furono sepolte in una fossa comune. La notizia della catastrofe si diffuse rapidamente, iniziarono ad arrivare anche aiuti per i sopravvissuti, che vennero gestiti e distribuiti dal sindaco George B. McClellan e dai religiosi di St. Mark.

Nell'inchiesta che seguì dopo la catastrofe, una domanda amara perseguitava le autorità: come era possibile che una tragedia di una simile portata fosse avvenuta ad appena 200 m di distanza dalla riva? Ancora un mese prima della catastrofe, la *General Slocum* del capitano Van Schaick, responsabile della Knickerbocker Steamboat Co. e all'epoca ispettore responsabile comunale, era stata definita sicura e in perfetto stato. Le domande cui il capitano avrebbe dovuto rispondere si stavano accumulando: per qualche motivo non aveva ancorato la nave a uno dei moli? Perché aveva navigato contro corrente e permesso che il fuoco si propagasse? Come era possibile che l'equipaggio non fosse assolutamente preparato ad affrontare un'emergenza? Come mai era sopravvissuto, quando così tanti avevano perso la vita? Si voleva insomma comprendere l'incomprensibile e si giungeva sempre alla stessa, tremenda conclusione: errore umano. Il capitano Van Schaick era il capro espiatorio ideale e la giuria lo condannò per negligenza criminale e pluriomicidio a dieci anni di lavori forzati da scontare presso il famigerato penitenziario di Sing-Sing, sul fiume Hudson. Qui passò tre anni, prima che il presidente William H. Taft (1857-1930) lo graziasse. Ma l'uomo, incapace di accettare e convivere con il ricordo della catastrofe, trascorse il resto della propria esistenza in profonda depressione.

Lavoratori portuali accanto alle vittime della catastrofe fluviale, che fino alla distruzione delle Torri Gemelle, un secolo dopo, sarebbe rimasto il più grave disastro verificatosi a New York.

Le misure per una navigazione sicura

Il presidente Usa Theodore Roosevelt (1858-1919) stabilì i seguenti criteri di sicurezza per i piroscafi che portavano passeggeri: porte antincendio, per poter arginare le fiamme; estintori automatici a bordo; salvagenti adeguati, uno per ogni passeggero e ogni membro dell'equipaggio; manichette antincendio che potessero reggere una pressione di 100 kp (kp = kilopond; 1 kp corrisponde a circa 9,8 Newton); scialuppe di salvataggio facilmente accessibili e funzionanti.

I sommozzatori recuperano i cadaveri dai resti carbonizzati della General Slocum. *Complessivamente vennero riportati a riva dal relitto 175 cadaveri.*

LA FINE DI UNA CROCIERA DI LUSSO

L'AFFONDAMENTO DEL *TITANIC*

Durante il suo viaggio inaugurale, da Southampton a New York, il *Titanic*, la nave dove tutto era superlativo, si scontrò con un iceberg a sud-est di Terranova, intorno alle 23.40 del 14 aprile 1912. Il gigante degli oceani si inabissò nell'Atlantico settentrionale in appena due ore e 40 minuti. L'affondamento del *Titanic* rappresenta il più grave disastro in mare aperto prima della seconda guerra mondiale. Costò la vita a 1504 dei 2208 passeggeri e membri dell'equipaggio.

Chi ha la nave più veloce?

L'*RMS Titanic* apparteneva alla White Star Line del banchiere americano J.P. Morgan. Avrebbe dovuto compiere il viaggio Southampton-Cherbourg-New York in turni settimanali insieme con la sorella *Olympic*, che aveva svolto il suo primo viaggio appena otto mesi prima, e con la *Gigantic* ancora in progettazione (in seguito poi ribattezzata *Britannic*). Tutti e tre i transatlantici erano "RMS" (Royal Mail Ships – navi adibite al trasporto postale), in quanto gli introiti provenientu dalla Royal Mail avrebbero portato ulteriori guadagni all'armatore.

All'epoca della prima guerra mondiale, le compagnie marittime internazionali rispecchiava-

Il Titanic *salpò da Southampton per il suo viaggio inaugurale, che sarebbe stato anche l'ultimo. Il varo della nave era avvenuto undici mesi prima, nei cantieri di Belfast, Irlanda.*

no in un certo senso la frenesia della corsa al riarmo che coinvolgeva molti Stati e quindi si trovavano in una fase di concorrenza estrema: chi possedeva la nave più rapida e più lussuosa? Il *Titanic* venne progettato dai suoi tre architetti navali pensando meno alla velocità e più alle dimensioni, alla sicurezza e soprattutto al lusso: da questo punto di vista si voleva raggiungere un livello impareggiabile. La stampa la descrisse come una meraviglia della tecnica, le sue dotazioni di sicurezza erano le più progredite al mondo: per tutti era considerata inaffondabile.

La prima classe più lussuosa al mondo

Il varo del gigante degli oceani ebbe luogo il 31 maggio 1911 a Belfast. Nell'anno che precedette il viaggio inaugurale vennero realizzate con grande velocità tutta la costruzione degli interni e la decorazione di questa nave superlativa. Le autorità britanniche competenti stabilirono che la nave aveva una capacità di trasporto massimo di 3300 passeggeri più i membri dell'equipaggio. Ma proprio per la grandiosità e comodità della prima classe il *Titanic* aveva preferito limitare il numero dei passeggeri a 2400, 750 dei quali erano sistemati in prima classe. I dati tecnici dimostrano ancora una volta la netta predilezione per la prima classe, che accanto a comodità di ogni tipo, come la dimensione delle suite, offriva anche una sala per squash, una piscina, saloni da pranzo o per fumatori molto sfarzosi, biblioteche, bar, un ponte di passeggio e ponti privati per le suite. La seconda classe del *Titanic* era invece dotata di tutti i comfort che navi più vecchie avevano solo per la prima classe. Anche per la terza classe il *Titanic* impose nuovi standard: fino a quel momento infatti le navi erano dotate di grandi saloni dormitorio, mentre il *Titanic* fornì anche alla classe più economica cabine in cui alloggiavano solo quattro passeggeri alla volta, in letti matrimoniali o a castello. La traversata, quindi, doveva essere gradevole anche per i viaggiatori in seconda e terza classe; inoltre i molti emigranti diretti in America rappresentavano la fonte di entrate più sicura. I prezzi delle cabine di terza classe partivano da 36 dollari USA, per quelli di seconda da 60 dollari USA.

Il viaggio inaugurale era prenotato solo per metà

Agli inizi del XX secolo, il viaggio inaugurale di una nave era un vero e proprio evento mondano, pertanto a bordo del *Titanic* si trovavano non solo passeggeri che avevano effettivamente necessità di compiere il viaggio e che, tra l'altro, occupavano di più la seconda e la terza classe, ma persone

Il primo ufficiale Hugh Walter McElroy (a sinistra) e il capitano Edward J. Smith sul Titanic.

***Titanic*: dati tecnici**
Tipo di nave: piroscafo passeggeri
Classe: Olimpica
Impiego: traffico di linea transatlantico
Cubatura: 46.329 BRT
Dislocamento: 53.147 t
Lunghezza: 269,04 m
Larghezza: 28,19 m
Pescaggio (con 53.147 t): 10,54 m
Altezza (dalla chiglia fino alla sommità della ciminiera): 56 m
Motore: 3 eliche, 2 motori vapore a stantuffo e quattro cilindri, 1 turbina Parson a bassa pressione
Prestazione: 51.000 CV (registrato)
Velocità: 21 nodi (circa 39 km/h)
Consumo: a pieno carico 6700 t di carbone, consumo giornaliero intorno a 630 t
Posti passeggeri: 1° classe: 750; 2° classe: 550; 3° classe: 1100
Equipaggio: 897
Costi di costruzione: 1,5 milioni di sterline, circa 400 milioni di dollari USA in base al potere d'acquisto attuale

L'illustrazione mostra il punto in cui il Titanic *sarebbe entrato in collisione con l'iceberg. Si vedono inoltre i ponti e le stive della nave.*

molto ricche e note del jet-set europeo e americano, che viaggiavano sostanzialmente per divertimento, occupando le suite della prima classe, ed erano disposte a pagare 4350 dollari USA per traversata. Tra gli altri erano a bordo anche Isidor Strauss, titolare del grande magazzino Macy's, a New York, il multimilionario John Jacob Astor IV, l'autore Jacques Futrelle, la petroliera texana Margaret Brown, l'attrice americana Dorothy Gibson e il magnate delle ferrovie John B. Thayer.

Le prenotazioni riguardavano tuttavia circa mezza nave. Per via di uno sciopero nell'industria del carbone molti avevano infatti deciso di non arrischiarsi a compiere il viaggio. Pertanto appena 1311 passeggeri si spartivano "la più grande nave al mondo", come veniva definito il *Titanic* nella pubblicità, con 897 membri dell'equipaggio: di questi, 500 si occupavano dei passeggeri, mentre gli altri erano adibiti alla manutenzione e alla gestione della nave.

Accompagnato da una enorme campagna pubblicitaria e dalla musica dell'orchestra che aveva il compito di celebrare la partenza, il *Titanic*, leggenda dei mari prima ancora di averne mai solcato uno, partì da Southampton il 10 aprile 1912.

Un equilibrio ingannevole dopo la collisione

Appena quattro giorni dopo la partenza, il viaggio venne improvvisamente interrotto alle 23.40: un iceberg era stato avvistato proprio sulla rotta della nave, facendo suonare per tre volte la campana dell'allarme. Un ufficiale di guardia l'aveva fortunatamente avvistato per tempo, dando l'allarme all'istante, e subito si era eseguita una manovra per aggirarlo.

Tuttavia lo spazio era troppo ristretto per la manovra: il transatlantico si scontrò così a piena velocità contro il ghiaccio tagliente a tribordo. Uno dei vigili del fuoco che si trovavano a bordo descrisse in seguito lo scontro come il rumore che fa un tessuto di cotone quando viene strappato. La collisione aprì una falla nello scafo e la nave incominciò a imbarcare acqua. All'inizio l'invasione dell'acqua era ancora rallentata dalle pompe in funzione, ma solo nella prima ora penetrarono nella nave circa 25.000 t di acqua. I cinque settori anteriori erano ormai completamente inondati, tuttavia il *Titanic* riusciva a mantenersi in un equilibrio ingannevole, tanto che la gran parte dei passeggeri non si accorse nemmeno che la situazione si era fatta minacciosa. Anche se nell'ora successiva altre 3000 t di acqua,

Testimonianza oculare

"Potevamo vedere a bordo ancora nugoli di persone, che dapprima si ammassavano come api che sciamano, poi a piccoli gruppi, a coppie o singolarmente si gettavano nel vuoto mentre la gigantesca parte posteriore della nave – oltre 90 m – si sollevava verso il cielo, fino a raggiungere un'angolazione di 65-70 gradi."
John B. Thayer, magnate delle ferrovie, da una scialuppa di salvataggio

riempirono le stive, l'illusione dell'equilibrio rimaneva inalterata. Poi, improvvisamente iniziarono a verificarsi le prime inondazioni secondarie: le aperture della nave che non erano a tenuta stagna, come oblò, pozzetti e boccaporti, nel frattempo ormai sotto la superficie dell'acqua, iniziarono a lasciar penetrare sempre più acqua. A questo punto il processo di affondamento, fin a quel momento rallentato, si fece estremamente rapido: 40 minuti dopo la nave era affondata.

Una nave inaffondabile non ha bisogno di scialuppe di salvataggio

Il *Titanic* era considerato il transatlantico più sicuro che fosse mai stato costruito. Per questo motivo era dotato di appena 20 scialuppe di salvataggio, che offrivano quindi spazio alla metà delle persone a bordo. Costruttore, armatore e autorità avevano progettato o tollerato a seconda dei ruoli, questa incredibile discrepanza, perché se la nave era da tutti considerata come inaffondabile, allora non doveva essere dotata di scialuppe: questa era stata la logica fatalmente seguita.

Le 20 scialuppe erano state anzi volute più per poter accogliere eventuali naufraghi di altre navi in difficoltà. E poi le scialuppe occupavano spazio, quello stesso spazio

Il Titanic *era considerato la nave più sicura al mondo. Un errore fatale, che ebbe la conseguenza di far ridurre il numero di scialuppe a bordo.*

Questo dipinto coglie il momento in cui il Titanic *si inabissa al largo delle coste di Terranova.*

Cronaca diretta

"Improvvisamente si sentì un forte tremore per tutta la lunghezza della nave. Spinta da questo scotimento comico, balzai in piedi. La mia fiducia in questa nave possente era ancora intatta e mi sdraiai di nuovo. Qualcuno poi bussò alla mia porta e la voce di un'amica mi disse. 'Vieni subito nella mia cabina. Un iceberg è appena passato davanti alla nostra finestra. So che l'abbiamo appena speronato.' Nemmeno un po' di panico, nessun rumore. Nessuno avrebbe mai immaginato che fossimo in pericolo... La nostra scialuppa di salvataggio discese lentamente, con le sue 36 persone a bordo, poi toccò il mare. Tutto questo ormai succedeva nel più grande disordine. I marinai davano di volta in volta indicazioni diverse. Non c'era nessun ufficiale a bordo della scialuppa. Quando le corde funzionavano solo da un lato, durante la discesa, la scialuppa si inclinava al punto che temevamo di cadere fuori. Poi invece le corde vennero messe alla stessa altezza, la scialuppa si raddrizzò e ci avvicinammo all'acqua nera, oleosa. Il primo contatto della barca con questo mare nero mi sembrò l'ultimo addio alla vita: una barca minuscola nell'oceano grande e minaccioso, che poi si allontanava a remi dal luogo che negli ultimi cinque giorni era stata la mia casa sicura."

Elizabeth Shutes, passeggera di 1° classe

che invece si era preferito destinare per ponti di passeggio, ponti privati o suite. Originariamente, in effetti, per il *Titanic* erano state progettate 64 scialuppe, ma Bruce Ismay, amministratore della compagnia di navigazione, si era imposto affinché il numero venisse ridotto della metà, per poter garantire una vista migliore dai ponti destinati al passeggio. Inoltre, secondo la sua idea i passeggeri, che avevano pagato per godere il lusso di navigare su una nave inaffondabile, avrebbero potuto sentirsi insicuri nel vedere troppe scialuppe di salvataggio. Così, alla fine, il loro numero era stato drasticamente ridotto a 20.

La *Carpathia* sente il segnale di allarme e accorre in aiuto

Il capitano Edward J. Smith poco dopo la mezzanotte chiese il parere dell'esperto, uno degli architetti che aveva progettato la nave e che si trovava a bordo. Disperato nel vedere il disastro della propria creatura, Thomas Andrews, dopo un attento esame dei danni, si rese conto che la nave era ormai destinata ad affondare, inesorabilmente e rapidamente. Smith allora verso le 0.15 diede l'ordine di lanciare un SOS. Lo stesso capitano Smith avrebbe poi deciso di propria volontà di rimanere a bordo della sua nave che stava sprofondando e scomparire tra le onde insieme a lei.

La prima risposta giunse dalla *Carpathia*, che tuttavia per raggiungere il luogo della catastrofe impiegò quattro ore, dopo avere eseguito il necessario cambio di rotta. Gran parte dei passeggeri della prima classe rifiutò nel frattempo di indossare giubbetti di salvataggio o salvagenti, in quanto non avevano percepito nessuna inclinazione della nave né una situazione di pericolo. 65 minuti dopo la collisione la prima scialuppa di salvataggio toccò l'acqua. Nella scelta di chi prendere a bordo valse il principio di dare la precedenza a donne e bambini, ma sul *Titanic*, in quella notte fatale, tutto dipese anche dal lato della nave dove erano i passeggeri e soprattutto in quale classe viaggiavano. Alcuni ufficiali a babordo applicarono senza tentennamenti il motto "nessun uomo, in nessun caso"; anche se questo significava far scendere una scialuppa piena solo a metà perché non c'erano più donne pronte a entrarvi. Sembrava che ancora non si volesse crede-

Una scialuppa di salvataggio viene issata a bordo della Carpathia, *che giunse sul luogo della collisione quattro ore dopo l'SOS lanciato dal* Titanic. *Quest'ultimo era ormai già affondato.*

re all'incidente. Una testimone oculare raccontò di avere convinto solo a fatica i membri dell'equipaggio a prendere a bordo il figlio tredicenne, in quanto all'ufficiale che gestiva il controllo pareva già un uomo fatto. A tribordo invece risultava molto più facile per gli uomini salire a bordo, e qui infatti si salvarono anche più vite. Tragicamente, dei 1178 posti presenti nelle scialuppe se ne utilizzarono appena 705. Mentre la tragedia proseguiva nel suo corso, il direttore d'orchestra, Wallace Hartley, ordinò di suonare musica di intrattenimento per allentare la tensione dei passeggeri. Ma quando alla fine uomini dell'equipaggio e passeggeri scoprirono che era accaduto ciò che si riteneva impossibile, a bordo si diffuse il panico. La nave si era ormai riempita di circa 40.000 tonnellate di acqua, i ponti erano bagnati, le ciminiere crollavano e verso le 2.18 le masse d'acqua, distribuite in modo così irregolare, spezzarono in due lo scafo. La prua si inabissò per prima, la poppa si erse in verticale e profondò, rimanendo diritta, fino a una profondità di 3821 metri, intorno alle 2.20.

La *Carpathia* riuscì a salvare complessivamente 705 naufraghi. 1522 persone invece persero la battaglia contro le acque gelide. Al capitano della *Carpathia*, Arthur Rostron, rimase il triste compito di recuperare i corpi senza vita dalle acque.

La vasta sala da pranzo del Titanic. *La nave era considerata non solo la più sicura, ma anche la più lussuosa al mondo.*

Asta di oggetti rinvenuti a bordo del relitto del *Titanic*

Il 10 giugno 2004, presso il South Street Seaport Museum di New York, a pochi passi dal monumento in ricordo dei Titanic, *si tenne un'asta degli oggetti rinvenuti a bordo del relitto del leggendario gigante degli oceani. Tra i pezzi migliori delle centinaia battuti c'erano i seguenti:*

- *menu originale del* Titanic *– ne vennero proposti cinque, provenienti dai diversi ristoranti delle varie classi;*
- *porcellane della White Star Line;*
- *parti della lussuosa nave, tra cui targhette con i nomi delle scialuppe di salvataggio, una sedia a sdraio e un giubbotto di salvataggio ;*
- *foto rare e autografi;*
- *la collezione di John William Gill, una delle vittime della tragedia;*
- *modellini della nave;*
- *materiale del film* Titanic *di James Cameron.*

Di chi è la colpa?

Pochissime vittime morirono durante il naufragio, quasi tutti, infatti, persero la vita nelle acque gelide, per assideramento. Nelle inchieste che vennero disposte subito dopo, il gran numero di deceduti venne ascritto al numero insufficiente di scialuppe di salvataggio e alla scarsa fiducia nel salvataggio con le scialuppe in caso di necessità. Dall'affondamento del *Titanic* per ogni persona a bordo di una nave deve essere previsto anche un posto in una scialuppa.

La commissione istituita per stabilire le responsabilità dell'incidente sancì che i colpevoli del disastro erano le seguenti persone: William M. Murdoch, primo ufficiale del *Titanic*; Joseph Bruce Ismay, amministratore della White Star Line; Stanley Lord, capitano della *SS Californian*, una nave che sarebbe passata nelle immediate vicinanze del *Titanic* in difficoltà senza prestargli soccorso. Il capitano Lord continuerà comunque per tutta la vita a smentire la sua responsabilità.

La gioia e il sollievo dei parenti che accolgono i sopravvissuti alla tragedia del Titanic *di ritorno a Southampton.*

DISASTRO PETROLIFERO SULLE COSTE EUROPEE

LE PETROLIERE *TORREY CANYON* E *AMOCO CADIZ* INQUINANO LE COSTE ATLANTICHE

Nel marzo 1967 si verificò il primo grave incidente su una costa europea nella storia della navigazione di petroliere. La *Torrey Canyon* andò infatti a finire su una scogliera, provocando una gravissima catastrofe ambientale. Nonostante siano state poi introdotte delle norme di sicurezza nel traffico marittimo a livello mondiale, queste gigantesche petroliere rimangono ancor oggi un vero e proprio pericolo ambientale. Undici anni dopo, per un errore umano si verificò una seconda grave sciagura con ingente fuoriuscita di petrolio: con il naufragio dell'*Amoco Cadiz*, infatti, la costa della Bretagna fu pesantemente colpita.

L'avaria della *Torrey Canyon*

Nel 1967 le coste europee vissero per la prima volta un nuovo genere di catastrofe. La richiesta sempre maggiore di petrolio grezzo da parte delle nazioni industrializzate aveva imposto negli anni precedenti la costruzione di petroliere sempre più grandi. Così, anche la *Torrey Canyon*, costruita nel 1959 con una stazza di 60.000 tonnellate, venne in seguito modificata in modo che potesse trasportare il doppio di petrolio grezzo. Si trattava di petroliere gigantesche, che appartenevano ormai a una nuova classe di navi, obbligate a percorrere rotte marittime particolarmente sicure e stabilite in base ad accordi internazionali. Il 18 marzo 1967, tuttavia, il capitano della *Torrey Canyon* portò per un errore di navigazione la propria nave fuori dalla rotta sicura e verso il temuto Seven-Stones-Riff dinanzi a Land's End, l'estremità occidentale della costa inglese. Dalla falla che si aprì nella collisione fuoriuscirono 120.000 t di petrolio: le coste d'Europa erano state così raggiunte per la prima volta dall'onda nera.

Impotenti dinanzi alla catastrofe

Al momento della catastrofe non si avevano tuttavia ancora esperienze sufficienti per sapere come reagire a una catastrofe ambientale simile. Si iniziarono così una serie di manovre, che resero il danno ancor più pesante. Si cercò di mettere la nave di nuovo in condizione di navigare, ma dopo alcuni giorni di tentativi andati a vuoto l'imbarcazione, incagliata sul riff, si aprì a metà. L'ondata di petrolio spinta dal mare era diventata sempre più vasta e ora minacciava anche le coste inglesi della Cornovaglia e quelle francesi della Normandia, sull'altra sponda del Canale della Manica. Si cercò pertanto di incendiare il petrolio, ma anche questo tentativo fu fallimentare. L'esercito inglese bombardò allora il relitto. Infine, nel tentativo di rendere innocua la coltre di petrolio, la si ricoprì di solventi, che tuttavia risultarono per la fauna marina ancor più dannosi del combustibile stesso.

Bilancio della prima onda nera

In seguito a questi inutili tentativi il bilancio fu sconvolgente: 190 km di costa inglese e 80 km di quella francese erano stati inquinati dal petrolio. Almeno 15.000 uccelli marini morirono in modo doloroso e un numero indefinibile di organismi

Una settimana dopo l'avaria la Torrey Canyon *si spezzò in due parti. Si trovava ancora sulla Seven-Stones-Riff, dinanzi alla costa della Cornovaglia.*

La prua della petroliera Amoco Cadiz *in avaria fuoriesce dal mare come se fosse il muso di una gigantesca balena.*

Il Canale di Suez e le superpetroliere

Il Canale di Suez collega l'Oceano Indiano con il Mediterraneo. Dopo la seconda guerra mondiale, rappresentava pertanto l'ideale via di collegamento per trasportare il petrolio dalle regioni produttrici della Penisola Arabica ai paesi industrializzati europei, in modo rapido ed economico. Le misure del canale rendevano tuttavia necessaria la selezione delle navi che volevano percorrerlo, basata sulle loro dimensioni. Durante la guerra dei sei giorni, dal 5 al 10 giugno 1967, tra Israele e i paesi arabi limitrofi di Egitto, Siria e Giordania, il Canale di Suez costituì la linea di frontiera tra Israele ed Egitto. A causa delle navi affondate nel canale durante le azioni belliche, la via di collegamento fu chiusa nel 1967. Solo otto anni dopo i relitti furono recuperati, il canale ripulito e quindi reso di nuovo agibile al traffico navale internazionale. Fu in questo periodo che le compagnie di navigazione iniziarono la costruzione delle cosiddette superpetroliere, che avrebbero dovuto trasportare il petrolio dall'Arabia verso sud, lungo il continente africano, fino in Europa. Questa rotta notevolmente più lunga garantiva proventi solo nel caso in cui si impiegassero petroliere di dimensioni davvero notevoli e inoltre rendeva inefficaci le limitazioni di traffico dovute alle dimensioni delle navi. Nel 1955 la petroliera di maggiori dimensioni era la Al Malik Saud Al Awal, *che poteva trasportare 47.000 tonnellate di greggio. 50 anni dopo, la nave più grande al mondo, la petroliera* Jahre Viking, *poteva trasportare un carico oltre dieci volte maggiore: 564.763 t.*

La marea nera in Alaska

Fino all'anno 1989 gli Stati Uniti erano rimasti immuni dalle maggiori catastrofi petrolifere, poi la marea nera raggiunse anche le coste americane. La superpetroliera "Exxon Valdez" aveva caricato petrolio nel paesino di Valdez, rifornendosi dalla cosiddetta Trans-Alaska-Pipeline, poi, nella notte del 24 marzo 1989, si rimise in viaggio verso sud. Poco prima di mezzanotte al timone si trovava il 3° ufficiale, ancora inesperto, mentre il capitano se ne stava ubriaco nella sua cuccetta. Per un errore dell'ufficiale, la petroliera si allontanò dalla rotta prevista, colpendo a piena velocità una scogliera. 40.000 t di petrc fuoriuscirono dalla nave, inquinando 2000 km di cc dell'Alaska.

La catastrofe causò la mo centinaia di migliaia di ar marini e uccelli, tra cui 22 orche marine e circa 200 aquile dalla testa bianca, animale simbolo degli Us Nel 2006 i danni ambient causati dal disastro erano ancora ingenti: alcuni chi americani stabilirono infa durante una spedizione n regione colpita, che in ma si trovavano ancora 100.0 di petrolio. Il capitano ubr al momento dell'incidente cavò con una multa di 50 dollari.

marini è stato distrutto. Però per lo meno l'Europa si è svegliata e le tematiche ambientali hanno assunto un ruolo sempre più importante nell'interesse dell'opinione pubblica e delle autorità. Le norme per la gestione e il traffico delle petroliere sono divenute chiaramente più severe e infine, dal 1973, sono regolate da un accordo internazionale: il "MARPOL 73" (International Convention for the Prevention of Marine Pollution from Ships), la convenzione internazionale per la prevenzione dell'inquinamento marino da parte di navi, ancor oggi in vigore.

L'apocalisse seguente

Nonostante l'inasprimento delle leggi internazionali, le superpetroliere rappresentano per l'ambiente marino vere e proprie bombe a orologeria, il cui destino non dipende esclusivamente dall'affidabilità della tecnica, ma anche dalle manovre improprie da parte dell'uomo in caso di necessità.

All'alba del 16 marzo 1978, a 24 km dalle coste bretoni, l'impianto del timone della petroliera *Amoco Cadiz* si fermò. La nave aveva a bordo 223.000 t di petrolio grezzo e ora si ritrovava in balia delle onde. Nonostante i forti venti da ovest,

Nonostante il bombardamento della nave da parte della Royal Navy, il 30 marzo 1967 una parte della Torrey Canyon non era ancora affondata.

che spingevano la petroliera verso la costa, l'equipaggio cercò all'inizio di riparare il timone. Solo oltre due ore dopo il capitano si decise a richiedere l'intervento di un rimorchiatore che trainasse la nave con il vento a prua, in modo che poi potesse allontanarsi dalla costa usando il proprio motore. Ma il rimorchiatore che arrivò era troppo leggero per poter trasportare questo gigante del mare; si dovette quindi aspettare l'arrivo di un mezzo più forte e pesante, che però giunse troppo tardi: intorno alle 21.00 la *Amoco Cadiz* si incagliò su uno scoglio dinanzi alle coste francesi.

Due settimane dopo il disastro della "Amoco Cadiz" la costa bretone è ancora completamente coperta di petrolio. Soccorritori volontari combattono una battaglia senza speranza.

L'equipaggio poté essere evacuato con elicotteri, ma nella notte la petroliera si spezzò: 360 km di costa bretone vennero gravemente inquinati dalla marea di petrolio e in un solo giorno vennero recuperati circa 28 milioni tra pesci, molluschi

Il petrolio fuoriuscito si attacca alle piume di uccelli marini: per questo motivo, quando si verifica una marea nera, si riscontra spesso una moria di massa degli uccelli marini.

Le grandi catastrofi petrolifere

ANNO	NAVE	TRATTO DI COSTA	QUANTITÀ DI PETROLIO FUORIUSCITA
1967	Torrey Canyon	Cornovaglia (Gr. Bret.)	120.000 t
1976	Urquillo	Spagna sett.	100.000 t
1978	Amoco Cadiz	Bretagna (Francia)	230.000 t
1978	Andros Patria	Spagna sett.	50.000 t
1992	Aegean Sea	Spagna sett.	70.000 t
1996	Sea Empress	Galles (Gr. Bret.)	147.000 t
1999	Erika	Bretagna (Francia)	20.000 t
2002	Prestige	Spagna	77.000 t

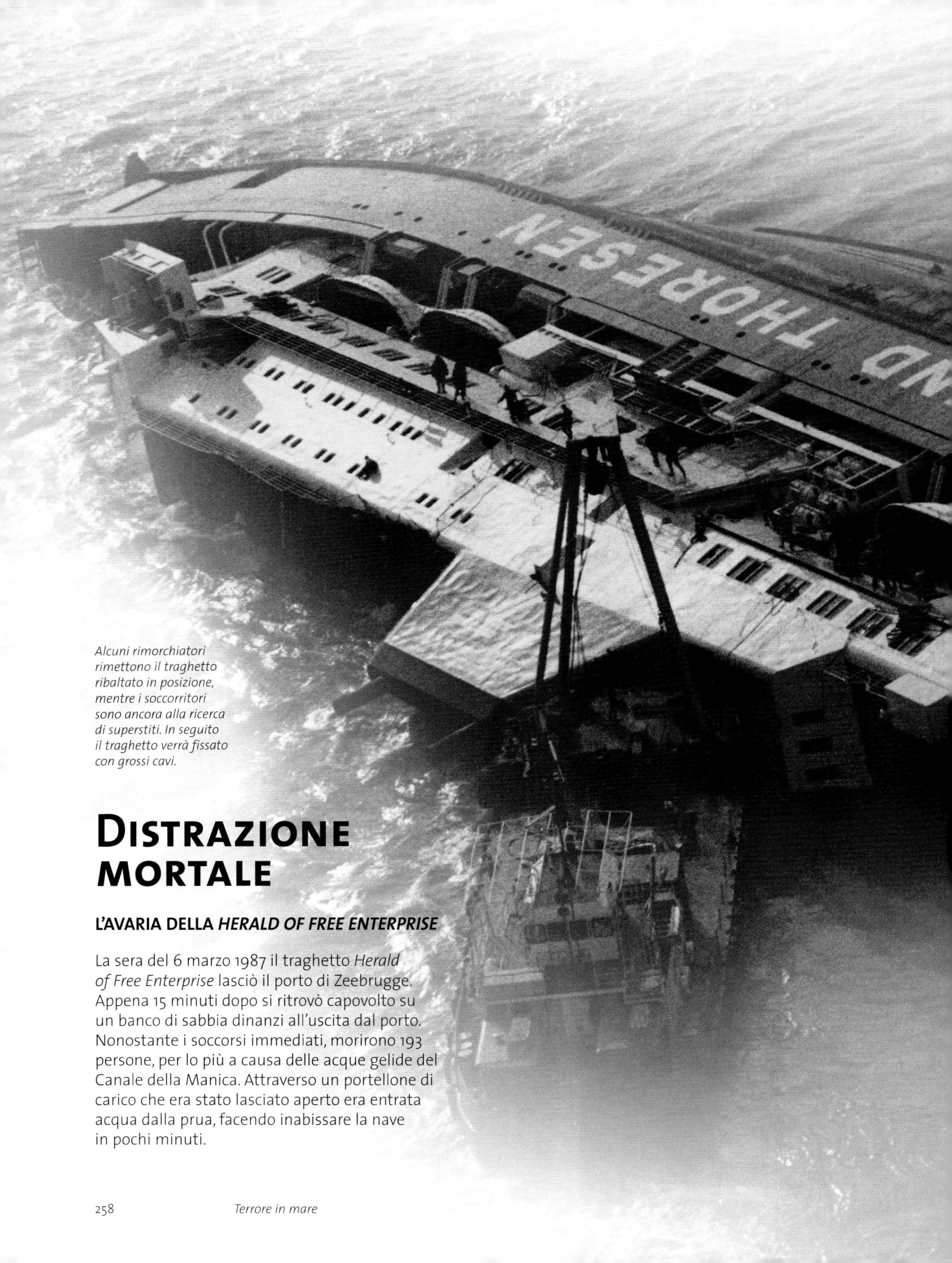

Alcuni rimorchiatori rimettono il traghetto ribaltato in posizione, mentre i soccorritori sono ancora alla ricerca di superstiti. In seguito il traghetto verrà fissato con grossi cavi.

DISTRAZIONE MORTALE

L'AVARIA DELLA *HERALD OF FREE ENTERPRISE*

La sera del 6 marzo 1987 il traghetto *Herald of Free Enterprise* lasciò il porto di Zeebrugge. Appena 15 minuti dopo si ritrovò capovolto su un banco di sabbia dinanzi all'uscita dal porto. Nonostante i soccorsi immediati, morirono 193 persone, per lo più a causa delle acque gelide del Canale della Manica. Attraverso un portellone di carico che era stato lasciato aperto era entrata acqua dalla prua, facendo inabissare la nave in pochi minuti.

Il traghetto "RoRo" abbandona Zeebrugge

Il tratto tra il porto belga di Zeebrugge e il porto inglese di Dover è un attraversamento ormai di routine. Più volte al giorno lo percorrono avanti e indietro i traghetti "RoRo" (dall'inglese "Roll on Roll off"). Si tratta di mezzi concepiti in modo che i veicoli entrino da un lato nella stiva della nave e poi, giunti a destinazione, possano lasciare la nave dall'altro lato, così da evitare manovre di carico e scarico che porterebbero via maggior tempo.

Le aperture a poppa e a prua vengono richiuse durante il viaggio da grandi portelloni, ma lo spazio di carico non è diviso da paratie in singole sezioni. Pertanto, in caso di incidente, l'acqua può distribuirsi rapidamente in tutto lo spazio della nave. La *Herald of Free Enterprise* era un traghetto "RoRo" che al momento della tragedia percorreva il canale già da sette anni.

Un marinaio stava dormendo

Il 6 marzo 1987 il traghetto stava lentamente scivolando fuori dallo stretto bacino portuale di Zeebrugge, verso le 19.10. Il portellone di prua era ancora aperto: un processo normale in questa fase della manovra, in modo che i gas di scarico dei veicoli sul ponte delle auto potessero uscire. Giunto all'uscita il traghetto si girò e proseguì con la prua in avanti passando dinanzi all'ingresso del porto. Poi mise i motori al massimo.

A bordo della nave si trovavano 459 passeggeri e 80 membri dell'equipaggio; sul ponte delle auto c'erano 81 macchine, tre bus e 47 camion. A pieno carico la nave poteva trasportare fino a 1300 persone.

Per la normale chiusura del portellone di prua è responsabile il nostromo, che tuttavia, secondo le norme, deve stare sul ponte durante le fasi di uscita della nave dal porto. I ponti della nave rendono comunque impossibile poter vedere il portellone di prua. Inoltre, non esistendo spie di controllo che possano indicare la corretta chiusura del portellone, il nostromo aveva incaricato un marinaio che tutto procedesse secondo la norma.

La sera del 6 marzo 1987, tuttavia, fatalmente marinaio era nella sua cuccetta a dormire. Così

La catastrofe fu così rapida, cogliendo tutti di sorpresa, che nessuna imbarcazione di salvataggio venne in soccorso.

Testimonianza oculare

Una donna sopravvissuta ha raccontato che il marito decise di fare da ponte vivente, in modo che lei e la loro figlia potessero arrampicarsi fuori dalla nave. Quando entrambe erano ormai al sicuro, lo implorò di seguirle, ma lui rispose che c'erano ancora molte tante persone che avevano bisogno del suo aiuto. Da quel momento, non l'ha più rivisto.

*Sette settimane dopo la catastrofe l'*Herald of Free Enterprise *venne rimesso in piedi e quindi portato nel porto di Zeebrugge.*

nessuno si accorse che il traghetto prendeva piena velocità con il portellone ancora aperto.

Il traghetto si ribalta

Subito l'acqua iniziò a invadere il ponte dove si trovavano le auto. I camionisti rimasti sui loro mezzi riferirono di avere visto due marinai trafficare con delle mazze da fabbro contro il portellone non ancora chiuso: qualcosa si era bloccato, impedendo al congegno idraulico della porta di chiudersi. I camionisti cercarono allora di salvarsi spostandosi verso l'alto: l'acqua era già arrivata all'altezza delle ginocchia. Intorno alle 19.35 il traghetto si capovolse, come se una mano gigantesca l'avesse afferrato. La fortuna nella sfortuna volle che il traghetto non avesse ancora abbandonato la zona dei banchi di sabbia dinanzi all'ingresso del porto. Si ribaltò a babordo e rimase come una balena morente in appena 9 m di acqua.

I traghetti RoRo garantiscono un attraversamento rapido del Canale della Manica. Ma il prezzo di questa rapidità è tuttavia un elevato rischio sicurezza.

Non c'è tempo per un SOS

La catastrofe colpì la nave così improvvisamente e rapidamente che il capitano David Lewry non ebbe neppure il tempo di lanciare l'SOS. Le automobili stipate sul ponte iniziarono a schiacciarsi l'una contro l'altra, mentre sul ponte passeggeri scoppiava il panico. Tra l'altro si stava facendo buio. Alcune delle vittime morirono per la violenza dell'urto. Il disastro si verificò nell'arco di pochi minuti, ad appena 2 miglia marine da Zeebrugge. Subito dietro l'*Herald of Free Enterprise* uscì dal porto la nave da carico *Seahorse*, dalla quale si poté seguire tutto lo svolgersi della tragedia ad appena 500 m di distanza. Il mercantile lanciò subito l'SOS, così che appena 16 minuti dopo l'incidente iniziarono a giungere i primi elicotteri di soccorso. I soccorritori iniziarono immediatamente a portare a riva i sopravvissuti. Grazie a un equipaggio particolarmente attivo e al coraggio di alcuni passeggeri, che parteciparono alle operazioni di soccorso, si poterono salvare più di 400 uomini. 193 persone purtroppo non riuscirono invece a sopravvivere alla catastrofe, soprattutto a causa delle acque gelide. Molte delle vittime morirono molto probabilmente nell'arco di pochi secondi. Alcuni scienziati americani studiarono in seguito i motivi di questa morte rapida: la permanenza in acqua ad appena 3 °C, quindi gelida, provoca uno shock termico che induce di riflesso a un'accelerazione della respirazione. Questa a sua volta fa inghiottire più acqua e provoca la morte per annegamento.

Il "Sheen-Report"

Il ribaltamento del traghetto portò a una inchiesta per scoprire eventuali colpe. I risultati vennero pubblicati nel luglio 1987 sul "Sheen-Report". La compagnia armatoriale Townsend Thorensen fu accusata di grave negligenza. La società venne incolpata di non aver previsto misure di sicurezza, tenuta presente la tecnica rischiosa dei traghetti RoRo, ma anche della mancanza di un elenco dei passeggeri, così che, al momento del disastro, non si poteva stabilire quante persone fossero a bordo. Le proposte avanzate dal "Sheen-Report" per il miglioramento della situazione sono state comunque adottate solo parzialmente. La *Herald of Free Enterprise* venne già poco tempo dopo recuperata e riportata nel porto di Zeebrugge. Qui fu poi ribattezzata *Flushing Range*, riparata e quindi inviata in India per la demolizione. La sorella *Spirit of Free Enterprise* venne anch'essa ribattezzata, per non evocare nei passeggeri tristi ricordi. Con il nuovo nome di *Pride of Brugge* ha ripreso normalmente il servizio di traghetto nel Canale.

Molte delle vittime non ebbero nemmeno la possibilità di abbandonare la nave: annegarono nello scafo.

Catastrofe e musica

Subito dopo la catastrofe, un gruppo di celebri cantanti pop si riunì intorno all'ex Beatle Paul McCartney per formare una band, la "Ferry Aid". Registrarono una nuova versione della beatlesiana Let it be, *che poi per tre settimane rimase al primo posto nelle classifiche di vendita in Gran Bretagna. Il ricavato venne devoluto ai parenti delle vittime. Qualche tempo dopo il cantautore inglese Robb Johnson scrisse la canzone* Herald of Free Enterprise, *che parla di questa disgrazia.*

Una morte gelida nel Mar Baltico

La misteriosa fine dell'*Estonia*

*Due mesi dopo il naufragio dell'*Estonia *la prua del traghetto viene recuperata dal fondo del mare.*

Nelle prime ore del mattino del 28 settembre 1994 il traghetto *Estonia* affondò nelle acque tempestose del Mar Baltico. 852 persone persero la vita, facendo di questo incidente la più grave catastrofe in mare dalla fine della seconda guerra mondiale in Europa. Il traghetto di linea collegava Tallinn, in Estonia, a Stoccolma, in Svezia. Come motivo ufficiale per il disastro venne indicato il distacco del portellone di prua, che avrebbe fatto penetrare l'acqua all'interno. Ma ancor oggi non si sono zittite le ipotesi secondo cui i veri motivi della tragedia sarebbero stati tenuti nascosti.

L'ultimo viaggio

La sera del 27 settembre 1994, nel porto della capitale estone Tallinn si stava caricando il traghetto di linea *Estonia*. Il porto di arrivo era la capitale svedese Stoccolma, che abitualmente veniva raggiunta in circa 15 ore di viaggio. Il traghetto era quello della sera, pieno solo a metà: sull'elenco delle persone a bordo vengono indicati 803 passeggeri, 186 uomini dell'equipaggio e 100 automezzi. Un sopravvissuto riferì in seguito che all'ultimo momento, prima dell'uscita dal porto, era stato tutto bloccato per il caricamento a bordo di due grandi autotreni di un convoglio militare. Poi la rampa di accesso e il portellone di prua della nave erano stati chiusi. L'*Estonia* iniziò quindi il suo ultimo viaggio intorno alle 19.15, con circa 15 minuti di ritardo.

Il traghetto affonda

Il Mar Baltico era quella notte inquieto e gelido: ormai si era in autunno. Le onde raggiungevano un'altezza di circa 4 m, la temperatura dell'acqua si aggirava intorno ai 13 °C. Verso mezzanotte il traghetto cominciò a oscillare fortemente per la forza con cui le onde s'infrangevano contro la prua della nave. Verso le 0.45 i passeggeri iniziarono a sentire dei colpi sordi, ripetuti, chiaramente diversi dal fragore dei marosi che si stavano abbattendo sulla nave. Circa mezz'ora dopo molta acqua era già penetrata all'interno della nave, tanto che questa si inclinò di 25 gradi: evidentemente la parte anteriore della prua era stata divelta.

La rampa di salita dei mezzi, che era stata pensata anche come parete di sicurezza, non riusciva a trattenere l'acqua. Quando intorno alla 1.22 inviò il primo segnale di SOS, la nave aveva già un'inclinazione di 45 gradi. Da quel momento in poi, la catastrofe accelerò vertiginosamente il proprio ritmo. Già alle 1.48 l'*Estonia* era scomparsa dagli schermi radar, sprofondata nel gelido Mar Baltico, profondo circa 80 m.

Un'azione di salvataggio senza speranze

Nel Mar Baltico, dove il traffico marittimo è sempre elevato, ben undici navi udirono il secondo SOS lanciato dal traghetto, così che le operazioni di salvataggio poterono iniziare all'istante. Un'ora circa dopo l'affondamento, le prime navi giunsero sul posto, ma persino questo breve lasso di tempo risultò troppo lungo per poter sopravvivere nelle gelide acque autunnali. Molti passeggeri che avevano fatto in tempo ad abbandonare la nave congelarono nel Mar Baltico o sulle zattere di salvataggio, per i venti gelidi. Gran parte dei passeggeri non ebbe invece il tempo di abbandonare la nave che stava rapidamente affondando e vennero trascinati insieme con il traghetto nelle profondità marine.

L'*Estonia*

*L'*Estonia *venne costruita nel 1980 presso i cantieri Meyer-Werft, a Papenburg, Germania. Nei primi dodici anni il traghetto fu attivo con i nomi* Viking Sally, Silja Star *e* Wasa King, *per diverse compagnie operative nel Mar Baltico. A partire dal 1992 navigò per una compagnia svedese-estone, con il nome di* Estonia, *sulla rotta Tallinn-Stoccolma. All'epoca il traghetto rappresentava la nave più grande e moderna della flotta estone. Si tratta di un traghetto "RoRo" ("Roll on Roll off), nel quale cioè i veicoli raggiungono il ponte di carico attraverso grandi portelloni posti a poppa e prua e poi, giunti a destinazione, possono abbandonare la nave senza ulteriori manovre. Dato che i ponti di carico non hanno paratie interne, in caso penetri acqua, si corre immediatamente il rischio che il traghetto assuma una forte inclinazione. Proprio per via di questi problemi legati alla sicurezza l'*Estonia *era stata progettata solo per brevi rotte di 37 km al massimo, in acque sicure. Ma le autorità marittime e l'ispettorato competenti avevano permesso per ben 14 anni che venisse impiegata anche per tratte notevolmente più lunghe.*

Nell'incidente morirono 852 persone, facendo della tragedia dell'*Estonia* il più grave incidente per mare in Europa dai tempi della seconda guerra mondiale. Soltanto 137 persone sopravvissero alla catastrofe.

I sopravvissuti alla catastrofe vengono portati con gli elicotteri della Marina negli ospedali più vicini.

Il film *Baltic Storm*
Nel 2003 uscì nei cinema il film Baltic Storm, *in cui viene proposto il naufragio del traghetto* Estonia, *dando alla vicenda le sfumature del thriller politico. La storia si basa sulle ricerche svolte dalla giornalista tedesca Jutta Rabe e dall'avvocato Henning Witte che rappresentava 1000 parenti delle vittime. Nel film viene avanzata l'ipotesi, che sino a oggi non ha trovato conferme, secondo la quale il naufragio sarebbe stato dovuto a un attentato del KGB russo.*

Molti dei passeggeri che erano riusciti a salire nelle zattere di salvataggio dal traghetto Estonia *morirono poi per assideramento a causa dei venti gelidi, prima che venissero trovati dai soccorritori.*

Insensatezze misteriose

Poco dopo il disastro venne istituita una commissione di inchiesta ufficiale, che avrebbe dovuto analizzare lo svolgimento dei fatti e i motivi della catastrofe. I risultati dell'indagine parlarono di carenze nella costruzione del traghetto e delle condizioni proibitive del tempo. La compagnia Meyer-Werft decise invece di procedere con proprie indagini contro le accuse di difetti di costruzione e stabilì che non erano stati forniti elementi importanti per una inchiesta indipendente.

Fu inoltre molto strano il fatto che il governo svedese avesse subito incaricato una società olandese specializzata nel neutralizzare residui atomici sott'acqua affinché chiudesse l'intero relitto del traghetto in un sarcofago di cemento, rendendo così impossibile compiere ulteriori indagini. L'isolamento del relitto nel cemento tuttavia fallì. Va detto comunque che le ipotesi secondo le quali a bordo del traghetto vi fosse materiale militare segreto non sono state mai confermate, né supportate in modo convincente.

Nel settembre 2004 la televisione svedese trasmise una notizia secondo la quale un doganiere, ormai in pensione, avrebbe affermato che l'*Estonia* sarebbe stato effettivamente impiegato prima dell'affondamento per trasportare in segreto tecnologia militare sovietica in Occidente. I doganieri avevano avuto l'ordine di lasciar passare determinati mezzi senza controllarli, mentre abitualmente ispezionavano tutti i veicoli presenti sul traghetto.

I sopravvissuti scomparsi

Tra gli elementi poco certi che hanno continuato ad alimentare la tesi del complotto c'è anche la presenza di una misteriosa valigia nera che i sommozzatori avrebbero avuto l'incarico di trovare nel relitto e di cui poi si negò l'esistenza.

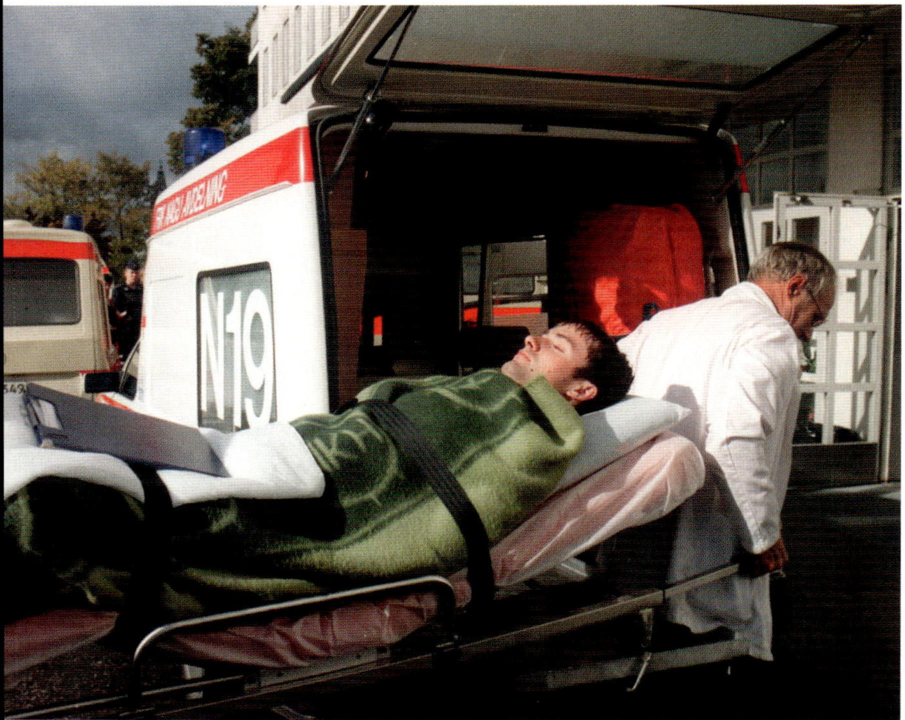

Solo 137 dei circa 1000 uomini a bordo del traghetto sopravvissero alla peggiore catastrofe per mare avvenuta in Europa dalla fine della seconda guerra mondiale.

Infine vi sono le testimonianze dei parenti che subito dopo la catastrofe avrebbero ricevuto la notizia che figli o mariti erano sopravvissuti all'incidente. Per esempio, alcuni sopravvissuti hanno confermato che le gemelle Hannely e Hannika Veide fossero riuscite a salire in una zattera di salvataggio. E in effetti anche nell'elenco emanato dall'autorità che si occupò del salvataggio compaiono tra i sopravvissuti. Poi tuttavia se ne perdono le tracce, per sempre. Stranamente fanno parte di un gruppo di persone che vennero dapprima date per sopravvissute e di cui poi non si seppe più nulla.

Nel marzo 2006, infine, venne pubblicata la notizia di una nuova commissione di inchiesta che avrebbe confermato alcuni dubbi sulle conclusioni della prima commissione. Pertanto i veri motivi dell'incidente non sono stati a tutt'oggi ancora chiariti.

La cartina mostra la rotta del traghetto nel Mar Baltico. Il punto cerchiato segna dove il traghetto è affondato.

Le vittime della sciagura, ricomposte, vengono riportate in patria. Il 20 ottobre 1994 a Stoccolma si commemorarono le 28 vittime svedesi.

L'orgoglio della Marina russa affonda

Il sottomarino nucleare *Kurks* esplode

Il 12 agosto 2000 la parte anteriore del sottomarino nucleare *Kursk* venne completamente distrutta da un'esplosione: un siluro già pronto per il lancio aveva preso fuoco, scoppiando ancora dentro il sommergibile. Dei 118 membri dell'equipaggio ne erano sopravvissuti solo 23. Il mondo intero sperò per giorni che i sopravvissuti scampassero miracolosamente alla morte, ma in seguito si scoprì che anche questi marinai non avevano in pratica più possibilità di salvarsi già quattro ore dopo lo scoppio. L'orgoglio della Marina russa era ormai sul fondale del mare di Barent, con le sue 118 vittime.

Il Kursk *faceva parte della flotta russa nel Mare del Nord, che nell'agosto 2000 doveva compiere un'esercitazione nel Mare di Barent.*

Le manovre della flotta

Il 9 agosto 2000 la flotta russa del Mare del Nord si stava dirigendo nel Mare di Barent, un settore del Mar Polare Artico, per compiervi un'esercitazione. Alla manovra, nel corso della quale dovevano essere testate armi moderne, prendevano parte 30 navi da guerra. Tra queste, l'incrociatore a razzo *Pietro il Grande*, la portaerei *Admiral Kusnetzov* e l'orgoglio della Marina, il sottomarino nucleare *Kursk*, lungo il doppio di un jumbojet: oltre 150 m. Il gigantesco sottomarino aveva la fama di essere inaffondabile, in quanto non poteva essere distrutto neppure se perfettamente centrato. Il 12 agosto doveva essere un giorno importante per il *Kursk*, poiché si era progettato di testare un nuovo tipo di siluro, fino a quel momento tenuto strettamente segreto. Per questo motivo a bordo vi erano ospiti illustri: cinque alti ufficiali del quartier generale della flotta. La missione del *Kursk* prevedeva la distruzione di portaerei nemiche e a questo scopo aveva a bordo siluri armati con testate di 700 kg.

L'esplosione sott'acqua

Quattro minuti prima della catastrofe, il marconista del *Kursk* chiese ai comandanti della flotta del Mare del Nord, che erano a bordo dell'incrociatore *Pietro il Grande*, il permesso di fare fuoco. Questo venne subito accordato e il comandante del *Kursk* diede quindi l'ordine: "Fuoco!"

Intorno alle 9.30 CEST i sismologi norvegesi registrarono due esplosioni nella zona della manovra, a circa 180 km a nord-est dal porto russo di Murmansk, sul Mare del Nord. Ma qualcosa non era andato per il verso giusto al momento del lancio del siluro: forse un errore di costruzione del razzo,

oppure il foro per il passaggio del siluro non si era aperto completamente... Il propellente del razzo esplose uccidendo all'istante i sette marinai adibiti alla postazione siluri. Il comandante diede immediatamente l'ordine di svuotare i serbatoi delle zavorre eagli uomini di farsi trovare pronti presso l'uscita di emergenza. A meno di un minuto dall'esplosione il sommergibile iniziò la risalita a piena velocità, ma dalla centrale di comando non giunsero altri ordini. Il fuoco che imperversava ormai nella zona di lancio dei siluri, con un calore infernale, raggiunse la testata del siluro, provocando un'esplosione. La forza di una tonnellata di TNT investì l'intera parte anteriore del sottomarino, staccandola di netto. L'ondata d'urto scatenata dall'esplosione attraversò con una forza incredibile l'intero sommergibile, uccidendo sul posto 79 membri dell'equipaggio nelle prime quattro sezioni, tra cui tutti i marinai nella centrale di comando e nella postazione radio. Una spessa parete di acciaio protesse solamente la parte in cui si trovava il reattore di propulsione del sommergibile nucleare.

Il *Kursk* non viene rilevato

Ormai il *Kursk* non riusciva più a risalire, anzi procedeva a piena velocità verso il fondale marino e tre minuti dopo l'esplosione si schiantò sul fondo. A causa dell'urto violento morirono altri membri dell'equipaggio: ormai erano vivi solo 23 uomini. In quel momento i reattori si spensero autonomamente e il sommergibile rimase sul fondo, a una profondità di 100 m. I sopravvissuti raggiunsero la parte posteriore della nave, dove si era raccolta tutta l'aria, ma questa era ormai così inquinata che per poter sopravvivere gli uomini dovettero indossare le tute di emergenza, dotate di una riserva d'aria di

Solo qualche mese prima dell'incidente il Kursk *si trovava ancora nel suo porto originario, Widjajewo, sulla penisola di Kola.*

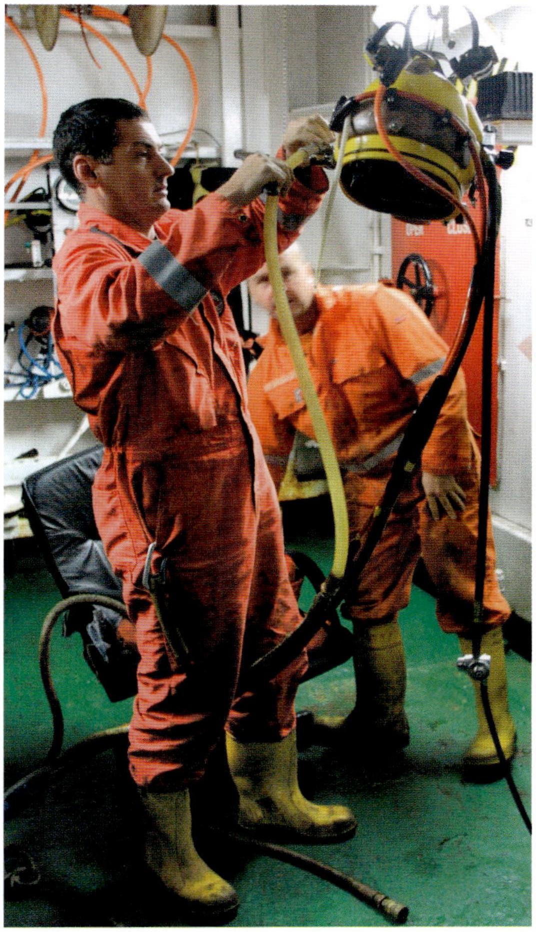

I sommozzatori si preparano per entrare nel relitto del Kursk *affondato.*

Il 30 luglio 2000, quindi appena quattro settimane prima della catastrofe, il Kurks *aveva partecipato a una parata della flotta.*

quattro ore al massimo. Subito dopo le batterie dell'energia di emergenza si spensero e il sottomarino piombò nel buio. Intanto, in superficie nessuno si era ancora accorto della catastrofe. Poiché il *Kursk* avrebbe dovuto rimanere per altre tre ore sott'acqua, nessuno pensò di iniziare le sue ricerche. Quattro ore dopo la prima esplosione anche i 23 ultimi sopravvissuti erano morti: delle 118 persone a bordo nessuna sopravvisse quindi alla tragedia.

Caparbietà politica

Solo due giorni dopo la catastrofe la Marina russa confermò il disastro del *Kursk* e iniziò le manovre di salvataggio, che tuttavia fallirono. Dopo altri giorni di tentennamenti, finalmente si decise di accogliere le offerte d'aiuto dall'Occidente. Al contempo il comando della flotta illustrò l'ipotesi che causa dell'incidente fosse stata una collisione con un sottomarino straniero. E solo cinque giorni dopo l'affondamento specialisti norvegesi e inglesi poterono giungere sul luogo. Il 21 agosto alcuni sommozzatori trovano il relitto, a 100 di profondità, completamente pieno di acqua. La morte di tutto l'equipaggio venne confermata ufficialmente.

Il ricupero

Nell'ottobre 2000 la piattaforma di immersione norvegese *Regalia* giunse sul luogo dell'incidente, e sommozzatori russi e norvegesi iniziarono le prime operazioni di recupero. In quell'occasione si poté anche confermare che dai due reattori nucleari, che erano a bordo del *Kursk* per alimentarlo, non proveniva pericolo alcuno. Robot sommozzatori stabilirono infatti che nelle vicinanze del relitto non era rilevabile un aumento di radioattività. Sul fondale si praticarono poi dei grossi fori d'entrata nello

Lettera di addio

Nella giacca dell'uniforme del tenente di vascello morto Dimitrij Kolesnikow i sommozzatori trovarono una lettera d'addio. Dapprima descrive come tutti i 23 sopravvissuti avessero cercato scampo nella nona sezione del sommergibile. Poi seguirono queste frasi: "Non c'è alcun motivo per dubitare. È troppo buio per poter scrivere, quindi tenterò di farlo seguendo l'istinto. Sembra che ormai non ci siano più possibilità. Ci resta da sperare, e solo per un 10-20 per cento, che qualcuno possa ancora leggere questo foglio".

Alcuni ufficiali trasportano il feretro di un compagno morto nel Kursk*. La sepoltura ebbe luogo il 17 gennaio 2001 a San Pietroburgo, oltre un anno dopo la catastrofe.*

scafo del sommergibile per poter penetrare all'interno e cercare i cadaveri. I sommozzatori norvegesi poterono tuttavia rimanere solo all'esterno: per via del segreto militare, infatti, solo i russi avevano il permesso di penetrare nell'interno distrutto del sottomarino. Dopo il ritrovamento di dodici cadaveri i lavori vennero sospesi.

Il governo di Mosca ammise quello che gli esperti occidentali avevano sospettato già da tempo solo nel maggio 2001. Causa dell'incidente non era stata la supposta collisione con un sommergibile della NATO, bensì l'esplosione di un siluro a bordo. A quel punto una ditta specializzata olandese ricevette l'incarico di recuperare il relitto e portarlo a Murmansk, in un dock. Solo qui, finalmente, gli oltre 100 marinai morti poterono essere recuperati dal sommergibile.

Dopo la conferma ufficiale che nessun membro dell'equipaggio era sopravvissuto all'affondamento, i parenti visitano piangendo il luogo della catastrofe.

PERICOLI DELLA TECNICA

Il progresso dovrebbe sempre servire al benessere dell'uomo, ma la tecnica può anche realizzare nuovi scenari dell'orrore. Quando nel 1986 si verificò il disastro di Chernobyl, la fede assoluta nella tecnica e nella tecnologia subì un duro colpo. L'uomo non riesce tuttavia a rinunciarvi, pur dovendone poi subire le conseguenze: per esempio quando, nell'impiego massiccio di pesticidi, avvelena i fiumi, o quando le esplosioni chimiche provocano vere e proprie contaminazioni radioattive.

Il ponte sul Tay

UN MIRACOLO DELLA TECNICA CHE NON RIESCE A IMPORSI SULLE FORZE DELLA NATURA

Nella notte tempestosa del 28 dicembre 1879, un treno postale con 75 persone a bordo stava attraversando il ponte Firth-of-Tay. Il ponte, alla foce del più lungo fiume scozzese, che si getta nel Mare del Nord, era stato inaugurato appena due anni prima e celebrato come un vero e proprio capolavoro dell'arte ingegneristica. Ma le forze del vento che un uragano scatenò su ponte e treno erano state con ogni evidenza sottovalutate. Mentre il treno postale lo stava attraversando, la parte centrale del ponte si spezzò, finendo insieme con il treno nelle acque tumultuose del fiume Tay. Nessuno dei passeggeri sopravvisse alla tragedia.

Un miracolo della tecnica

A sud della città scozzese di Dundee, una vasta insenatura penetra profondamente verso l'entroterra: il Firth of Tay (in scozzese *firth* significa "fiordo, braccio di mare"). Dalla metà del XIX secolo la rete ferroviaria si era fatta sempre più vasta e fitta e il Firth of Tay rappresentava un vero e proprio impedimento naturale, un enorme punto debole che ostacolava un rapido collegamento tra Dundee ed Edimburgo. Una delle grandi società ferroviarie che parteciparono alla costruzione della rete scozzese era la Edinburgh and Northern Railway. Il suo ingegnere capo, Thomas Bouch (1822-1880), fece l'audace proposta di superare

Il crollo del ponte sul Tay venne rappresentato anche al cinema, come per esempio nel film Hatter's Castle *(Il castello del cappellaio), del 1942.*

La regina inglese Vittoria (1819-1901) attraversò il ponte sul Tay nello stesso anno in cui avvenne la tragedia, nel 1879, ed entusiasta dell'opera nominò il costruttore, Thomas Bouch, baronetto.

Il ponte sul Tay

Lo scrittore Theodore Fontane (1819-1898), colpito dalla catastrofe sul fiume, scrisse una celebre ballata: Il ponte sul Tay. *La ballata tratta delle tensioni tra fede incrollabile nella tecnica e incapacità di dominare la natura. Nelle strofe iniziali si incontrano le tre streghe della tempesta, con cui Fontane ha voluto fare un chiaro riferimento al* Macbeth *di Shakespeare. Il loro celebre dialogo è il seguente:*

"Quando ci incontreremo di nuovo noi tre?"
"Alla settima ora, alla diga sul fiume."
"Al pilone centrale."
"Io spegnerò la fiamma."
"Anch'io."
"Io vengo dal Nord."
"E io dal Sud."
"E io dal mare."
"Guardate, ecco un gorgo,
e il ponte deve sprofondare nell'abisso.
"E il treno, che passa sul ponte alla
settima ora?"
"Sprofonderà anche lui."
"Anche lui."
"Uomo, uomo,
è il risultato della mano dell'uomo."

entrambe le insenature, Firth of Tay e Firth of Forth, con grandi ponti ferroviari, riducendo così notevolmente i tempi di viaggio tra Dundee ed Edimburgo. I suoi progetti furono accettati e nel 1871 si iniziò la costruzione del primo ponte sul Tay. Le dimensioni del progetto rappresentarono per l'epoca una vera e propria avventura tecnica. Quando fu terminato, nel 1877, con i suoi 3264 m di lunghezza complessiva era il ponte ferroviario più lungo al mondo.

La regina Vittoria nomina il costruttore "Sir"

La costruzione del ponte fu sin dall'inizio legata a difficoltà tecniche e finanziarie. Per motivi economici si cercò evidentemente di risparmiare sulla qualità dei materiali, mentre per motivi tecnici si decise di ridurre il numero dei pilastri e quindi si ampliarono notevolmente le campate

La costruzione del ponte ferroviario su Tay e Forth ridusse notevolmente i tempi di viaggio tra Dundee ed Edimburgo.

Per paura di altri drammi simili, la costruzione del ponte sul Firth of Forth venne fortemente rinforzata dal 1883.

della parte centrale del ponte rispetto ai progetti iniziali di Bouch.

Il 26 settembre 1877 il primo treno passò sferragliando sopra il nuovo ponte, e l'opinione pubblica inglese fu entusiasta di questo trionfo della tecnica. Persino la regina Vittoria (1819-1901) fu molto impressionata dall'opera. Nel 1979, nel suo viaggio di ritorno dagli Highland scozzesi, attraversò il ponte e poi concesse la il titolo nobiliare al costruttore, Thomas Bouch, che da quel momento avrebbe potuto fregiarsi dell'appellativo di Sir .

La notte fatale

Solo pochi mesi dopo il passaggio del treno reale, successe l'imprevedibile. Il 28 dicembre 1879, già durante il pomeriggio, un violento uragano si abbatté sul Mare del Nord, mentre le sue propaggini raggiungevano l'insenatura di Tay. Nel frattempo l'uragano si faceva sempre più violento; proprio quando raggiunse il suo acme, verso le 19.00, un treno postale con sei carrozze, proveniente da Edimburgo, stava per sopraggiungere. All'ingresso del ponte doveva fermarsi per poter prendere la cosiddetta barra di controllo. Poiché il ponte aveva un solo binario, si era pensato a un sistema semplice per avere la certezza che sul ponte si trovasse sempre un solo treno: il conducente, al momento di accedervi, doveva prendere dal guardiano una barra, che poi doveva rendere alla fine della traversata. Dato che esisteva una sola di queste barre, ovviamente poteva passare un solo treno alla volta. Eseguite le manovre di rito, il mezzo si rimise in marcia con i suoi 75 passeggeri nella notte tempestosa. Solo poco tempo dopo il guardiano notò che tutte le linee telegrafiche dall'altra parte del ponte erano interrotte. Dato che le linee stesse erano state inserite nella struttura del ponte, una situazione simile poteva essere solo un funesto presagio. Il guardiano mandò subito due operai per individuare la causa del danno. Dopo circa un chilometro, tuttavia, i due si ritrovarono dinanzi al vuoto. L'intera parte centrale del ponte era sprofondata nel fiume, assieme al treno, per scomparire nelle acque tumultuose del Tay. La ricerca di eventuali superstiti fu del tutto inutile.

Cause e conseguenze

La commissione che venne istituita subito dopo la catastrofe giunse cinque mesi dopo a un giudizio spietato. Errori di costruzione e trascuratezza

Il ponte sul Firth of Forth

Già nel 1879 si era iniziata la costruzione di un secondo ponte gigantesco secondo i progetti di Thomas Bouch. Questo sarebbe dovuto essere un altro ponte ferroviario che attraversava il Firth of Forth, a sud del ponte sul Tay. Subito dopo il crollo di quest'ultimo la nuova costruzione venne ovviamente sospesa. Gli ingegneri John Fowler (1817-1898) e Benjamin Baker (1840-1907) furono incaricati di progettare un ponte più stabile, la cui costruzione iniziò nel 1883. Il ponte, estremamente sicuro, è composto da tre sezioni portanti a intelaiatura, con forma di rombo, che danno alla costruzione un'aria imponente. Il ponte d'acciaio è stato anche paragonato a tre dinosauri che in fila indiana stanno guadando il Firth of Forth. Dopo la grave tragedia sul Tay si diede particolare importanza alla stabilità. Utilizzando metodi di calcolazione ancora attuali, si è stabilito che il ponte aveva una sicurezza statica cinque volte maggiore rispetto a quanto sarebbe stato necessario.

avevano causato il dramma. La ghisa utilizzata non era assolutamente adatta e per di più di scarsa qualità. Le fessure presenti nel materiale vennero otturate durante la costruzione semplicemente usando un composto di polvere di metallo e resina, in modo che, dopo la verniciatura, questi difetti erano risultati completamente invisibili. Il costruttore, Thomas Bouch, nello stabilire le proporzioni del ponte, aveva evidentemente sottovalutatola pressione laterale del vento. Le sue valutazioni sulla forza del vento in caso di uragano si aggiravano appena sul 20% dei valori rispetto a quelli che, nello stesso periodo, venivano calcolati in Francia e in America. L'ulteriore superficie d'attrito fornita dal treno con i suoi vagoni durante il passaggio non era stata assolutamente considerata. Bouch venne immediatamente privato di tutti gli incarichi e morì, in preda al dolore, solo qualche mese dopo quella notte terribile.

Il ponte sul Tay venne ricostruito completamente a partire dal 1887 ed è ancor oggi in funzione.

"E ADESSO TUTTI NOI ENTREREMO NELLA STORIA COME CRIMINALI"

I TEST ATOMICI NEL DESERTO DEL NEVADA

Negli anni tra 1945 e 1992 solo negli Stati Uniti furono eseguirti 1039 test atomici, la maggior parte nel deserto del Nevada, non troppo distante da Las Vegas. Dapprima vennero svolti dei test anche nel Pacifico, ma per i costi troppo elevati, si preferì rimanere nel proprio paese. 380.000 soldati furono incaricati di osservare le bombe e testare gli effetti delle radiazioni e centinaia di migliaia si ammalarono di tumore, con conseguenze che andarono dall'infermità alla morte.

Alcuni curiosi osservano nel 1962 gli effetti della "Bomba" stando sul bordo di un gigantesco cratere nel Nevada.

Il deserto del Nevada come luogo dei test per le bombe atomiche

Il Nevada è il settimo Stato federale per dimensioni degli USA. Situato a ovest, con i suoi 1,3 milioni di abitanti raggiunge una densità di popolazione media di appena 4 persone per chilometro quadrato. Gran parte dei suoi abitanti risiede a Las Vegas e Reno, mentre quasi tutto il resto dello Stato è composto di deserto e disabitato. Dalla fine degli anni Quaranta, il Nevada è, insieme al Pacifico meridionale, il luogo dove vengono più frequentemente eseguiti i test atomici. Qui, il 16 luglio 1945, venne lanciata la prima bomba atomica della storia: il test che la riguardò prese il nome di "Trinity". Si trattava di una bomba al plutonio sviluppata nei laboratori di Los Alamos, dello stesso tipo che il 9 agosto del medesimo anno sarebbe stata lanciata su Nagasaki (vedi pp. 178 segg.). Fino al 1992, nel

Una delle numerose esplosioni nucleari compiute nel deserto del Nevada tra 1945 e 1992.

> **Trinitrotoluene (TNT)**
> *In rapporto alla forza dirompente delle bombe atomiche si parla sempre del potere esplosivo di x tonnellate di TNT. Noto anche come tritolo, il TNT è sostanzialmente un esplosivo militare con una velocità di detonazione di 6900 m/sec. Una bomba simile alla prima fatta esplodere come test nel deserto, con 20.000 t di TNT, ha quindi una velocità di detonazione di 13.800 km/s. Tuttavia il TNT viene impiegato anche in ambito civile, dato che si tratta di un esplosivo alquanto sicuro, che può essere fatto esplodere solo con l'impiego di un detonatore.*

Nevada vennero eseguiti più di 900 test nucleari, sia in superficie che sottoterra, e la regione delle Yucca Mountains (Nellis Air Force Range), a circa 160 km a nord di Las Vegas, è uno dei luoghi statunitensi più carichi di scorie radioattive.

La bomba all'uranio che il 6 agosto fu lanciata su Hiroshima con il nome di "Little Boy" non ebbe invece bisogno di test, in quanto, per gli specialisti, era una bomba sicura rispetto a quella al plutonio. Inoltre non si aveva a disposizione una quantità sufficiente di uranio per una seconda bomba. Negli ambienti militari statunitensi la bomba lanciata su Hiroshima ebbe sostanzialmente il valore di "secondo test nucleare" della storia, peccato che il "test" abbia provocato quasi 250.000 morti. Il responsabile militare del progetto, il generale Leslie Groves, si dimostrò molto colpito da "Trinity". "La guerra è finita. Con una o due di queste cose, il Giappone è sistemato", disse.

Una valutazione memorabile

"E adesso tutti noi entreremo nella storia come criminali."

Kenneth Bainbridge, responsabile del progetto "Trinity"

Non solo gli Usa eseguono test atomici

La zona per i test nucleari in Kazakistan è vasta quasi quanto il Belgio. Tra 1949 e 1989 qui vennero fatte esplodere 461 bombe, delle quali 113 sulla superficie terrestre e 348 sotto terra, dopo che, nel 1963, vennero proibiti i test che potevano danneggiare l'atmosfera. Il terreno della regione risulta ancor oggi inquinato con plutonio. Similmente a quanto avevano dichiarato gli USA, anche l'URSS voleva utilizzate le bombe atomiche "in modo pacifico": si credeva infatti di poterle impiegare per far fondere un ghiacciaio o per scavare gallerie e condotte sotterranee. Proprio come avveniva in America, anche qui ogni cosa venne documentata con macchine fotografiche e strumenti di misurazione di vario genere. Anche i test sugli animali erano molto simili a quelli svolti al di là della cortina di ferro: maiali, cavalli, pecore e cani furono esposti all'esplosione atomica, per poterne poi studiare le conseguenze. L'incidenza dei casi di tumore presso la popolazione che viveva nella zona del test è ancor oggi più del doppio rispetto alla media della popolazione dell'ex Unione Sovietica.

Il test nucleare "Trinity"

L'innesco della prima bomba fu montato su una struttura alta 30 metri: qui sarebbe stato acceso. Visitatori e spettatori indossavano occhiali da sole e si erano cosparsi abbondantemente di crema solare, per potersi proteggere dalla luce intensa che li avrebbe investiti. Il test doveva avere luogo in-

Nel settembre 1945, Robert Oppenheimer e il generale Leslie Groves (al centro) studiarono anche i resti di una torre alta 30 metri.

Per rendere immuni i soldati dagli effetti delle esplosioni atomiche, li si inviava nel centro dell'esplosione già poco dopo la detonazione.

torno alle 16.00, ma la bomba fu accesa solo un'ora e mezzo dopo, intorno alle 17.29. Per intrattenere gli ospiti, un'orchestra suonava musica da ballo. L'esplosione entusiasmò oltremisura tutti i presenti, che si tenevano comunque a una distanza di circa 15 km: videro un fungo atomico alto quasi 12 km e il lampo dell'esplosione che si poteva addirittura riconoscere a 300 km di distanza. La bomba, con una potenza di circa 20.000 t di TNT, trasformò la terra sabbiosa intorno alla torre in una crosta vitrea e la torre stessa non esisteva più: al suo posto, una voragine profonda 3 m e larga 330 m. I risultati di questo primo test rimasero tuttavia coperti da segreto militare e l'opinione pubblica non ne seppe mai nulla.

Le conseguenze del test

Negli anni seguenti test nucleari vennero invece documentati in modo insolito, con straordinaria dovizia di particolari. Tuttavia venne sempre presa la decisione di eseguire i test quando il vento soffiava verso ovest, perché si voleva assolutamente evitare che le scorie arrivassero fino a Las Vegas o a Los Angeles. Nel corso degli anni si formarono i cosiddetti "Hot Spot", cioè luoghi sovraccarichi di radioattività, in tutti gli USA, fino allo stato di New

Cronaca di un'esplosione nuckeare

"L'intera zona fu illuminata da una luce bruciante, la cui forza era molto superiore rispetto al sole del mezzogiorno – 30 secondi dopo ci fu dapprima l'esplosione, e la pressione dell'aria rimbalzò con forza contro le persone e le cose, poi seguì quasi immediatamente un tuono orribile e prolungato: una premonizione del Giorno del Giudizio che ci fece pensare come noi, esseri minuscoli, osavamo in modo blasfemo avvicinarci alle forze che fino a quel momento erano state riservate solo all'Onnipotente. Le parole non bastano per spiegare a coloro che non erano presenti quello che provammo nel corpo, nella mente e nell'anima. Bisogna per forza di cose essere stati testimoni, per poterlo immaginare."

Thomas Farrell, generale

York. Uno dei luoghi che ha maggiormente sofferto per via delle esplosioni e delle loro conseguenze fu lo stato mormone di St. George, nello Utah. Molti testimoni infatti ancor oggi riferiscono che, da bambini, videro spesso in cielo lampi e funghi atomici. Dicono anche che molti compagni e fratelli si ammalarono di leucemia. Quando finalmente le autorità compresero che esisteva un rapporto diretto tra morti per tumore e test atomici, per la maggior parte di queste persone era ormai troppo tardi. Dal 1988 il governo offre 50.000 dollari USA per ogni persona morta di cancro dovuto alle radiazioni: una somma che molti, considerandolo denaro sporco di sangue, rifiutano.

I soldati di stanza nel Nevada si trovavano in genere a non più di 3 km dal luogo dell'esplosione. In realtà, la Atomic Energy Commission aveva imposto 11 km, ma i responsabili militari avevano scelto una distanza inferiore e spesso inviato i soldati nel centro dell'esplosione appena 45 minuti dopo, per "immunizzarli" dai danni atomici. 380.000 soldati dovettero partecipare direttamente ai test e molti morirono di cancro.

Jonathan Parfrey, dell'organizzazione "Medici per responsabilità sociale", di Los Angeles, parla di 11.000 morti per cancro dovuto a test nucleari e 100-150.000 malati gravi, così come 120.000 casi di tumore tiroideo per esposizione allo Iodio 131.

I test con le "mini-nukes"

Ancor oggi territorio e persone negli Usa soffrono delle conseguenze dell'incubo atomico del 1945. Ogni tanto conseguenze tardive di particolari affezioni tumorali si riscontrano tra gli osservatori, i soldati o i fotoreporter civili che vennero distribuiti a centinaia intorno al luogo dell'esplosione, per poter fermare ogni attimo su milioni di metri di pellicola. Terreno e acqua sono contaminati.

Ben presto, tuttavia, si torneranno a eseguire test: nel 2003 il Senato ha emanato una legge per sviluppare e testare le "mini-nukes", come il governo di George W. Bush le ha giocosamente ribattezzate, dando in tal modo libero corso a nuovi test atomici in Nevada.

Anche la Russia sta lavorando allo sviluppo di nuove armi atomiche che, secondo il premier Vladimir Putin, dovrebbero rivelarsi il garante più sicuro per una pace duratura ottenuta attraverso un equilibrio strategico delle potenze.

Uno dei luoghi nel deserto dove si svolgevano i test: il 25 maggio 1953 qui venne fatta esplodere la bomba "Grable".

I test atomici in base al numero di tentativi eseguiti per nazione

NAZIONE	NUMERO DI TEST NUCLEARI EFFETTUATI	PERIODO
USA	1039	1945-1992
Unione Sovietica	718	1949-1990
Francia	198	1960-1996
Rep. Popolare Cinese	45	1964-1996
Gran Bretagna	45	1952-1991

Il paradiso e la bomba

I test nucleari nell'atollo di Bikini

Nel 1946 gli americani fecero scoppiare sulle bellissime isole dell'atollo Bikini, nel Pacifico, la prima di una lunga serie di bombe atomiche, per poterne studiare meglio gli effetti e la forza distruttrice. Gli abitanti erano già stati trasferiti sulle isole vicine. A differenza di Robert Oppenheimer, il "padre della bomba atomica", che dopo gli orrori di Hiroshima e Nagasaki aveva rivisto la sua posizione, il fisico Edward Teller nel 1946 era ancora un acceso sostenitore della bomba, la "sua bambina", come la chiamava. Nel 1945 aveva giurato ancora che la bomba poteva spostare le montagne. Lasciò fortunatamente stare tutte le montagne dove si trovavano, ma fece sprofondare l'isola di Elugelab, una parte dell'atollo di Bikini, con una bomba a idrogeno.

"Able" segnò l'inizio della Guerra Fredda

"Able" fu il nome della prima bomba atomica americana, fatta scoppiare nei Mari del Sud. Venne gettata il 30 giugno 1946 da un aereo ed esplose nell'atollo di Bikini, che apparteneva alle isole Marshall. "Able" aveva una forza esplosiva di 23 kt (chilotonnellate; unità di misura utilizzata come indicazione di grandezza delle armi atomiche) e fu la capostipite di una serie di bombe atomiche lanciate nei 12 anni successivi: complessivamente si trattò di 23 bombe con 67 testate nucleari. Il Pentagono comunicò che la quantità di bombe lanciata aveva una forza 7000 volte superiore rispetto a quella di Hiroshima. Accanto ai danni non perfettamente calcolati, la bomba aprì la fase della Guerra Fredda, in seguito alla quale Unione Sovietica e USA interruppero ogni rapporto diplomatico. Si iniziò così da entrambe le parti una corsa al riarmo, che ebbe fine solamente nel 1989, con la caduta del muro di Berlino, e portò più volte il mondo sull'orlo di una catastrofe nucleare.

Per il bene dell'umanità

Gli americani avevano scelto per i propri esperimenti le isole Marshall, perché si trovavano abbastanza lontano dagli USA da scongiurare reazioni e proteste da parte della popolazione. In queste occasioni, l'arrivo di militari, scienziati ed esperti americani assomigliava tanto a un'invasione: circa 42.000 americani, che venivano per vedere da vicino e in tutta tranquillità quel giocattolo nuovo, sino a quel momento usato solo un paio di volte. In patria, governo e stampa richiesero una documentazione completa, che infatti venne fornita: oltre 600 macchine fotografiche e da presa furono posizionate nell'atollo. Si fecero addirittura volare dentro il fungo atomico degli aerei privi di equipaggio. Per il bene della ricerca e dell'umanità, per tutti i dodici anni vennero

Con la prima bomba atomica sull'atollo di Bikini, il 30 giugno 1946, si diede inizio a una lunga serie di test nucleari; l'intero atollo fu completamente contaminato.

Il fisico Edward Teller aveva affermato nel 1945 che la bomba poteva spostare montagne intere.

tenuti in cattività su navi ancorate dinanzi alle isole circa 5000 animali: maiali, capre e topi finirono polverizzati, carbonizzati, bruciati, fatti a pezzi o morirono tra sofferenze spaventose in seguito agli effetti della bomba, che il fisico Edward Teller (1908-2003), in particolare, considerava come la sua creatura.

Lo slogan che si utilizzava avrebbe dovuto rimettere a posto ogni cosa: "For the good of mankind" (per il bene dell'umanità).

Gli abitanti disturbavano: dovevano andarsene

Ovviamente le isole dell'atollo dove si era stabilito di compiere gli esperimenti dovevano essere per prima cosa liberate di tutti i loro abitanti. La popolazione fu così spostata su altre isole: queste persone sognano ancor oggi di poter tornare in patria. Qui si verificò, e si verifica tuttora, la catastrofe vera e propria, dato che molti degli abitanti di queste isole paradisiache morirono e muoiono ancora oggi per le conseguenze delle radiazioni. E sono molte altre le isole che rimarranno contaminate per secoli per via dei test con il plutonio, tanto da essere ormai invivibili.

Gli USA hanno dovuto versare a tutt'oggi circa 1 miliardo di dollari alle isole Marshall come risarcimento danni. Come dissero poi gli abitanti delle isole, rassegnati, s'imparò ad asciugarsi le lacrime con le banconote degli americani.

Gli abitanti di Bikini col tempo si sono adeguati alla situazione e hanno imparato a sfruttarla, perché tanto più l'attenzione internazionale si spostava sull'atollo, rendendo sempre più forte la sensibilità internazionale tanto più aumentavano le pretese e le richieste di risarcimento. Ipertensione, diabete o reumatismi erano molto frequenti, ma in realtà si sono trovati collegamenti solo tra test e tumori della tiroide.

Nel frattempo, il flusso di denaro dagli USA si è fatto meno regolare, essendo ormai passati molti anni. Pertanto il Congresso americano ha rifiutato non molto tempo fa il pagamento dei 365 milioni di dollari USA necessari per bonificare l'atollo di Bikini, cioè per sostituire il terreno contaminato.

Durante i test, protrattisi per 12 anni, si utilizzarono circa 5000 capre, maiali e topi per osservare l'effetto delle radiazioni sugli esseri viventi.

I cesio

Il cesio è un metallo caratterizzato da simbolo Cs e numero atomico 55. Tra tutti gli elementi stabili del sistema periodico è quello con il maggiore raggio atomico. Il cesio è il più morbido tra tutti gli elementi ed è inoltre elastico; dopo il mercurio, ha il punto di fusione più basso, intorno a 28,5 °C. Nella sua variante radioattiva, Cesio 137, ha una durata media di 30.0000 anni. Si trova in piante e terreni, in particolare in alcuni tipi di funghi, ed è molto cancerogeno.

Alcuni discendenti degli ex abitanti di Bikini, oggi. Sognano di poter tornare sulle isole dei loro padri.

La speranza di un ritorno

Ma le critiche più accese non provengono tuttavia dagli abitanti evacuati o malati, bensì dalle organizzazioni umanitarie internazionali. Gli abitanti ricevono un sussidio che viene regolarmente pagato dagli Stati Uniti ogni mese. Una somma che permette loro di vivere e che al contempo li obbliga all'inattività. Inattività dovuta anche alla speranza di poter tornare nella propria patria e alla vita di un tempo.

Nel frattempo sono passati 60 anni e la vita dei discendenti delle persone un tempo evacuate non ha ormai più nulla a che fare con la vita dei loro antenati.

Il club atomico

Il club delle due superpotenze atomiche, USA e Unione Sovietica, ricevette ben presto nuovi membri dopo lo scoppio della Guerra Fredda. Nel 1953 la Gran Bretagna aveva sviluppato la bomba, nel 1964 fu la volta di Francia e Repubblica Popolare Cinese. Queste cinque nazioni hanno dato vita al cosiddetto club atomico e sono anche quelle che siedono nel Consiglio di sicurezza delle Nazioni Unite e godono di uno status speciale: il diritto di veto. In seguito altre nazioni entrarono nel club ma senza godere dei privilegi dei primi membri. Israele, India e Pakistan vi hanno aderito, mente l'Iran richiede da tempo ldi potervi entrare.
I membri successivi possono tuttavia limitarsi a rappresentare una minaccia pericolosa per la pace e il benessere del mondo: non hanno infatti alcun ruolo nell'ONU.

430.000 morti di tumore per via dei test atomici

Fino a oggi non si è mai fatta una statistica precisa delle vittime delle radiazioni: non vi sono dati certi sufficienti per stilarla. Il Pentagono non fornisce ulteriori informazioni e si trincera dietro il segreto militare. Le cifre delle istituzioni indipendenti, come l'organizzazione IPPNW (Medici internazionali per la prevenzione della guerra atomica) non sono complete anche per la mancanza di dati riferiti alle vittime di tumore riscontrate nell'atollo di Bikini. Secondo le loro stime, si parte da diverse migliaia di vittime di cancro su Bikini e in tutte le Isole Marshall. Sono dati parziali che completano il quadro generale di circa 430.000 morti di tumore a livello mondiale per via dei test di armi atomiche realizzati fino alla fine del XX secolo.

Isole scomparse dalla faccia della Terra

Il "re di Kwajalein" è il capotribù dell'atollo su cui gli americani ancor oggi hanno le proprie basi missilistiche. Vive in esilio e riceve dagli Usa 12 milioni di dollari all'anno per l'affitto delle sue isole. La maggior parte del denaro finisce nelle sue casse private, una parte è usato per la sua corte, mentre il resto viene distribuito al popolo. Ma nessuno lo prende effettivamente sul serio, soprattutto non lo fanno gli americani, altrimenti dovrebbero soddisfare tutte le sue richieste sull'atollo di Bikini e i suoi benefici.

La bandiera dell'atollo di Bikini presenta tre stelle nere, che dovrebbero ricordare le tre isole completamente cancellate dalla faccia della Terra nel 1954 dalla bomba all'idrogeno "Bravo", di 15 megatonnellate. Già due anni prima, nel 1952, dal vicino atollo di Eniwetok era stata cancellata un'altra isola per lo scoppio di una bomba all'idrogeno.

La bomba ha fascino

Nella società americana, guerrafondaia e con una fede incrollabile nella tecnologia, la bomba acquisì velocemente un certo status, una sorta di sex-appeal. Il Sands Hotel di Las Vegas organizzò un concorso Miss Bomba Atomica, mettendo la vincitrice in una nuvola di ovatta dalla suggestiva forma di fungo atomico. L'Atomic View Motel, in Nevada, pubblicizzava una vista esclusiva sui luoghi sotterranei dei numerosi numerosi test atomici. Lo slogan sosteneva che i clienti non dovevano neppure lasciare la piscina per poter vedere tutto al meglio.

Si dice che appena quattro giorni dopo il primo test atomico su Bikini sia comparso in spiaggia il primo… bikini: i suoi creatori parlavano di una "forza esplosiva" a livello mondiale, perché grazie al nuovo costume tutte le "bombe sexy" avrebbero avuto improvvisamente "seni atomici". Bill Haley cantò una canzone rock il cui testo parlava di un Big Bang atomico, cui sarebbero sopravvissuti solo 13 donne e un uomo: lui.

Sopra: alcuni soldati osservano nel 1958 l'esplosione di una bomba a idrogeno sulle Isole Marshall.

Il 26 marzo 1954 la bomba "Romeo", di 11 megatonnellate, fu lanciata sull'atollo di Bikini. Un fungo atomico gigantesco si staglia verso il cielo.

Il miracolo di Lengede

La drammatica azione di salvataggio dopo l'infortunio nella miniera del 1963

Il 24 ottobre 1963 il fondo della vasca di depurazione 12 della miniera di minerale di ferro "Mathilde", a Lengede, nelle vicinanze di Hannover, crollò. 460.000 metri quadrati di acqua e fango sommersero la fossa. Dei 129 minatori che si trovavano sotto suolo 79 furono riportati subito in sicurezza. Altre 21 persone furono poi salvate con interventi spesso drammatici nei 14 giorni successivi. Il "miracolo di Lengede" divenne una delle azioni di salvataggio tecnicamente più complesse della storia della miniera.

I minatori bloccati sotto terra vengono riforniti con cibo e vestiti asciutti attraverso un foro di approvvigionamento.

L'invasione dell'acqua

Da quasi 100 anni l'industria mineraria è molto fiorente nel paese di Lengede, tanto da dare lavoro alla maggior parte dei suoi 9000 abitanti. Questa località semisconosciuta della Bassa Sassonia acquisì quasi in una sola notte grande notorietà, anche se per un motivo decisamente triste: la sera del 24 ottobre 1963, infatti, il fondo di una vasca di depurazione sopra la miniera di minerale di ferro cedette. La pressione provocò subito una sorta di imbuto attraverso il quale l'acqua penetrò in zone della fossa sotto la vasca.

Sotto terra si trovavano 129 minatori. Quando i primi capirono la situazione di pericolo, fecero subito scattare l'allarme: la richiesta di aiuto via telefono fece appena in tempo a raggiungere il responsabile della miniera, poi il contatto si interruppe. Il collegamento con la fossa era definitivamente interrotto. 79 minatori trovarono, pur nel panico, dei fori di volata, attraverso i quali poterono sfuggire alla massa d'acqua che stava avanzando, salvandosi. In superficie, invece, la parte della falla era stata tamponata attraverso una diga realizzata per fermare l'avanzata dell'acqua, ma 50 minatori risultavano ancora dispersi.

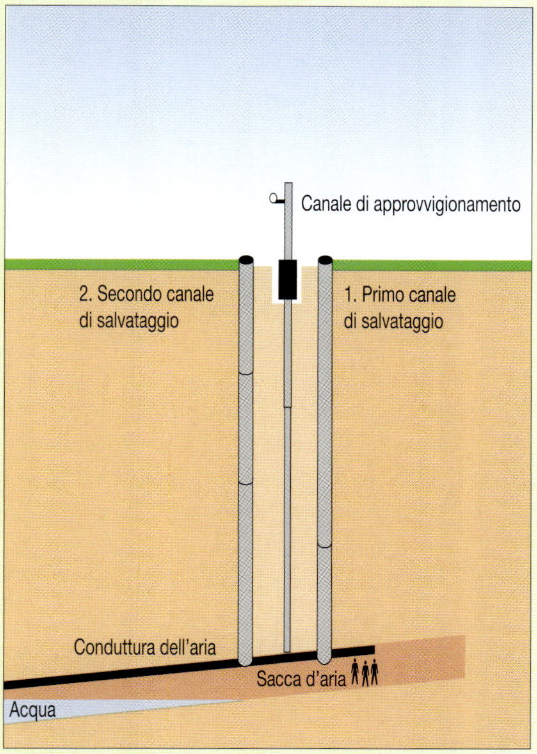

I minatori nella sacca d'aria vennero salvati attraverso pozzi appositamente scavati. Per mantenere la sacca d'aria che li aveva salvati durante le operazioni di recupero fu soffiata dell'aria nella cavità.

La zattera della salvezza

Durante la notte, senza averne il permesso, alcuni minatori si recarono con delle torce alla ricerca dei loro compagni e infatti scoprirono sette minatori su una zattera che si erano costruiti da soli. Questi riusciranno poi a tornare in superficie percorrendo un tratto lungo 80 m sotto la sommità della galleria. Alle prime luci dell'alba il numero dei dispersi

Nel 1955 venne utilizzato per la prima volta nella miniera di Dahlbusch, a Gelsenkirchen, uno strumento per salvare minatori rimasti intrappolati. La stessa bomba Dahlbusch, a forma di siluro, fu impiegata con successo anche a Lengede.

Il film sul miracolo di Lengede

Già nel 1969 venne girato da due emittenti televisive tedesche un film-documentario sul "Miracolo di Lengede", in cui comparivano anche riprese originali dei giorni della catastrofe: nel 1963, infatti, la televisione tedesca aveva per la prima volta trasmesso in diretta dal luogo della catastrofe. Quarant'anni dopo l'incidente il tema venne ripreso dalla televisione.
Il film in due parti, che fu proposto dapprima solo alla televisione tedesca, riscosse un successo incredibile, un segno inoppugnabile che questo meraviglioso salvataggio dei minatori intrappolati era ancora molto radicato nel ricordo della popolazione. Il film ricevette nel 2004 il premio "Goldene Kamera", come miglior film della televisione tedesca e nello stesso anno il premio Adolf Grimme oltre a molti altri riconoscimenti. All'estero il film fu proposto in 35 paesi, tra cui Spagna, Svezia, Cecoslovacchia e Ungheria.

era sceso a 43. Le ricerche effettuate attraverso altri scavi, in punti diversi, non diedero alcun esito: lo stato d'animo in superficie era depresso.

I tre salvati di Barbecke

Nei campi di rape della zona circostante la miniera le ricerche continuarono ininterrottamente anche il giorno seguente. Ma nei punti raggiunti dagli scavi non si udiva altro che il gocciolio dell'acqua. Nel frattempo i tecnici della squadra di soccorso approntata in gran fretta iniziarono a calcolare in quali punti di quel labirinto di cunicoli e gallerie si potessero essere formate sacche d'aria sufficientemente ampie da accogliere i minatori fuggiti. Il punto più indicato si trovava nel campo sportivo di Barbecke. Si procedette quindi immediatamente con qualche trivellazione di prova, eseguita con grande attenzione e si riuscirono a trovare quattro sopravvissuti. Quando in superficie si udirono i primi colpi lanciati come segnali dai sopravvissuti, la gioia dei soccorritori fu grande. A quel punto si decise di procedere subito, ma con grande cautela, alla trivellazione per salvarli: creare cioè un varco sufficientemente ampio da passarvi la cosiddetta bomba Dahlbusch, ma al contempo non troppo grande per evitare il rischio di possibili cedimenti. Questa capsula di salvataggio a forma di siluro era stata impiegata per la prima volta otto anni prima nella miniera di Dahlbusch, a Gelsenkirchen, e richiedeva un pozzo di circa 50 cm. Il settimo giorno dopo l'invasione dell'acqua, lo scavo riuscì a raggiungere la sacca d'aria. Tre degli uomini dispersi erano ancora vivi, il quarto invece era annegato. Pieni di gioia, dopo ben otto giorni dalla catastrofe, ritornarono finalmente in superficie.

Un minatore appena riportato in superficie usando la bomba Dahlbusch.

Campane da morto

Per gli altri minatori, purtroppo, pareva che, a tanti giorni dalla disgrazia, non ci fosse più speranza di trovarli vivi. Il direttore della miniera li fece dichiarare morti, decidendo di rimandare a casa le squadre di soccorso e il gruppo specializzato in questo genere di scavi. Venne stabilito inoltre un ammainabandiera in segno di lutto e si iniziarono a preparare i funerali. Nei paesi circostanti rintoccarono le campane da morto. Ma i minatori sopravvissuti alla tragedia e che erano stati salvati non si davano pace. Speravano ancora che alcuni dei loro colleghi si fossero rifugiati nel cosiddetto "Alter Mann" (il vecchio), una galleria ormai abbandonata, da cui erano state tolte anche tutte le travi di sostegno per riconsegnarla alla montagna. Il direttore della miniera all'inizio si oppose, considerando la cosa impossibile, poi però fu costretto a cedere all'opinione pubblica. Più di 400 giornalisti erano già giunti sul luogo del salvataggio, nella speranza di uno scoop sensazionale, mettendo a loro volta ulteriormente sotto pressione il direttore. Senza molte prospettive di successo, si ripresero le ricerche, pur non riuscendo a stabilire con certezza la posizione dell'"Alter Mann".

Nell'"Alter Mann"

Nel frattempo, da giorni ormai un piccolo gruppetto di sopravvissuti cercava di resistere al freddo e all'oscurità dell'"Alter Mann". 21 minatori erano riusciti a ripararsi fin laggiù, tra cui l'elettromeccanico Adolf Herbst e il minatore Bernhard Wolter, che erano già stati inseriti nell'elenco delle vittime. Il giorno della tragedia, Herbst aveva scelto di fare un doppio turno per poter avere il giorno seguente libero e festeggiare il proprio fidanzamento. Invece si trovava ormai da nove giorni sotto terra, vivendo con disperazione gli attimi in cui il gruppo dei sopravvissuti si faceva via via sempre più esiguo. Di tanto in tanto infatti nella galleria si verificava una caduta di sassi che provocava la morte o il ferimento di alcuni minatori. Il 3 novembre, dieci giorni dopo l'incidente, una squadra di scavatori, dopo una serie di errori di valutazione sulla topografia del luogo (la perforatrice era stata erroneamente spostata di 2,20 m dalla posizione prevista), raggiunse effettivamente l'"Alter Mann", una camera di 5 x 2 m, alta 3 m situata a 50 m di profondità. Il "Miracolo di Lengede" diventava così realtà.

"Herr Wolter, prego, risponda!"

Dopo che i sopravvissuti furono rifocillati sottoterra con quanto necessario, si iniziò a organizzare un attento piano per riportarli in superficie attraverso l'impiego della bomba Dahlbusch. Bernhard Wolter divenne il rappresentante del gruppetto e a lui era affidato il contatto diretto con i soccorritori, attraverso un microfono. Spesso si sentiva la frase: "Herr Wolter, prego, risponda!", per poter indirizzare meglio gli scavi e scambiarsi altre informazioni utili. Per altri quattro giorni gli undici sopravvissuti nell'"Alter Mann" dovettero stringere i denti, fino a quando, finalmente, furono raggiunti dalla trivella. L'intervento proseguiva al rallentatore, per non rischiare un cedimento all'ultimo momento. Quando si riuscì ad allestire il pozzo adeguato al salvataggio, due volontari si calarono in basso, per estrarre uno alla volta i minatori ormai esausti. Il 7 di novembre, due settimane dopo l'invasione dell'acqua, gli undici salvati rividero la luce del sole. Per 29 minatori, invece, non c'era stata possibilità di salvezza.

Sopra: il viaggio dei sopravvissuti verso gli ospedali della zona viene accompagnato da ali di parenti in festa.

Sotto: soccorritori della Croce Rossa sostengono un minatore molto provato appena uscito dalla capsula di sicurezza.

Altre tragedie in miniera

Ogni anno in tutto il mondo si verificano tragedie minerarie, con un gran numero di morti. E i salvataggi miracolosi sono purtroppo molto rari. Nel gennaio 2006 un fulmine provocò un'esplosione in una miniera di carbone a Tallmansville (West Virginia, USA). Dopo le prime operazioni di salvataggio, dodici minatori non rispondevano ancora all'appello. Come era accaduto anche a Lengede, centinaia di parenti e amici si riunirono sul luogo della tragedia, sperando in un possibile salvataggio.

Quando si venne a sapere che tutti i dispersi erano stati salvati, le persone in attesa si lasciarono andare alla gioia più intensa, che tuttavia si tramutò nella delusione più cocente quando fu comunicato che undici dei dodici dispersi non erano sopravvissuti all'incidente.

Il "miracolo di Lengede" non si era purtroppo ripetuto.

Durante la guerra del Vietnam un aereo dell'esercito americano sorvola le foreste spruzzando un prodotto defogliante, il cosiddetto "Agent Orange". In questo modo i guerriglieri avversari non avrebbero più potuto contare sulla protezione degli alberi.

L'"Agent Orange" e la nube di Seveso

Il superveleno diossina minaccia da oltre cinquant'anni l'umanità

La diossina, uno dei peggiori veleni di produzione artificiale, ha sempre avuto effetti catastrofici su uomini e ambiente. Dapprima, unito al defogliante "Agent Orange", ebbe conseguenze disastrose nella guerra del Vietnam su centinaia di migliaia di persone colpite. Poi, nel 1976, ricomparve in una nuvola di veleno in uno dei peggiori incidenti chimici della storia, a Seveso. Infine scatenò notevoli disordini pubblici quando, nel 2004, durante la campagna elettorale in Ucraina si sparse la voce che uno dei candidati fosse stato avvelenato dalla diossina.

Operazione "Ranch Hand"

Negli anni Sessanta del XX secolo, le truppe americane rimasero per molti anni intrappolate nei meandri di un conflitto lungo e complesso tra il Vietnam del Nord, comunista, e quello del Sud, filo-occidentale. In questa guerra, entrata nella storia come "guerra del Vietnam", la fitta giungla che ricopriva due-terzi del paese rappresentava per l'esercito americano uno dei problemi principali, poiché, protetti dall'intrico della foresta, i vietnamiti riuscivano a compiere improvvisi attacchi. Per togliere al nemico questa sorta di copertura naturale, si organizzò quindi l'operazione "Ranch Hand". Dal 1962 al 1971, sulla giungla vennero ripetutamente irrorate sostanze defogliante usando aerei ed elicotteri. Il più efficace era una miscela detta "Agente Arancio", un cocktail chimico che in realtà conteneva una quantità minima di diossina. Ma questa, venendo

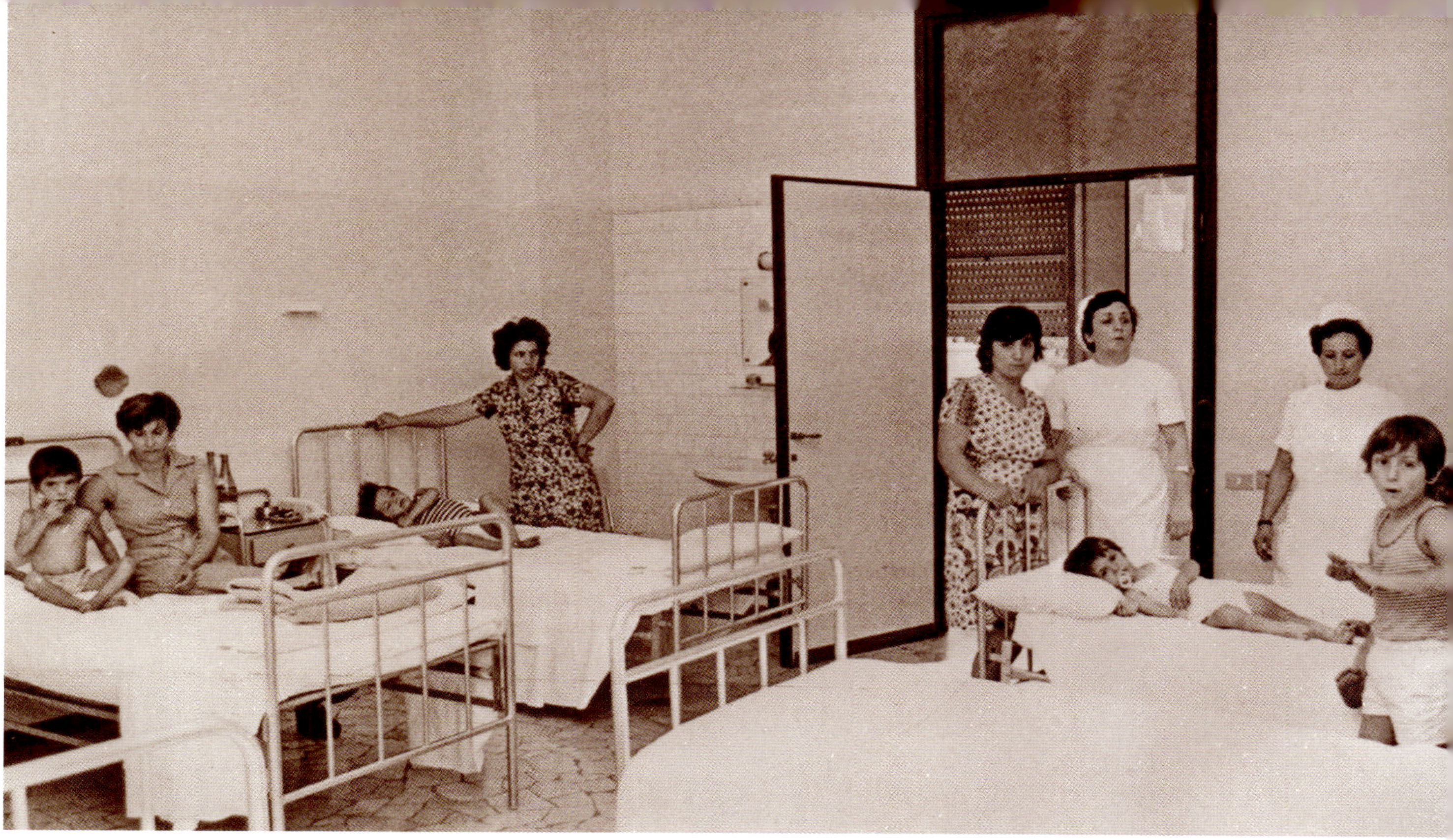

decomposta dalla natura solo a ritmi molto lenti, ed essendo stata impiegata in modo massiccio e per più anni, si tramutò in un veleno micidiale. Gli esiti di questo avvelenamento furono catastrofici. Ancor oggi circa 100.000 vietnamiti ne soffrono le conseguenze che, per via dei danni apportati al patrimonio genetico, ricompaiono addirittura nella terza generazione, con gravi malformazioni. Anche i soldati americani che parteciparono alla guerra ne soffrirono e soffrono le conseguenze.

La nuvola velenosa di Seveso

Sempre legata alla diossina fu anche una delle peggiori catastrofi ambientali del XX secolo, verificatasi il 10 luglio 1976 a Seveso, un paese vicino a Milano. Per un errore umano, quel giorno infatti, intorno alle 12.37, una caldaia esplose nella piccola industria chimica ICMESA (Industrie Chimiche Meda Società Azionaria), che produceva cosmetici. La nube tossica che si venne a formare immediatamente dopo si spostò subito su Seveso e altri comuni della zona. Per un'intera settimana si cercò di tenere nascosta la vera pericolosità della nube, prima che si iniziasse a evacuare l'intera zona. La nuvola conteneva all'incirca 2 kg di diossina estremamente velenosa, che rese la regione di Seveso inabitabile per alcuni anni. 75.000 animali avvelenati dovettero essere abbattuti e centinaia di persone soffrirono

Dopo l'incidente di Seveso, con la conseguente dispersione di diossina, i bambini contaminati sono curati in ospedale.

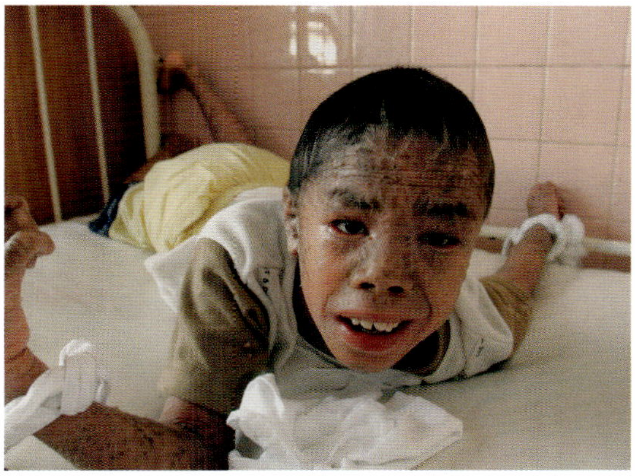

Ancora nel 2005 si riscontrano in Vietnam le conseguenze dell'avvelenamento da diossina. I danni genetici ricompaiono infatti persino nella terza generazione.

La diossina

Il professore tedesco Wilhelm Sandermann (1906-1994) studiò dopo la seconda guerra mondiale gli effetti della xilochimica, la chimica del legno. In rapporto alle sue ricerche, produsse per la prima volta nel 1957 il TCDD (tretaclorodibenzo-p-diossina). Le diossine sono per così dire prodotti chimici di scarto o secondari, che vengono usati anche come erbicidi e diserbanti. Tra le diossine note, il TCDD è la tipologia più velenosa. Già un microgrammo infatti (1/1000 g) per chilogrammo di peso corporeo può avere effetti letali per l'organismo umano. Il veleno intacca le cellule e danneggia il patrimonio genetico, provocando gravi danni al fegato ed esponendo alla cloracne. Viene inoltre decomposto in natura molto lentamente e pertanto si sedimenta nell'ambiente come danno in costante agguato. Non si sa tuttavia con certezza se sia di per sé anche cancerogeno.

di gravi danni alla cute. Le conseguenze già note dai tempi della guerra del Vietnam non sono ancor oggi del tutto valutabili per Seveso.

I bidoni contenenti il veleno sono scomparsi

Nell'autunno 1976 si iniziarono i primi tentativi per decontaminare la zona colpita. Nel 1982, in effetti, erano già state bonificate vaste aree di terreno avvelenato, ma la zona che si trovava intorno alla caldaia esplosa non era stata ancora toccata. Solo nell'estate del 1982 alcuni volontari iniziarono questo lavoro ancora molto pericoloso, indossando pesanti indumenti protettivi. Il materiale raccolto venne disposto in appositi bidoni protetti, per poter essere poi trasportato nel settembre 1982 in Francia. Ma poco tempo dopo la stampa venne a conoscenza che i contenitori erano scomparsi, e subito scoppiò uno scandalo pubblico.

Per mesi e mesi si fecero ricerche per individuare la localizzazione dei bidoni, finché non furono rinvenuti, nel maggio 1983, nel Nord della Francia. Nel 1985 furono finalmente bruciati a Basilea con un nuovo procedimento che evita la formazione di residui.

Un poliziotto con maschera antigas e indumenti protettivi mentre colloca cartelli ammonitori nella zona di Seveso, contaminata dalla nube tossica di diossina.

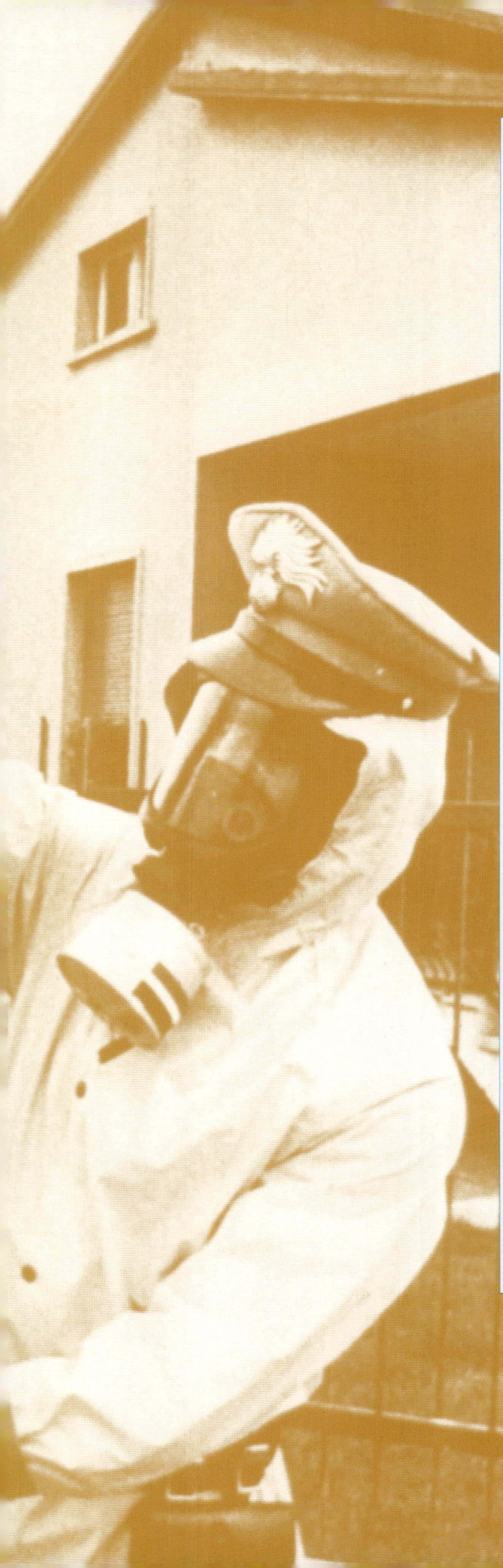

Un attacco velenoso con la diossina

Quando nel 1991 gli ultimi Stati dell'ex Unione Sovietica dichiararono lo scioglimento definitivo dell'unione, anche l'Ucraina tornò a essere una nazione autonoma, pur mantenendo ancora per molti anni un legame politico con l'ex stato partner. Nel 2004 furono indette le elezioni, che si tramutarono ben presto in una scelta tra orientamento filo-occidentale o filo-russo. Mentre il candidato Viktor Yanukovich era propenso a uno stretto legame con la Russia, il suo avversario Viktor Yushenko si dichiarò per un cambiamento della politica con una apertura verso le democrazie occidentali. Quando la competizione elettorale venne vinta da Yanukovich, iniziarono le prime proteste di piazza contro possibili brogli elettorali; le manifestazioni si protrassero per settimane, sempre in modo pacifico. Questa protesta venne definita rivoluzione arancione e portò alla fine a nuove votazioni: questa volta il verdetto diede la vittoria a Yushenko. Ma l'intera competizione elettorale venne tuttavia oscurata dal sospetto che il candidato Yushenko potesse essere stato vittima di un attacco tossico con diossina. Dopo un pranzo con il capo dei servizi segreti ucraino, sul volto del politico comparvero in effetti forti segni di avvelenamento che per quattro settimane gli impedirono di proseguire nella campagna elettorale. Una delle conseguenze della malattia fu una forte alterazione del viso, che fece invecchiare questo politico così vitale di parecchi anni in poche settimane. Il dubbio, all'inizio contrastato, che vi fosse stato un attacco tossico venne poi confermato nel dicembre 2004, dopo una visita presso l'ospedale Rudolfinerhaus, a Vienna. Nel sangue e nei tessuti di Yushenko si trovò infatti una concentrazione di diossina di 1000 volte più elevata del normale. L'avvelenamento con diossina fu infine confermato dall'avvocatura di stato ucraina nel novembre 2005, dopo ulteriori indagini medico-legali.

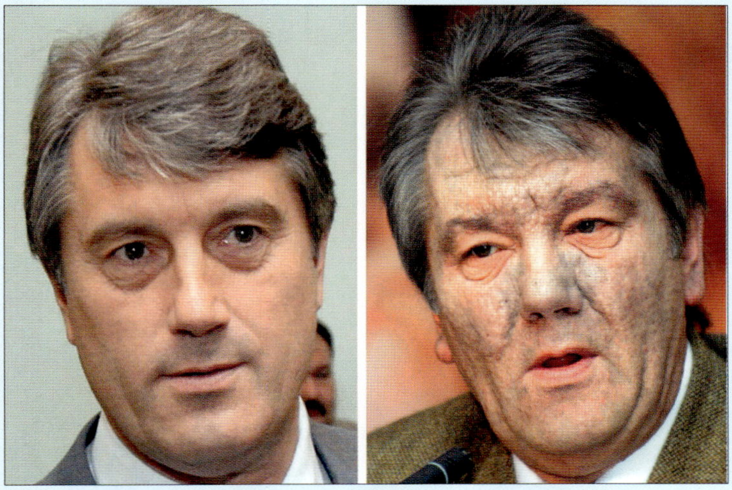

Viktor Yushenko prima e dopo l'attacco tossico.

La fabbrica della Union Carbide Corporation a Bhopal, India. Qui, nella notte tra il 2 e il 3 dicembre 1984 si verificò una delle peggiori catastrofi dell'industria chimica.

UNA NUBE LETALE DOPO MEZZANOTTE

LA CATASTROFE CHIMICA DI BHOPAL

Nella notte tra il 2 e il 3 dicembre 1984, a Bhopal, capitale dello Stato di Madhya Pradesh, India centrale, si verificò una delle più gravi catastrofi chimiche di tutti i tempi. In una fabbrica della Union Carbide Corporation, infatti, fabbrica chimica specializzata in pesticidi, venne liberata nell'atmosfera dopo l'esplosione di un serbatoio una grande quantità di metilisocianato (MIC). Una nube velenosa si diffuse in prossimità del terreno, colpendo dapprima un quartiere molto povero. Oltre 3800 persone morirono per le conseguenze dirette e centinaia di migliaia rimasero ferite. I danni non sono ancora stati del tutto superati.

L'industria chimica americana investe in India

Bhopal, capitale dello Stato federale del Madhya Pradesh, nell'India centrale, è una città industriale e universitaria con oltre 1,5 milioni di abitanti. All'epoca della catastrofe vi viveva meno della metà della popolazione attuale. Uno dei settori più importanti dell'industria locale è la chimica.

Testimonianza oculare
"Quelli che cadevano non venivano risollevati da nessuno, poi erano calpestati da altri che sopraggiungevano. Le persone si arrampicavano una sopra l'altra, inciampavano, per potersi salvare. Persino le mucche correvano via nel disperato tentativo di salvarsi la vita, e durante la fuga schiacciavano le persone, uccidendole."
Champa Devi Shukla, presidente del Comitato per le vittime del gas di Bhopal

Nel 1934 la Union Carbide Corporation (UCC) fu uno dei primi investitori americani in India, dove fondò la Union Carbide India Limited (UCIL), in quanto il nuovo paese prometteva ottimi profitti. La fabbrica di Bhopal fu costruita alla fine degli anni Settanta e dava da lavorare a circa 9000 persone. Nel 1984 la UCC, con un fatturato di 9,5 miliardi di dollari USA, era tra le più importanti industrie chimiche al mondo.

Il gas tossico raggiunge il centro abitato

Nella notte tra il 2 e il 3 dicembre 1984 si verificò la tragedia: poco dopo la mezzanotte, infatti, il metilisocianato (MIC) fuoriuscì da un serbatoio. 3828 persone morirono direttamente, mentre centinaia di migliaia vennero esposte all'effetto del gas. Già il giorno seguente il presidente della Union Carbide Corporation si recò subito sul luogo del disastro con una squadra di soccorso dal Connecticut/USA, per portare il proprio contributo. Warren Anderson venne tuttavia posto agli arresti domiciliari dal governo indiano, che poi gli impose di lasciare il paese nell'arco di 24 ore. La Union Carbide Corporation ha tuttavia organizzato soccorsi medici e tecnici, per collaborare con le forze di soccorso impegnate a Bhopal.

Delle circa 500.000 persone che vennero esposte agli effetti del gas, nel 2006 ancora un quinto soffriva di malattie croniche o incurabili e molti sono rimasti ciechi. Si è rilevato anche un notevole aumento di alcune forme tumorali. Inoltre, ancor oggi a Bhopal un neonato su quattro nasce morto. Negli anni, la Union Carbide Corporation ha sborsato allo Stato indiano complessivamente una cifra pari a 690 milioni di dollari USA, all'inizio controvoglia. Purtroppo, solo una minima parte di questo denaro è giunto effettivamente alle vere vittime.

Come si giunse al disastro

Nella notte tra il 2 e il 3 dicembre 2004 gli operai sentirono distintamente l'odore di metilisocianato (MIC) e si misero immediatamente alla ricerca di una possibile falla in uno dei contenitori. Il MIC era prodotto nell'impianto sin dal 1979 e non più importato dagli Stati Uniti come avveniva in precedenza. Temperatura e pressione nel serbatoio 610 si innalzarono nei minuti seguenti a tal punto da azionare una valvola di sicurezza: in questo modo, 24 t di MIC e 12 t di altri prodotti tossici si diffusero nell'aria formando a poca distanza da terra una nube tossica molto densa.

Testimonianza oculare

"Intorno alle 12.30 mi svegliai e sentii il mio bambino che tossiva forte. Nonostante la luce fosse debole vidi che la stanza era immersa in un fumo bianco. Udii poi le grida di molte persone. Urlavano 'Scappate! Scappate!' Poi iniziai anch'io a tossire e a ogni respiro mi sembrava di inspirare il fuoco. Gli occhi bruciavano."

Aziza Sultan, assistente sociale a Bhopal

Dalle inchieste successive si scoprì che la pressione nel serbatoio era aumentata perché era penetrata dell'acqua. Quest'ultimo disguido potrebbe essere stato a sua volta dovuto a tre cause principali: a) un processo di lavaggio non corretto; b) il sabotaggio di un collaboratore, dato che si scoprì una conduttura dell'acqua collegata direttamente al serbatoio, cosa che era contraria alle regole; c) errori degli operai alla ricerca della falla, disattenzione e azioni arbitrarie che avrebbero potuto portare all'apertura per errore della conduttura.

Non al passo con le novità della tecnica

In tutta Bhopal esistevano nel 1984 solo 37 telefoni pubblici e appena due linee interurbane. Questi dati dimostrano in quale stato fossero le infrastrutture in una città che, proprio quando si

Negli stretti vicoli del misero quartiere intorno all'impianto si verificarono momenti di caos e panico quando la densa nube tossica iniziò ad avanzare quasi ad altezza del terreno.

Informativa del servizio sanitario di Bhopal – 1995

"Nessuno sapeva cosa fosse accaduto. Gli uomini morivano così, nel modo più terribile che si potesse immaginare. Alcuni iniziavano a vomitare in modo incontrollato, cadevano a terra in preda alle convulsioni e morivano. Altri soffocavano, annegando nei propri liquidi corporei. Molti invece vennero schiacciati durante la fuga nei vicoli stretti, dove i lampioni erano ormai difficilmente visibili tra la fitta nube di gas tossico e gettavano solo una debole luce bruna. I gas irritavano la mucosa di occhi e polmoni e aggredivano il sistema nervoso. Le persone iniziavano a perdere il controllo del corpo, urina e altri escrementi scorrevano lungo le gambe. Le donne perdevano nella fuga i bambini non ancora nati che avevano in grembo, l'utero si apriva spontaneamente in un aborto violento."

verificò la tragedia, stava appena iniziando a vivere un primo boom economico. Le infrastrutture carenti ebbero conseguenze tragiche per il disastro.

In passato la popolazione, per lo più formata da contadini il cui livello di scolarizzazione era minimo, non era mai stata informata dei possibili rischi cui la produzione di pesticidi l'avrebbe esposta. Inoltre nessuno sapeva come comportarsi in caso di incidente. Per esempio, se la gente si fosse sdraiata a terra con il volto coperto di teli bagnati, molte vite umane avrebbero potuto essere salvate. Invece la popolazione, presa dal panico, iniziò a correre e fuggire e con lo sforzo fisico la quantità di veleno ingerito fu più alta del normale e più intensa.

Il 2 dicembre 2004 a Bhopal si è ricordato il 20° anniversario della tragedia. Secondo alcuni volontari, il numero delle vittime si aggirerebbe intorno a 33.000.

Complessivamente lo stabilimento non aveva mai dato i profitti che ci si era aspettati e questo aveva indotto a introdurre un numero maggiore di aree di produzione e una totale ristrutturazione della fabbrica. Come conseguenza, alcuni settori dell'impianto furono messi fuori produzione o non seguiti con la dovuta attenzione, il che significa che al momento della catastrofe erano in uno stato tecnico del tutto obsoleto.

Particolarmente negligente era stata la manutenzione dei sistemi di sicurezza, che offrivano poche garanzie, soprattutto considerando il fatto che si lavorava giornalmente con prodotti chimici così pericolosi. Inoltre, anche tra i gruppi di dirigenti che lavoravano in fabbrica ormai da tanti anni erano stati operati licenziamenti di massa, mentre i nuovi manager non avevano per lo più esperienza nel settore chimico. L'atmosfera dentro l'impianto era pessima e prima del tragico 3 dicembre si erano già verificati diversi, piccoli sabotaggi.

Come conseguenza della situazione critica che si era venuta a creare si può affermare con certezza che anche un incidente di dimensioni molto inferiori a quello verificatosi avrebbe sicuramente provocato una catastrofe. Tutti gli alti dirigenti vennero arrestati e contro Anderson fu spiccato un mandato di cattura, che ovviamente non venne mai eseguito.

Sopra: donne mascherate durante una dimostrazione a Bhopal nel 2002, che richiedono ancora una volta la carcerazione di Warren Anderson.

Il metilisocianato (MIC)

Il metilisocianato è un liquido infiammabile, incolore, con odore pungente. Viene utilizzato anche per la produzione di prodotti insetticidi. A contatto con l'acqua o con il calore produce gas tossici, acido cianidrico e ossido di azoto. Sussiste il pericolo di esplosioni e incendi. La sostanza può entrare in contatto attraverso la bocca o la pelle oppure per inalazione; irrita gli occhi, la pelle e le vie respiratorie: si tratta insomma di un cosiddetto veleno da contatto. Già a 20 °C si ha un avvelenamento dell'aria. In particolare, gli occhi soffrono per bruciori, irritazioni e problemi visivi, fino alla cecità. Se la sostanza penetra nel corpo si hanno malesseri, vomito, crampi addominali, dolori al collo e irritazioni, disturbi della conoscenza fino allo svenimento. La conseguenza peggiore è un edema polmonare tossico che porta alla morte. Per l'effetto dannoso che ha sui mammiferi, la sostanza non dovrebbe mai entrare in contatto con l'ambiente.

Altre sofferenze, altre morti

Un'altra, spaventosa contingenza fu che la Union Carbide Corporation e il nuovo proprietario, la DOW Chemicals, non diedero mai sufficienti informazioni sull'esatta composizione dei veleni, adducendo come giustificazione che si trattava di segreti industriali. Come conseguenza, i medici non poterono, e non possono tuttora, curare le vittime nel modo più adeguato.

Greenpeace informò nel dicembre 1999 e nel febbraio 2002 che la regione intorno alla fabbrica era fortemente contaminata con metalli pesanti e altre sostanze velenose. Ma la DOW si rifiutò di decontaminare la regione: i costi sarebbero stati troppo elevati, mentre le entrate dell'impianto di Bhopal si erano fatte ancor più modeste. I veleni ormai si trovano nell'acqua potabile e quando il clima è molto arido il vento li disperde alzando la polvere. Ancor oggi a Bhopal nascono bambini con malformazioni. In un articolo comparso sulla rivista di medicina *The Lancet* si afferma che sono nati bambini con palatoschisi, tre occhi, dita palmate, più di cinque dita, un solo testicolo, cranio malformato, sindrome di Down.

E mentre questo libro va in stampa, altre vittime, altri uomini soffrono e muoiono per le conseguenze della catastrofe del 1984.

Nota della Union Carbide Corporation (UCC) del 2005

"La fuoriuscita di gas a Bhopal nel 1984 fu una tragedia terribile, che anche 21 anni dopo scuote comprensibilmente gli animi. Subito dopo la fuoriuscita di gas, la Union Carbide Corporation e l'allora suo presidente, Warren Anderson, lavorarono in modo scrupoloso per portare aiuto alle vittime e avviare il processo di risarcimento dei danni.

Poco dopo l'uscita di gas, la Union Carbide ha iniziato in modo estensivo le ricerche per scoprirne le cause. La società di consulenze dell'ingegnere Arthur D. Little ha condotto una indagine approfondita arrivando alla conclusione che la perdita di gas fosse dovuta a un'azione di sabotaggio. Qualcuno ha volutamente portato una conduttura dell'acqua nel serbatoio del gas, scatenando una reazione chimica. In precedenza erano stati installati dei sistemi di sicurezza che avrebbero dovuto evitare l'entrata dell'acqua nel serbatoio."

Nel Gandhi Medical College si conservano i 2500 feti nati morti dopo la catastrofe del 1984.

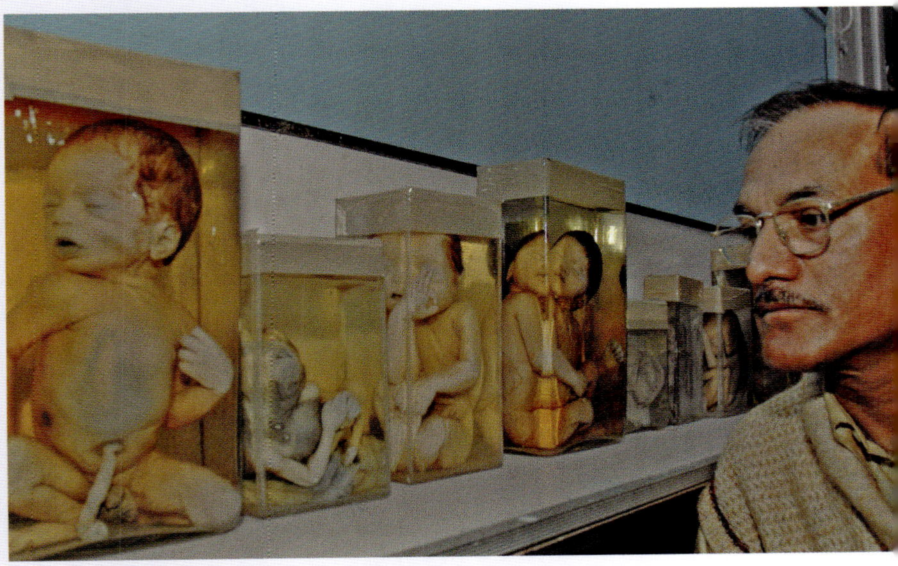

Il reattore numero 4 della centrale di Chernobyl venne racchiuso in un "sarcofago" di ferro e cemento, che tuttavia si sta rivelando sempre più fragile. Solo nel 2001 tutti i reattori della centrale sono stati spenti.

Il danno peggiore

La catastrofe del reattore di Chernobyl

Nella notte tra il 25 e il 26 aprile 1986 a Chernobyl, in Ucraina, esplose uno dei quattro reattori della centrale nucleare locale. È quindi accaduto quanto gli oppositori del nucleare, impiegato anche a scopi di pace, avevano sempre temuto: l'incidente peggiore che ci si potesse aspettare. Le sostanze radioattive liberate dall'esplosione furono spinte fino a 1700 metri di altezza per via dell'enorme calore sprigionato dalla centrale in fiamme. Le nubi radioattive che si svilupparono raggiunsero nei giorni seguenti tutta Europa. Gli effetti dannosi sulla salute non si limiteranno alla generazione attuale, ma investiranno anche quelle future.

Un test fatale

Il 25 aprile 1986 sul reattore numero 4 della centrale nucleare di Chernobyl doveva essere eseguito un esperimento: si doveva infatti controllare se, in caso di interruzione di energia elettrica, le turbine fossero in grado di produrre ancora sufficiente energia residua per far funzionare il sistema di raffreddamento fino a quando il reattore potesse essere spento senza conseguenze. Per realizzare il test in condizioni realistiche, venne disattivato il programma d'emergenza in caso di avaria. Ma l'esecuzione dell'esperimento andò per le lunghe, tanto che l'esercitazione dovette essere proseguita anche durante il turno di notte, che tuttavia era impreparato. In seguito a una serie di errori di utilizzo il reattore divenne incontrollabile e gli operatori decisero alla fine di interrompere

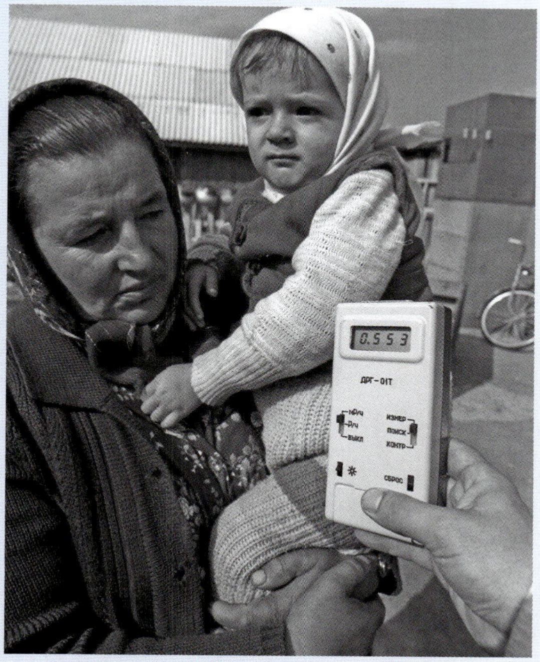

Alcune famiglie decisero di propria volontà di rimanere nei villaggi d'origine, anche se si trovavano entro la zona dichiarata inagibile, in un raggio di 30 km. Hanno pagato il legame con la terra con una forte contaminazione da radiazioni.

2006: disastro atomico sfiorato
*Vent'anni dopo il disastro di Chernobyl, il pericolo di una catastrofe nucleare in Europa non è affatto bandito.
Il 26 luglio 2006, infatti, si verificò un cortocircuito nella zona intorno alla centrale nucleare svedese "Forsmark-1", in seguito al quale la centrale venne staccata dalla rete elettrica comune, operazione che avrebbe dovuto attivare subito l'approvvigionamento di corrente d'emergenza, ma due dei quattro blocchi diesel non si accesero. Fortunatamente funzionò invece il secondo livello del sistema di sicurezza, lo spegnimento automatico del reattore e il raffreddamento d'emergenza, che servono a impedire il surriscaldamento dei reattori. Messa in allarme da questo incidente, la Svezia decise immediatamente di chiudere quattro delle dieci centrali atomiche del paese. La stampa iniziò subito a parlare di un altro disastro atomico sfiorato. Ma l'immediata indagine svolta sull'incidente dall'organo svedese competente per le ispezioni nucleari ha portato a una valutazione ufficiale decisamente meno drammatica.
L'incidente sarebbe infatti da considerare molto seriamente, ma si è rimasti comunque ben lontani da un disastro atomico.*

l'esperimento. Il capo-ingegnere della centrale impose tuttavia la prosecuzione della simulazione. Ma quando, alla 1.23, si decise finalmente di riattivare i sistemi di sicurezza in caso di avaria che erano stati disattivati, era ormai troppo tardi. Elementi fondamentali per il corretto spegnimento del reattore si erano già fusi a causa dell'aumento incontrollato della temperatura. Appena un minuto dopo, una violentissima esplosione a sorpresa distrusse il tetto, del peso di 3000 t, del settore numero 4, e 1500 t di grafite dentro il reattore presero fuoco. L'inferno di fiamme e calore sprigionatosi lanciò le particelle radioattive così in alto nell'atmosfera che la contaminazione nucleare poté essere misurabile anche a migliaia di chilometri di distanza.

Reazioni tardive

Il 27 e il 28 aprile 1986 in Finlandia e in Svezia vennero registrati valori radioattivi notevolmente incrementati. Poiché la causa era ancora sconosciuta, si cercarono dapprima eventuali danni nella centrale nucleare svedese. Solo la sera del 28 aprile il governo sovietico ammise che in una centrale nucleare a 100 km a nord di Kiev si era verificato un incidente. Proprio come l'opinione pubblica internazionale aveva dovuto attendere a lungo prima di avere

La simulazione al computer mostra la diffusione delle nuvole radioattive il 10° giorno dopo la catastrofe.

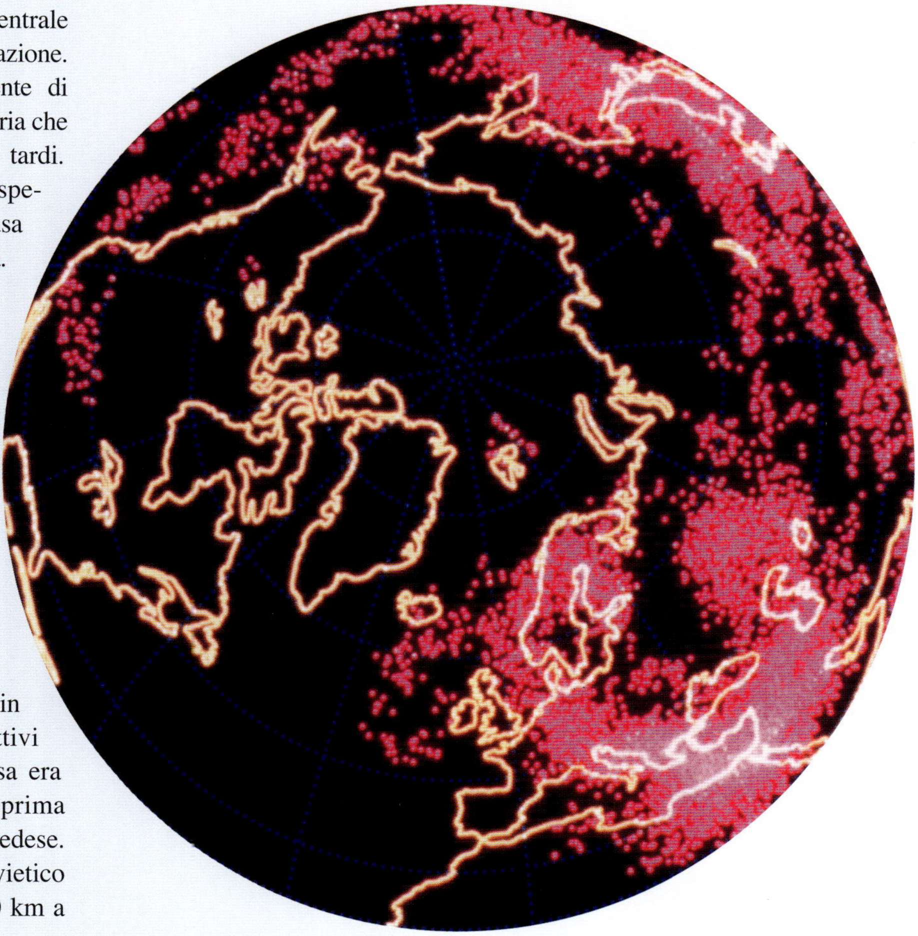

notizie del dramma, anche la popolazione locale era stata tenuta completamente all'oscuro.

Solo 36 ore dopo l'esplosione, infatti, si iniziarono a evacuare le prime persone, partendo dalle aree particolarmente colpite. I quasi 50.000 abitanti che si trovavano ad appena 3 km dalla centrale, nella città di Pripjat, furono portati lontano dalla zona contaminata ricorrendo a una gigantesca flotta di autobus. Nelle settimane seguenti, altri 67.000 abitanti vennero evacuati in un raggio di 30 km e la zona fu dichiarata inagibile.

I liquidatori

Per arginare gli effetti immediati della catastrofe il reattore distrutto dovette essere del tutto spento e quindi coperto. Allo scopo vennero impiegati lavoratori che venivano da molto lontano, quasi del tutto all'oscuro della pericolosità del loro compito. Questa "truppa" fu in seguito definita "i liquidatori" ed era formata da soldati di leva,

Ancora nel 1990 nella zona di Chernobyl continuavano a nascere animali con malformazioni e con un'aspettativa di vita di poche ore.

Già nel 1986 vennero riattivati i blocchi 1 e 2 della centrale nucleare. Gli operai vengono accompagnati sul luogo di lavoro in pullman.

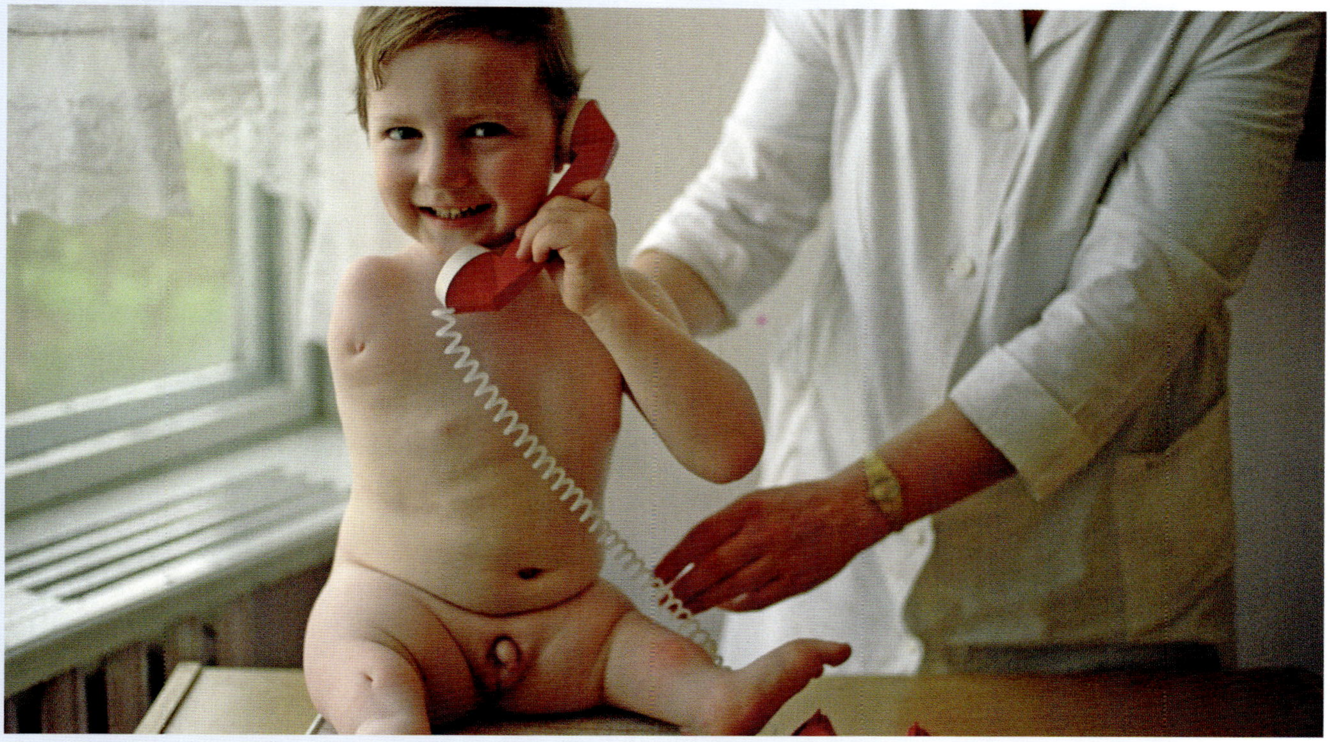

riservisti, studenti e minatori. Il loro numero esatto è ancor oggi sconosciuto: si valuta comunque che si aggirasse intorno al milione, ma fino agli inizi degli anni Novanta a 600.000 persone si continuò ad attribuire questo ruolo di liquidatori, garantendo loro assistenza medica completamente gratuita.

Almeno 50.000 di queste persone sono già morte per le conseguenze, anche tardive, delle radiazioni. Vent'anni dopo la catastrofe esperti indipendenti hanno valutato che il numero di decessi direttamente o indirettamente dovuti all'incidente di Chernobyl riguarderebbe 500.000 persone. Fonti ufficiali parlano invece di appena 4000 vittime.

Questa foto che ritrae un "bambino di Chernobyl" è stata pubblicata in tutto il mondo. Il piccolo è stato poi adottato da una famiglia inglese.

L'Aids di Chernobyl

Sin dall'inizio si è temuto che leucemia e tumori alla tiroide si possano presentare in misura massiccia anche anni dopo la catastrofe. Vent'anni dopo la pioggia radioattiva la supposizione è stata confermata: in alcune regioni si è riscontrato un incremento di queste malattie pari a 50 volte la media abituale. Il problema principale è tuttavia rappresentato dalla diffusione di una generale immunodeficienza nei bambini, un fenomeno a cui è stato dato il nome di "Aids di Chernobyl". I bambini sono così indeboliti che il loro corpo non è in grado di combattere una malattia. Affezioni alle vie respiratorie, problemi al sistema digestivo, a quello osseo e a quello muscolare sono aumentati in modo evidente. I bambini sono sempre stanchi, riescono a concentrarsi solo per poco tempo e rivelano spesso debolezze o problemi psichici.

I "liquidatori" hanno bisogno di indumenti veramente protettivi, una misura che non fu invece presa in grande considerazione nei giorni immediatamente successivi alla tragedia.

Un'industria chimica in fiamme

Gli scarichi inquinano il Reno

Nel giorno di Ognissanti del 1986 l'incubo di tutti coloro che vivono nei pressi di una industria chimica si fece realtà: un incendio in una industria chimica. Con gli scarichi dalla Sandoz una quantità abnorme di sostanze velenose finì nel Reno, che scorre lì accanto, ma il pericolo che correva la popolazione di Basilea era rimasto sino al momento dell'incidente sconosciuto. Quando l'ondata di veleni si riversò nel Reno, tutta la vita nel fiume venne annientata per molte centinaia di chilometri, inquinando tra l'altro l'acqua potabile di più di 5 milioni di persone. La fiducia nelle autorità e nei responsabili dell'industria chimica ha subìto un duro colpo, i cui effetti si protrarranno a lungo.

L'incendio negli impianti della Sandoz

La notte del 1° novembre 1986, dopo mezzanotte, il reparto 956 della Sandoz, industria chimica svizzera nelle vicinanze di Basilea, fu colpito da un incendio. Nell'area della fabbrica si trovavano oltre 1300 t di prodotti chimici. Il fuoco fu accompagnato per ore da una serie ininterrotta di esplosioni, con vere e proprie palle di fuoco lanciate a 40 m di distanza. La popolazione di Basilea apprese nel modo più drammatico possibile di essere nel vero senso del termine seduta su una polveriera. Ancor più terribile rispetto al tragico incendio fu l'atteggiamento del tutto inadeguato di polizia e autorità. Nella notte dell'incendio, nessuna sirena di allarme scattò nella vicina Basilea: erano state staccate per lavori di revisione. Al posto di queste, le macchine della polizia dovettero girare per le vie con gli altoparlanti, avvisando la popolazione e ordinando di rimanere in casa.

Sotto: i vigili del fuoco indossano pesanti tute protettive e maschere antigas mentre si trovano nell'area dell'industria chimica in fiamme.

A destra: industrie chimiche di grandi proporzioni e serbatoi caratterizzano l'immagine del porto sul Reno a Basilea.

Milioni senza acqua potabile

Il 13 novembre 2005 a Jilin, nella Cina nord-orientale, si verificò una catastrofe ambientale che subito fece tornare alla mente l'incidente alla Sandoz, sebbene il dramma cinese ebbe proporzioni ben più vaste. Una serie di esplosioni, durante le quali morirono almeno 5 persone, scosse l'impianto n. 101 della "Jilin Petroleum and Chemical Company". Diverse decine di migliaia di persone furono subito portate in sicurezza. La vera catastrofe si sviluppò tuttavia nei 14 giorni seguenti. Durante l'esplosione, infatti, circa 100 tonnellate di benzene finirono nelle acque del fiume Songhua, dove si distribuirono come una coltre velenosa lunga 80 km. Inesorabilmente il liquido tossico scese lungo il fiume: quantità enormi di pesci morti vennero subito a galla. Dopo undici giorni il veleno raggiunse la città di Harbin, dove vivono milioni di persone, e l'approvvigionamento di acqua potabile dovette essere bloccato. 3,8 milioni di persone rimasero per ben quattro giorni senza acqua corrente.

Catastrofe anche informativa

Il mattino del 1° novembre venne tolto l'allarme: ma sotto controllo era solo l'incendio, perché l'aria puzzava ancora tremendamente e le acque del Reno erano tinte di rosso. Grandi quantità di scarichi furono infatti gettati direttamente nelle acque del fiume. I timori della popolazione furono placati sia dalle autorità della città di Basilea sia dai responsabili dell'industria chimica. Le autorità assicurarono per esempio che le rilevazioni dell'aria non avevano dato valori negativi, e la Sandoz affermò che la colorazione delle acque renane era dovuta soltanto a un colorante innocuo. Solo quando, il giorno seguente, migliaia di pesci morti galleggiavano sulle acque del Reno e i media trasmisero interviste a esperti indipendenti, la popolazione comprese di essere stata tranquillizzata solo da un fiume di parole vuote. Si ebbero allora violente dimostrazioni e conferenze stampa tumultuose, durante le quali si venne quasi alle mani e fu spruzzata sul palco dell'acqua avvelenata del Reno. Chi si trovava sul palco dovette poi essere accompagnato fuori sotto scorta della polizia. L'incendio della Sandoz si rivelò una totale catastrofe anche dal punto di vista delle informazioni.

Effetti ad ampio raggio

Alla fine si stabilì che il colorante che aveva tinto le acque di rosso era sì un mezzo di contrasto, che tuttavia serviva per indicare la presenza di veleni. Il Reno rimase per giorni tinto di rosso-arancio, con un odore nauseabondo. Un'ondata di 30 t di pesticidi e 200 kg di composti a base di mercurio, estremamente velenosi, percorreva il fiume lentamente, attraversando la Germania. Per diverse centinaia di chilometri si assistette a una moria di pesci dalle proporzioni gigantesche. Molte città poste lungo il Reno dovettero chiudere per un certo periodo di tempo le fontane dell'acqua potabile, avvelenata da quanto filtrato dal fiume. Addirittura nella lontana Colonia, a 600 km di distanza, la popolazione fu direttamente colpita dagli effetti della catastrofe.

La fortuna nella sfortuna

Sul fondale del Reno nei pressi di Basilea si estinse ogni forma di vita. La rossa fanghiglia velenosa poté

Il Reno risulta biologicamente morto dopo il passaggio dell'onda tossica. Ma la natura si riprese fortunatamente più in fretta del previsto.

essere asportata solo con un lavoro lungo e faticoso. Ma il grande fiume risultava danneggiato anche a parecchie centinaia di chilometri di distanza. Si realizzò allora un fondo per la salvezza del Reno, così da poter ripristinare l'originaria qualità dell'acqua, a cui partecipò in modo molto generoso anche la Sandoz. Sorprendentemente il Reno guarì in modo molto rapido dall'avvelenamento, una fortuna in cui pochissimi avevano sperato.

Solo dopo una successiva ricostruzione degli eventi si stabilì che la popolazione di Basilea era sfuggita ancora una volta a una catastrofe dalle proporzioni inimmaginabili. Proprio accanto al luogo dell'incendio, infatti, si trovava un serbatoio contenente grandi quantità di fosgene, impiegato durante la prima guerra mondiale come gas tossico. Se le fiamme avessero raggiunto il serbatoio, il numero delle vittime sarebbe stato di diverse migliaia.

Gli attivisti di Greenpeace si calano il 17 dicembre 1986 da un ponte per bloccare il passaggio delle navi sul Reno. Protestano contro l'avvelenamento delle sue acque.

Le ipotesi sulle cause

All'inizio le cause dell'incendio rimasero per lo più avvolte nel mistero. Si portarono infatti avanti diverse ipotesi e, come sempre avviene nei casi in cui gli incidenti non sono subito ricollegabili a una causa certa, si propose anche la tesi del sabotaggio. Questa supposizione fu ulteriormente alimentata dopo l'intervista all'ex agente CIA Vincent Cannistraro, secondo il quale i servizi di sicurezza interni della DDR avrebbero fatto appiccare l'incendio su commissione dei servizi segreti sovietici, per distogliere l'attenzione dell'opinione pubblica dalla catastrofe del reattore di Chernobyl, avvenuta pochi mesi prima, il 26 aprile 1986. Tra le molte argomentazioni a favore di questa tesi, anche le impronte rinvenute tra il luogo dell'incendio e i cancelli della Sandoz. La squadra di esperti della polizia locale di Zurigo, che aveva indagato sull'incendio, giunse invece a un risultato diverso, in cui erano del tutto assenti le influenze di potenze straniere: le impronte effettivamente presenti appartenevano a lavoratori che si erano arrampicati oltre il cancello per potersi fumare in pace una sigaretta al di fuori dell'area della Sandoz. L'incendio venne invece scatenato dal colorante "blu di Prussia". Come fu dimostrato in esperimenti successivi, questo colorante brucia facilmente, più di quanto si era supposto sino a quel momento. Un lavoratore aveva probabilmente manipolato del fuoco nei pressi di sacchi del colorante e senza accorgersene doveva aver fatto cadere una scintilla. Prima che questa scintilla si tramutasse in un fuoco vero e proprio potrebbe essere passato molto tempo: in questo modo, il successivo scoppio dell'incendio potrebbe essere passato dapprima inosservato, poi avrebbe assunto le proporzioni di una catastrofe.

Conseguenza diretta della catastrofe della Sandoz fu una tremenda moria di pesci nel Reno.

L'Inter City Express (ICE), utilizzato dal 1991, è l'ammiraglia delle ferrovie tedesche. Questi treni ad alta velocità dovrebbero rappresentare una valida alternativa ai voli su brevi tratte.

UN DIFETTO TECNICO DALLE CONSEGUENZE MORTALI

UN INTERCITY SI SCHIANTA CONTRO UN PONTE

Il 3 giugno 1998, il treno espresso Intercity "Wilhelm Conrad Röntgen" stava percorrendo la prevista tratta da Monaco ad Amburgo, quando, poco prima della località di Eschede, nella Lüneburger Heide, improvvisamente il primo vagone uscì dai binari. Una delle carrozze seguenti urtò a tutta velocità contro un pilone di un ponte sotto cui il treno si accingeva a passare. Il ponte precipitò e il resto delle carrozze andò distrutto: 101 persone non sopravvissero al più grave incidente ferroviario nella storia della Repubblica Federale di Germania e furono quasi 100 quelle gravemente ferite. Le cause della catastrofe sono state individuate in una ruota difettosa nel moderno treno ad alta velocità.

Il freno d'emergenza non viene tirato

Quella mattina del 3 giugno 1998 l'Intercity 884, di nome "Wilhelm Conrad Röntgen", stava attraversando la Lüneburger Heide a una velocità di 200 km/h diretto ad Amburgo. Era partito intorno alle 5.47 da Monaco e aveva un lieve ritardo. Verso le 10.56 i passeggeri della prima carrozza dietro la cabina motore udirono un forte rumore: un pezzo di metallo aveva perforato il pavimento nella cabina passeggeri. I viaggiatori erano preoccupati, ma non osarono tirare il freno d'emergenza. Un passeggero si recò subito alla ricerca del controllore e lo trovò nel terzo scompartimento. L'addetto delle ferrovie non tirò a sua volta il freno d'emergenza, poiché prima, come prevede il regolamento, voleva rendersi personalmente conto del danno.

La ruota distrutta

Le carrozze dell'Intercity erano state da poco dotate di un nuovo tipo di ruota. La vecchia tipologia infatti era stata oggetto di lamentele da parte dei clienti, che percepivano forti vibrazioni provenire dalle ruote. Nel nuovo tipo, uno strato di gomma dura posto tra la parte centrale e l'esterno delle ruote avrebbe dovuto ridurre le vibrazioni.

Era stata proprio una di queste nuove ruote a saltare via all'altezza della prima carrozza: una parte aveva colpito il pavimento della carrozza e messo conseguentemente in agitazione i passeggeri. Un'altra parte invece aveva battuto poco dopo contro uno scambio accanto a cui il treno stava per passare. La collisione fece staccare anche un congegno di sicurezza dello scambio, che si incuneò nel pavimento del primo vagone e si conficcò poi con grande violenza nel soffitto. Per via dell'urto violento, una delle ruote posteriori della prima carrozza uscì dai binari e colpì un altro scambio, azionandolo: in questo modo, la carrozza seguente venne costretta a passare su un binario accanto, senza più freni. Proprio in quel momento il treno si trovava sotto un ponte stradale poco prima del paesino di Eschede.

La lapide commemorativa di Eschede

Nel luogo dove si verificò la grave catastrofe fu inaugurato nel 2001 un monumento commemorativo. Per ognuna delle 101 vittime è stato piantato un ciliegio, tra i quali è stata posata una tavola ricordo con i nomi dei morti. Dagli alberi di ciliegio una scala conduce alla strada che porta a una porta simbolica. Su questa infine si trova l'iscrizione:

"Il 3 giugno 1998, alle 10.58, in questo punto si è schiantato l'ICE 884 "Wilhelm Conrad Röntgen". 101 persone hanno perso la vita, e intere famiglie sono state distrutte; più di 100 viaggiatori sono rimasti gravemente feriti e molti ne porteranno le conseguenze a vita. L'incidente ha dimostrato la fragilità, la caducità e l'inadeguatezza degli uomini. Con abnegazione soccorritori, volontari e cittadini del luogo hanno senza egoismo alcuno assunto un compito pesante, hanno aiutato e consolato, in modo esemplare. Grazie al loro intervento Eschede si è trasformata in un luogo della solidarietà e della compassione."

Il treno ad alta velocità si schianta a 200 km/h contro un pilone di un ponte stradale. Nella violenza dello scontro, le carrozze si sono accartocciate come una fisarmonica.

I numerosi soccorritori prontamente accorsi sul luogo dell'incidente lavorano in piccole squadre su montagne di lamiere.

Lo shock dei soccorritori

Molte volte non viene adeguatamente valutato il peso psicologico che devono affrontare i soccorritori. Nel caso di una catastrofe così terribile come l'incidente al treno di Eschede si dovettero non solo salvare i feriti estraendoli dalle macerie, ma anche recuperare cadaveri e parti di corpi. Spesso i soccorritori sono costretti a estrarre morti resi irriconoscibili dalle ferite e portarli nel centro di raccolta, ma anche raccogliere membra. Talvolta, durante le fasi stesse dell'intervento, non si rendono pienamente conto del carico psicologico, ma nei giorni seguenti, quando vivono la fase di rilassamento, ritornano alla mente tutti i ricordi più scioccanti. Nell'incidente di Eschede vennero impiegati subito dal primo giorno anche gruppi di psicologi, incaricati di assistere i parenti delle vittime e i soccorritori stessi. Gli psicologi offrirono per l'elaborazione dell'orrore colloqui di gruppo o interventi singoli, cui fecero ricorso più di 500 soccorritori.

Fracassato dal ponte

Due minuti dopo che un primo scoppio aveva già spaventato i viaggiatori, la terza carrozza si scontrò contro un pilone del ponte, facendolo crollare. La quinta carrozza venne quindi schiacciata dal ponte che si stava accartocciando su se stesso, mentre gli scompartimenti che seguivano si ripiegarono come una fisarmonica, dinanzi al ponte. Nell'arco di pochi secondi ponte e treno avevano creato un cumulo di macerie e rovine. Il conducente del treno, nella carrozza motore dotata di sistema frenante automatico, in quello stesso momento stava entrando nella stazione di Eschede con i primi due vagoni, senza avere percepito la portata della catastrofe. Pensava infatti che vi fosse un difetto tecnico alla base dell'innesco del freno automatico e soltanto dal capostazione venne a sapere che era entrato solo con la prima parte del treno.

Soccorsi immediati

Appena quattro minuti dopo la catastrofe, per le vie di Eschede risuonavano le sirene e i primi abitanti erano accorsi sul luogo del disastro. A mani nude i volontari avviarono le prime operazioni di soccorso, per cercare di estrarre i passeggeri dalle lamiere. Poco dopo venne lanciato l'allarme di massimo livello: esercito, squadre tecniche e tutti i vigili del fuoco disponibili in zona vennero richiamati nella sede dell'incidente. Un'ora dopo, i primi feriti gravi furono portati in elicottero negli ospedali della zona.

Per una pura coincidenza, nella scuola superiore di medicina della vicina Hannover si stava tenendo un congresso per chirurghi specializzati in pronto soccorso e interventi su incidenti, il cui aiuto si rivelò prezioso. In poco tempo, sul luogo dell'incidente erano operativi più di 1000 soccorritori. Dei circa 300 passeggeri del treno incidentato, 98 non sopravvissero, mentre 88 persone rimasero gravemente ferite. Anche tre cantonieri che si trovavano nella zona del ponte al momento del disastro persero la vita.

La ricerca dei colpevoli

Due anni dopo l'incidente, tre persone ricevettero un ordine di comparizione: due ferrovieri e il responsabile del reparto che aveva fabbricato le ruote. Il processo è stato tuttavia archiviato nel maggio 2003, dato che contro i tre accusati non vi erano prove certe né colpe loro direttamene ascrivibili. La Deutsche Bahn, le ferrovie tedesche, ha subito sostituito dopo l'incidente le ruote "incriminate" e deciso che non esisterà mai più un Intercity "Wilhelm Conrad Röntgen".

Le squadre di intervento professionali e molti soccorritori volontari lavorano instancabilmente per salvare i feriti.

Il risvolto psicologico per i soccorritori in caso di catastrofi simili viene spesso sottovalutato. A Eschede invece questo problema fu affrontato in modo magistrale.

INFERNO DI FUOCO NEL TUNNEL

UN INCENDIO CATASTROFICO NELLA GALLERIA SOTTO LE ALPI

Nel 1999, nell'arco di appena dieci settimane si verificarono due incendi di proporzioni gigantesche in altrettante gallerie autostradali che attraversano le Alpi. Il primo, il 24 marzo, nel tunnel del Monte Bianco, che collega Italia e Francia, quando un Tir prese fuoco. L'inferno di fiamme che ne derivò imperversò per ben 53 ore nel tunnel, facendo addirittura fondere il cemento e costando la vita a 39 persone. Il 29 maggio, invece, un Tir che stava attraversando la galleria sotto i monti Tauri, in Austria, provocò un incidente in cui rimasero coinvolte 60 automobili, in un colossale tamponamento a catena dal quale si scatenò un incendio.
I due disastri hanno aperto lunghe e accese discussioni sugli standard di sicurezza delle gallerie in tutta Europa. Già dall'ottobre 2001 un incendio scoppiato nella galleria del San Gottardo aveva provocato altre vittime.

Un calore infernale

Il 24 marzo 1999 il conducente belga Gilbert Degrave stava attraversando il tunnel del Monte Bianco, lungo 11,6 km, con il suo camion pieno di farina e margarina. Il tunnel, vecchio di 35 anni, ha una sola galleria per il traffico in entrambe le direzioni. Pochi chilometri dopo l'ingresso della galleria, l'autista si rese conto che gli automobilisti provenienti nella direzione opposta gli stavano segnalando qualcosa facendo lampeggiare i fari: in effetti il suo Tir procedeva a velocità sostenuta attraverso la galleria emettendo fumo. Degrave, del tutto ignaro di quanto stesse accadendo, giunto ormai a metà della galleria, intorno al chilometro 5,6, decise di fermarsi e controllare il motivo delle segnalazioni luminose. Fece appena in tempo a ve-

Alcuni mezzi bruciano nel tunnel del San Gottardo, vicino all'uscita sud. La galleria assomiglia a un forno incandescente.

I vigili del fuoco devono aspettare dinanzi alla galleria, inoperosi. Il fumo denso che si è formato rende ancora impossibile avvicinarsi al luogo del disastro.

dere il carburante che gocciolava dallo scappamento, poi improvvisamente scoppiò l'incendio. Nella sfortuna, Degrave fu pure fortunato, dato che un'auto che procedeva in direzione opposta lo caricò subito a bordo e poté così salvarsi raggiungendo l'uscita della galleria. Ma altre 39 persone non ebbero un'analoga sorte: in mezzo al tunnel vennero subito avvolte da un fumo denso e da un calore infernale. Nel punto in cui scoppiò l'incendio la temperatura raggiunse i 1200 °C, la furia del fuoco s'impossessò rapidamente di 24 Tir, 9 auto e una moto.

Decisioni sbagliate, conseguenze mortali

I vigili del fuoco dovettero fermarsi già a 1 km dal luogo dell'incidente per il calore e il fumo denso. La società che gestiva la parte italiana della galleria fece soffiare nel tunnel dell'aria per disperdere il fumo, ma la quantità di ossigeno immessa durante l'operazione alimentò ulteriormente il fuoco. Come si stabilì in seguito, la maggior parte delle vittime morirono soffocate nei loro mezzi, che non avevano abbandonato, sentendosi erroneamente più sicuri rimanendone all'interno. Gli esperti della sicurezza hanno accusato in seguito il conducente del Tir di avere adottato una decisione che avrebbe causato la morte di alcune persone. Invece di fermare il suo Tir in mezzo alla galleria, sarebbe stato infatti meglio proseguire verso l'uscita: forse sarebbe riuscito a percorrere gli ultimi chilometri che mancavano, evitando così quell'inferno di fiamme.

L'incendio nella galleria dei Tauri

La catastrofe del Monte Bianco era appena scomparsa dalle prime pagine dei giornali, quando un incidente straordinariamente simile si verificò in un'altra galleria delle Alpi. La galleria dei Tauri, lunga 6,4 km e terminata nel 1975, è tra i tunnel austriaci più trafficati e al momento della catastrofe era anch'essa formata da una sola galleria per entrambe le direzioni di marcia. Il 29 maggio 1999, ad appena 800 metri dall'uscita nord, un camion dovette fermarsi dinanzi a un cantiere. Un'auto che lo seguiva dappresso riuscì a malapena a frenare, ma venne spinta contro il Tir da un trattore snodato. Il Tir, carico di vernici a smalto, prese subito fuoco, esplodendo. Altri 60 mezzi piombarono via via sul luogo dell'incidente, ritrovandosi coinvolti in un immenso groviglio. Subito scoppiò il panico, con persone che fuggivano urlando dalla galleria in fiamme. Solo il fatto che l'incidente avvenne nei pressi dell'uscita del tunnel permise a 80 persone di sfuggire all'incendio. Riuscirono così a raggiungere a piedi la salvezza, sebbene alcuni fossero in preda a un forte shock. Come già nella catastrofe del Monte Bianco, anche in questo caso i vigili del fuoco non riuscirono ad arrivare subito sul luogo dell'incidente, perché fumo e calore erano insopportabili. I mezzi dei vigili del fuoco dovettero infatti tornare indietro proprio per via della temperatura, che si aggirava intorno ai 1000 °C. Le squadre entrarono in azione quando ancora parti del rivestimento di cemento crollavano a terra. Come per miracolo, solo dodici persone morirono nell'incendio, mentre 50 rimasero ferite. I periti poi stabilirono che otto delle vittime erano già morte durante l'incidente e solo quattro erano da far risalire all'incendio scoppiato successivamente.

I primi relitti dei mezzi completamente bruciati vengono portati fuori dal tunnel del Monte Bianco. 39 persone non sopravvissero alla catastrofe.

Risarcimento dopo sette anni

Il fuoco continuò a imperversare per 53 ore nella galleria. Il calore nel punto dell'incendio aveva addirittura fatto fondere il cemento. Le vittime apparvero ai soccorritori carbonizzate al punto da essere irriconoscibili; persino capsule d'oro e fedi nuziali erano fuse. Per giungere alla spiegazione delle cause dell'incendio dovettero passare anni interi. Alla fine si stabilì che il rogo era stato dovuto a un mozzicone di sigaretta gettato sbadatamente dallo stesso autista belga. Ma le dimensioni catastrofiche dell'incendio ebbero anche altre cause: i bassi livelli di sicurezza della galleria, l'aria immessa dalla parte italiana, il pessimo materiale isolante del camion.

Nel 2006 finalmente dieci persone e tre società vennero condannate per omicidio colposo. I parenti delle 39 vittime ricevettero circa 27 milioni di euro di risarcimento.

Le conseguenze

Subito dopo la catastrofe del Monte Bianco, il tunnel in cui il traffico in entrambe le direzioni avviene attraverso una sola galleria venne definito una vera e propria bomba a orologeria. Un miglioramento decisivo degli standard di sicurezza nel caso del Monte Bianco sarebbe rappresentato dalla costruzione di una seconda galleria per il traffico opposto, da utilizzare eventualmente anche come via di salvezza in caso di incidente. I costi necessari per la miglioria sarebbero tuttavia immensi: basti pensare che solamente gli interventi per ripristinare la galleria esistente dopo la catastrofe costarono 450 milioni di euro; i lavori durarono tre anni, durante i quali il traffico fu assolutamente vietato.

I vigili del fuoco lottarono per tre giorni contro il mare di fiamme nel tunnel del Monte Bianco.

Quattro giorni dopo l'incidente, l'ultimo mezzo delle squadre di soccorso abbandonò finalmente il luogo dell'incidente nella galleria del Monte Bianco. Si entrava ora nella fase dei lavori di ristrutturazione, che sarebbero durati anni.

Un fumo denso esce da un pozzo di aerazione nella galleria del San Gottardo

Il tunnel del San Gottardo, lungo quasi 17 km, in Svizzera, ha un ruolo di fondamentale importanza nei collegamenti tra Italia e Germania. Nonostante il traffico sempre sostenuto, per motivi economici durante la fase di costruzione, negli anni 1970-1980, si era rinunciato alla creazione di gallerie divise per i due sensi di marcia. Il 24 ottobre 2001, verso le 9,45, due Tir si scontrarono frontalmente nel tunnel . Uno dei due mezzi aveva un carico di pneumatici e copertoni, che dopo l'incidente prese fuoco causando la formazione di un fumo denso. Il fuoco si estese poi per una lunghezza di 300 m, mentre i sistemi di aerazione non erano in grado di contribuire a diminuire l'intensità del fumo. La temperatura in quell'inferno di fuoco raggiunse ben presto i 1000 °C. Solo durante la notte seguente i vigili del fuoco riuscirono a intervenire e, con l'impiego di un ventilatore ad alta pressione, diminuirono notevolmente la temperatura nel tunnel. Undici uomini persero la vita durante la catastrofe.

Alcune ricerche sugli incidenti hanno dato vita a un quadro davvero spaventoso sul potenziale di pericolo del traffico su Tir in Europa. Uno dei due autisti coinvolti non aveva un permesso di attività valido, il conducente dell'altro mezzo, invece, non aveva permesso di lavoro.

Una colonna di fumo nero risale minacciosa verso il cielo sopra il deposito Buncefield in fiamme.

Esplosione in un deposito di serbatoi

Il deposito di carburante di Hemel Hempstead brucia per due giorni

L'11 dicembre 2005 una esplosione violenta scosse la zona intorno a un gigantesco deposito di serbatoi a Hemel Hempstead, a nord di Londra. È l'inizio del più grave incendio che colpì l'Europa dalla fine della seconda guerra mondiale. I vigili del fuoco ebbero bisogno di due giorni per poter riportare sotto controllo il mare di fiamme sprigionatosi. Come per miracolo, vi furono soltanto pochi feriti. Il timore iniziale che si fosse trattato di un nuovo attacco terroristico non è stato confermato.

Detonazione la domenica mattina

Avvenne la domenica mattina presto, poco dopo le 6.00. La violenta deflagrazione svegliò le persone che vivevano in un vasto raggio intorno al deposito di Hemel Hempstead. I vetri delle finestre andarono in frantumi, la terra tremò. Era appena esploso uno dei più grandi depositi di serbatoi in Europa, provocando uno scoppio così violento che poté essere sentito anche alla periferia di Londra, a 40 km di distanza. Alla prima esplosione ne seguirono, 20 minuti dopo, altre due.

Una gigantesca colonna di fuoco

Sopra il deposito di carburante di Buncefield si levò una gigantesca colonna di fumo nero, che secondo alcune testimonianze oculari sarebbe stata alta 100-200 m. Dal fuoco si sviluppò ben presto una nube di fumo denso e nero, che minacciosa si alzò verso il cielo. L'aria era ormai impregnata da un forte odore di benzina. La polizia bloccò immediatamente le autostrade e molte altre strade nella vicinanze del luogo dell'incidente. Poi le nubi nere si diffusero su vaste aree a sud-est: in seguito vennero addirittura riprese su immagini satellitari dallo spazio.

I lavori di spegnimento durano a lungo

I vigili del fuoco poterono iniziare la propria opera solo un giorno dopo la catastrofe. Da un lato, infatti, non potevano avvicinarsi troppo al punto dove si era sviluppato l'incendio per via del calore eccessivo, dall'altro si dovevano accuratamente coordinare i preparativi per la lotta contro il fuoco. Questo poteva essere spento solo ricorrendo a una gigantesca quantità di schiuma, che doveva essere dapprima reperita in tutto il paese. Alla fine dell'operazione sarebbero stati utilizzati 250.000 l di concentrato schiumogeno chimico. Due giorni dopo l'esplosione il fuoco venne finalmente spento in tutti i 20 serbatoi in fiamme.

Molti edifici nelle vicinanze del deposito furono gravemente danneggiati dall'onda d'urto dell'esplosione.

Pochi feriti

Come per miracolo, in quell'inferno non ci furono morti e i feriti ammontarono a poco più di 40. Questo bilancio decisamente fortunato avrebbe potuto assumere invece proporzioni gigantesche se l'incendio non si fosse sviluppato di domenica bensì durante una normale giornata di lavoro. In quel caso, infatti, centinaia di persone sarebbero state presenti nelle immediate vicinanze del luogo dell'esplosione e le conseguenze sarebbero state imprevedibili. Un altro elemento fortunato fu la situazione meteorologica generale al momento dell'incidente, che contribuì a spingere rapidamente il fumo ad altezze notevoli e da qui a disperderlo in tutte le direzioni grazie ai forti venti. In questo modo il danno ambientale risultò alquanto limitato.

Ipotesi sulle cause

Mentre ancora l'incendio non era estinto, si iniziarono a fare diverse ipotesi circa le cause e lo scenario precedente all'incidente. La popolazione, ancora colpita dai violenti attacchi terroristici di New York e Madrid, temette all'inizio che si trattasse di un altro attacco dei fondamentalisti. Alcuni testimoni avrebbero addirittura sentito subito prima dell'esplosione il rombo di un aereo nelle vicinanze. Forse l'aereo si era schiantato sul deposito? Va detto tuttavia che l'aeroporto londinese di Luton si trova nelle immediate vicinanze. Un mese dopo la catastrofe gli esperti britannici resero noti i primi risultati dell'inchiesta. Non si erano riscontrati indizi che potessero far risalire a un attentato. La causa della catastrofe sembrava invece essere più semplicemente la perdita in un serbatoio. Dalla benzina fuoriuscita si sarebbe presumibilmente creata una miscela di aria e gas che poi avrebbe causato l'esplosione. Non è mai stato tuttavia stabilito quale possa essere stata la scintilla che ha provocato l'incendio: alcuni hanno addirittura avanzato l'ipotesi di un telefono cellulare.

Per via del forte calore che si sprigionò i serbatoi si fusero: l'effetto finale li fece assomigliare a scatole per conserve schiacciate.

Bibliografia

Anton, Ralph, *Die Versenkung der „Lusitania" am 7. Mai 1915*, in *Kaiserliche Marine*, 2000-2006

apl/AFP, *Briten wählen Concorde zur schönsten Design-Ikone*, in Spiegel online, 17.03.2006,

Barth, Heinrich/Schiffers, Heinrich, *Die große Reise. 1849–1855*, Stuttgart, 2ª ed. 1986

Boccaccio, Giovanni, *Decameron*, a cura di V. Branca, Torino 2005

Boisjoly, Roger M., *Memo on O-Ring Erosion*, in *Online Ethics Center for Engineering and Science*, 1995-2005

Brandenburger, Maik, *Bombenlast*, in *Mare. Die Zeitschrift der Meere*, febbraio/marzo 2006, pp. 10-26

Brantley, Steven R., *Volcanoes of the United States*, USGS General Interest Publication, versione online 1.1, 1999

Creutz, Rudolf/Steudel, Johannes, *Einführung in die Geschichte der Medizin in Einzeldarstellungen*, Iserlohn 1948

Davie, Michael, *Titanic. The Death and Life of a Legend*, New York 1986

dpa/AFP, *Raumfähre Columbia beim Landeanflug abgestürzt*, in *ZDFheute.de magazin*, 01.02.2003

Fontane, Theodor, *Die Brück' am Thay, 1880*, in *Lyrische Werke. Gedichte von Theodor Fontane*

Gardener's Chronicle and Agricultural Gazette, 1845

Harms, Robert, *Das Sklavenschiff. Eine Reise in die Welt des Sklavenhandels*, München 2004

Heine, Heinrich, *Sämtliche Werke*, München 1964

Kingston, Jeremy/Lambert, David, *Katastrophen und Krisen*, Klagenfurt 1980

Kortländer, Bernd, *Interpretationen: Gedichte von Heinrich Heine*, (materiale scolastico), Ditzingen 1995

Labunska, I./Stephenson, A./Brigden, K./Stringer, R./Santillo, D./Johnston, P.A., *The Bhopal Legacy – Toxic contaminants at the former Union Carbide factory site Bhopal, India: 15 years after the Bhopal accident*, Greenpeace, 01.11.1999

London, Jack, *The Story of an Eyewitness. In: Collier's special Correspon|dent, Collier's, the National Weekly*, 5 maggio 1906

Merlin, Tina, *Sulla pelle viva. Come si costruisce una catastrofe*, 4ª ed., Verona 1997

Moody, Nekesa Mumbi, *An awakening: India.Arie's eyewitness of AIDS in Africa teaches and transforms her*, in *Essence. Lifestyle magazine for Afro-American women*, ed. dicembre 2005

Morrisroe, Patricia, *Mapplethorpe: A Biography*, New York 1997

Müller, Karlheinz/Korth, H. G., *Viermastbark „Pamir"/DKEF*, in *Seefunk und Seeschifffahrt*, 01.07.2005

Ohler, Norbert, *Sterben und Tod im Mittelalter*, München 1994

Plinio il Giovane, *Carteggio con Traiano*, Milano 1994

Scarantino, Alexis J., *Historia del Accidente – dia a dia*, in *¡Viven! El Accidente de los Andes*, s. d.

Union Carbide Corporation, *Statement regarding the Bhopal tragedy*, in *Bhopal Information Center*, 2001-2005

Vandenberg, Philipp, *Nero: Kaiser und Gott, Künstler und Narr*, München 1981

Winau, Rolf, *„Seit Amors Köcher auch vergiftete Pfeile führt. Die Ausbreitung der Syphilis in Europa."*, in *Fundiert. Das Wissenschaftsmagazin der Freien Universität Berlin*, fasc. 1 (2002), pp. 58-65

Winkle, Stefan, *Geißeln der Menschheit. Kulturgeschichte der Seuchen*, Düsseldorf/Zürich 1997

Yong, Chen et al., *The Great Tangshan Earthquake of 1976. An Anatomy of Disaster*, New York 1988

Zaun, Harald, *Ein tragischer Tag für die NASA-Familie*, in *Telepolis*, 02.02.2003

Zaun, Harald, *Lautlos im Orbit?* in *Boing. Das teamübergreifende*

Bhopal's health disaster continues to unfold, in *The Lancet*, vol. 360, n. 9336, 14 settembre 2002

Russia to Develop New Nuclear Weapons, Putin Says, in *Global Security Newswire by the National Journal Group*, 11.05.2006

Trinity. Der erste Atombombentest, in *IPPNW. Internationale Ärzte für die Verhütung des Atomkrieges, Ärzte in sozialer Verantwortung e, V.*, 2006

Referenze fotografiche

Corbis: 2 Jeremy Horner, 5 Alain Nogues/Corbis Sygma (s), 5 Corbis (d), 6 Reuters (s), Group of Survivors (d), 7 Vauthey Pierre/Corbis Sygma (s), Bettmann (d), 8 Corbis, 12 Jeremy Horner, 13 Gail Moone (a), Corbis (b), 14 Gianni Dagli Orti (a, b), 15 Kristi J. Black, 16 Bettmann, 17 Dennis Marsico, 18 Dennis Marsico, 19 Araldo de Luca (a), Tibor Bognàr (b), 20 Corbis, 21 Christie's Images, 22 Sean Sexton Collection (a), Bettmann (b), 23 Sean Sexton Collection (a), Bettmann (b), 24/25 Douglas Peebles, 26 Bettmann, 27 Reuters/Lisbon City Museum (a), Lisbon City Museum/ Handout/Reuters (b), 28 Lisbon City Museum/Handout/Reuters, 29 Hans Georg Roth (a), Patrick Field; Eye Ubiquitous (b), 30 Corbis, 31 Corbis (b), 32, Charles O'Rear, 33 Sergio Dorantes (a, b), 34/35 Bettmann, 35 Underwood & Underwood (a), 36 Bettmann (a, b), 37 Lloyd Cluff (a), Jim Sugar (b), 38/39 Lloyd Cluff, 39 Bettmann, 40 Bettmann, 41 Reuters, 42 Bettmann (b), 44 Gary Braasch, 45 David Muench, 46 Gary Braasch (a), Macduff Everton (b), 47 Corbis, 48 Michael S. Yamashita, 49 TW Photo (a), Lloyd Cluff (b), 50 Michael S. Yamashita, 51 Kimimasa Mayama/ Reuters (a), 52 Michael S. Yamashita, 56/57 Reuters, 58 Bettmann, 59 Hulton-Deutsch Collection (a), Skyscan (b), 60 Paul Almasy (gr), Bettmann (pic), 61 Fridmar Damm/zefa (a), Bettmann (b), 62 Hulton-Deutsch Collection, 65 Michael S. Yamashita (b), 66/67 Bettmann, 66 Bettmann (b), 67 Bettmann (pic), 68 Bettmann, 70 David Lees, 71 David Lees (a), Bettmann (b), 72 Eric Nguyen/Jim Reed Photography, 73 Bettmann, 74 Bettmann, 75 Smiley N. Pool/Dallas Morning News, 78 Richard Cummins, 80 Euroluftbild.de/Reuters, 81 Reuters, 82 Langevin Jacques/ Corbis Sygma, 83 Reuters (a), 84/85 Jeremy Horner, 85 Kim Kyung-Hoon/Reuters, 86 Benjamin Lowy (a, b), 87 Benjamin Lowy, 88 Lynsey Addario, 89 Philip A. McDaniel/CNP, 90/91 Mike Theiss/Jim Reed Photography, 91 Mike Theiss/Jim Reed Photography, 92 Shannon Stapleton/ Reuters, 93 Peter Turnley for Harper's (a), Smiley N. Pool/Dallas Morning News (b), 95 NOAA (a) , Warren Faidley (b), 96/97 Alain Nogues/Corbis Sygma, 98 Stapleton Collection, 99 Gustavo Tomsich (a), Patrick Ward (b), 100 Alinari Archives (a), Bryan Knox; Papilio (b), 101 Dave Bartruff, 102 Corbis, 103 Corbis (a, b), 104 Hulton-Deutsch Collection, 105 Patrick Johns (b), 106/107 Corbis, 108 David Woods (b), 109 Arthur Rothstein, 110 Alain Nogues/Sygma (a), M. ou Me. Desjeux, Bernard (b), 111 Alain Nogues/Corbis Sygma, 112/113 Alain Nogues/Corbis Sygma, 114 Patrick Robert/Sygma (a), Henri Bureau/Sygma (b), 115 Bob Krist, 116 William Campbell/Sygma (a), Remi Benali (b), 117 Michel Philippot/ Sygma, 118/119 Corbis, 120 Bettmann, 121 CDC/PHIL (a), Bettmann (b), 122 Bettmann, 123 Corbis, 124 Nicole Duplaix, 125 Corbis (a), Nicole Duplaix (b), 126 Corbis, 127 Gordon R. Gainer (a), Lester V. Bergman (b), 128 Bettmann (a), Corbis (b), 129 Corbis Sygma (a), Penny Tweedie (b), 130 Jeremy Horner, 131 Earl & Nazima Kowall (a), Michael T. Sedam (b), 132 Paul A. Souders (a, b), 133 Michael T. Sedam, 134 Bettmann, 135 Bettmann (a), Hulton-Deutsch Collection (b), 136 Tim Page, 137 Bettmann (gr), Hulton-Deutsch Collection (pic), 138 Jon Jones/Sygma, 139 Bettmann (d, s), 140 Bettmann (a), Peter Turnley (b), 141 David Turnley, 142 Corbis, 143 Lan Shu Wing/Next Photo/Corbis Sygma (a), Howard Sochurek (b), 144 Bettmann, 145 Wally McNamee (a), 146 CDC/ PHIL, 147 Michael

Freeman (a), Jehad Nga (b), 148 Anna Clopet (a), Tarmizy Harva/Reuters (b), 149 Hulton-Deutsch Collection, 150 Gideon Mendel/ActionAid, 151 Louise Gubb/Corbis Saba (a, b), 152 Gideon Mendel (a), Peter Turnley (b), 153 Michael Freeman, 154 Gideon Mendel (a), Karen Kasmauski (b), 155 Lee Snider/Photo Images, 156 Bettmann, 157 Bettmann (a, b), 158 Bettmann, 159 Bettmann (d), Lester V. Bergman (s), 160/161 Reuters, 162/163 Hulton-Deutsch Collection, 163 Bettmann (pic), 164 Bettmann, 165 Bettmann (a, b), 166/167 Hulton-Deutsch Collection, 167 Hulton-Deutsch Collection (b), 168/169 Hulton-Deutsch Collection, 168 Underwood & Underwood (a), 169 Reuters, 172 Hulton-Deutsch Collection (a), 174/175 Bettmann, 174 Corbis (s), 175 Bettmann (a), 175 Corbis (b), 176 Bettmann (a, b), 177 Bettmann, 179 Bryn Colton/ Assignments Photographers, 180 Bryn Colton/Assignments Photographers, 181 Reuters (a, b), 182 Reuters (a), Corbis Sygma (b), 183 Bernard Bisson/Corbis Sygma, 184 Issey Kato/Reuters, 185 Tokyo Shimbun/Corbis Sygma (a), 185 (b), 186 Corbis Sygma (gr), Nichinichi/ Shimbun/Corbis Sygma (b), 187 Hulton-Deutsch Collection, 188 Sean Adair/Reuters, 189 Reuters (a), Ron Sachs/CNP (b), 190 Reuters, 191 Reuters, 192 Peter Turnley, 193 Peter Turnley, 194/195 Neville Elder, 196 Pablo Torres Guerrero/El Pais/Reuters, 197 Andrea Comas/Reuters (a, b), 198 Dusko Despotovic, 199 Vincent West/Reuters (s), Carlos Dominguez (d), 200 Sion Touhig, 201 David Parry/Newscast/Handout/ Reuters (a), Mian Khursheed/Reuters (b), 202 Dylan Martinez/Reuters (a), Toby Melville/Reuters (b), 204/205 Group of Survivors, 206/207 Bettmann, 206 Corbis, 207 Bettmann (a), Underwood & Underwood (b), 208/209 Bettmann, 208 (a), 209 Bettmann (a, b), 210/211 Bettmann, 210 Underwood & Underwood, 211 Bettmann (a, b), 212 Bettmann, 213 Bettmann (a, b), 214 Group of Survivors, 215 Group of Survivors (a), Bettmann (b), 216 Group of Survivors, 217 Group of Survivors (gr), Reuters/Max Montecinos (pic), 218 Hulton-Deutsch Collection, 221 George Hall (a), 222 Roger Ressmeyer, 223 Corbis (gr), Bettmann (b), 224 Corbis, 225 NASA (pic), Bettmann (b), 226 Corbis Sygma, 227 Vanderplas Ton/Corbis Sygma, 228 Patrick Robert/Sygma, 229 De Telegraaf/Corbis Sygma, 230 Buzz Pictures/Corbis Sygma, 231 Langevin Jacques/Corbis Sygma (a), Cardinale Stephane/Corbis Sygma (b), 232 Reuters (a), 232/233 Bisson Bernard/ Corbis Sygma (b), 233 Orban Thierry/ Corbis Sygma (a), 234/235 Robert McCullough/Dallas Morning News, 234 Mark M. Lawrence (s), 235 Brooks Kraft (a), 236 Reuters (a, b), 237 Brad Loper/Dallas Morning News (d), Bob Daemmrich (s), 238/239 Vauthey Pierre/ Corbis Sygma, 240 Corbis, 241 Sophie Elbaz/Sygma (a), Historical Picture Archive (b), 242 Louie Psihoyos (a), Bettmann (b), 243 Corbis, 244 Bettmann, 245 Bettmann (a), 246 Underwood & Underwood (a), 247 Bettmann, 248 Ralph White, 249 Bettmann, 252 Bettmann, 253 Underwood & Underwood (a), 254 Bettmann, 255 Vauthey Pierre/Corbis Sygma (a), 255 Corbis (b), 256 Bettmann, 257 Alain DeJean/Sygma (a), Martin Harvey (b), 258 Reuters, 259 Reuters, 260 Reuters (a, b), 261 Jacques Langevin/ Corbis Sygma, 263 Epix/ Corbis Sygma (a), 264 Corbis Sygma (a), Il Talehti/ Corbis Sygma (b), 265 Corbis Sygma (b), 266 Trh Pictures Bradle/ Corbis Sygma, 267 Corbis Sygma (a), Reuters (b), 268 Reuters, 269 Reuters (a), Tutov Yuri/ Corbis Sygma (b), 270/271 Bettmann, 272 Hulton-Deutsch Collection, 273 Bettmann (a s), Hulton-Deutsch Collection (a s), Hulton-Deutsch Collection (b), 274/275 Hulton-Deutsch Collection, 275 Angelo Hornak (a), Colin Garratt; Milepost 92 1/2 (b), 276 Corbis (a, b) 277 Corbis, 278 Bettmann, 279 Corbis, 280 Corbis, 281 Corbis (a), Bettmann (b), 282 Jack Fields, 283 (a, b), 290/291 Hulton-Deutsch Collection, 292 Tom Pietrasik, 293 Alain Nogues/Corbis Sygma, 294 Raj Patidar/Reuters, 295 Reuters (a), Pallava Bagla (b), 296 Igor Kostin/Sygma, 297 Igor Kostin/ Sygma (a), 297 Corbis (b), 298 Igor Kostin/Sygma (a, b), 299 Igor Kostin/ Sygma (a, b), 300 Jacques Pavlovsky/Sygma, 300/301 Charles E. Rotkin, 302/303 Charles E. Rotkin, 302 Jacques Pavlovsky/Sygma, 303 Reuters (a), Frank Lukasseck/zefa (b), 304 Règis Bossu/Sygma, Règis Bossu/Sygma (b), 306 Règis Bossu/Sygma, 307 Règis Bossu/Sygma (a, b), 308 Reuters, 309 Grazia Neri/Corbis Sygma, 310 Ruet Stephane/Corbis Sygma (a, b), 311 Sestini/ Grazia Neri/Corbis Sygma, 312 Hertfordshire Police/Handout/Reuters, 313 Chiltern Air Support Unit/Handout/Reuters (a), Stefan Rousseau/PA/WPA Pool/Reuters (b)

Diederichs, Uwe: 305 (a)

DRK-Archiv: 282, 283 (a), 284, 285

Fillery, Burga: 31 (a), 76 (s), 83 (b), 166 (b), 203, 265 (a)

Getty Images: 4 Ernst Haas/Hulton Archive (s), 10/11 Ernst Haas/Hulton Archive, 42 Keystone/Hulton Archive (a), 43 China Photos, 52 Nicolas Asfouri/AFP, 53 Miguel Riopa/AFP (a, b), 54 Miguel Riopa/AFP, 55 David McNew (a), Miguel Riopa/AFP (b), 63 Howard Sochurek/Time Life Pictures, 64 Keystone, 65 Howard Sochurek/Time Life Pictures (a), 67 Keystone (d), 69 David Lees/Time Life Pictures, 76 Keystone (d), 77 Keystone/Hulton Archive, 78 Hulton Archive (a), 93 (b) Carlos Barria-Pool, 94 Marianne Todd, 105 Illustrated London News /Hulton Archive (a), 145 Martha Fein (b), 170 Keystone(s), 170/171 Hugo Jaeger/Timepix/ Time Life Pictures, 171 Harrison/Topical Press Agency/Hulton Archive, 172/173 Harrison/Topical Press Agency/Hulton Archive, 173 London Express (b), 178 Keystone, 218/219 CORR/AFP, 219 CORR/AFP, 206 Central Press, 221 CORR/AFP (b), 245 HultonArchive/Illustrated London News (b), 246/247 HultonArchive/Illustrated London News (b), 250 Time Life Pictures/Mansell, 251 Hulton Archive (a), Time Life Pictures/Mansell (b), 253 Hulton Archive (b), 262 Jaacko Avikainen/AFP, 263 Kimmo Mantyla/AFP (b), 288 Dick Swanson//Time Life Pictures, 289 AFP (a), Hoang Dinh Nam/AFP (b), 291 STF/AFP (b)

INDICE

Queen Street House
4 Queen Street
Bath BA1 1HE, UK

Realizzazione dell'edizione italiana:
Ready-made, Milano
Traduzione: Cristina Pradella (Ready-made, Milano)

ISBN 978-88-7906-465-1
Stampato in Cina